数字赋能
绿色低碳发展理论与应用

陈晓红 等 著

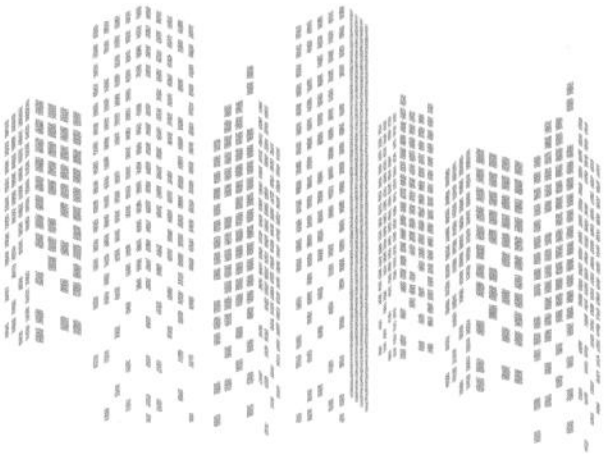

科学出版社
北 京

内 容 简 介

本书探讨了数字技术如何推动绿色低碳转型，结合全球绿色低碳转型与数字技术发展的融合背景，深入分析了数字技术在绿色低碳领域的应用。本书从数字技术与绿色低碳理念的融合出发，提出了推动经济社会绿色低碳转型的创新路径，重点阐述了智能制造、智慧协同等实践，展示了数字技术在节能减排、资源优化和生态管理等方面的创新应用。

本书适合学术研究者、政策制定者、企业管理者及行业专家等群体阅读。学术研究者可以获得有关绿色低碳和数字技术的理论与实践支持，政策制定者能够参考相关对策与建议，企业管理者和行业专家则能从中获得数字化转型和绿色转型的实践经验。环境科学、能源管理和数字技术等领域的学生与教育工作者也将受益。

图书在版编目（CIP）数据

数字赋能绿色低碳发展理论与应用 / 陈晓红等著. -- 北京 : 科学出版社，2025. 6. --ISBN 978-7-03-081959-8

Ⅰ. F124. 5-39

中国国家版本馆 CIP 数据核字第 2025593Q71 号

责任编辑：徐　倩 / 责任校对：姜丽策
责任印制：张　伟 / 封面设计：有道设计

科学出版社 出版
北京东黄城根北街 16 号
邮政编码：100717
http://www.sciencep.com
北京厚诚则铭印刷科技有限公司印刷
科学出版社发行　各地新华书店经销
*
2025 年 6 月第　一　版　开本：720×1000　1/16
2025 年 6 月第一次印刷　印张：23
字数：462 000

定价：272.00 元

（如有印装质量问题，我社负责调换）

前　言

当前全球气候变化加剧、资源约束日益严峻，绿色低碳发展已成为全球可持续发展的核心议题。各国在追求经济发展的同时，亟须应对环境污染、能源危机、生态退化等多重挑战。中国作为全球最大的发展中国家，在推进经济高质量发展的过程中，亦面临着环境保护与经济增长的双重压力。为实现“双碳”目标（碳达峰与碳中和），中国必须转变发展方式，推进经济社会绿色低碳转型。这一过程不仅涉及能源结构、产业结构、消费模式的深度调整，更需要依赖数字技术的赋能，通过创新驱动为绿色低碳发展注入新的动能。

随着数字化技术的迅猛发展，大数据、人工智能、物联网、云计算等新兴技术在全球范围内广泛应用，催生了众多前沿的技术创新和产业革命。数字技术与绿色低碳发展相结合，形成了数字赋能绿色低碳发展的新兴研究领域。数字技术具有优化资源配置、提升生产效率、促进低碳创新等独特优势，其应用能够在降低能耗、提高能效、减少污染物排放的同时，推动经济社会的高质量发展。因此，数字赋能绿色低碳发展不仅是应对气候变化、促进可持续发展的必然选择，也是全球经济结构转型的关键驱动力。

本书的写作背景正是立足于这一国家重大需求，结合全球绿色低碳转型与数字技术发展的快速进程，旨在深入探讨如何通过数字技术赋能我国绿色低碳发展的理论创新与实践应用。全球化时代，绿色低碳发展面临的挑战日益复杂多变，尤其是跨领域的政策协同、技术标准统一、资金支持等方面的问题尚未得到有效解决。在此背景下，本书通过结合全球和中国的最新发展态势，提出数字技术与绿色低碳发展的深度融合，并通过实证研究与案例分析，为政策制定、产业升级和技术创新提供理论支持与实践指导。

本书的研究主线围绕“数字赋能”这一核心展开，从理论与实践两个维度全面探索数字技术如何促进绿色低碳转型。具体内容安排如下。

第 1 章：绪论。明确“数字赋能绿色低碳发展”的选题背景，阐述该研究领域的深远理论价值和紧迫现实意义。通过回顾相关领域的理论发展与实践进展，分析数字技术与绿色低碳理念相结合的路径和模式，探讨数字化赋能绿色低碳转型的实践意义，提出本书的研究框架与方法论。

第 2 章：绿色低碳发展面临的挑战与数字化赋能机遇。深入剖析绿色低碳发展在全球化背景下所遭遇的多维度挑战，特别是在制度框架建设、技术创新突破和资金筹措等方面的难题。并着重探讨数字技术在推动绿色低碳转型中的关键作用，提出技术创新与跨国合作的重要性。

第 3 章：数字赋能绿色低碳发展的原理与模式。从数字技术的内涵、特征及赋能机制出发，系统阐述了数字技术如何推动低耗减排、节能增效及智能协同等绿色低碳发展模式，深入探讨了绿色消费、智能制造、智慧协同等具体模式的实践方式与创新路径。

第 4 章至第 12 章：数字技术在各领域的应用。各章节分别聚焦于数字技术在不同领域的应用，涵盖了新基建、水污染综合治理、大气污染治理、矿产资源绿色低碳发展、城市生态韧性、资源环境协同管理、能源电力行业减污降碳、制造业（供应链）绿色转型、交通行业减污降碳等多个关键领域。每章通过大量实证案例，详细阐述数字化如何在各领域推动绿色低碳发展，并展望了未来可能的发展趋势与挑战。

本书的最终目标是通过系统的理论与实践研究，提出中国在数字赋能绿色低碳发展领域的基本思路与具体对策，为未来绿色低碳转型提供切实可行的路径。随着数字技术与绿色低碳发展的深入融合，本书希望能够为政策制定者、学术研究者、企业界及各行业的实践者提供有价值的参考，推动全球绿色低碳转型进程，并为中国在全球气候治理和可持续发展方面贡献智慧与方案。

本书的研究工作得到了多方面的研究基金、计划和机构的资助，包括国家自然科学基金卓越研究群体项目（原基础科学中心项目）“数字经济时代的资源环境管理理论与应用”（72088101）、湘江实验室重大项目“基于新一代数智技术集成的智慧社会治理研究”（23XJ01005）、中国工程院前瞻性储备性项目“新一代信息技术赋能的数字生态文明建设战略研究”（2023-JB-09）等，作者对上述资助计划和相关机构表示衷心感谢。

本书第 1 章由中南大学汪阳洁教授等撰写，第 2 章由中南大学周声海教授等撰写，第 3 章由中南大学李杨扬教授等撰写，第 4 章由中南大学周志方教授等撰写，第 5 章由湖南工商大学陈晓红院士、李欢教授等撰写，第 6 章由湖南工商大学陈晓红院士、唐湘博教授等撰写，第 7 章由湖南工商大学陈晓红院士、中南大学胡东滨教授等撰写，第 8 章由湖南工商大学陈晓红院士、易国栋教授等撰写，第 9 章由湖南工商大学陈晓红院士、张威威教授等撰写，第 10 章由中南大学程继鑫教授等撰写，第 11 章由中南大学王傅强教授、卫立群教授等撰写，第 12 章由中南大学强宏杰教授等撰写。同时，在本书写作中，作者在自己已有成果上参考了诸多同行的研究工作和成果，得到了科学出版社的支持以及项目组老师与研究生的帮助，在此表示诚挚感谢。

由于作者水平所限，书中不足之处难免，恳请广大读者批评指正。

作　者

2025 年 1 月

目　录

第1章 绪 论

1.1 研究背景

随着全球气候变化问题日益严峻，低碳发展已成为全球经济和社会转型的重要趋势。根据国际能源署（International Energy Agency，IEA）发布的《2023年全球碳排放报告》，全球二氧化碳排放量仍呈上升态势，其中中国二氧化碳排放量占全球总量的34%。为应对这一挑战，中国于2020年提出了“双碳”目标，旨在通过全方位的绿色转型推动经济社会发展，并实现可持续发展。

在这一背景下，数字经济与绿色技术创新的协同作用逐渐引起了广泛关注。作为一种新兴经济形态，数字经济不仅具备绿色属性，而且能够在促进经济增长的同时兼顾环境效益。《中国数字经济发展研究报告（2024年）》显示，2023年中国数字经济规模达53.9万亿元，数字经济核心产业增加值占GDP比重约10%。通过云计算、大数据等技术，数字经济为生产和服务活动提供了数字化、智能化的支持，极大释放了能源生产端与消费端在节能、环保和绿色低碳方面的巨大潜力。

与此同时，绿色技术创新在地区低碳发展中也发挥着至关重要的作用。绿色技术创新通过新技术的研发与应用，能够有效减少环境污染、提升资源利用效率，并促进可持续发展。一方面，绿色技术创新推动了绿色低碳技术的诞生，这些技术能够有效替代传统技术，加速清洁能源如光伏、风电等的开发，从而减少对传统化石燃料能源的依赖；另一方面，绿色技术创新还能实现对生产活动中能源消耗和碳排放数据的精准采集与监控。在此基础上，基于能源消费数据的监控、分析与决策系统，可以优化生产各环节的资源调度，从而促进要素的优化配置，进一步提升能源利用效率、减少环境污染，并推动低碳发展。

综上所述，数字经济与绿色技术创新的协同发展为地区低碳转型提供了新的路径。然而，现有研究多集中于分析数字经济与地区碳排放之间的直接关系，对于其内在影响效应以及空间效应的分析仍相对匮乏。因此，深入探讨数字经济如何赋能绿色低碳发展，不仅对推动中国实现“双碳”目标具有重要的理论意义，而且对实践应用具有深远的现实意义。

1.2 绿色低碳发展的重大需求

生态文明建设是关乎中华民族永续发展的根本大计，绿色发展是生态文明建设的必然要求。党的十八大以来，以习近平同志为核心的党中央深刻把握生态文明建设在新时代中国特色社会主义事业中的重要地位和战略意义，创造性地提出一系列新理念新思想新战略，形成了习近平生态文明思想，为新时代生态文明建设、绿色低碳发展提供了根本遵循和行动指南。党的十八大把生态文明建设纳入中国特色社会主义事业“五位一体”总体布局，使其上升到了前所未有的战略高度。党的十八届五中全会提出创新、协调、绿色、开放、共享的新发展理念，其中绿色是永续发展的必要条件和人民对美好生活追求的重要体现。党的十九大把“坚持人与自然和谐共生”纳入新时代坚持和发展中国特色社会主义的基本方略，把“美丽中国”纳入社会主义现代化强国目标①。党的二十大报告提出：“站在人与自然和谐共生的高度谋划发展”“推动经济社会发展绿色化、低碳化是实现高质量发展的关键环节。”②

在坚定不移走绿色低碳发展道路的进程中，中国积累了很多宝贵的历史经验。一是坚持以人民为中心的发展思想。增进民生福祉是发展的根本目的，良好生态环境是最普惠的民生福祉。绿色发展顺应人民日益增长的优美生态环境的需要，解决损害群众健康的突出环境问题，提供更多优质生态产品，不断提升人民对优美生态环境的获得感、幸福感、安全感。二是着眼于中华民族永续发展。立足环境容量有限、生态系统脆弱的现实国情，既为当代发展谋，也为子孙万代计，把生态文明建设作为关系中华民族永续发展的根本大计，建设人与自然和谐共生的现代化。三是坚持系统观念统筹推进。坚持在发展中保护、在保护中发展，协同推进降碳、减污、扩绿、增长，走生产发展、生活富裕、生态良好的文明发展道路。四是坚持共谋全球可持续发展。秉持人类命运共同体理念，站在对人类文明负责的高度，积极参与全球环境治理，为推动全球可持续发展、共建繁荣清洁美丽的世界贡献中国智慧、中国力量。

当前中国正在开启全面建设社会主义现代化国家、全面推进中华民族伟大复兴的新征程。习近平总书记在党的二十大报告中指出：“中国式现代化是人与自然和谐共生的现代化”“必须牢固树立和践行绿水青山就是金山银山的理念，站

---

① 《习近平：决胜全面建成小康社会 夺取新时代中国特色社会主义伟大胜利——在中国共产党第十九次全国代表大会上的报告》，https://www.gov.cn/zhuanti/2017-10/27/content_5234876.htm[2017-10-27]。

② 《习近平：高举中国特色社会主义伟大旗帜 为全面建设社会主义现代化国家而团结奋斗——在中国共产党第二十次全国代表大会上的报告》，https://www.gov.cn/xinwen/2022-10/25/content_5721685.htm[2022-10-25]。

在人与自然和谐共生的高度谋划发展。”①要以习近平生态文明思想为根本遵循和行动指南，立足全面建成社会主义现代化强国、实现第二个百年奋斗目标的中心任务，坚持不懈推进生态优先、节约集约、绿色低碳发展，不断开创美丽中国建设新局面。

一是调整优化经济结构。高质量发展是绿色成为普遍形态的发展，需要从源头上调整优化产业结构、能源结构、交通运输结构，推动经济社会发展绿色化、低碳化。加快传统产业改造升级，推动战略性新兴产业、高技术产业、现代服务业加快发展。深入推进能源革命，大力发展非化石能源，完善能源消耗总量和强度调控，加快规划建设新型能源体系。调整优化交通运输结构，构建低碳综合交通运输体系，推进交通运输清洁低碳转型。

二是实施全面节约战略。节约资源是我国的基本国策，是有效缓解资源、环境约束，实现高质量发展的重要途径。坚持把节约资源贯穿于经济社会发展全过程、各领域，全面提高资源利用效率。加快构建废弃物循环利用体系，推动企业清洁生产、园区循环发展、废弃物资源化利用。增强全民节约意识，推行绿色生活方式，反对奢侈浪费和过度消费，形成全民崇尚节约的浓厚氛围。

三是大力发展绿色低碳产业。绿色低碳产业是发展方式绿色转型的重要推动力，发展绿色低碳产业既可以拉动绿色 GDP，也可以为其他产业提供绿色低碳产品和服务。持续培育壮大节能环保、清洁能源、清洁生产等产业，深入推动互联网、大数据、人工智能等新兴技术与绿色低碳产业深度融合，建设绿色制造体系和服务体系。支持大型绿色低碳龙头企业发展，加快节能降碳先进技术创新、成果转化和推广应用。

四是健全绿色低碳政策和标准体系。绿色转型需要完善的政策保障。持续完善支持绿色发展的财税、金融、投资、价格政策，加大对绿色低碳企业、绿色产品、绿色技术的支持力度。进一步完善差别电价等政策，建立体现资源稀缺程度、生态损害成本、环境污染代价的资源价格形成机制。逐步提高重点产业、重点产品的能耗、水耗、物耗标准，促进资源节约高效利用。

自 2020 年中国提出“双碳”目标以来，绿色低碳转型理念已日益成为社会共识，在顶层设计、制度规则、碳交易市场建设等方面取得积极进展。同时也要看到，随着绿色低碳转型发展的外部环境更加复杂，社会对绿色低碳转型的认识更加深刻、要求更高，要更好地推进绿色低碳转型，还存在不少挑战。

---

① 《习近平：高举中国特色社会主义伟大旗帜 为全面建设社会主义现代化国家而团结奋斗——在中国共产党第二十次全国代表大会上的报告》，https://www.gov.cn/xinwen/2022-10/25/content_5721685.htm[2022-10-25]。

1. 仅从能源领域来思考和推动绿色低碳转型

绿色低碳转型是整个社会的行动方向，而不仅仅是某个行业或个体的行动方向，所以不能将“绿色低碳转型”简单等同于“能源绿色低碳转型”。一方面，不能将绿色低碳转型仅仅局限于能源领域。目前，在我国全社会的碳排放总量中，能源活动产生的二氧化碳排放量占比较大。其中，电力行业是碳排放“大户”，占能源行业的四成左右。因此，推进绿色低碳转型、助推“双碳”目标实现，能源是主战场，电力是主力军。正因如此，一些人将绿色低碳转型等同于能源绿色低碳转型，忽视了其他部门，如交通、建筑、农业等部门。另一方面，不能仅从能源领域考虑绿色低碳转型的影响。绿色低碳转型是一场广泛而深刻的经济社会变革，本质上是经济系统的变革，能源绿色低碳转型亦是如此。推进能源绿色低碳转型，既要保障能源安全，又要促进经济高质量发展、消除能源贫困、实现公平可及，还要保护生态环境，需要从多方面、多目标、多角度考虑绿色低碳转型可能带来的影响或者可能面临的风险以及存在的问题。尤其是一些经济政策措施，还需考虑其成本收益、风险等，不应仅从能源领域考虑其得失或利弊。例如，得益于政策推动和自身经济性优势，当前电动汽车（electric vehicle）产业发展非常迅速，降低了成品油消费量，对能源低碳转型是利好。但跳出能源行业看，燃油车消费的成品油价格中有差不多一半是税费，而且，这部分税费很多都用于城市建设、环境污染治理。未来，电动汽车占比将进一步提高，大规模替代燃油车，与成品油相关的税费将大大降低，这时就需考虑如何弥补相应减少的成品油税费。

2. 摒弃“唯低碳论”，推动高碳与低碳产业协同发展

在绿色低碳转型趋势指引和“双碳”目标约束下，一些地区的政府部门，忽视经济部门内部不同产业的多样性和关联性，人为地将产业分成“高碳产业”和“低碳产业”，将高碳行业、高耗能行业简单地等同于高碳排放行业，片面强调大力发展低碳产业、削减高碳产业，从之前的“GDP 至上”变为“绿色低碳至上”，形成过分强调绿色低碳转型和发展的政策，容易使人产生“绿色低碳转型和发展压倒一切”的错觉。事实上，无论是“高碳产业”还是“低碳产业”，都只是产业本身的一种性质，都是国民经济体系的必要组成部分。其中，高碳产业更是以高碳含量原材料作为主要生产要素的产业，所以，不能仅从碳排放程度这一产业特性来决定是否发展某一产业。

考虑到当前我国制造业规模占全球的 30%以上，以及以钢铁、化工等高耗能、高碳排放的重工业为主的基本国情，如果过分追求绿色低碳，在出台有关政策时对高碳行业与高耗能行业实施“一刀切”限制，甚至通过减少“两高一资”（高耗能、高污染和资源性）行业贷款、“去相关行业产能产量”等方式降低碳排放，

从而快速削减高碳产业，不仅会破坏我国相对完善的工业体系，削弱制造业竞争力，而且不利于我国在大国博弈日益激烈、全球产业链生态重构的趋势下，实现打造自主可控、安全可靠的产业链、供应链的目标。

同时，“唯低碳论”还会导致低碳产业无序发展，可能引发多方面风险：一是容易形成产业无序竞争，即使寻求到合乎市场需求的产业技术创新路径，也会因无序竞争而迅速吞噬其利润空间，不利于做强这一产业；二是众多企业和资金投入某一特定低碳产业，会重蹈“尚未成熟发展就已经产能过剩”的覆辙；三是大量资金投入绿色低碳产业，相应地就会减少高耗能行业绿色低碳改造资金投入，增大其破产和退出风险。而且，绿色低碳产业如果因资本炒作导致产业虚拟化，还会破坏产业正常发展态势，导致金融风险不断累积。

3. 绿色低碳技术创新不足

虽然绿色低碳技术创新对低碳转型起着非常关键和重要的作用，是转型的基础，国家也出台了支持绿色低碳技术发展的相关政策，但也要看到，基于绿色低碳技术自身发展规律，绿色低碳转型不能仅仅依靠绿色低碳技术的发展，绿色低碳技术并不能解决绿色低碳发展中遇到的所有问题。此外，从历史经验看，绿色低碳技术的发展和商业化应用还存在诸多障碍。

首先，绿色低碳技术还存在规模小、效率低、投入大、风险高等需要克服的问题，其发展和突破存在不确定性。国际能源署曾评估认为，为实现碳中和目标，到 2070 年有 35%的碳减排量所依靠的技术目前仍处于示范阶段，有 40%的技术目前尚未被开发出来，汽车运输、海洋和航空运输、冶金、水泥生产和其他能源密集型产业所需要的突破性减排技术均不成熟，不确定性较大。

其次，绿色低碳技术的大规模商业化应用和普及所需要的时间较长。当前，一些企业、科研机构虽然提出低碳、零碳、固碳、负碳技术等的创新方向和小范围试验，但是小规模试验应用与大规模商业化应用存在很大差别，一项新的绿色低碳技术从理论概念提出到规模化、产业化、商业化应用，往往需几十年甚至上百年时间。正因如此，无论是欧洲激进式的转型还是北美稳健式的转型，都依然面临一系列技术难题，现有的绿色低碳技术尚不能支撑快速转型。特别是高效储能技术的发展路径不清晰，电池储能、压缩空气储能等技术尚处于示范阶段，缺乏商业化应用。绿色低碳技术往往规模小、效率低、风险高，且需要高额的初期投入。

最后，对于绿色低碳技术，不仅要做到技术可行，还要做到经济可行。如果缺乏对经济合理性、民生承受力的综合考量，缺乏基于成本收益的分析，绿色低碳技术就会面临“用不起”的境地。以燃油车碳排放为例，或许可以采取某种技术对其产生的二氧化碳进行收集和利用，但成本还是高昂。此外，在捕集利用过程中需要使用大量能源，再加上技术设施等全过程的碳排放，综合核算的碳排放与获得的碳吸纳能力相比，极大可能“入不敷出”。

4. 转型政策的综合性、多样性缺乏

绿色低碳转型既包括生产端的转型，也包括需求侧的转变，是一项复杂的系统工程，无法依赖任何单一驱动因素实现，需要多维因素并行驱动。以能源低碳转型为例，需避免能源结构单一、驱动因素单一、推进环节单一等，实现综合施策。

避免能源结构单一，即由于风、光、水电等低碳能源自身的产业特性，即使到了碳中和阶段，也不可能实现全部由低碳能源供给，传统化石能源被完全替代。即使在低碳能源内部，单纯依靠某一特定低碳能源，也很难保障电力的持续稳定供应。而且高比例的单一低碳能源反而更容易降低电力供应系统的应对弹性。所以，要充分发挥传统化石能源与低碳能源之间的互补优势，同时挖掘不同类型低碳能源各自的特性与强项，实现多能互补，这样才能避免能源短缺。

避免驱动因素单一，即尽管各国能源转型路径大相径庭，但背后的驱动机制却是相似的，主要由政府政策、技术创新、市场改革、主体行为等四类因素驱动能源体系发生系统性变革。尽管与前两次能源转型相比，在本次能源转型中，政府政策的推动作用较大，但它无法长期作为核心动力。要想起到持续的助推作用，必须依赖其他因素共同推动，不能单兵突进，目前尤其需要电力市场改革和碳定价机制改革等市场机制的推动。

避免推进环节单一，即单纯从生产领域推进绿色低碳转型，缺乏从消费领域倒逼绿色低碳转型的诱导机制。当前我国消费领域存在一些问题，不利于引导绿色低碳转型发展：一是绿色低碳消费无意识，低碳消费观念不强，“碳额度”约束力度不大；二是消费品绿色低碳标识不清晰，大多数消费品，如家电、建材等，以及中间投资品，如原材料等，没有对产品碳排放程度进行识别，使得人们难以准确进行绿色低碳消费。如果消费领域没有形成绿色低碳消费偏好机制，生产者迎合消费者的高碳消费偏好，势必会影响生产者绿色低碳转型的主动性和积极性。

1.2.1 数字技术发展及特点

自 20 世纪初以来，数字技术以其前所未有的速度席卷全球，深刻改变了人类社会的方方面面。从简单的计算工具到复杂的信息网络，再到无所不在的移动通信，数字技术的发展历程是一段充满创新与突破的壮丽史诗。

计算机作为一门科学，其学科根基牢固地建立在数学的基础之上，而其发端则可追溯至第二次世界大战期间的军事需求与技术革新。艾伦·图灵、冯·诺依曼和克劳德·香农凭借他们在数学领域的深厚造诣，以及在密码学、计算机科学等前沿领域的开创性工作，成为该领域的奠基人。图灵以其图灵机模型奠定了计算机逻辑设计的理论基础，冯·诺依曼则通过电子数字积分计算机（electronic numerical integrator and computer，ENIAC）的设计与“冯·诺依曼体系结构”的提出，为现代计算机架构的确立指明了方向。香农则在信息论领域做出了奠基性的贡献，为数字信号的传输与处理提供了坚实的数学基础。三位学者的研究成果，不仅在当时具有重大的战略意义，更为后续计算机科学与技术的蓬勃发展奠定了坚实的学术基础。

1. 计算机阶段（1946～1968 年）

在第二次世界大战的推动下，1943 年巨人计算机与 ENIAC 的相继问世，标志着可编程电子计算机在英美的诞生，开启了数字时代的序幕。从 1946 年至 20 世纪 60 年代末，数字技术以计算机为核心迅猛发展，历经了四代变革。第一代（1946 年至 20 世纪 50 年代初）：真空管计算机时代。真空管作为计算机的核心组件，推动了早期计算机的出现，但由于其体积庞大、能耗高且不稳定，限制了计算机的发展。第二代（1947 年晶体管发明后）：晶体管计算机革命。1947 年晶体管的发明标志着计算机发展进入新阶段，晶体管不仅取代了真空管，且使计算机体积更小、性能更高、稳定性更强。1953 年，实验型晶体管计算机的问世，为计算机的普及奠定了基础。第三代（1958 年集成电路发明后）：集成电路的出现推动了 60 年代中小规模集成电路计算机的发展。集成电路的应用使计算机的成本显著降低，性能大幅提升。IBM 360 系统（1964 年）成为这一时期的代表，广泛应用于商业、科研等领域。第四代：大规模集成电路的应用。随着大规模和超大规模集成电路技术的进步，计算机进入了新的发展阶段。计算机不仅在体积上进一步缩小，而且计算能力得到了大幅提升，为个人计算机（PC）的诞生提供了技术基础。

2. 互联网阶段（1969～2015 年）

第二次世界大战催生了计算机，而“冷战”则孕育了互联网。1969 年，高级研究计划局网络（Advanced Research Project Agency Network，ARPANET）作为互联网的雏形，以连接四所学术机构为起点，正式投入使用，标志着数字技术迈向了以互联网为核心的新阶段。早期 ARPANET 依赖网络控制协议（network control protocol，NCP），但随着网络扩张需求的激增，这一局限性促使罗伯特·卡恩与温特·瑟夫在 1973 年至 1974 年间开发出传输控制协议/互联网协议（transmission control protocol/internet protocol，TCP/IP），这一创新协议于 1983 年全面取代 NCP，加速了全球互联网络的崛起。温特·瑟夫不仅设计了 TCP/IP，还是“internet”一词的首位书面使用者。1993 年，欧洲核子研究组织（European

Organization for Nuclear Research，CERN）的慷慨之举使万维网向全球免费开放，进一步推动了互联网的普及；同年，美国的“信息高速公路”战略更是加剧了全球数字化进程；次年，中国正式全功能接入国际互联网，标志着中国互联网时代的开启。这一系列标志性事件共同编织了互联网从诞生到席卷全球的壮丽篇章，预示着数字化生存时代的到来。

3. 移动通信阶段（2016 年至今）

移动通信技术的飞跃与移动设备的普及，标志着数字技术迈入一个全新的发展阶段，实现了信息获取和交流的空前自由与便捷。智能手机、平板电脑等移动终端的崛起，极大地推动了移动互联网的繁荣。尽管自 20 世纪 90 年代万维网发明以来，信息领域不乏新词涌现，但缺乏如前期那般颠覆性的基本创新。与此不同，新一代信息技术阶段以集成应用为核心，深度融合于经济社会各领域，其起点虽难以精确界定，但 2016 年作为多个数字技术里程碑交汇的年份，颇具象征意义。这一年，不仅见证了计算机诞生 70 周年、人工智能提出 60 周年等重要时刻，还伴随着中国《国家信息化发展战略纲要》的发布及 G20 杭州峰会上《二十国集团数字经济发展与合作倡议》的签署，标志着全球数字经济合作的新篇章开启。如今，我们正步入一个计算普及、软件定义、网络包容、连接便捷、宽带无限、智慧引领的新时代，数字革命正以前所未有的深度与广度，引领人类社会迈向新的发展阶段。

数字技术的显著特征在于其迅猛的指数级增长趋势，这一趋势在计算能力、带宽扩展、网络价值、数据累积及能耗效率等多个维度均有明确体现，在计算（compute）、带宽（bandwidth）、网络（network）、数据（data）和能耗（energy）等方面分别有摩尔定律、吉尔德定律、梅特卡夫定律、大数据定律和库梅定律，形成了业界公认的“CBNDE 定律”。其中，摩尔定律作为这一体系的基石，自 1965 年由戈登·摩尔提出以来，便成了衡量计算机行业进步的黄金标准。尽管历经多次调整，从最初的“每年翻一番”到现今广为流传的“每 18 个月翻一番”，即集成电路上晶体管数量的倍增周期，摩尔定律的持续有效性不断被事实验证，远远超出了其创立者最初的十年预测，成为驱动现代科技发展的核心动力。

与此同时，乔治·吉尔德以其独到的见解提出了吉尔德定律，强调带宽的增长速度远超计算机性能的提升速度，具体表现为主干网带宽约每 6 个月实现一次翻倍，这进一步提高了信息传输的速率与效率。而梅特卡夫定律，尽管名义上归属于罗伯特·梅特卡夫，实则反映了乔治·吉尔德对网络价值的深刻理解——网络的价值随其节点数量的增加呈平方级增长，凸显了网络效应的强大力量。

面对数据量的爆炸性增长，人们或许会担忧其对能耗的直接影响，但乔纳森·库梅教授通过研究发现，计算设备的能源效率正以惊人的速度提升，平均每 18 个月便能实现能耗减半，即能源效率翻倍，有效缓解了数据增长带来的能耗焦虑。

1.2.2 数字化绿色化融合发展

全球低碳转型及中国“双碳”目标的确定对产业提出了绿色低碳发展的要求，随着数字技术的进一步发展，传统产业数字化快速推进，为低碳转型提供了新的解决思路。绿色化牵引数字化，数字化赋能绿色化，二者互为支撑、协同融合，对经济长效发展意义深远。

首先，数字化绿色化双转型是适应技术环境新变化、助力形成新的竞争优势的必然选择。数字化转型为新竞争优势的形成提供新“赛道”。数字技术及其催生的数字经济新业态，推动世界经济深刻变革。以物联网、大数据及人工智能等为代表的新一代信息技术的快速发展和大规模应用正加速改变着社会的生产方式、运行方式及管理模式，也为塑造产业竞争新优势、实现“换道超车”提供了条件。通过对知识编码，不同要素之间的物理界限被打破，数据之间的互联互通、共享匹配加速实现，可以加速为资本和劳动赋能，大幅提升要素自身及要素与要素之间的运行及转化效率，成为提升产业竞争力的重要力量。

同时，信息之间的共享也为技术创新提供了“沃土”，有助于加快技术创新的实现，进而拓宽资源的使用领域，助推产业形成新的核心竞争力。产业数字化转型已成为世界各国抢占技术前沿、形成新的竞争优势的“必争之地”。绿色化转型为新竞争优势的形成提供前置约束。随着人们对生态环境保护认识的深入，尤其是在全球低碳转型的背景下，绿色化转型已经成为经济可持续发展的必由之路，也是国家竞争力体现的重要维度。绿色化转型越快的国家，碳排放效率越高，单位碳排放的能源消耗越低，从而经济发展对能源的依赖度就会下降，使经济社会面临外部能源环境变化时受到的影响减小，竞争力更强。

不仅如此，随着欧盟碳边境调节机制的正式启动，碳排放量越多的产品，进入欧盟关税区需要支付的碳边境税额越高，该产品在国际上的价格就越高，从而该国的竞争优势也会随之下降。此时，绿色化转型越快的国家，也就越能在激烈的国际竞争中保持竞争优势。应对技术环境新变化，提升中国产业国际竞争优势需要数字化绿色化双转型共同发力。

其次，数字化绿色化双转型是顺应全球低碳转型、促进经济可持续发展的必然选择。为了应对气候变化和环境问题，一些国家和地区纷纷提出碳达峰、碳中和目标，系列法律、政策、行动计划陆续出台和实施。例如，欧盟率先于 2019 年发布《欧洲绿色协议》，于 2021 年通过《欧洲气候法案》，并计划于 2023 年征收碳关税；美国 2021 年宣布将扩大政府的减排承诺，到 2030 年温室气体排放量较2005年减少50%～52%；2020年，日本政府也推出被视为其2050年实现碳中和目标进度表的《绿色增长战略》；作为负责任的大国，中国主动担当、积极作为，提出了推动碳达峰和碳中和的战略目标，致力于实现绿色低碳发展，通过构建以《中共中央、国务院关于完整准确全面贯彻新发展理念做好碳达峰碳中和工作的意见》为核心的“1+*N*”政策体系，系统性完善了碳达峰、碳中和顶层设计。

但是，减碳之路并非一蹴而就，仍任重道远。不同于发达国家已经走完工业化进程，中国仍处于工业化后期，今后一段时间保持工业的稳定仍是发展的重要目标，这可能造成碳排放量的增加，加大碳减排难度。因此，欲在短时间实现经济社会的低碳转型不仅时间紧、任务重，而且难度更高，亟须新的碳减排工具。

数字经济的快速发展为支撑和赋能经济绿色化转型提供了新思路新方法，成为加快推动绿色化转型，实现“双碳”目标的“加速剂”。一方面，数字技术有助于节能减排。通过采集、加工、处理生产数据，数字化的产业能够对生产全过程进行实时监测，并能根据需求变化及时调整生产运营管理方式，做到精准决策，这能够大大提升资源配置效率，减少生产过程中的资源消耗和浪费，有助于生产全过程的节能、减排、降耗。另一方面，数字技术也能通过激励研发创新降低碳排放。通过为企业提供信息共享平台，数字技术能够缓解信息的不对称程度，降低企业开展研发创新的不确定性，进而激励企业从事更多的创新活动，降低单位产值的碳排放量。因此，数字化绿色化双转型为加快实现全球减碳目标提供了重要解决方案。

数字经济发展需要大量的算力支撑运行，大数据中心普遍需要24小时不间断运行，电费占到数据中心运行成本的4/5，需要消耗大量的能源。而数字经济的进一步发展，会带动电力需求快速上涨，带动能源消耗增加。这都不可避免地引起今后一段时间内能源消耗和碳排放量的持续提升，不利于整个社会的绿色化转型。诚如欧盟委员会发布的《2022年战略前瞻报告：在新的地缘政治背景下实现绿色与数字转型》中所指出的那样，“数字化转型只考虑了有限的可持续性，数字化转型存在副作用，影响着环境、社会和经济的可持续性”。因此，作为能耗高、排放高的产业数字化转型过程，也应当遵循绿色发展的基本理念。需要将绿色化转型与数字化转型放到同等重要的位置，才有助于实现经济的绿色发展，推动经济向更加健康、持续的方向发展。

加快绿色化技术和数字技术融合创新，推动双转型融合发展。一方面，引导现有数字技术和绿色技术融合发展。以数字技术为抓手，推动5G、工业互联网、大数据等新一代信息技术与绿色低碳产业有机融合，以场景融合推动数字技术和绿色技术的双向融合。另一方面，加快研发和突破具有数字化绿色化融合特征的新技术，创新双转型技术的发展形式。加快数字技术与环境污染治理、清洁煤发电、碳采集、碳封存等绿色技术的深度融合，在原有基础上开发具有数字化、绿色化双重特性的新技术，突破数字化绿色化融合的关键技术。实现以数字技术助力绿色技术，绿色技术牵引数字技术，促进二者融合创新、合力攻关。

瞄准重点领域有的放矢地推进绿色化数字化双转型。一方面，聚焦能源、工业、交通运输、建筑等绿色化关键领域，利用大数据、互联网、区块链和人工智能等数字技术，加快信息的实时传输速度，以提高运行过程中的管理效率，及时做出判断，降低能耗和碳排放消耗。另一方面，作为高耗能产业的数字经济，也要注重自身的低碳转型。这就要求在支撑数字经济运行的算力方面，加强新型数据中心尤其是绿色数据中心建设，通过加快高端芯片、超算等领域的研发突破提升计算的效率，进而促进用能效率的提升。同时，在数据中心建设过程中，应注重利用自然环境（如冷空气、水源等）实现协同节能减排，以提升整体能效水平。例如，推进“东数西算”工程在云南、贵州等具有天然冷源的地方布局，助力算力运行过程中的节能、减排、降耗，推动算力产业向高效、绿色方向发展。因此，数字化关键领域的绿色化转型和绿色化关键领域的数字化转型要齐头并进、双轮驱动。

稳步推进数字化绿色化双转型领域的规则、规制、管理、标准等国际规则建设，抢占国际竞争主动权和话语权。一方面，要广泛参与数字化绿色化国际技术标准的制定，积极主动融入国际规则和技术标准的制定过程中，从而在国际技术标准和应对外部环境变化方面掌握更多的主动权。另一方面，要推进本国技术标准国际化。通过组建跨国技术标准战略联盟，建立跨国技术合作机制，并与“一带一路”共建重点国家和地区签署标准化合作协议，牵头制定推广数字化绿色化重点领域的技术标准，推动本国技术标准更好“走出去”。同时，还要强化国际技术标准人才培养，加强技术人才队伍建设，为国际技术标准组织输送人才，不断增强在国际技术标准领域的话语权。利用“数字化赋能”助力经济可持续发展。数字化赋能有助于实现“双碳”目标，形成以高效低碳发展为特征的经济增长新路径。移动互联网、大数据、物联网、人工智能等数字技术与运营技术的融合，可以实现实时在线精准监测碳排放路径、控制能源和资源的使用情况，从而提高能源资源的利用率，实现节能增效、清洁生产，最终达到从产品全生命周期优化碳排放路径的目的，促进经济绿色可持续发展。例如，在能源工业领域，云计算、大数据、物联网、人工智能、区块链和边缘计算等数字技术在能源领域的融合应用，充分发掘了能源大数据作为重要生产要素的潜在价值，有助于打造新型能源系统发展模式。根据世界经济论坛（World Economic Forum，WEF）的评估结果，使用数字技术可以减少至少15%的碳排放。此外，数字化的设备或解决方案可以改造传统生产工艺，推动落后产能有序退出，有助于实现智能化生产、远程办公等，能够对优化资源配置、减少资源浪费产生积极影响，最终有利于促进经济高质量可持续发展。

1.3 研究目的与研究内容

1.3.1 研究目的

随着数字技术的不断成熟与广泛应用，其赋能绿色低碳发展的潜力将得到进一步释放，不仅能极大地促进绿色经济的发展，还将为应对全球气候变化、构建可持续的未来社会贡献不可估量的力量。

本书旨在通过深入剖析数字技术如何成为推动绿色低碳转型的关键力量，揭示数字技术在优化资源配置、提升能源效率、促进减排降碳等方面的潜在价值与独特优势，力求从理论上阐明数字技术如何通过其强大的数据分析能力、智能化决策支持以及高效的信息传播机制，为绿色低碳发展提供新的视角与解决方案。在理论层面，致力于构建系统化的数字赋能绿色低碳发展模式，充分考虑不同领域、不同层级的实际需求与特点。通过跨学科的综合分析，提出具有普适性和可操作性的策略建议，指导各行业在绿色低碳转型的道路上稳步前行。在应用实践层面，通过丰富的案例分析与实证研究，展示数字技术在能源、交通、矿业、制造业等关键领域中的具体应用成效。这些案例将涵盖技术创新、政策实施等多个方面，为读者提供生动、翔实的参考与借鉴。

从政策制定的角度出发，本书将提出一系列聚焦于制度创新、政策激励、技术研发、人才培养等多个方面，旨在为政府、企业和社会各界提供全面的决策参考的政策建议，以加速数字技术与绿色低碳发展的深度融合，共同推动社会向更加绿色、低碳、可持续的未来迈进。此外，深入剖析数字技术在赋能绿色低碳发展过程中所展现的广阔机遇与潜在挑战，并提出一系列针对性的应对策略，旨在为政府决策提供坚实的科学依据，为企业转型升级提供明确的方向指引，并进一步激发社会各界对绿色低碳发展的广泛关注与积极参与。

1.3.2 研究内容

本书研究的主要内容有十二个部分，主要包括研究的背景、研究目的及意义、国内外研究现状，绿色发展面临的挑战与机遇，数字技术的赋能原理、发展模式及技术路线，数字技术赋能多行业，最后形成了宏观政策层面和微观行业细分层面的政策建议。本书研究内容如图 1-1 所示，为达到研究的预定目标，本书在界定的研究范围内将重点研究以下内容。

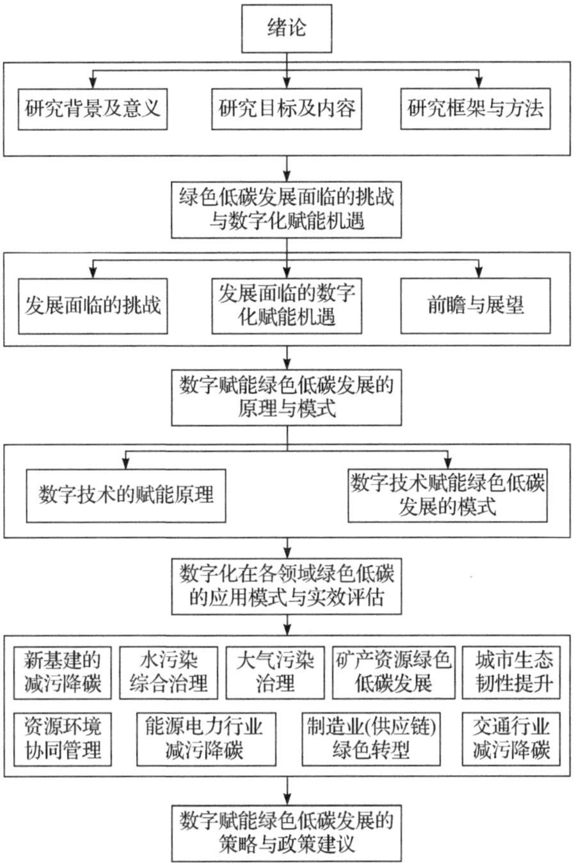

图 1-1　本书研究内容

1. 数字技术在绿色低碳发展中的挑战与机遇

分析当前数字技术在推动绿色低碳发展过程中面临的主要挑战，如技术成熟度、数据安全、标准缺失等，并探讨这些技术带来的新机遇，如提高能效、优化资源配置、促进产业升级等。

2. 数字赋能绿色低碳发展的核心原理与应用模式

探讨数字技术（如大数据、云计算、物联网、人工智能等）如何有效赋能绿色低碳发展，以及这些技术在不同领域（如能源、交通、制造业等）中的具体应用模式和效果。

3. 数字化在各领域绿色低碳应用的实效评估

针对数字技术在新基建的减污降碳、水污染综合治理、大气污染治理、矿产资源绿色低碳发展、城市生态韧性提升、资源环境协同管理、能源电力行业减污降碳、制造业（供应链）绿色转型、交通行业减污降碳等关键领域的应用，评估其实际效果和潜在影响。

4. 数字赋能绿色低碳发展的策略与政策建议

基于研究形成的数字赋能绿色低碳发展策略与政策建议(涵盖技术研发协同、标准体系构建、政策工具创新及市场化激励机制)，已通过分场景论证模式深度融入产业转型、技术创新等核心模块，实现政策设计与产业实践的精准对接。

1.4 研究框架与研究方法

1.4.1 研究框架

本书的基本结构如下。

第 1 章绪论，主要阐述研究的背景，即在全球气候变化和资源环境约束日益严峻的背景下，数字技术在推动绿色低碳发展中的重要作用。同时，明确研究的目的及意义，概述国内外在该领域的研究现状，为后续章节奠定理论基础和研究方向。

第 2 章绿色低碳发展面临的挑战与数字化赋能机遇，深入分析当前绿色发展面临的资源短缺、环境污染、技术瓶颈等挑战，同时探讨数字技术为绿色低碳发展带来的新机遇，如提高能效、优化资源配置、促进节能减排等，为后续章节的研究提供现实依据。

第 3 章数字赋能绿色低碳发展的原理与模式，详细阐述数字技术的核心原理，包括大数据分析、云计算、人工智能、物联网等，并探讨这些技术在绿色低碳领域的应用潜力。在此基础上，构建数字赋能绿色低碳发展的理论框架，提出适合不同领域、不同层级的发展模式与技术路线。

第 4 章数字化与新基建（全称为新型基础设施建设）的减污降碳，研究数字化手段在新基建项目中的减污降碳作用，如智慧能源、智慧社会等。

第 5 章数字化与水污染综合治理，分析数字化手段在水污染监测、预警、治理等方面的应用效果。

第 6 章数字化与大气污染治理，分析数字技术在大气污染源识别、空气质量预测、污染控制、治理措施优化中的作用。

第 7 章数字化与矿产资源绿色低碳发展，研究数字化在矿产资源勘探、开采、加工、利用全链条中的绿色低碳应用，增强城市韧性。

第 8 章数字化与城市生态韧性，探讨数字技术如何提升城市生态系统抗干扰能力、恢复能力及适应能力。

第 9 章数字赋能资源环境协同管理，探讨数字技术如何促进资源环境管理系统的协同高效运行。

第 10 章数字化与能源电力行业减污降碳，研究数字化在能源电力行业节能减排、智能调度、清洁能源利用等方面的实践。

第 11 章数字化与制造业（供应链）绿色转型，分析数字技术在促进制造业绿色化智能化转型、生产流程优化、废弃物回收利用等方面的应用。

第 12 章数字化与交通行业减污降碳，探讨智能交通系统、交通大数据分析等数字技术在交通规划、出行方式选择、交通管理及新能源汽车推广中的应用效果与减污降碳贡献。

1.4.2 研究方法

本书以数字赋能绿色低碳发展为着眼点，采用定性与定量相结合、理论与实践相结合的综合性研究方法，通过全面分析与典型研究、微观分析与宏观阐释、文献综述法、案例分析法、交叉学科研究法等多种手段，全面深入地探讨数字赋能绿色低碳发展的理论基础、实践路径及其成效。

1. 全面分析与典型研究

全面分析体现在第 3 章基础相关理论的分析与阐释方面；典型研究主要体现在第 4 章至第 12 章数字赋能相关行业的研究上。

2. 微观分析与宏观阐释

微观分析与宏观阐释主要体现在第 2 章，同时从全球宏观视野审视环境变迁，以及从微观行业层面分析所面临的独特机遇与核心问题。随后，在第 4 章至第 12 章中，系统阐述各行业宏观环境的现状，并精准提炼出各行业面临的典型问题与挑战。

3. 文献综述法

文献综述法贯穿全文，本书广泛搜集并分析了国内外关于绿色发展、数字技术及其在各领域应用的学术文献、政策报告、行业白皮书等。通过系统性地分类、整理与对比，梳理相关的研究文献，了解当前研究的热点、前沿趋势以及存在的知识缺口，提炼出对本书有借鉴意义的理论观点和实践经验。

4. 案例分析法

案例分析法体现在第 4 章至第 12 章的数字赋能相关行业方面，通过选取各行业具有代表性的绿色低碳项目作为案例，验证数字技术在实际绿色低碳项目中的应用效果，提炼出可复制、可推广的经验模式。

5. 交叉学科研究法

交叉学科研究法贯穿全书，结合环境科学、信息技术、经济学、管理学等多个学科的理论和方法，打破了学科壁垒，形成了跨学科的研究视角和思路，提高了研究的综合性和创新性。

1.5　本书结构与篇章安排

第 1 章绪论部分首先明确“数字赋能绿色低碳发展理论与应用研究”这一选题的深远理论价值和迫切现实意义，阐述其理论背景，即数字技术如何与绿色低碳理念相融合，形成新的发展模式与路径，并探讨其实际意义，即如何通过数字技术的应用，有效推动经济社会的绿色低碳转型，实现环境保护与经济发展的双赢。随后，明确本书的研究主线，即围绕“数字赋能”这一核心，深入探讨其在绿色低碳发展领域的理论框架、实践路径、应用案例及未来趋势，融合文献综述、案例分析、实证研究等多种方法，力求全面、深入地揭示数字赋能绿色低碳发展的内在逻辑和外在表现。

第 2 章深入剖析了绿色低碳发展在全球化背景下遭遇的多维度挑战与潜在的转型机遇，特别是在制度框架构建、技术创新突破及资金筹措难题上。首先，审视了全球绿色发展的最新动态与理论前沿，对比了国内外政策框架的成效差异，揭示了跨领域合作中的政策协同不足与技术标准不统一的难题。其次，强调技术创新在绿色转型中的核心驱动力，指出数字技术是产业升级、能效提升与排放减少的关键要素，并深入探讨其如何为绿色低碳发展注入强劲新动能。最后，展望绿色发展的未来蓝图，强调国际合作与战略调整的重要性。

第 3 章详细阐述了数字技术赋能绿色低碳发展的原理与模式，从数字技术的内涵、特征表现及其赋能高质量发展的基本原理出发，深入剖析了低耗减排的绿色消费模式、节能增效的智能制造模式以及智慧协同的生态提质模式等具体实践方式，展示了数字技术如何通过优化资源配置、提升生产效率、促进创新及实现生态环境治理的智能化、精准化和协同化，全面推动绿色低碳转型的深入发展。

第 4 章至第 12 章，将按照数字技术在不同领域的应用进行分章阐述。

第 4 章系统阐释数字技术赋能新基建减污降碳的实施逻辑，从技术机理（应用场景、落地路径）到实践验证（以陇东—山东 ± 800 千伏特高压直流输电工程为例，解析全生命周期碳排放核算及数字技术优化路径），揭示数字化在输电效率提升、污染动态监控等环节的关键作用。通过特高压项目实证，阐明数字技术如何支撑新基建项目实现碳排放精准测算与减排策略动态调整，并基于技术融合趋势提出低碳发展策略（如全生命周期管理优化、电碳数据协同治理），为新基建领域破解“规模扩张—环境约束”矛盾提供系统性方法论。

第 5 章聚焦数字技术在水污染综合治理中的实践路径，通过解析智慧监测、大数据预测与智能决策等核心技术原理,结合云-边协同的能源环境一体化数智管理平台、长江流域机器学习分析污染成因等实证案例，系统阐述数智技术在水质动态监控、污染溯源及治理策略优化中的具体应用，并基于国内外实践经验总结技术推广的挑战与前景，为构建智能化的水环境治理体系提供方法支撑。

第 6 章系统探讨了数字技术在大气污染治理中的多维应用，从技术原理与体系构建（如监测数据实时处理、污染源精准识别）到政策执行与效果评估（基于大数据的决策支持、公众参与机制），结合国内外典型案例（如城市治理实践与国际经验对比），全面解析数字技术如何优化污染治理全流程，同时客观分析技术瓶颈（如数据整合难题、跨部门协同障碍），最终提出未来技术创新方向与政策优化路径，为数字化赋能大气污染治理提供从理论到实践的系统性框架。

第 7 章系统探讨数字技术在矿产资源绿色低碳发展中的融合路径，围绕勘探开采、冶炼加工及管理决策三大环节解析技术赋能逻辑，通过深部有色金属矿智能预测、锌冶炼焙烧炉数字孪生系统等典型案例，实证数字化对资源开发效率提升与碳排放优化的双重价值。结合绿色矿山建设与低碳技术体系的理论框架，进一步提出资源开发全链条的智能化改造方向，为矿产资源领域实现“效率-生态”协同目标提供方法论支撑。

第 8 章聚焦数字技术对城市生态韧性建设的支撑作用，从数据采集分析、模拟建模与可视化评估三大技术维度切入，系统解析数字化与生态风险动态监测、气候变化适应性规划的耦合机制。通过城市生态大数据智慧管理和服务平台的技术集成实践，揭示数字化在生态承载力评估、灾害预警等场景的应用逻辑，同时指出数据壁垒与模型适配性不足等现实挑战，最终提出技术迭代与政策协同的双向优化路径，为构建数据驱动的城市生态韧性治理体系提供方法论指引。

第 9 章聚焦数字技术对资源环境协同管理的体系化赋能，从理论逻辑（内涵特征、微观机制）到方法体系构建（基础理论、研究方法），系统阐释数智技术驱动下的协同治理升级路径（技术突破、平台集成与模式创新），并以电力能源与环境数智协同管理为实证案例，揭示跨领域数据融合与智能决策的应用潜力。通过解构资源环境协同管理的关键环节，进一步提出未来研究需深化的方向（驱动因素、过程机制及中国情境适配性），为破解资源环境管理碎片化难题、构建全域协同治理范式提供理论框架与技术支撑。

第 10 章系统探讨数字技术在能源电力行业减污降碳中的多维应用,从核心技术体系（如物联网精准碳计量、人工智能能效优化）到实施路径（涵盖清洁能源发电、区块链低碳激励、数字孪生规划等关键场景），结合典型案例实证数字技术对源端降碳与全环节碳管控的支撑作用。针对数据安全风险、技术标准缺失及电碳协同失衡等瓶颈，提出强化电力数据治理、构建智慧化标准体系等前瞻性策略，为破解行业减污降碳的“效率-成本-安全”三元矛盾提供系统性解决方案。

第 11 章系统探讨数字技术驱动制造业（供应链）绿色转型的实践路径，从转型瓶颈（数据“孤岛”、协同管理低效、技术成本高）到赋能机制（提升供应链可见性、优化资源效率、支撑全流程智能决策），结合流程工业与装配制造业的实证案例，解析数字化在能耗监控、废弃物循环等场景的技术落地逻辑。针对转型中的系统性障碍，提出破解数据壁垒、强化跨链协同等对策，并展望技术迭代与政策激励的融合方向，为构建“数字-绿色”双轮驱动的制造业转型范式提供操作框架。

第 12 章聚焦数字技术驱动交通行业减污降碳的实施框架，从行业核心挑战（人口压力加剧、城市拥堵恶化、能源供给效率不足）切入，通过智能调度优化、智慧交管及泊车系统升级等路径，解析数字化对交通流动态调控与能耗精准管控的技术支撑。结合智能联网、智慧高速等案例，实证数字技术对碳排放监测、清洁能源适配等场景的赋能效果，并前瞻性提出“云上智行”动态调度与“电化长江”绿色航运等融合方案，为破解交通领域“效率-排放”矛盾提供系统性技术路径与场景化转型范式。

在此基础上，以全球绿色低碳转型与数字技术迅猛发展的深入融合为基本背景，本书将着力探讨如何通过数字技术的赋能作用推动绿色低碳发展的理论创新与实践应用，进而提出中国未来在数字赋能绿色低碳发展领域的基本思路和具体对策建议。

第2章 绿色低碳发展面临的挑战与数字化赋能机遇

2.1 引　言

在全球范围内，气候变化的加剧、资源枯竭和生态系统的恶化使各国已将绿色低碳发展提上议事日程。根据世界银行的数据，气候变化每年导致的经济损失已经超过数千亿美元，并且这一数字预计将在未来几十年内继续上升①。为应对这一全球性挑战，绿色经济、绿色增长和绿色发展成为各国共同推进的可持续发展理念。绿色经济主张通过高效利用资源和减少污染，实现经济增长与环境保护的双赢发展。例如，德国早在2000年就颁布了《可再生能源法》，目标是发展可再生能源和提高能源效率；国际可再生能源署（International Renewable Energy Agency，IRENA）也曾发布《全球可再生能源展望：能源转型2050》，提出“到2050年，全球风电、光伏等可再生能源（renewable energy sources，RES）在未来电力系统中的比例将上升至86%”,全球能源相关的二氧化碳排放量将减少70%②。绿色增长则侧重于通过技术创新推动经济增长与环境保护的融合，以实现长期的可持续发展。韩国的绿色增长战略就是一个典型案例，自2017年起，韩国政府通过一系列政策，如《可再生能源3020实施计划》，推动新能源和节能技术的发展，使其成为亚洲绿色经济的领军者之一[1]。绿色发展作为更为广泛的概念，不仅涵盖经济与环境的关系，还强调社会的可持续性。例如，欧盟提出的《欧洲绿色协议》，旨在通过综合性的绿色政策，实现到2050年欧洲成为首个碳中和大洲的目标[2]。

在全球绿色发展的背景下，中国同样面临着推动绿色低碳发展的紧迫任务。作为全球最大的碳排放国之一，中国的碳排放量占全球总量的30%以上③。为应

---

① 10 things you didn't know about the World Bank Group's work on climate change（《你不知道的10件世界银行集团在气候变化方面的工作》），https://www.worldbank.org/en/news/factsheet/2021/10/29/10-things-you-didn-t-know-about-the-world-bank-group-s-work-on-climate[2021-10-29]。

② Global renewables outlook：energy transformation 2050（《全球可再生能源展望：能源转型2050》），https://www.irena.org/-/media/Files/IRENA/Agency/Publication/2020/Apr/IRENA_GRO_Summary_2020[2025-04-09]。

③ Fossil fuel CO_2 emissions increase again in 2024（《2024年化石燃料二氧化碳排放量再次增加》），https://globalcarbonbudget.org/fossil-fuel-co2-emissions-increase-again-in-2024/[2024-11-03]。

对这一挑战，中国政府在国际气候治理中积极发挥领导作用。2020 年 9 月，中国在第 75 届联合国大会上提出了应对气候变化和能源转型的目标，中国正式迈入“碳中和元年”[3]。这一承诺不仅展现了中国对全球气候变化问题的深刻理解和高度责任感，也为全球应对气候危机提供了中国智慧。与此同时，2022 年上半年中国在可再生能源领域的投资已占全球投资额的 43%①。作为全球清洁能源的最大投资国和最多装机地，中国提出的碳中和目标不仅加速了国内的绿色转型，也带动了全球范围内的响应和跟进。在政策层面，中国的“十四五”规划进一步明确了绿色发展的路线图，尤其是推动工业绿色发展和优化能源结构的具体举措。这些努力不仅有助于中国实现绿色低碳发展的目标，也为全球其他国家提供了有益的借鉴。

不仅如此，绿色低碳发展作为一种新兴的生产力形式，其重要性和潜力在全球范围内日益凸显。绿色生产力不仅意味着在生产过程中减少资源消耗和污染排放，还包括通过技术创新和制度改革，推动整个经济体系的绿色转型。中国生态环境部党组书记孙金龙、生态环境部部长黄润秋在《求是》杂志中指出，发展绿色生产力是马克思主义生态观的与时俱进，是推动高质量发展的应有之义，是实现生态环境质量改善由量变到质变的重要基础，是推动全球可持续发展的中国贡献②。例如，在矿产资源的低碳开发方面，中国在绿色生产力的引领下，通过技术升级和管理创新，大幅降低了资源开采的碳排放和环境破坏，为全球矿业绿色转型提供了宝贵的经验和参考。

在推动绿色低碳发展的过程中，数字技术扮演了至关重要的角色。数字技术不仅为优化资源配置、提升能源利用效率和减少污染排放提供了有效工具，还为全球绿色转型提供了全新路径。随着物联网、大数据和人工智能等技术的快速发展，数字化赋能正在全球范围内发挥越来越大的作用。例如，在美国，智能电网技术的应用大幅提高了能源利用效率，并减少了能源浪费。加利福尼亚州的智能电网项目成功将能源需求峰值降低了 8%，为其他国家提供了成功案例③。同样，欧盟通过“智慧城市”计划，将数字技术应用于城市管理，显著减少了城市的碳足迹④。中国在这方面也取得了显著进展，国家电网有限公司通过智能电网建设，

---

① 《中国引领全球能源清洁转型》，http://paper.people.com.cn/zgnyb/html/2023-02/06/content_25964675.htm[2023-02-06]。

②《培育发展绿色生产力 全面推进美丽中国建设》，https://www.12371.cn/2024/06/16/ARTI1718506017151752.shtml[2024-06-16]。

③ California smart grid annual report 2019（《2019 年加利福尼亚州智能电网年度报告》），https://www.cpuc.ca.gov/industries-and-topics/electrical-energy/infrastructure/smart-grid-landing-page[2020-02-20]。

④ The marketplace of the European innovation partnership on smart cities and communities (EIP-SCC)（《欧洲智慧城市和社区创新伙伴关系市场（EIP-SCC）》），https://smart-cities-marketplace.ec.europa.eu/sites/default/files/EIP_Brochure.pdf [2025-02-04]。

实现了电力需求侧的精准控制和高效调度，大幅提升了能源利用效率[4]。此外，智慧城市的推广也在全国范围内展开，如杭州市的“城市大脑”项目，通过人工智能技术实时监测和管理城市交通，不仅减少了交通拥堵，还显著降低了由此产生的碳排放[5]。

展望未来，全球各国在应对气候变化的过程中，必须正视绿色低碳发展面临的复杂挑战与机遇。在接下来的章节中，本书将进一步探讨绿色低碳发展面临的多重挑战，分析各领域在减污降碳过程中遇到的难题，并详细阐述如何通过数字化赋能抓住新兴机遇，实现可持续发展的战略目标。通过深入研究全球和中国的实践经验，为各国专家学者提供有益的借鉴和切实的建议，以共同推动全球绿色低碳发展进程。

2.2　绿色低碳发展面临的挑战

2.2.1　全球绿色发展动态与理论发展现状

全球绿色发展及其理论在过去几十年间经历了显著的变迁。伴随着气候变化和环境危机的加剧，绿色发展已经成为全球各国政府、国际组织和学术界共同关注的重要议题。绿色发展理论从最初关注经济增长与环境保护之间的矛盾，逐渐扩展到涵盖社会经济、生态环境、技术进步等多方面的综合性研究框架，涵盖了多个领域和学科，展现出复杂的多学科交叉性。这一演变不仅反映了绿色发展概念的深化，也体现了全球应对气候变化、实现可持续发展的迫切需求。

在生态学与环境科学的研究中，绿色发展的核心在于如何减少人类活动对自然环境的负面影响。例如，通过实施生物多样性保护、可持续农业和水资源管理等措施，研究者致力于推动生态系统的恢复与稳定[6]。与此相辅相成，绿色经济作为理论的关键组成部分，强调经济增长与环境保护的协调。绿色经济研究涉及如何通过政策工具（如碳税、绿色补贴）和市场机制（如碳交易、绿色金融）来实现经济的可持续发展，这种经济学与环境科学的结合，进一步凸显了绿色发展的跨学科性质[7]。

与此同时，社会科学，尤其是社会学和人类学，在探索绿色发展对社会结构和文化的影响方面发挥了重要作用。例如，在城市规划中，研究者通过增加绿色空间和改善城市设计来提高居民的生活质量与环境意识，从而进一步推动可持续发展[8]。技术与工程学的进步也对绿色发展起到了关键作用，尤其是在可再生能源、清洁生产技术和环境友好型材料的开发与应用方面。这些技术创新帮助企业和社会实现了低碳经济与资源高效利用的目标[9]。

教育同样在绿色发展中不可或缺，尤其是在提高公众环境意识和行为转变方面。教育领域的研究探讨了如何通过学校教育、社区教育和大众媒体，推动可持续发展理念的传播和实践，从而更广泛地推动社会转型[10]。此外，政策与治理的研究则集中在绿色发展的制度框架上，尤其是在制定和实施环境政策方面。有效的环境政策需要多层次的治理结构和跨部门的合作，以确保政策的成功执行和长久影响[11]。

绿色金融的快速发展也表明了金融与投资在绿色发展中的重要作用。绿色金融包括绿色债券、绿色信贷、碳金融等金融工具的研究和应用，这些工具不仅支持环保项目的融资，还为企业和政府提供了转向可持续发展的经济激励[12]。同时，在城市规划领域，绿色发展被广泛应用于规划和管理可持续的城市环境，包括绿色建筑、城市绿地和公共交通系统的优化。这些措施旨在降低城市的环境足迹，并提高城市居民的生活质量[13]。

健康科学与生态健康的结合也越发紧密，特别是在探讨环境因素对人类健康的影响方面。例如，绿色空间对心理健康的积极影响，以及污染控制对公共健康的贡献，已成为这一领域的重要研究方向[14]。在农业领域，绿色发展则强调可持续的农业实践，如有机农业、低投入农业和生物多样性管理。这些研究不仅关注如何通过可持续的农业实践来确保食品安全，还关注如何在这一过程中保护环境[15]。

绿色创新经济学的研究进一步拓展了绿色发展的理论边界，特别是在“工业4.0”框架下，如何通过整合多学科方法来保障和预测绿色发展的稳定性。通过将这些方法整合到整体模型中，研究者能够在面对不确定性和危机时做出更加有效的决策与控制[16]。同时，制造业的绿色转型也被视为一个多阶段的过程，其中新动态逐渐取代旧的生产模式，通过低碳减排措施来促进经济的可持续发展。

总结来看，全球绿色发展在不同地区和领域展现出多样性和复杂性，各国在绿色发展道路上的探索不仅丰富了理论研究的内涵，也为应对未来的环境和社会挑战提供了坚实的理论基础。通过深入研究全球和中国的实践经验，我们将为各国专家学者提供有益的借鉴和切实的建议，以共同推动全球绿色低碳发展进程。

2.2.2 国内外政策框架与实施效果对比

在全球范围内，绿色发展政策已成为各国政府应对气候变化、推动可持续发展的核心战略之一。各国通过制定不同的政策框架，推进绿色经济转型，并在实施过程中取得了不同程度的成效。

欧盟在绿色发展领域展现了强烈的意愿，力求通过全面的政策框架引领全球的绿色转型。其《欧洲绿色协议》设定了到 2050 年实现碳中和的目标，并提出到 2030 年将温室气体排放量在 1990 年的基础上减少至少 55%的中期目标[17]。欧盟还制定了“适应气候变化战略”和《欧洲气候法》，这些政策文件强化了其长期承诺，并明确了实现绿色转型的具体路径和手段。欧盟通过碳排放交易体系（EU Emissions Trading System，EU ETS）不断扩大覆盖范围和市场规模，并推出了碳边境调整机制（carbon border adjustment mechanism，CBAM），以防止碳泄漏并维护内部市场的公平竞争[①]。这些举措反映了欧盟在绿色发展上的坚定态度，旨在通过政策杠杆推动企业和社会的全面转型。

美国的绿色发展政策经历了从波动到稳固的过程。特朗普政府在 2017 年宣布退出《巴黎协定》，这一举措一度削弱了美国在全球气候治理中的参与感，背弃了国际社会对美国的期待。然而，在拜登政府上台后，美国迅速重返《巴黎协定》，承诺到 2050 年实现碳中和[②]。拜登政府通过《通胀削减法案》（Inflation Reduction Act，IRA）和《基础设施投资和就业法》（Infrastructure Investment and Jobs Act，IIJA）提供了大规模财政支持，推动清洁能源、电动汽车以及绿色基础设施的发展。这些政策不仅反映了联邦政府对绿色发展的重视，也通过市场激励机制促进了企业和投资者的积极参与。

日本和韩国通过技术创新和政策保障，展现了强烈的绿色发展意愿。日本的《能源基本计划》明确了到 2030 年将可再生能源占比提高至 36%～38%的目标，并通过《绿色增长战略》促进氢能和碳捕集与封存技术的发展[③]。韩国则通过其“绿色新政”加强对氢能、智能电网和绿色建筑的投资，韩国政府在《2050 碳中和战略》中明确了通过技术创新和国际合作实现碳中和的目标[④]。

全球部分发展中国家在绿色发展中面临巨大挑战，尽管这些国家在绿色转型上展现了意愿，但由于资金、技术和基础设施的不足，其政策实施效果远不如发达国家显著。例如，非洲国家如埃塞俄比亚和肯尼亚在可再生能源开发方面取得了一些进展，特别是在离网太阳能领域。然而，由于这些国家的电力基础设施不完善，大规模的可再生能源项目难以快速推广。拉丁美洲的巴西在热带雨林保护和生物多样性维护方面出台了相关政策，但在实际实施中，非法采伐和农业扩张仍然对环境造成了严重破坏[⑤]。印度在绿色发展政策中展现了较为独特的路径，

---

① Establishing a carbon border adjustment mechanism（《建立碳边境调整机制》），https://eur-lex.europa.eu/legal-content/EN/TXT/?uri=CELEX%3A32023R0956[2023-05-10]。

② 《美国重返〈巴黎协定〉：联合国期待世界实现更具雄心的气候合作和绿色复苏》，https://news.un.org/zh/story/2021/01/1076512[2021-01-26]。

③ 《日本内阁批准第六次能源基本计划》，http://www.casisd.cn/zkcg/ydkb/kjqykb/2022/202201/202203/t20220314_6390468.html[2022-03-14]。

④ 2050 carbon neutral strategy of the Republic of Korea：towards a sustainable and green society（《韩国 2050 年碳中和的战略：实现可持续和绿色社会》），https://unfccc.int/sites/default/files/resource/LTS1_RKorea.pdf[2020-12-30]。

⑤ Brazil and Colombia see dramatic reductions in forest loss, but new fronts keep tropical rates high（《巴西和哥伦比亚的森林损失大幅减少，但新出现的问题使热带森林损失率依然居高不下》），https://www.wri.org/news/release-brazil-and-colombia-see-dramatic-reductions-forest-loss-new-fronts-keep-tropical-rates[2024-04-04]。

特别是在推动可再生能源方面，印度制定了到 2030 年实现 450 吉瓦可再生能源装机容量的目标[①]。然而，尽管印度政府在政策层面展现了强烈的意愿，但该国在执行过程中面临着土地获取、资金筹措以及技术引进等方面的挑战。

这些国家的情况显示，尽管发展中国家在全球绿色发展中扮演着重要角色，但其政策实施面临的现实困难使得绿色转型的道路更加曲折。这些国家需要更多的国际支持，包括资金、技术转移以及能力建设等方面的支持，以实现其绿色发展的目标。

而中国在绿色发展方面则展现了高度的政策意愿，并通过一系列顶层设计和具体措施推动绿色转型。中国的“十四五”规划明确了绿色发展的整体战略，并通过《国家适应气候变化战略 2035》进一步细化了路径和目标[②]。作为全球最大的可再生能源投资国，中国的风电和光伏发电装机容量连续多年位居世界首位，且通过“一带一路”倡议，中国不仅将绿色发展理念和标准输出到发展中国家，还积极参与全球气候治理，展现了中国在全球绿色发展中的领导力。中国在国际舞台上，展现了负责任的大国形象。自“双碳”目标确定以来，中国能源绿色低碳转型稳步推进，这不仅体现了中国对全球气候治理的高度重视，也为全球气候危机的解决提供了中国智慧和中国方案。

整体来看，全球主要国家和地区的绿色发展政策框架各有侧重，并在实施过程中取得了不同的成效。欧盟通过全面的政策措施和财政支持，明确了其在全球绿色发展中的领导地位；美国通过市场驱动与政策激励的结合，再次在全球气候行动中发挥重要作用；日本和韩国则通过技术创新和政策保障，展现了在绿色发展领域的强烈意愿；还有全球部分发展中国家尽管展现了积极意愿，但在实际实施中仍面临诸多挑战。中国通过政策引导和国际合作，不断加强自身在全球绿色发展中的领导地位，并积极推动国际社会的合作与共赢。

2.2.3 绿色发展的跨领域挑战

随着全球经济、科技、社会结构的深刻变革，绿色发展已成为各国实现可持续发展的核心路径。然而，绿色发展的推进并非一帆风顺，其复杂性和多样性导致了诸多跨领域的挑战。这些挑战不仅体现在单一行业或技术领域，还涉及多部门、多领域的协调与融合。从能源结构的转型到制造业的绿色转型，从交通运输领域的脱碳到城市生态系统的建设，绿色发展的每一个步骤都伴随着新旧矛盾的

---

① 《第三十次“基础四国”气候变化部长级会议联合声明》，https://www.mee.gov.cn/xxgk2018/xxgk/xxgk15/202104/t20210419_829379_wh.html[2021-04-19]。

② 《国家适应气候变化战略 2035》，https://www.mee.gov.cn/xxgk2018/xxgk/xxgk03/202206/W020220613636562919192.pdf[2022-05-30]。

激化与创新路径的探索。

首先，绿色发展要求在经济增长与环境保护之间取得平衡。然而，传统经济模式往往依赖高污染、高能耗的工业化路径，这使得绿色发展在经济转型过程中面临艰巨挑战。如何在保持经济增速的同时，实现资源利用的最大化和环境污染的最小化，成为全球绿色发展的首要难题。这一问题不仅是发达国家正面临的，也是发展中国家在快速工业化过程中亟须解决的核心矛盾。

其次，绿色发展在技术和基础设施建设方面的跨领域挑战尤为突出。新基建的快速发展，如大数据中心、人工智能和 5G 网络等，尽管带来了巨大的经济和社会效益，但也加剧了能源消耗和碳排放的问题。如何在这些新兴领域中引入低碳技术，实现减污降碳的目标，是当前全球各国共同面临的挑战之一。

再次，绿色发展还面临社会层面的挑战。实现可持续发展不仅依赖于技术和政策的支持，还需要全社会的广泛参与和认同。公众的环保意识、绿色消费行为，以及企业的社会责任感，都是推动绿色发展不可或缺的力量。然而，如何有效地激发和调动这些社会因素，仍然是全球各国在推进绿色发展过程中必须应对的复杂问题。

最后，全球气候变化的加剧进一步凸显了绿色发展的跨领域挑战。在应对气候变化的过程中，各国必须在能源、交通、工业、农业等多领域进行系统性的改革，这不仅需要技术创新和政策支持，还需要国际社会的紧密合作与协调。全球部分南方国家特别是发展中国家，由于面临资源匮乏、基础设施落后等问题，绿色转型过程尤为困难，这也使全球绿色发展路径充满了不确定性和挑战。

总的来说，绿色发展的跨领域挑战是多方面的、复杂的，涉及经济、技术、社会、环境等多个层面。应对这些挑战需要全球各国在政策、技术、社会参与等方面深度协作和创新，只有通过跨领域的综合治理和协调发展，才能真正实现全球绿色发展目标，推动世界走向可持续的未来。

1. 全球可持续发展的数字化落差与不平衡挑战

在全球范围内，数字技术被视为推动可持续发展的强大动力，但其应用和普及的差异导致了显著的全球不平衡。发展中国家和欠发达地区在数字基础设施、技术应用、数据获取与管理等方面的不足，严重制约了其在可持续发展目标（sustainable development goals，SDGs）上的进展。这种数字化不平衡不仅加剧了全球环境与经济的南北差距，也使全球应对气候变化与资源管理的能力受到限制。

首先，数字基础设施的不平衡是全球数字化进程中的首要挑战。发达国家凭借雄厚的经济基础和科技实力，早已建立了完善的数字基础设施网络。例如，欧盟在《欧盟数字战略》中设定了到 2030 年实现全欧 5G 覆盖的目标，并大力投资于光纤网络的铺设①。相比之下，《非洲数字化转型战略（2020—2030）》的数据显示，有将近3亿非洲人生活在距离光纤网络50千米以外的地方，且许多农村地区甚至无法获得稳定的电力供应，这使数字技术的普及和应用极为困难②。

这一差距直接影响了各国在环境监测和资源管理中的能力。例如，在水资源管理方面，欧洲国家广泛使用数字传感器和物联网技术来实时监控水资源状况，并通过数据分析优化水资源配置，减少浪费和污染[18]。然而，在许多非洲和南亚国家，由于缺乏基本的传感设备和数据网络，水资源管理依然依赖传统的、低效的手段，导致水资源的过度消耗和污染问题难以得到有效遏制[19]。

其次，数字技术人才的短缺进一步加剧了全球数字化应用的不平衡。发达国家拥有大量受过高等教育的数字技术专业人才，这为其在大数据、人工智能等新兴领域的迅速发展提供了人力资源保障。例如，美国硅谷集中了全球最顶尖的技术人才和研发资源，使其成为全球科技创新的中心。相比之下，许多发展中国家在数字技术人才的培养上明显滞后。根据世界经济论坛的数据，撒哈拉以南非洲和拉丁美洲的许多国家在高等教育和技术培训方面的投入不足，导致这些地区在全球数字经济中的竞争力严重受限③。

这种人才差距不仅影响了数字技术的开发和应用，也使这些国家在全球科技合作中处于不利地位。例如，印度尽管在信息技术服务业方面取得了长足进展，但其农村地区在数字技术人才的分布上依然存在不足，这使其农业现代化进程受到影响[20]。这种不平衡导致了全球范围内科技创新能力的差异，进而影响了各国在应对全球性环境挑战中的贡献。

再次，全球数字化转型的政策支持也存在显著差异。发达国家不仅在基础设施和人才培养上投入巨大，还制定了完善的政策框架来支持数字技术的发展。例如，德国政府推出了《国家人工智能战略》，通过财政支持和政策引导，大力推动人工智能在工业、交通和环境管理中的应用④。然而，许多发展中国家由于财政能力有限，无法提供足够的政策支持，导致其数字化进程步履维艰。例如，南非地区在推动数字技术应用的过程中，面临着资金短缺和政策执行力不足的双重挑战，使其在全球数字经济中的地位难以提升[21]。

---

① EU digital strategy（《欧盟数字战略》），https://eufordigital.eu/discover-eu/eu-digital-strategy/[2025-02-17]。

② Agenda 2063: the Africa we want（《2063 年议程：我们想要的非洲》），https://au.int/Agenda2063/popular_version[2025-02-17]。

③ Why digital inclusion must be at the centre of resetting education in Africa（《为什么数字包容必须成为非洲教育重置的核心》），https://www.weforum.org/agenda/2021/03/digital-inclusion-is-key-to-improving-education-in-africa/[2021-03-25]。

④《德国科技创新简报 总第35期》，http://de.china-embassy.gov.cn/kjcx/dgkjcxjb/202010/t20201021_3160241.htm[2020-10-21]。

最后，全球数字化发展中的数据获取和管理能力的不均衡也构成了重大挑战。发达国家通过大规模投资，建立了完善的数据收集、存储和分析系统，能够高效处理海量环境数据，从而制定科学合理的政策。例如，欧盟的地球观测计划“哥白尼”（Copernicus）通过卫星数据监测欧洲的土地利用、气候变化和自然灾害情况，提供了强大的数据支持[①]。而在许多发展中国家，由于缺乏必要的技术和资金支持，数据的收集和管理能力严重不足，导致这些国家在应对环境问题时缺乏科学依据[②]。

总结来说，在全球可持续发展的数字化进程中，基础设施、人才培养、政策支持以及数据管理能力的差异，导致了数字化不平衡的加剧。这种不平衡不仅限制了发展中国家在数字化时代的竞争力，也影响了全球应对气候变化和推动可持续发展的整体能力。为缩小这一差距，国际社会需要在技术援助、政策协调和能力建设等方面加强合作，帮助欠发达地区提升数字化水平，从而实现更加均衡的全球可持续发展。

2. 能源与工业智能化转型的结构性挑战

随着全球向绿色低碳经济转型，能源与工业领域的智能化转型被视为实现碳中和目标的关键途径之一。然而，智能化转型不仅需要先进的技术支持，还面临着多方面的结构性挑战。这些挑战不仅涉及技术和基础设施的不足，还包括政策的滞后性、产业结构的固有矛盾以及全球合作的复杂性。

第一，能源与工业领域的智能化转型高度依赖于先进的数字技术和基础设施。然而，全球范围内数字化基础设施的差异性使许多国家，特别是发展中国家，在这一转型过程中面临着巨大挑战。例如，智能电网是实现能源系统高效管理的核心技术，但在许多发展中国家，由于基础设施建设滞后，智能电网的普及率仍然很低。国际能源署报告显示，撒哈拉以南非洲地区约有 6 亿人没有电力供应，占总人口的 43%，电力基础设施薄弱，智能电网技术的应用仍然非常有限，主要集中在少数国家，这极大地限制了可再生能源的整合与利用[③]。

第二，工业领域的智能化转型也面临着技术更新与产业结构调整的双重挑战。传统工业部门通常依赖高能耗、高污染的生产方式，而实现智能化转型需要全面引入自动化、物联网（internet of things，IoT）和人工智能（artificial intelligence，

---

① European Space Agency –Copernicus（欧洲航天局–哥白尼），https://www.esa.int/Applications/Observing_the_Earth/Copernicus[2025-02-17]。

② Climate change, green recovery and trade（《气候变化、绿色复苏与贸易》），https://unctad.org/system/files/official-document/ditcted2021d2_en.pdf[2025-02-17]。

③ Africa energy outlook 2022《2022 年非洲能源展望》，https://iea.blob.core.windows.net/assets/220b2862-33a6-47bd-81e9-00e586f4d384/AfricaEnergyOutlook2022.pdf[2025-02-17]。

AI）等新技术。这不仅要求企业进行大规模的技术升级，还意味着需要重新设计生产流程和供应链管理。然而，许多传统工业企业缺乏足够的资金和技术支持来完成这一转型。例如，印度的制造业尽管在近年来表现出强劲的增长势头，但由于基础设施和技术水平的限制，其智能制造技术的应用仍然非常有限，这使印度的工业部门在全球低碳经济竞争中处于不利地位。

第三，政策层面的滞后性也是阻碍能源与工业智能化转型的重要因素。尽管全球各国在推动智能化转型方面都制定了相应的政策和战略，但在政策的执行力度和细节设计上仍存在诸多问题。例如，尽管中国政府在《“十四五”现代能源体系规划》中明确提出了推动智能化能源系统建设的目标，但在实际执行中，由于地方政府、企业之间客观情况上的差异，需要对相关能源发展目标进行调整，以保障整体能源安全①。此外，一些国家在制定相关政策时，缺乏对技术标准和规范的统一，这导致了跨国合作中的障碍，影响了全球能源与工业智能化转型的整体进程。

第四，产业结构的固有矛盾也是智能化转型面临的重大挑战之一。许多国家的工业结构长期以来依赖于传统能源和重工业，这些行业的转型成本高、难度大。例如，俄罗斯作为全球能源供应大国，其经济结构高度依赖于石油和天然气产业。在推进能源与工业智能化转型的过程中，俄罗斯不仅面临着减少碳排放的巨大压力，还需要在维持经济稳定和推动产业转型之间找到平衡[22]。

第五，全球合作的复杂性进一步加剧了能源与工业智能化转型的挑战。实现全球范围内的智能化转型不仅需要各国之间的技术合作，还需要在政策、标准和市场准入方面达成共识。然而，由于各国在经济发展水平、技术实力和政策目标上存在差异，全球合作常常面临利益冲突和协调困难。例如，在智能电网技术标准的制定上，发达国家与发展中国家之间的分歧仍然存在，导致技术转移和市场推广的难度加大。

总的来说，能源与工业领域的智能化转型在实现绿色低碳发展的道路上面临着诸多结构性挑战。这些挑战不仅制约了智能化技术的广泛应用，也影响了全球低碳经济的整体推进。要克服这些挑战，全球各国需要在技术研发、政策制定、产业结构调整以及国际合作等方面进行全面的协同努力，从而推动能源与工业领域的智能化转型，实现可持续发展目标。

3. 环境治理与碳管理的数字化挑战

全球范围内的环境治理与碳管理正在经历数字化转型，但这一过程面临着一

① 《国家发展改革委 国家能源局关于印发〈“十四五”现代能源体系规划〉的通知》，https://www.ndrc.gov.cn/xxgk/zcfb/ghwb/202203/t20220322_1320016.html[2022-03-22]。

系列复杂且多样化的挑战。这些挑战不仅体现在技术和数据的应用上，还涉及政策制定、跨国协调以及公众信任等多个方面。

第一，在环境治理中，数字技术的应用面临数据质量和覆盖率的瓶颈。以东南亚为例，该地区的许多国家虽然在环境监测方面投入了大量资源，但由于设备维护和技术人员培训不足，环境监测数据的准确性和实时性受到影响。2019 年，泰国曼谷市在应对严重雾霾时，由于监测站点数量不足，无法及时获取全面的空气质量数据，致使政府的应对措施滞后，市民健康受到了较大影响。

第二，在碳管理领域，数据的集成和标准化仍是一个重大挑战。以欧洲为例，尽管欧盟内部各成员国都参与了碳排放交易体系，但由于各国的能源结构、工业布局和碳排放核算方法存在差异，数据整合过程烦琐且易出错。以德国和波兰为例，前者依赖可再生能源，而后者仍以煤炭为主，这种能源结构的差异使碳排放数据的统一标准制定的难度增大。不同国家在核算碳排放时所采用的系数和方法不同，导致数据在跨国层面的可比性较低，进而影响了欧盟整体碳市场的运行效率[23]。

第三，数字技术在碳管理中的高成本和实施复杂性也带来了显著的挑战。区块链技术尽管在碳交易市场中展现出潜力，但其高昂的实施成本和巨大的能耗问题成为制约其广泛应用的主要障碍。而在一些发展中国家，基础设施的缺乏和技术的落后，使类似技术的推广更加困难，这也在一定程度上阻碍了全球碳管理的数字化进程。

第四，政策与法规的不完善也是数字化环境治理和碳管理的瓶颈之一。在美国，尽管已经推出了一系列数字化监管工具，如美国环境保护局（Environmental Protection Agency，EPA）的在线排放监测系统，但各州之间的政策不一致性导致了数据整合的困难①。加利福尼亚州的排放标准相对严格，要求实时监控所有主要排放源，而其他一些州由于政策滞后和技术条件限制，无法达到这一标准。这种政策上的不一致性不仅阻碍了数据共享，也使联邦层面的统一治理策略难以有效实施。

第五，公众信任与隐私保护在数字化转型中也面临挑战。随着数字技术在环境治理中的广泛应用，大量环境数据被收集和分析，但这也引发了公众对数据隐私的担忧。例如，在日本，虽然政府引入了智能城市计划，通过物联网和大数据技术提升城市环境管理水平，但公众对个人数据被过度收集的担忧导致了部分项目推行受阻。公众信任的缺失不仅削弱了数字化治理的社会基础，也增加了推行

---

① EPA gives California OK on strict truck zero-emission rule（《美国环境保护局批准加利福尼亚州实施严格的卡车零排放规定》），https://www.truckinginfo.com/10195809/epa-enables-california-to-enact-its-strict-truck-zero-emission-rule[2023-03-31]。

数字技术的复杂性[24]。

综上所述，环境治理与碳管理的数字化转型尽管充满潜力，但仍面临诸多挑战。这些挑战不仅涉及技术层面的数据质量、成本和标准化问题，也涵盖了政策制定、跨国协调以及公众信任等领域。要有效应对这些挑战，各国需要在技术研发、法规完善和社会治理方面进行全面的协同努力，从而推动数字技术在环境治理和碳管理中的广泛应用，助力实现全球应对气候变化的共同目标。

4. 技术创新推动绿色转型的挑战

在全球推动绿色发展的进程中，技术创新被视为实现绿色转型的关键动力。然而，尽管技术创新在提升资源利用效率、减少污染和推动可再生能源发展等方面展现了巨大潜力，但其在应用和推广过程中仍面临着诸多挑战。这些挑战既有技术层面的创新瓶颈，也涉及市场接受度、资金支持以及政策和法规的滞后性。

第一，绿色技术创新面临的一个主要挑战是研发成本高昂且回报周期较长。与传统技术相比，绿色技术通常需要更复杂的研发过程和更高的初始投资。以清洁能源技术为例，虽然太阳能和风能的发电成本在过去十年显著下降，但其初始研发和部署成本依然较高。例如，光伏产业的早期研发和生产线建设需要巨额投入，这种高昂的成本使许多中小企业和发展中国家难以承担，进而限制了绿色技术的普及和推广。

第二，绿色技术创新在应用推广过程中还面临市场接受度的挑战。虽然许多创新技术在实验室和试点项目中表现良好，但在实际市场中的应用却不尽如人意。一个典型的例子是电动汽车行业。尽管电动汽车被认为是未来汽车工业的重要发展方向，但在许多国家，由于充电基础设施不完善、电池成本高以及消费者对续航里程的担忧，电动汽车的市场渗透率依然较低。截至 2023 年，全球电动汽车的市场占有率仅为 16%①。这表明，绿色技术的市场推广不仅需要技术本身的进步，还需要整个生态系统的配合，包括基础设施建设、消费者教育以及市场激励机制等。

第三，技术转移的复杂性是技术创新的另一大挑战。发达国家和发展中国家在技术创新能力上的差距，使许多先进的绿色技术难以在全球范围内迅速推广。例如，在可再生能源技术方面，欧洲和北美的发达国家已经形成了较为完整的技术研发和应用体系，而非洲和南美洲的许多国家由于缺乏必要的资金和技术支持，难以有效利用这些先进技术。在技术转移过程中，专利保护、知识产权问题以及跨国合作中的利益分配也是制约技术扩散的重要因素。

---

① Electric vehicle sales growing fast!（《电动汽车销量快速增长！》），https://cleantechnica.com/2024/02/09/electric-vehicle-sales-growing-fast/[2024-02-09]。

第四，绿色技术创新在政策和法规方面的滞后性也构成了重大挑战。尽管各国政府在鼓励绿色技术创新方面采取了诸如税收优惠、补贴政策等措施，但由于政策的不稳定性和法规的不完善，许多创新企业在技术研发和市场推广过程中仍面临诸多不确定性。例如，在美国，尽管政府对可再生能源项目提供了大量补贴，但由于联邦和州政策的频繁调整，企业在投资决策时难以预见长期收益，进而影响了技术创新的持续性。

第五，资金支持不足也是制约绿色技术创新的重要因素之一。虽然全球对绿色技术的投资在不断增加，但与传统能源和技术相比，绿色技术仍然面临资金缺口。根据国际能源署的数据，2023 年全球超过 1.7 万亿美元的投资预计将用于清洁技术，包括可再生能源、电动汽车、核电、电网、储能、低排放燃料、能效改进和热泵等，而传统化石能源技术领域的投资则约 1.1 万亿美元。清洁能源投资虽然增长强劲，但极不平衡。2021～2023 年，90%以上的清洁能源投资来自发达经济体和中国。如果其他地方的清洁能源转型不加速进行，全球能源可能面临新的不平衡发展。

第六，绿色技术创新还面临与现有技术路径竞争的压力。在许多传统行业中，企业已经在现有技术和生产线上投入了大量资源，转向绿色技术意味着需要对现有设施进行改造或完全替换，这不仅成本高昂，而且可能导致短期内的产出损失。以钢铁行业为例，尽管电弧炉等绿色技术可以显著减少碳排放，但大多数钢铁厂仍然依赖传统的高炉技术，因为改造现有设施的成本过高，且可能影响企业的市场竞争力。

综上所述，技术创新在推动绿色转型的过程中面临着复杂的挑战。这些挑战不仅包括高昂的研发成本、市场接受度低、技术转移困难和政策法规滞后，还涉及资金支持不足和与现有技术路径的竞争。要克服这些挑战，全球需要在政策制定、资金分配、国际合作等方面进行深度改革，以支持绿色技术的持续创新和广泛应用，推动全球绿色转型的实现。

5. 企业与金融体系的绿色转型挑战

在全球绿色发展的背景下，企业与金融体系的绿色转型成为实现可持续发展的关键。然而，尽管数字技术为绿色转型提供了新路径，但这一过程仍面临诸多挑战。这些挑战既包括企业内部的结构性障碍，也涉及金融体系在支持绿色转型时所面临的制度性和技术性问题。

第一，企业在推进绿色转型过程中面临着巨大的成本压力。绿色转型通常需要对现有的生产流程和管理体系进行全面改造，这意味着企业必须投入大量的资金和资源。例如，许多制造企业为了减少碳排放，必须对其生产设施进行升级，如引入更清洁的能源、安装碳捕获与存储设备或改进生产线，以提高能源效率。

这些技术改造的成本往往是巨大的，尤其对于中小型企业来说，可能难以负担。据世界经济论坛分析，全球制造业企业在实现碳中和目标的过程中，预计总投资将达到数万亿美元①。这种高昂的改造成本使许多企业在绿色转型过程中踌躇不前，导致绿色转型进展缓慢。

第二，企业在绿色转型中还面临着技术创新不足和技术转移的挑战。尽管数字技术如大数据、人工智能和物联网等在企业管理中发挥了重要作用，但这些技术的应用还没有完全覆盖到绿色转型的所有领域。例如，在供应链管理中，尽管一些企业已经开始利用区块链技术来追踪产品的碳足迹，但大多数企业在技术上仍然停留在传统的管理模式中，缺乏创新能力和技术支持。此外，绿色技术的跨国转移也面临着障碍，特别是在发展中国家，企业由于技术水平低、资金不足，难以引进和应用先进的绿色技术，这进一步阻碍了全球绿色转型的进程[25]。

第三，金融体系在支持企业绿色转型时也面临着严峻的挑战。尽管近年来绿色金融迅速发展，但在实际操作中仍存在诸多问题。首先，绿色金融产品的定义和标准化不足，导致市场上出现了大量名不副实的“绿色”金融产品。国际资本市场协会（International Capital Market Association，ICMA）曾警告，全球绿色债券市场中的许多产品缺乏透明度和真实性，这不仅动摇了投资者对绿色金融的信任，也影响了绿色金融的健康发展[26]。这种标准化不足的情况使企业在选择融资渠道时面临困惑，影响了绿色转型的融资效率。

第四，金融机构在评估绿色项目的风险和收益时，缺乏有效的工具和数据支持。由于绿色项目往往涉及新兴技术和长周期投资，传统的财务模型难以准确评估其潜在风险和回报。例如，银行在审查一项可再生能源项目时，可能无法准确预测其未来的收益，这使金融机构在提供贷款时更加谨慎，甚至可能因此拒绝融资请求。这种风险评估的困难进一步限制了绿色金融在推动企业转型中的作用。

第五，监管和政策的不确定性也是金融支持绿色转型的一个主要障碍。尽管许多国家已经出台了支持绿色金融的政策,但这些政策往往缺乏稳定性和连贯性。例如，在美国，虽然《通胀削减法案》为绿色项目提供了大量税收优惠，但由于政治变动和政策调整的频繁性，金融机构在制定长期投资决策时面临较大的不确定性。这种政策环境的不稳定性，不仅增加了企业和金融机构的决策难度，也削弱了投资者对绿色金融市场的信心[27]。

---

① 《COP28 三位高管阐述：工业行业全价值链清洁电力转型是加速中国工业脱碳的关键之举》，https://cn.weforum.org/agenda/2023/12/cop28-san-wei-gao-guan-chan-shu-gong-ye-hang-ye-quan-jia-zhi-lian-qing-jie-dian-li-zhuan-xing-shi-jia-su-zhong-guo-gong-ye-tuo-tan-de-guan-jian-zhi-ju-6d354d926d/[2023-12-05]。

第六，绿色金融市场的国际合作与协调不足，也阻碍了全球范围内的绿色转型。例如，尽管各国在气候峰会和国际金融会议上多次达成共识，承诺加强绿色金融合作；但在实际操作中，由于各国金融监管框架存在差异，开展跨国绿色投资项目仍面临诸多障碍。以欧洲和亚洲为例，欧盟的绿色金融标准较为严格，而亚洲的一些国家则在环保要求上相对宽松，这种标准的不一致性使跨国绿色投资项目难以顺利推进[28]。

综上所述，企业与金融体系在绿色转型过程中面临着诸多挑战。这些挑战包括高昂的改造成本、技术创新与转移的瓶颈、金融产品的标准化不足、风险评估工具的缺乏、政策的不确定性以及国际合作的不足。要克服这些挑战，企业和金融机构需要在技术研发、政策协调、国际合作等方面加强努力，从而推动全球经济的绿色转型，实现可持续发展的目标。

2.3　绿色低碳发展面临的数字化赋能机遇

在全球范围内，数字化转型为绿色低碳发展提供了前所未有的机遇。随着技术的不断进步，数字化工具和方法已经渗透到能源管理、工业制造、环境治理、技术创新以及金融体系中。这些技术不仅推动了各行业的绿色转型，也为全球可持续发展目标的实现提供了新的动力。在这个背景下，理解数字化如何具体促进绿色低碳发展显得尤为重要。

2.3.1　数字化赋能全球可持续发展

全球可持续发展目标的推进离不开技术的支持，尤其是在应对气候变化、资源管理以及社会经济可持续发展方面。随着数字技术的快速发展和广泛应用，各国政府、企业和其他利益相关者得以更精确地监测、预测和管理环境与社会问题。通过整合不同来源的数据，政府和企业能够更好地识别环境问题的根源，制定更加有效的政策和行动计划。这种技术的应用不仅提高了资源利用效率，还帮助减少了环境污染，进而促进了全球可持续发展目标的实现。

在农业领域，数字化的进步已经带来了精准农业的兴起，这是一种利用传感器、无人机、卫星图像和大数据分析技术，使农民能够实时监测作物的生长状况，并根据实时数据调整施肥、灌溉等农业措施的方式。这种方式不仅显著提高了农作物的产量，还减少了肥料和水资源的过度使用，从而减少了农业生产对环境的负面影响。例如，研究表明，通过使用精准农业技术，农民可以将灌溉用水减少20%～40%，同时仍然保持甚至提高作物产量[29]。

在城市规划和公共卫生领域，数字技术的应用也带来了显著的效益。通过利用数据分析和预测模型，城市管理者能够更加科学和精准地制定交通规划、污染控制和公共健康等方面的政策。例如，利用大数据分析城市交通模式，政府可以优化交通信号系统，减少车辆的怠速时间，从而降低与城市交通相关的碳排放[30]。在公共卫生领域，数字技术帮助各国政府更好地应对公共卫生危机，如新冠大流行期间，通过实时数据监控和预测模型，政府能够更有效地分配医疗资源并制定防疫策略。

数字技术不仅在本地层面发挥作用，还在全球范围内促进了可持续发展的国际合作。例如，通过建立全球环境数据共享平台，国家间能够更好地共享环境监测数据和治理经验，从而实现更高效的跨国环境治理合作。数字技术促进了信息的快速流动，增强了全球应对气候变化的能力。例如，联合国环境规划署（UN Environment Programme，UNEP）利用全球数据平台，帮助发展中国家提升环境数据管理能力，从而支持这些国家实现其可持续发展目标①。

总的来说，数字化赋能全球可持续发展不仅体现在技术本身的应用上，还体现在通过技术所实现的全球合作与治理机制的建立上。这种多层次的数字化应用为全球应对气候变化和实现可持续发展目标提供了坚实的技术与组织保障。

2.3.2 智能化推动能源与工业转型

能源与工业是全球碳排放的主要来源，因此它们在绿色低碳发展中扮演着关键角色。随着数字技术的发展，能源与工业领域的智能化程度不断提升，这不仅提高了生产和管理的效率，也在减少能源浪费和降低碳排放方面发挥了重要作用。

智能电网（smart grid）是能源领域智能化的一个典型例子。智能电网通过数字通信技术和自动化控制技术，将传统的电力系统转变为一个能够自我调节的智能系统。智能电网的核心在于其能够实时监测电力的生产、传输和消耗情况，并根据需求动态调整电力分配。例如，智能电网可以在电力需求低谷时储存多余的电力，并在需求高峰时释放储存的电力，从而有效地平衡电力供需，减少对化石燃料发电的依赖[31]。

此外，智能电网还促进了可再生能源的集成和利用。由于风能和太阳能等可再生能源的生产具有不稳定性，传统电网难以有效利用这些能源。而智能电网通过先进的预测算法和实时数据分析，能够更好地管理这些不稳定的能源输入，从而最大化可再生能源的利用率。例如，丹麦已经建立了高度智能化的电网系统，能够在风能生产过剩时将电力转移到其他需求地区，并在风能不足时调用储备

① 联合国环境规划署-科学&数据，https://www.unep.org/zh-hans/kexue-shuju[2025-02-18]。

能源①。

在工业领域，智能制造（smart manufacturing）正逐渐成为推动工业转型的核心力量。智能制造通过将大数据分析、人工智能、物联网等技术集成到生产过程中，使工业生产更加高效、灵活和环保。例如，在汽车制造业中，智能制造技术使工厂能够实时监控和调整生产线的运行状态，优化资源利用，减少能源消耗和废弃物排放。

此外，数字孪生（digital twin）技术的应用也在工业领域逐渐普及。数字孪生技术通过创建物理资产的虚拟模型，允许企业在虚拟环境中模拟和优化生产流程，从而在实际操作前消除潜在的问题[32]。这不仅提高了生产效率，还大大减少了试错成本和资源浪费。

智能化技术不仅在提高能源与工业领域的效率和可持续性方面发挥了关键作用，还为全球经济的绿色转型提供了技术支撑。未来，随着更多先进技术的应用和整合，能源与工业领域的智能化转型将继续推动全球绿色低碳经济的发展。

2.3.3　环境治理和碳管理的数字化策略

环境治理和碳管理是应对全球气候变化和推动可持续发展的重要组成部分。数字技术在这两个领域的应用，极大地提高了治理效率和管理精度，并为全球环境保护和碳减排提供了强有力的技术支持。

在环境治理方面，数字技术的应用使实时监测和数据分析成为可能。这种技术的进步使政府和企业能够更迅速地识别与应对环境污染问题。实时监控系统，如基于传感器网络的环境监控平台，能够连续监测空气、水和土壤的质量，及时发现污染源。例如，在中国北京、上海等大城市广泛应用的空气质量监测系统，通过实时数据收集和分析，政府可以迅速响应，采取措施控制污染源，减少有害排放[33]。

在碳管理领域，数字技术的应用同样具有革命性意义。碳排放管理传统上依赖于自我报告和周期性审计，这种方式不仅耗时耗力，而且难以保证数据的准确性。通过引入数字技术，如区块链和人工智能，碳排放的监测和报告变得更加自动化与透明。例如，区块链技术能够为碳交易市场提供不可篡改的交易记录，确保每一笔碳交易的真实性和可追溯性。人工智能技术也可被广泛应用于碳排放的预测和管理中。通过机器学习（machine learning，ML）算法，企业能够根据历史数据和实时监测数据，预测未来的碳排放趋势，并据此调整生产和运营策略，以达到碳减排目标[34]。

---

① 《丹麦：小国家的能源“大志向”》，https://www.escn.com.cn/news/show-920793.html[2016-05-20]。

此外，数字技术还在碳定价和碳交易市场中发挥了重要作用。通过大数据分析和实时监控，碳市场的效率得到了显著提升。例如，欧盟的碳交易系统通过引入数字化交易平台，使碳排放配额的交易更加高效和透明，从而增强了市场的流动性和稳定性。

总之，数字技术在环境治理和碳管理中的应用，不仅提升了治理的效率和科学性，还为实现全球碳中和目标提供了强有力的技术支撑。未来，随着数字技术的进一步发展和普及，全球环境治理和碳管理将会变得更加高效和精准，从而推动全球可持续发展的实现。

2.3.4 技术创新推动绿色转型

技术创新是推动绿色低碳发展的核心动力。通过不断的技术进步，各行业正在探索新的发展路径，以实现资源的可持续利用和环境保护。创新技术不仅能够提高资源利用效率，还能够减少环境污染，从而为全球可持续发展目标的实现提供有力支持。

在能源领域，技术创新一直是推动绿色转型的重要力量。近年来，新型能源技术的发展为传统能源行业的转型提供了强有力的支持。例如，太阳能技术的发展极大地提高了太阳能电池的转换效率，使太阳能在能源结构中的占比迅速上升[35]。此外，储能技术的突破也为可再生能源的广泛应用铺平了道路。例如，锂电池技术的进步使储能成本大幅降低，推动了电动汽车和大规模储能系统的快速发展。

在制造业，技术创新不仅提高了生产效率，还推动了生产过程的绿色化。循环经济模式的推广是制造业绿色转型的重要方向。循环经济通过资源的再利用和废弃物的循环利用，最大限度地减少了资源浪费和环境污染。例如，某知名电子产品制造商通过实施循环经济模式，并将回收材料重新投入生产，大大降低了对原材料的依赖，其生产过程中产生的温室气体已减少了 55%以上，并计划于 2030 年在整个价值链上实现碳中和。

3D 打印等增材制造技术的发展也在制造业中得到了广泛应用。3D 打印技术不仅能够显著降低材料浪费，还能够实现定制化生产，从而满足个性化需求。例如，一家汽车制造商通过应用 3D 打印技术，不仅缩短了新车型的开发周期，还降低了生产过程中材料的浪费[36]。

此外，绿色技术创新还带来了新的商业模式和服务。例如，共享经济模式通过资源的共享使用，减少了资源的重复购买和使用，从而减少了资源浪费和环境污染。同时，绿色金融的兴起也为技术创新提供了资金支持，推动了绿色技术的进一步发展。

绿色技术创新不仅推动了各行业的绿色转型，还为全球可持续发展提供了新的可能性和动力。随着全球对可持续发展的关注度不断提高，技术创新将继续在绿色低碳发展中扮演关键角色，为全球实现可持续发展目标提供有力的技术支持。

2.3.5　企业与金融体系的绿色转型

在企业和金融领域，数字化转型正在推动绿色发展进入新的阶段。企业通过优化内部管理和供应链流程，显著提高了资源利用效率，降低了环境影响。与此同时，数字技术的应用使企业能够更好地管理环境、社会和治理（environmental, social and governance，ESG）风险，并推动绿色金融的快速发展。

在当今环境保护和可持续发展的背景下，企业的绿色转型已成为全球经济发展的重要趋势。而这种转型的成功与否，在很大程度上依赖于数字技术的支持。通过数字化管理系统，企业能够在生产过程中实时监控能耗和碳排放情况。这些系统能够捕捉和分析生产设备、工艺流程以及环境中的各类数据，使企业能够对生产的每一个环节进行精细化管理。通过对这些数据的分析，企业能够迅速识别生产过程中存在的高能耗、高排放问题，并采取相应的措施进行调整，从而减少资源浪费和环境污染[37]。此外，数字技术还为企业提供了强大的大数据分析能力，使生产流程的优化变得更加精准和高效。通过对历史数据和实时数据的分析，企业可以预测生产过程中可能出现的瓶颈和资源消耗高峰，并提前制订应对方案。这不仅有助于提高生产效率，还能显著降低能源消耗和原材料的浪费。在供应链管理方面，数字技术的应用更是使得企业能够实现供应链的全流程可视化管理。通过智能化的供应链管理系统，企业能够实时追踪原材料的采购、运输、库存和使用情况，确保每一环节都在最优状态上运行。这种优化不仅减少了资源的浪费，还降低了物流和库存管理的成本，提高了企业整体的资源利用效率。

在金融领域，绿色金融的快速发展为全球经济的绿色转型提供了重要支持。数字技术在绿色金融中的应用，使绿色金融产品更加透明和高效。例如，区块链技术在绿色债券发行中的应用，不仅提高了交易的透明度，还确保了资金的准确流向[38]。此外，数字化平台的应用使投资者能够更清晰地了解其投资的环境影响，从而推动了更多资金流向绿色项目。数字技术还帮助金融机构更好地评估和管理投资风险，确保资金的有效配置。例如，通过人工智能和大数据分析，金融机构能够更准确地评估企业的 ESG 表现，从而在投资决策中更好地权衡风险与收益[39]。这种数字化转型不仅提高了金融市场的透明度和效率，还促进了全球绿色金融市场的进一步发展。

企业与金融体系的绿色转型不仅有助于推动全球经济的绿色化进程，还为实现全球可持续发展目标提供了强有力的支持。未来，随着数字技术的进一步发展，企业和金融体系的绿色转型将继续深化，为全球经济的可持续发展注入新的动力。

2.4 前瞻与展望

在全球日益加剧的气候变化和环境恶化的背景下，绿色发展已经成为国际社会的核心议题。展望未来，全球绿色发展的成功离不开中国的贡献，而中国绿色发展的成功也将依赖于其在全球范围内的合作与创新。接下来，本节将探讨中国未来绿色发展的可能方向，并分析实现这些目标的具体抓手。

2.4.1 绿色发展的未来策略与全球合作趋势

在全球化深入发展的背景下，绿色发展策略的制定和实施需要超越国界，强调全球合作的重要性。展望未来，全球绿色发展的趋势将继续朝着更紧密的国际合作方向迈进，特别是在应对气候变化和实现可持续发展目标的进程中，中国将扮演更加重要的角色。

未来，国际的绿色合作将更加聚焦于技术创新和知识转移。中国作为全球最大的新能源生产国和消费国之一，在推广可再生能源技术方面具备巨大的潜力。中国通过加强与其他国家在绿色技术和创新领域的合作，可以加速推动全球能源转型。例如，未来中国可以通过“一带一路”倡议进一步推广绿色能源技术，如太阳能、风能和储能技术，帮助共建国家建立绿色能源基础设施①。这种技术输出不仅有助于全球减排目标的实现，也将提升中国在国际绿色经济中的地位。

全球气候治理需要多边合作，而中国在这一领域的参与将更加深入。未来，中国可以在全球气候谈判中发挥更大的影响力，通过提供资金、技术支持和政策指导，帮助发展中国家实现其减排目标。与此同时，中国还可以推动在联合国框架下建立更有效的全球环境治理机制，以确保各国在应对气候变化方面的承诺得到落实。这不仅有助于提升中国的国际形象，也将推动全球气候治理向更公平、更可持续的方向发展。

绿色金融是推动全球绿色发展的重要抓手，未来中国将进一步发展成为全球绿色金融的引领者。中国已经建立了世界上最大的碳市场，并且正在通过政策引导和金融创新推动绿色金融产品的发展。未来，中国可以通过国际合作，推动绿色金融标准的全球化，并在“一带一路”共建国家中推广绿色金融实践[40]。例如，

---

① 《国合会绿色对外开放与南南合作专题政策研究启动会在京召开》，http://www.cciced.net/xwzx/ghhdt/202403/t20240319_133035.html[2024-03-19]。

中国可以与国际金融机构合作，开发更多针对发展中国家的绿色债券和绿色基金，帮助这些国家实现可持续发展目标。

总的来说，未来全球绿色发展的方向将依赖技术创新、多边合作和绿色金融的深度融合。中国在这些领域的积极参与不仅将帮助自身实现绿色转型，也将为全球环境治理提供强有力的支持。

2.4.2　中国绿色发展的战略调整与实施路径

展望未来，中国的绿色发展将继续围绕“双碳”目标展开，并进一步加快向低碳、零碳经济的转型。为实现这一战略目标，中国需要在以下几个方面进行深度调整和强化。

未来，中国将加速能源结构的转型，逐步减少对化石能源的依赖，全面推广可再生能源。除了大力发展太阳能和风能外，中国还将探索更多的新型能源形式，如氢能和海洋能。这些能源形式虽然目前技术尚不成熟，但具有巨大的潜力。中国政府可以通过增加研发投入、建立示范项目和制定激励政策，推动这些新型能源技术的商业化应用。此外，智能电网的建设将成为能源转型的重要抓手，通过提升电力系统的智能化和灵活性，优化可再生能源的接入和使用效率。

在工业领域，未来的绿色发展将更加注重技术创新和产业升级。中国将继续推进“工业 4.0”和“智能制造”战略，通过大数据、人工智能和物联网技术的应用，实现工业生产的绿色化和智能化。例如，通过应用数字孪生技术，中国可以在制造业中实现更高效的资源利用和碳排放控制，从而大幅减少工业领域的碳足迹。同时，中国还需要在关键材料和技术上实现自主创新，减少对进口资源的依赖，确保绿色产业链的稳定性和安全性。

未来的绿色发展不仅仅局限于减排和节能，还包括生态系统的恢复与保护。中国可以通过大规模的生态工程项目，如植树造林、湿地恢复和荒漠化治理，提升生态系统的碳汇能力，为实现碳中和目标提供自然解决方案。此外，中国还可以在国际合作框架下，分享其在生态修复方面的经验和技术，帮助其他国家应对生态退化的问题。

实现绿色发展目标不仅需要政府和企业的努力，还需要全社会的广泛参与。未来，中国将更加注重推广绿色生活方式，倡导低碳消费，推动全民节能减排。政府可以通过教育和宣传，提升公众的环保意识，并通过政策激励，鼓励绿色消费和低碳出行。例如，推广电动汽车、支持共享经济、减少一次性塑料制品的使用等措施，都将有助于推动社会全面向绿色生活方式转型。

绿色金融将继续在中国绿色发展中发挥重要作用。未来，中国将进一步完善绿色金融体系，制定更多的绿色金融政策，鼓励金融机构加大对绿色项目的投资力度。与此同时，中国还需要加强绿色金融的风险管理，确保绿色金融市场的稳定性和可持续性。此外，政府还可以通过税收优惠和补贴政策，支持绿色技术创新和产业升级，推动全社会的绿色转型。

综上所述，未来中国的绿色发展将以能源结构转型、工业升级、生态恢复、社会生活方式转变和绿色金融体系建设为核心抓手。这些战略调整不仅将帮助中国实现“双碳”目标，也将为全球气候治理和可持续发展做出更大的贡献。

参考文献

[1] Lee E C, Lee B W, Kim H M. Strategies for the symbiotic development of renewable power and nuclear power under the ‘Renewable Energy 3020’ policy in South Korea: part Ⅱ. Technical solutions for expanding renewable power generation[J]. Energy Reports, 2022, 8: 630-646.

[2] Zheliezna T A. European green deal and new opportunities for the development of renewable energy[J]. Thermophysics and Thermal Power Engineering, 2021, 43(1): 75-81.

[3] 王文, 刘锦涛. 碳中和元年的中国政策与推进状况: 全球碳中和背景下的中国发展(上)[J]. 金融市场研究, 2021, (5): 1-14.

[4] 张智刚, 康重庆. 碳中和目标下构建新型电力系统的挑战与展望[J]. 中国电机工程学报, 2022, 42(8): 2806-2819.

[5] 陈云. 杭州“城市大脑”的治理模式创新与实践启示[J]. 国家治理, 2021, (17): 16-21.

[6] Zhang Z K, Li T, Li L, et al. Integrating ecosystem service importance and ecological sensitivity to identify priority areas for ecological conservation and restoration in Miyun Reservoir basin[J]. International Journal of Sustainable Development & World Ecology, 2023, 30(8): 925-937.

[7] Pan Y L, Dong F. Green finance policy coupling effect of fossil energy use rights trading and renewable energy certificates trading on low carbon economy: taking China as an example[J]. Economic Analysis and Policy, 2023, 77: 658-679.

[8] Syahid C N, Lissandhi A N, Novianti K, et al. Sustainable cities in the Netherlands: urban green spaces management in Rotterdam[J]. Journal of Indonesian Social Sciences and Humanities, 2017, 7(2): 157-167.

[9] Zhang X Q, Shi X D, Khan Y, et al. Carbon neutrality challenge: analyse the role of energy productivity, renewable energy, and collaboration in climate mitigation technology in OECD economies[J]. Sustainability, 2023, 15(4): 3447.

[10] Smaniotto C, Brunelli L, Miotto E, et al. Sustainable development goals and 2030 agenda: survey on awareness, knowledge and attitudes of Italian teachers of public mandatory schools, 2021[J]. Sustainability, 2022, 14(12): 7469.

[11] Pyka I, NocońA. Green lending policy from the perspective of a holistic approach to bank risk[J]. Ruch Prawniczy, Ekonomiczny i Socjologiczny, 2023, 85(3): 71-99.

[12] Akomea-Frimpong I, Adeabah D, Ofosu D, et al. A review of studies on green finance of banks, research gaps and future directions[J]. Journal of Sustainable Finance & Investment, 2022, 12(4): 1241-1264.

[13] Sadiq M, le Dinh T, Tran T K, et al. The role of green finance, eco-innovation, and creativity in the sustainable development goals of ASEAN countries[J]. Economic Research-Ekonomska

Istraživanja, 2023, 36(2): 2175010.
[14] 马睿, 张敏. 居民绿色空间接触对心理健康影响的动态地理情境: 研究进展与分析框架[J]. 地理研究, 2024, 43(6): 1522-1538.
[15] 段玲, 张婷. 国内外绿色农业研究文献综述[R]. 成都: 2021 年劳动保障研究第四次会议, 2021.
[16] 许宪春, 任雪, 常子豪. 大数据与绿色发展[J]. 中国工业经济, 2019, (4): 5-22.
[17] 郑军. 欧盟绿色新政与绿色协议的影响分析[J]. 环境与可持续发展, 2020, 45(2): 40-42.
[18] Donbosco I S, Chakraborty U K. An IoT-based water management system for smart cities[C]//Bhuiyan C, Flügel W A, Jain S K. Proceedings of Down to Earth 2019. Singapore: Springer, 2021: 247-259.
[19] Bruce M, Ma L M. Recent advances on water pollution research in Africa: a critical review[J]. International Journal of Scientific Advances, 2021, 2(3): 375-386.
[20] Asrani C. Spanning the digital divide in India: barriers to ICT adoption and usage[J]. Journal of Public Affairs, 2022, 22(4): e2598.
[21] Achieng M S, Malatji M. Digital transformation of small and medium enterprises in Sub-Saharan Africa: a scoping review[J]. The Journal for Transdisciplinary Research in Southern Africa, 2022, 18(1): 1-13.
[22] Natalia G. 俄罗斯北极油气资源开发及其对俄经济增长的影响[D]. 长春: 吉林大学, 2018.
[23] Luo L. Corporate carbon management systems and carbon opportunity: an international study[M]//Lehner O M, Harrer T, Silvola H, et al. The Routledge Handbook of Green Finance. New York: Routledge, 2024: 129-148.
[24] Fabrègue B F G, Bogoni A. Privacy and security concerns in the smart city[J]. Smart Cities, 2023, 6(1): 586-613.
[25] 马梅若. 发展中国家如何应对“碳关税”挑战[N]. 金融时报, 2024-04-30(5).
[26] 徐伟呈, 吴韵雯. 浅析我国绿色金融发展[J]. 宜春学院学报, 2018, (11): 45-48.
[27] Dai L L, Zhang B H. Political uncertainty and finance: a survey[J]. Asia-Pacific Journal of Financial Studies, 2019, 48(3): 307-333.
[28] 卿信子. 绿色金融国际合作的机遇、挑战与展望[J]. 商展经济, 2023, (19): 93-96.
[29] 雷有海. 精准灌溉系统在南疆地区设施蔬菜生产中的应用效果评估[J]. 南方农业, 2024, 18(8): 143-145.
[30] 易宣辰, 金友良. 智慧交通对绿色经济增长的影响研究[J]. 财经理论与实践, 2024, 45(4): 153-160.
[31] 杨淑霞, 纪宇, 张笛. 基于环境效应视角的电力系统节能减排研究及展望[J]. 华北电力大学学报(社会科学版), 2018, (4): 1-7.
[32] 陶飞, 刘蔚然, 张萌, 等. 数字孪生五维模型及十大领域应用[J]. 计算机集成制造系统, 2019, 25(1): 1-18.
[33] 安俊鑫. 中国城市环境空气质量自动监测现状及发展[J]. 辽宁科技学院学报, 2024, 26(2): 18-20, 70.
[34] Huang R, Mao S. Carbon footprint management in global supply chains: a data-driven approach utilizing artificial intelligence algorithms[J]. IEEE Access, 2024, 12: 89957-89967.

[35] 杜凤丽. 2023 年中国太阳能热发电行业发展现状分析[J]. 太阳能, 2024, (7): 118-126.
[36] Sljivic M, Pavlovic A, Fragassa C. A review of sustainable development of additive manufacturing in the conditions of digital and green transition[J]. Proceedings on Engineering Sciences, 2024, 6(2): 477-484.
[37] 陈丽娟. 我国智能制造产业发展模式探究: 基于工业 4.0 时代[J]. 技术经济与管理研究, 2018(3): 109-113.
[38] 靳景玉, 赵瑞. 区块链技术在绿色金融中的研究动态[J]. 财会月刊, 2019, (13): 172-176.
[39] 孙建军, 祖楠楠, 王浩瑞. 大数据赋能的企业会"环保作秀"吗? ——基于漂绿行为视角[J]. 财经论丛, 2024, (10): 92-102.
[40] 程琳, 陈韵涵. 金融推动共建绿色"一带一路"[J]. 中国金融, 2024, (3): 60-61.

第3章　数字赋能绿色低碳发展的原理与模式

3.1　引　言

在全球积极应对气候变化和推动可持续发展的背景下，数字技术的迅猛发展为实现绿色“双碳”目标提供了全新路径。数字技术不仅重塑了经济运行模式，还在能源优化、资源配置、碳排放监测等方面展现出强大的赋能潜力。通过大数据、人工智能、物联网等技术的应用，企业和社会可以实现对能源的精细化管理、对碳排放的精准追踪以及对绿色低碳发展的全面优化。然而，数字技术赋能绿色发展的具体原理与模式仍需深入研究。厘清数字技术如何驱动低碳转型，探索可复制、可推广的实践路径，不仅有助于加速实现“双碳”目标，也为全球绿色发展贡献中国智慧和中国方案。

3.2　数字技术的赋能原理

3.2.1　数字技术的内涵与特征表现

1. 数字技术的内涵

数字技术是指利用数字化方法进行信息处理、传输、存储和展示的技术体系。其核心在于将物理世界中的各种信息转换为可计算、传输和处理的数字形式，并通过算法和软件实现复杂信息处理和智能决策。一般来说，当前数字技术主要包括大数据分析技术、人工智能技术、区块链技术和云计算技术等（图3-1），这些数字技术共同构成了现代数字化转型的核心。

数字技术的内涵涵盖了数据采集与传感技术、数据传输与通信技术、数据存储与管理技术、数据分析与处理技术以及人机交互技术等多个方面。

第一，数据采集与传感技术是数字技术的基础。通过各种传感器和数据采集设备，能够将环境、设备和人体等方面的各种物理量转换为数字信号。例如，温度传感器可以将温度变化转换为电信号，心率传感器可以实时监测人体心率，这些信号通过采集设备转换为可计算的数据，成为后续处理和分析的基础。

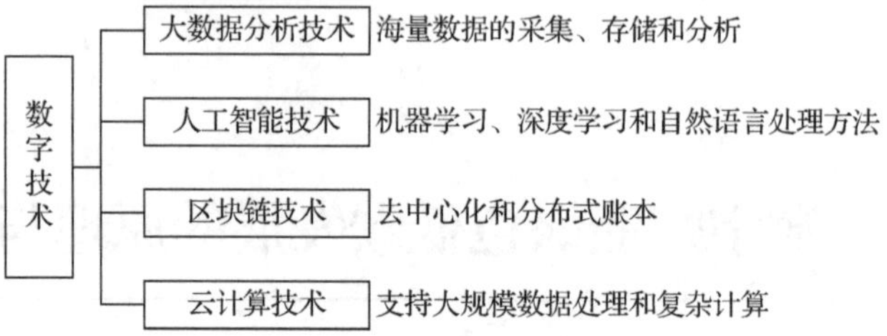

图 3-1　数字技术的主要类型

第二，数据传输与通信技术则是确保数据能够在不同设备和系统之间高效传输的关键。互联网、无线网络和物联网等技术的发展，使数据的传输速度和稳定性得到了极大提升。例如，5G 技术的普及使大规模、高速的数据传输成为可能，极大地推动了智能城市、自动驾驶等应用的发展。

第三，数据存储与管理技术在数字技术体系中占有重要地位。随着数据量的爆炸性增长，如何有效地存储和管理这些数据成为一个巨大挑战。云计算和大数据平台的出现，为海量数据的存储、管理和检索提供了有效解决方案。通过分布式存储和计算技术，可以实现大规模数据的实时处理和分析，支持各类应用的需求。

第四，数据分析与处理技术是数字技术的核心环节。通过人工智能、机器学习和大数据分析等技术，对采集到的数据进行深度分析和处理，可以提取出有价值的信息和知识。例如，通过机器学习算法，可以从大量的历史数据中发现潜在的规律和趋势，从而为决策提供支持。人工智能技术的不断进步，使数据分析的精度和效率得到了显著提升。

第五，人机交互技术则是实现人与数字世界互动的桥梁。包括虚拟现实（virtual reality，VR）、增强现实（augmented reality，AR）和智能终端在内的人机交互技术，通过直观、友好的界面，使用户能够方便地访问和使用数字信息。例如，虚拟现实技术可以为用户提供沉浸式的体验，增强现实技术可以将虚拟信息叠加在现实场景中，智能终端则为用户提供了便捷的操作平台。

2. 数字技术驱动发展的基本特征和现实表现

通过对已有研究的梳理和总结，数字技术驱动发展的基本特征可以归纳为三个方面，以更直观地展示反映在现实的表现。

第一，数据支撑。数据资本取代实体资本成为支撑价值创造和经济发展的关键生产要素，是数字经济最本质的特征。数据资本是指包含海量信息的流通数据经由分析处理技术衍生出的集成信息资产（如大数据）。利用数据资本挖掘消费者潜在需求是开拓新商业模式、创新产品服务的关键[1]。同时，随着数字技术发展，对数据资本的虚拟存储提高了搜索效率，支持数据资本的低成本复制和搬运，减少了使用数据进行价值创造的成本。

第二，融合创新。新一代信息技术发展使创新过程脱离了从知识积累、研究到应用的线性链条规律，创新阶段边界逐渐模糊，各阶段相互作用，创新过程逐渐融为一体[2]。数字技术使创新主体之间的知识分享和合作更高效；多样化的创新主体主动适应数字技术以创造新产品和新服务，使数字创新产品和服务具有快速迭代的特征[3]。此外，数字技术形成了产品与组织的松耦合系统，使产品和服务创新更加灵活，组织协调沟通成本降低，并且突破了时空界限，带来了组织的去中心化。

第三，开放共享。数字经济时代各类数字化平台加速涌现，以开放的生态系统为载体，将生产、流通、服务和消费等各个环节逐步整合到平台，推动线上线下资源有机结合，创造出许多新的商业模式和业态，形成平台经济[4]。作为开放、共享、共生的生态体系，网络平台的出现为传统经济注入新的活力。尤其是平台的强连接能力可以加速产业的跨界融合和协同生产进程[5]，同时形成产业数字化集聚[6]。

3.2.2　数字技术赋能高质量发展的基本原理

1. 数据纳入生产要素

在工业经济时代，宏观经济增长的价值基础来自工业标准化生产，并以此为事实基础诞生了经济增长理论。从经典索洛模型到内生增长理论，经济增长理论演变的核心是将技术进步视作外生向内生转变，前者在假定规模报酬不变的前提下，用产出、资本、劳动以及知识或劳动的有效性四个要素解释经济增长；后者则认为技术进步引起资本和劳动力边际报酬稳定增长，规模报酬不变的假设逐渐放松为规模报酬递增。在数字经济时代，价值创造的基础发生了变革；数据作为新的经济增长要素被纳入生产函数，重构了生产要素体系，进一步拓展了经济增长理论中规模报酬递增的假设和传统经济增长理论的边界。

首先，相比于工业经济中标准化生产创造的价值，新一代信息技术通过需求发现和开拓新的商业模式使服务这一非生产性活动创造出更高的附加值，并且这一部分价值在数字经济时代逐渐占据主导地位。这意味着“生产”的概念得到拓宽，既包含标准化加工的价值，也包含非标准化服务创造的价值。数字经济时代的技术革新使工业经济的加工价值论演进为创新价值论[7]。

其次，从要素结构来看，数据这一全新关键要素的融入，重构了生产要素体系，进而拓宽了传统经济增长理论的边界。数据可复制、共享以及反复使用的特性，突破了传统生产要素的稀缺性和排他性限制，进一步强化了规模报酬递增的前提条件。数据要素与传统生产要素的深入融合，使各要素的边际报酬增长率比内生增长理论中更高，对经济增长产生放大、叠加和倍增效应，从而改变投入产出关系。例如，数据只有与劳动要素相结合才能成为生产要素；同时，数据也有助于改善劳动、知识、管理、资本和技术等要素的质量与效率[8]。

2. 网络技术突破地理空间界限

传统产业组织理论将“产业”定义为“生产同类或有密切替代关系产品、服务的企业集合”[9]，其研究经历了从 SCP（structure-conduct-performance，结构-行为-绩效）分析框架到强调信息不完全下厂商之间博弈策略和行为的博弈论研究范式的转变，研究方法则从静态分析逐渐向推理演绎变革。就产业集聚形态而言，产业内上下游企业在地理空间上集聚而呈现出的产业组织垂直一体化是其核心内容之一。然而，数字经济时代已逐渐形成以数字技术为基础的新一代产业模式，促使传统产业不断开发借助新技术创造新价值的转型路径，从而为传统产业组织理论中产业的界定、产业集聚的形态、理论假设条件以及两代产业组织理论的研究方法等提供了新的探索空间。

通过数字技术的深度融合实现传统产业升级已成为经济数字化转型的基本模式，其背后的理论支撑值得深入探讨。首先，互联网、区块链等技术在生产领域的应用改变了各产业的空间范围，打破了传统产业内涵边界。传统产业通过生产要素重组、生产环节重构等实现产业的“跨界经营”，从而实现全新的价值增值和价值创造[10]。其次，数字技术的发展削弱了企业之间以空间关系为联系纽带的作用，以物联网为载体的产业数字化转型加强了产业协同效应，催生产业组织的网络化发展。张永林[11]围绕网络、信息池、时间复制等概念对经济行为和互联网关联的研究，可以看作较早开展数字经济对产业组织变动影响的基础研究。王如玉等[6]在产业集聚理论研究中提出“虚拟集聚”这一空间组织新形态的概念，即在网络虚拟空间系统中，随着信息技术的发展该空间可以充分扩展，使产业集聚不受地理条件及人文环境的局限。最后，大数据、人工智能和云计算等技术，为经济学家提供了获取完全信息的可能，这些信息不仅包含可准确度量的结构化信息，还包含声音、图像、视频等非结构化信息。信息的准确性、多样性向产业组织理论的不完全信息假设提出挑战。

从研究范式来看，数字经济结合了传统产业组织理论中静态分析与推理演绎的研究方法。基于 SCP 分析框架的第一代产业组织理论认为特定的产业结构决定产业的竞争状态，应当先对企业行为进行静态截面观察，再与企业绩效进行联系。第二代产业组织理论认为这种实证分析方法缺乏理论依据和分析模型，只适用于短期静态分析，并不能解释这种特定的市场结构是如何形成的以及其未来发展趋势。因此，学者将研究重点从市场结构转向企业行为，引入博弈论的研究方法，通过逻辑推理对企业行为做出预测。但这种推理演绎法在促进理论发展的同时也表现出明显的不足，即数据获取较为困难，致使研究结论难以得到有效证实。随着数据挖掘和大数据分析技术的进一步发展，海量信息能被便捷获取，数据精度和跨度大大提升，上述不足将得到有效缓解。此外，消费者和企业行为大数据在实证研究中的应用，有效改善了过去抽象运用博弈论讨论定价问题的方法局限。传统产业组织理论实证分析与推理演绎的研究范式在数字经济时代形成了前所未有的融合。

3. 大数据思维、网络外部性及长尾效应

数字化消费的突出特征是供需之间的交互性大大增强，消费者需求被精准识别和满足，从而颠覆性地改变了消费者行为和预期，拓展消费者行为理论。具体体现在以下三个方面。

首先，数字经济扩展了现有消费者选择理论中消费者选择行为的分析基础。传统理论认为消费者选择行为的本质是消费者在预算约束内，选择一个消费组合来最大化自己的总效用。数字经济时代迅速发展的机器学习方法可以有效挖掘消费者行为数据之间的内在联系，预测消费者的决策行为。消费者的传统决策模式被互联网大数据和算法推荐代替，并且这种基于分析和预测的决策的效率随着人工智能等技术发展越来越高。因此，大数据思维正逐渐支配消费者原有的主观判断[12]，使消费者基于主观判断的偏好与大数据决策下的偏好呈现“趋同化”。

其次，数字经济发展进一步强化了网络经济形态，使社会网络呈现出明显的网络外部性。这意味着消费者的购买行为不仅取决于自身偏好，还受其他消费者购买行为的影响。网络外部性根本上源于网络自身的系统性和内部的交互性，如果数字经济的正网络外部性占支配地位，会以“马太效应”触发网络系统的正反馈，带来消费规模的自我扩张，产生“需求方的规模经济”[13]。如图 3-2 所示，对正网络外部性明显的市场而言，消费规模成为需求曲线的内生变量。在消费者偏好一致且能够准确预期用户规模的假设下，消费者需求会随消费规模的增加而增加，当消费规模达到一定程度 C^*后，负网络外部性开始发挥作用，使需求量随消费规模的增加而减小。从消费者效用来看，网络外部性意味着消费者对产品的消费越多，获得的效用越高，呈现边际效用递增的趋势，打破了传统经济理论中的边际效用递减规律。

最后，数字经济时代丰富的产品品种和低搜索成本等因素逐渐满足越来越多的小众、个性化需求，从而激发更强的“长尾效应”。长尾效应发挥作用的前提是有一个坚强有力的头部，且头部与尾部之间形成有效联系。随着数字技术的进一步发展，头部与尾部的联系也会发生变化。如图 3-3 所示，在品种-需求量曲线中，曲线头部表示品种较少的大众畅销品市场，品种较多且需求量较低的部位形

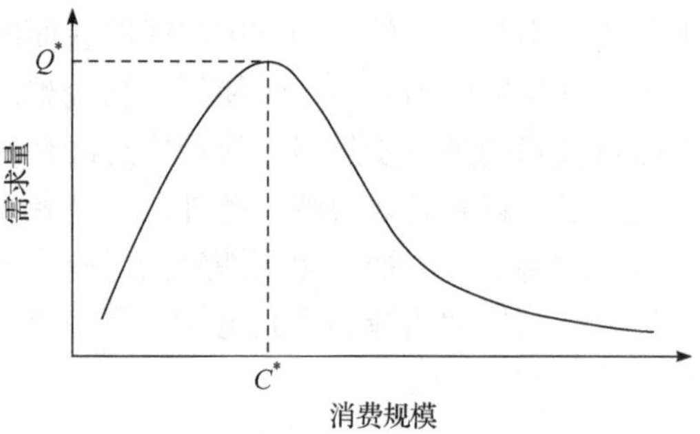

图 3-2 网络外部性产品的消费规模-需求量曲线

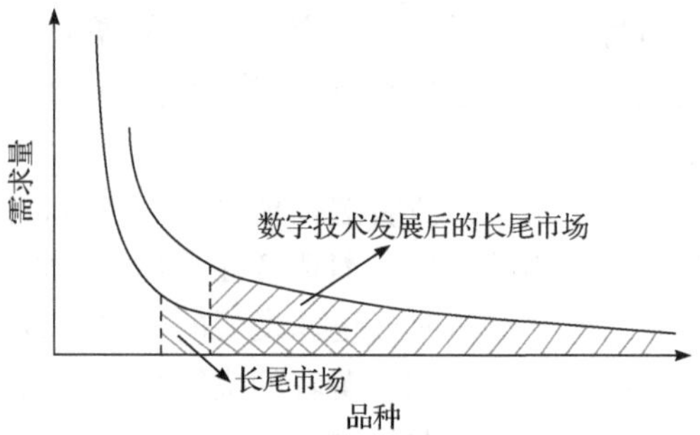

图 3-3 需求曲线中的长尾市场

成了长尾市场。随着技术水平的不断提高，这一市场中消费者的个性化需求被不断满足，使曲线趋于平缓，更多的品种能够进入大众市场，更长的尾部需求得到满足，更加体现“需求方的规模经济”，从而使微观消费者行为理论得到新的发展。

4. 平台化与低交易成本

交易成本理论的前提是市场运行中存在较高的交易费用[14]，这暗含四个假设条件：参与者具有有限理性心理，容易产生投机行为；交易环境的不确定性与复杂性；信息不对称；市场角色数目较少，垄断竞争下需要较高的搜寻成本、交易执行成本等。在此基础上，以企业为单位的交易形式展示出其优越性，能够通过企业内部协调替代市场协调并降低个体交易的摩擦成本。因此，传统交易成本理论明确了企业内部协调替代市场协调并降低交易过程中的成本费用是经济运行的必然演变结果。然而，数字技术发展极大克服了市场交易主体之间的“信息不对称”问题，同时借由个体去中介化交易模式降低信息搜寻成本和交易执行成本，重塑交易成本内涵。

随着区块链等数字技术的发展，交易成本理论的核心内容逐渐发生变化。一方面，数字技术发展弱化了“信息不对称”假设。传统理论默认“信息不对称”

影响下的交易成本始终存在；而区块链技术通过智能合约重构使消除交易成本成为可能。区块链技术能够将信息多点记录和共享（即分布式记账），以此确保数据存储和交易过程公开透明、不被篡改[15]。因此，智能合约通过建立信任机制有效解决了交易双方信用评级、交易风险评估、交易事后执行中的“信息不对称”问题，如企业治理中以分布式记账替代中心记账能有效规避管理者的舞弊行为[16]。

另一方面，以网络平台为基础的个体去中介化交易取代传统交易模式成为最佳方案。传统理论认为由个体组成“企业”是降低交易成本的唯一交易模式，但忽略了企业运作所需要的成本。网络平台成为交易个体进行资源分配的虚拟信息集散中心，使供需双方能够以最低成本获取所需信息，节省了为寻找客户或搜索供应商而产生的信息搜寻和处理成本。同时，个体借助网络平台进行去中介化，直接签订数字化合约，这种点对点的交易形式既简化过程也降低交易执行成本。例如，Airbnb（爱彼迎）平台的数字化信息集成方案满足了租房者的需求，降低了其信息搜寻成本[17]；线上打车平台提供的在线支付功能优化了打车消费者支付金额的执行成本[18]。因此，基于网络数字化平台的个体交易模式成为降低交易成本的最优解。

5. 数字产权与公有化资源

现代产权理论的前提条件有两点：收益权依附于所有权并集成于一体；市场经济普遍存在“外部性”问题。现代产权理论认为，公有产权下对资源的所属和使用界定不明确，因此收益和成本的归属比较模糊，导致个体都想“不劳而获”。私有产权清晰地划定了资源所有者，保证其通过投入成本得到收益并享有剩余利润占有权，形成了有效驱使所有者创造更多效益的激励机制[19]。因此，产权理论明确了产权私有制的优势。而在数字经济下，数据资源的开放与共享成为突破产权私有制的要因，大数据的集成和公有克服了公共资源外部性问题，并通过提高资源配置效率创造更多价值。

在以数据要素作为关键资源的数字经济体系中，现代产权理论的内容构成有所变化。首先，数字经济冲击了产权理论的前提条件，所有权不再是收益分配的唯一依据，资源的使用权成为关键。尽管数据所有者是单一个体或特定集体，但数据使用者并不限定于所有者[20]。得益于数据在虚拟平台的易搬运和可复制性，数据资源的私有产权被逐渐淡化，数据资源的开放与共享成为数字经济运行的核心。例如，在考虑个人隐私和数据安全的前提下，企业通过对消费者需求的大数据分析，开展自身产品的精准定位[21]。

其次，数字经济改变了产权的运作形式。不同于传统理论支持的私有产权能够创造更多效益的观点，大数据集成后形成公有产权的使用有助于实现更大价值。

给定数据使用非竞争性的特征[3]，数据共享几乎不存在外部性问题。同时，由于个体偏差及外部环境因素干扰，对单个数据的处理几乎无法得到任何有效信息，通过大数据的分析能排除诸多干扰因素，得到反映客观现象的规律并将其应用于实践，如将大数据用于疾病潜在来源识别和临床医学的疾病诊断，以及预防犯罪和促进智慧城市治理等[22]。

6. 数字迭代创新

数字化的兴起使学术界对创新管理及其相关理论的解释能力提出质疑[23]。Nambisan 等[24]总结了创新管理理论的三个关键假设：①创新产品是有界的；②创新主体是集中的；③创新过程和创新结果是两种截然不同的现象。同时，提出数字创新对传统创新管理的新挑战。产品的数字化发展影响创新结果，数字技术的应用淡化了创新主体的边界，使创新过程和结果相互作用形成非线性创新模式。

具体来说，首先，数字产品改变了以往创新结果的规模和范围。数字产品创新具有三个显著特征：一是可以在虚拟空间无限更新迭代；二是较容易重新整合和使用以满足个性化需求；三是对数字基础设施依赖程度强。这就决定了数字产品的范围、特性、价值有更便捷和广阔的发展空间。即使是已经推出或实施的创新，也可以在较短时间内实现对产品的优化升级，抑或是通过更多创新主体的参与扩大创新产品的应用范围，如微信程序中红包功能的开发使其迅速占领电子支付平台市场。

其次，数字创新的主体更加多元化、复杂化，即主体定义的边界在逐渐消失。数字技术通过更低的搜索和分享成本使各创新主体能够有效地获取知识与合作，形成分布式创新机构，更多地强调创新环境的营造而不是以往某一固定群体的创新。例如，Boland 等[25]发现在建筑项目中使用 3D 技术能使多个跨行业公司产生不同创新。此外，去边界化的创新主体具有高度灵活性，当他们的行为与集体目标不一致或需要补充具有新业务能力的主体成员时，可以选择自由进出。

最后，数字创新表现出非线性创新模式，创新过程和结果相互作用，两者之间的分界点变得越来越不明晰。数字技术增加了创新的不可预测性，除了创新过程产生创新结果这一传统逻辑，越来越多的创新结果反过来促进创新过程的实施，淡化了创新过程的起止时间，使创新过程与创新结果重叠。例如，Dougherty 和 Dunne[26]发现，在药物研发过程中，数字化作为一种创新结果创造了一种新知识形式，为复杂创新提供了必要的补充性见解。

7. 数智治理

数字技术不仅是推动经济增长的重要动力，也在治理体系中发挥着关键作用。

数智治理，即数字技术与智能技术融合赋能治理体系现代化，是数字化发展与治理模式变革的深度结合。数智治理通过数据驱动、智能决策和协同治理，提高政府、企业及社会整体的治理能力，助力高质量发展，实现绿色低碳转型。

首先，数智治理的核心在于数字技术的深度应用。云计算、大数据、人工智能、区块链等技术的发展，使治理体系能够从传统的经验式决策向数据驱动的智能决策转变。数据作为新型生产要素，在治理过程中扮演关键角色。通过实时数据采集、智能分析和预测建模，政府和企业能够更精准地识别治理问题，提高决策的科学性。例如，在碳排放管理方面，基于大数据和人工智能的碳足迹追踪系统能够实时监测企业和个人的碳排放量，为政府制定精准的碳减排政策提供数据支持。

其次，数智治理的重要特点是平台化管理。通过构建数字化治理平台，实现政府、企业、社会组织和公众之间的高效协同。数字技术使信息流通更加顺畅，打破了传统治理模式中的部门壁垒，提高了资源配置效率。例如，智慧城市建设中的数字孪生技术，可以将城市运行的数据实时映射到虚拟空间，政府可以基于数字孪生技术模拟不同政策措施的影响，从而优化城市治理方案。

最后，数智治理赋能绿色低碳发展的关键在于监管模式的创新。传统的环境监管模式存在信息滞后、监测成本高、监管力度有限等问题，而数字技术提供了新的解决方案。例如，无人机、物联网等智能监测技术可以实现对环境污染的实时监控，减少人为干预，提高执法效率。

8. 数字技术与科学研究

在高质量发展的背景下，科学研究是推动技术创新和产业升级的核心动力，而数字技术的深度应用正重塑科研范式，提高研究效率，加速科技成果转化。数字技术与科学研究的融合，不仅拓展了知识生产的边界，也促进了学科交叉、数据共享和智能分析，助力了高质量发展与绿色低碳转型。

首先，传统科学研究主要依赖理论推演和实验验证，而数字技术正在推动“数据密集型科学发现”成为主流范式。通过大数据分析，研究人员能够从海量数据中挖掘规律，优化科研路径。例如，在气候变化研究领域，科学家利用全球气象数据和机器学习算法，建立更精准的气候模型，提高对极端天气的预测能力，从而为低碳发展提供科学依据。此外，大数据技术还能够辅助文献分析和科研管理。智能文献推荐系统可以帮助研究人员快速定位最新研究进展，提高文献综述的效率。

其次，数字技术正在成为科学研究的重要助手。人工智能技术不仅能够快速处理复杂计算，还能够基于深度学习（deep learning，DL）发现新的科学规律。例如，在材料科学领域，人工智能算法可以筛选海量材料数据，预测新材料的特性，极大缩短实验周期。在生物医药领域，人工智能技术可以辅助药物研发，解析基因序列，加快新药筛选，提高药物研发效率。此外，人工智能技术还能够优化实验设计，减少试验成本。例如，在可再生能源研究中，人工智能技术可用于优化太阳能电池和风力涡轮的设计，提高能效，降低生产成本，助力绿色能源的发展。

最后，科学研究的高质量发展依赖于开放协同，而数字技术可以为科研数据共享和知识产权保护提供保障。例如，区块链的去中心化和不可篡改特性，使科研数据可以安全透明地存储和共享，避免数据造假，提高科研诚信。在生物医学研究中，区块链技术可以记录基因测序数据的溯源信息，确保数据的真实性和可追溯性。此外，区块链技术还能优化科研成果转化过程。在科技成果转化中，知识产权归属和收益分配往往是关键问题，利用区块链技术，可以实现智能合约自动执行，确保科研人员和机构的权益，促进科技创新成果更快落地应用。

3.3 数字技术赋能绿色低碳发展的模式

随着全球气候变化和环境污染问题的加剧，绿色低碳发展已成为各国经济社会发展的重要目标。数字技术的快速发展为实现这一目标提供了前所未有的机遇和工具。物联网、大数据、人工智能、区块链等先进数字技术的应用，不仅能提高资源利用效率和管理水平，还能推动经济和社会向绿色、低碳、可持续方向发展。数字技术赋能绿色低碳发展模式的逻辑架构如图 3-4 所示。

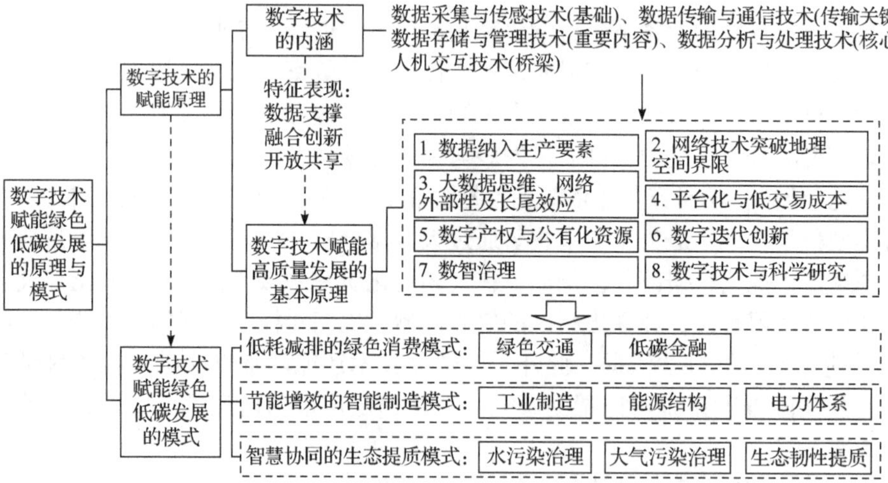

图 3-4 数字技术赋能绿色低碳发展模式的逻辑架构

数字技术赋能绿色低碳发展的模式可以从多个方面进行探讨，涵盖低耗减排的绿色消费模式、节能增效的智能制造模式以及智慧协同的生态提质模式。每一种模式都运用不同的数字技术手段，旨在解决具体的环境和资源问题，提升整体绿色低碳发展的水平。

在低耗减排的绿色消费模式中，数字技术通过优化交通管理、智能化金融服务等手段，减少资源浪费和污染排放，促进可持续消费。在节能增效的智能制造模式中，数字技术通过改进制造业、能源和电力领域的生产过程，提高能源利用效率，降低生产成本和环境影响。在智慧协同的生态提质模式中，数字技术通过智能监测和精准治理，实现水污染治理、大气污染治理和生态韧性提质的高效化和智能化。

3.3.1　低耗减排的绿色消费模式

1. 绿色的交通模式

在现代社会中，交通运输是能源消耗和碳排放的重要领域。随着城市化进程的加快和人们出行需求的增加，传统的交通模式面临着能源消耗高、污染严重、效率低下等诸多挑战。数字技术的迅猛发展为交通领域带来前所未有的变革机遇，通过数字化手段提升交通系统的运行效率、降低能耗和碳排放，构建绿色低碳的交通模式成为可能。

智能交通系统是数字技术在交通领域的重要应用。智能交通系统通过信息技术、传感技术、通信技术和人工智能等手段，实现交通信息的实时采集、处理和发布，优化交通流量和提高交通效率。例如，通过在道路上部署传感器和摄像头，智能交通系统可以实时监测交通流量、车辆速度和路况信息，并通过大数据分析和人工智能算法，预测交通拥堵情况并优化交通信号灯的配时。这样不仅可以减少车辆的怠速时间和燃油消耗，还能显著降低交通拥堵带来的碳排放。

智能网联汽车的发展为绿色低碳交通模式提供了新的路径。智能网联汽车通过车联网技术、自动驾驶技术和大数据分析，实现车与车、车与设施、车与云端的实时互联互通。例如，智能网联汽车可以通过车载传感器和通信模块，实时获取前方道路的交通信息，并根据路况自动调整行驶路线和速度，避免交通拥堵和频繁刹车，从而降低燃油消耗和碳排放。此外，智能网联汽车还可以实现车队行驶，通过车辆之间的协同控制，减少空气阻力和能耗，提高整体交通系统的运行效率。

在公共交通领域，数字技术的应用同样具有重要意义。智能公交系统通过GPS定位、无线通信和大数据分析，实现公交车辆的实时调度和运行监控。例如，智能公交系统可以根据乘客流量和道路交通情况，动态调整公交线路和发车频率，减少空载率和车辆行驶里程，从而降低能耗和碳排放。同时，乘客可以通过手机应用实时查询公交车的到站时间和座位情况，合理安排出行时间，减少等待时间和出行成本。这样的智能公交系统不仅提升了公共交通的服务水平，还显著降低了城市交通的碳排放。

共享出行模式的兴起也是数字技术赋能绿色低碳交通的重要体现。共享出行模式通过移动互联网、GPS 定位和大数据分析，实现车辆共享和乘客匹配，提高车辆利用率和出行效率。例如，共享单车和共享电动车的普及，使人们在短途出行中可以选择更加环保的交通工具，减少私人汽车的使用和城市交通压力。共享出行平台通过智能调度和实时定位，将出行需求相近的乘客进行匹配，实现拼车出行，减少车辆空驶和能耗。此外，共享出行平台还可以通过大数据分析，优化车辆的调度和分布，进一步提升交通系统的整体效率。

物流运输是交通领域的另一大能耗和碳排放来源，数字技术在物流运输中的应用同样具有重要意义。智能物流系统通过物联网、云计算和大数据分析，实现对物流过程的全程监控和优化。例如，物流企业可以通过智能仓储系统，优化货物的存储和分拣过程，减少仓储能耗和损失。智能运输系统可以根据货物类型和运输需求，动态规划最优运输路线和载运方案，减少车辆的行驶里程和空载率，从而降低能耗和碳排放。此外，智能物流系统还可以实现多式联运，采用铁路、水运等低碳运输方式替代公路运输，进一步减少物流过程中的碳足迹。

在航空运输领域，数字技术同样发挥着重要作用。智能机场系统通过大数据分析和物联网技术，实现机场运行的智能化管理和优化。例如，智能机场系统可以通过实时监测航班信息、乘客流量和设备状态，优化航班调度和资源配置，减少航班延误和空中等待时间，降低飞机的燃油消耗和碳排放。同时，智能机场系统还可以通过智能引导和服务设施，提升乘客的出行体验和效率，减少机场内的能耗和碳排放。此外，航空公司可以通过大数据分析，优化飞行路线和飞行高度，减少飞行过程中的燃油消耗和碳排放。

在铁路运输领域，数字技术的应用同样促进了绿色低碳交通模式的发展。智能铁路系统通过传感器、通信技术和大数据分析，实现列车运行的智能化调度和控制。例如，智能铁路系统可以通过实时监测列车的运行状态和轨道情况，优化列车的行驶速度和停靠时间，减少列车的能耗和碳排放。同时，智能铁路系统还可以通过智能票务和乘客信息系统，提高铁路运输的服务水平和运营效率，吸引更多的乘客选择铁路出行，减少公路交通的压力和碳排放。

在城市规划和交通管理方面，数字技术的应用也具有重要意义。通过大数据分析和仿真技术，城市规划部门可以对交通流量和出行需求进行精确预测，优化城市道路布局和交通设施配置，提高城市交通系统的整体效率。例如，通过建立城市交通仿真模型，模拟不同交通政策和基础设施建设方案的效果，评估其对交通流量、能耗和碳排放的影响，从而制订更加科学、有效的交通规划方案。同时，数字技术还可以实现交通管理的智能化和精细化，通过实时监控和动态调控，提高交通系统的应急响应能力和运行效率，减少交通事故和拥堵，降低能耗和碳排放。

总之，数字技术在交通领域的广泛应用，为构建绿色低碳的交通模式提供了强大的技术支撑和创新动力。通过智能交通系统、智能网联汽车、智能公交系统、共享出行模式、智能物流系统、智能机场系统和智能铁路系统等的应用，可以显著提升交通系统的运行效率，降低能源消耗和碳排放，推动交通领域的绿色低碳发展。

2. 低碳的金融模式

在全球推动绿色低碳发展的背景下，金融行业正通过数字技术的创新与应用，积极参与并引导绿色经济转型。数字金融不仅提升了金融服务的效率和覆盖面，还为绿色低碳项目提供了更多融资渠道和支持手段，从而助力实现可持续发展目标。数字技术赋能下的绿色金融模式，正在重塑传统金融体系，为绿色低碳发展注入新动能。

数字金融技术通过大数据分析和人工智能，提高了绿色金融的风险评估能力。传统金融机构在评估绿色项目的风险时，往往面临数据不足和信息不对称的问题。通过数字技术，金融机构可以获取并分析大量的 ESG 数据，以及气候变化、资源利用等方面的综合信息，从而更准确地评估绿色项目的风险。例如，大数据技术可以实时监测企业的碳排放、能源消耗和环保措施，通过数据分析了解其可持续发展表现，人工智能技术则可以利用这些数据进行风险预测和决策支持，帮助金融机构更好地识别和管理绿色投资的风险。

区块链技术在绿色金融中的应用，提升了金融交易的透明度和可信度。区块链技术通过分布式账本和加密技术，确保交易数据的透明、不可篡改和可追溯性。例如，在绿色债券发行过程中，区块链技术可以记录每一笔资金的流向和用途，确保资金被用于特定的绿色项目，并向投资者提供透明的资金使用报告。这样的透明机制不仅提高了投资者的信任度，还降低了绿色金融项目中的道德风险，促进了绿色金融市场的健康发展。

数字金融平台的崛起为绿色低碳项目提供了更多融资渠道和机会。通过互联网金融平台，企业和个人可以更加便捷地参与绿色投资。例如，绿色众筹平台允许公众通过小额投资支持环保项目，如可再生能源、节能建筑和绿色农业等。这样的平台不仅为绿色项目提供了多元化的融资来源，还提高了公众的环保意识和参与度。同时，数字金融平台还可以通过智能合约技术，自动化处理融资和投资流程，提高交易效率，降低融资成本，吸引更多资金流向绿色产业。

在普惠金融方面，数字技术的应用同样具有重要意义。传统金融服务往往难以覆盖农村和偏远地区的中小企业和个人，而这些地区和群体在绿色低碳发展中具有重要的潜力和需求。通过移动互联网和金融科技，数字金融服务可以突破地理限制，为农村和偏远地区提供便捷的金融服务。例如，移动支付和微贷平台可以为农村用户提供小额信贷、保险和理财等服务，帮助他们开展绿色农业、生态旅游等项目，促进农村地区绿色发展和防止返贫致贫。

在绿色保险方面，数字技术的应用正在改变传统保险模式，为绿色项目提供更灵活和高效的风险管理手段。例如，基于物联网和大数据技术，保险公司可以实时监测农业生产、气候变化和自然灾害等风险因素，提供精准的风险评估和定价服务。智能合约技术可以实现自动理赔和风险控制，提高保险服务的效率和透明度。这样的绿色保险模式，不仅为绿色项目提供了有力的风险保障，还激励企业和个人采取更多的绿色行动，降低环境风险。

绿色金融产品的创新也是数字技术赋能的重要体现。通过金融科技，金融机构可以开发出更加多样化和创新的绿色金融产品。例如，绿色贷款产品可以根据企业的环境绩效和可持续发展目标，提供优惠利率和灵活的还款条件，激励企业进行绿色投资和改造。绿色基金和绿色理财产品则可以吸引更多的社会资本投入到绿色产业，分散投资风险，增加投资回报。金融科技还可以通过智能投顾服务，帮助投资者根据个人的风险偏好和绿色投资目标，制定个性化的投资组合和策略，实现绿色投资的最佳效果。

在国际合作方面，数字技术促进了全球绿色金融市场的互联互通。通过跨境支付和数字货币，国际资金可以更加便捷地流向全球各地的绿色项目，促进国际的绿色金融合作。例如，国际金融机构可以利用区块链技术进行跨境绿色债券的发行和交易，提高资金流动的透明度和效率。同时，数字技术还可以促进全球绿色金融标准和信息的共享，推动各国在绿色金融政策、监管和市场准入等方面的协调与合作，形成全球绿色金融的良性发展生态。

总之，数字技术赋能绿色低碳发展的金融模式，通过提升风险评估能力、提高交易透明度、拓展融资渠道、促进普惠金融、创新绿色金融产品和加强国际合作，为绿色低碳发展提供了强大的支持。随着数字技术的不断进步和应用的深入，绿色金融模式将进一步完善和发展，推动金融行业在实现可持续发展目标中发挥更大的作用。

3.3.2 节能增效的智能制造模式

1. 工业制造模式

在工业革命以来，制造业一直是推动经济发展的重要动力。然而，传统制造业模式在带来经济增长的同时，也伴随着高能耗、高污染的问题。随着全球可持续发展意识的提升，制造业面临向绿色低碳转型的迫切需求。数字技术的快速发展为制造业提供了新的解决方案，通过数字化、智能化的手段，推动制造业实现绿色低碳发展。

工业互联网的广泛应用，为制造业的绿色低碳发展提供了基础。工业互联网通过将物理设备和数字系统连接起来，实现生产过程中的实时监控、数据采集和智能分析。例如，通过在生产设备上安装传感器，制造企业可以实时监测设备的运行状态、能耗情况和生产效率，从而及时发现和解决问题，减少能源浪费和设备故障。同时，工业互联网还可以实现设备之间的互联互通，优化生产流程，提高生产效率，降低能耗和碳排放。

数字孪生技术的应用，为制造业的绿色低碳发展提供了新思路。数字孪生技术通过创建物理实体的数字化模型，实现对实体设备、生产线和工厂的虚拟仿真和实时监控。例如，制造企业可以通过数字孪生技术，对生产过程进行虚拟调试和优化，预测和评估不同生产方案的能耗和碳排放情况，从而选择最优的绿色生产方案。数字孪生技术还可以通过模拟和分析设备的运行状态，优化设备的维护和保养策略，延长设备使用寿命，减少资源消耗和环境影响。

在智能制造方面，人工智能和大数据技术的应用，为制造业的绿色低碳发展提供了强大的支持。人工智能技术可以通过对海量生产数据的分析和学习，优化生产过程和工艺参数，提高生产效率和产品质量。例如，人工智能算法可以根据实时数据，自动调整设备的运行参数，实现生产过程的智能化控制，减少能源浪费和物料损耗。大数据技术可以对生产数据进行深度分析，发现生产过程中控制能耗和碳排放的瓶颈，提出改进措施和优化方案。例如，通过对生产线的能耗数据进行分析，可以发现高能耗环节和设备，进行针对性的技术改造和设备升级，提高能源利用效率，降低碳排放。

在绿色供应链管理方面，区块链技术的应用，为制造业的绿色低碳发展提供了新的路径。区块链技术通过分布式账本和加密技术，实现供应链全流程的透明、可追溯和可信任。例如，通过区块链技术，制造企业可以实现对原材料采购、生产加工、物流运输和产品销售等环节的全流程追踪，确保每个环节的绿色低碳操作。同时，区块链技术还可以实现供应链各方的信息共享和协同管理，提高供应链的整体效率和绿色低碳水平。例如，通过区块链技术，可以实现供应链上下游企业的碳排放数据共享，制定与执行碳减排目标和措施，共同推动绿色低碳发展。

此外，数字技术还可以通过智能工厂的建设，全面提升制造业的绿色低碳水平。智能工厂通过物联网、云计算、大数据和人工智能等技术，实现生产过程的全面数字化和智能化管理。例如，智能工厂可以通过实时监控和数据分析，优化生产计划和资源配置，减少生产过程中的能源消耗和物料浪费。智能工厂还可以通过智能设备和自动化生产线，实现对生产过程的高效、稳定和精准控制，提高生产效率和产品质量，减少废品率和次品率，降低资源消耗和环境污染。同时，智能工厂还可以通过绿色设计和绿色制造技术，开发和生产环保产品，推动绿色消费和可持续发展。

在能源管理方面，数字技术的应用同样具有重要意义。通过智能电网和能源管理系统，制造企业可以实现对能源的高效利用和管理。例如，智能电网可以通过实时监控和调度，实现能源的动态平衡和优化分配，提高能源利用效率，减少能源浪费。能源管理系统可以对企业的能源消耗数据进行实时监测和分析，发现并消除能源浪费点，提出并实施节能措施。例如，通过能源管理系统，可以优化车间照明、空调与生产设备的运行时间和模式，减少不必要的能源消耗，提高能源利用效率。

在可再生能源利用方面，数字技术的应用也发挥着重要作用。例如，通过针对太阳能、风能和生物质能等可再生能源的智能管理系统，制造企业可以实现对可再生能源的高效利用和管理。例如，太阳能管理系统可以通过实时监测太阳能电池板的运行状态和发电效率，优化发电和储能策略，提高太阳能利用效率。风能管理系统可以通过实时监测风力发电机的运行状态和风速情况，优化发电和储能策略，提高风能利用效率。生物质能管理系统可以通过实时监测生物质能的生产和利用情况，优化生产和利用策略，提高生物质能利用效率。

总之，数字技术赋能绿色低碳发展的制造业模式，通过工业互联网、数字孪生、人工智能、大数据、区块链、智能工厂、智能电网和可再生能源管理等技术的应用，全面提升了制造业的绿色低碳水平。通过数字化、智能化手段，制造企业可以实现对生产过程的全面优化和管理，提高能源利用效率，降低资源消耗和环境污染，推动制造业的绿色低碳转型。

2. 能源结构

在全球应对气候变化和实现可持续发展的背景下，优化能源结构成为推动绿色低碳发展的重要任务。传统能源结构以化石燃料为主，导致高碳排放和环境污染。数字技术为能源结构的优化和转型提供了新的路径，通过提升能源利用效率、促进可再生能源的开发利用、实现能源管理的智能化，推动能源结构向绿色低碳方向发展。

数字技术在能源效率提升方面发挥着重要作用。通过物联网、大数据和人工智能等技术，能源使用过程可以实现精细化管理和优化。例如，工业企业和建筑物可以通过安装智能传感器和能效监测系统，实时采集能耗数据，分析能源使用的规律和趋势，发现能耗高的环节和设备，提出改进措施。例如，智能空调和照明系统可以根据环境条件和使用需求，自动调节运行状态，减少不必要的能源浪费。通过智能管理系统，能源使用单位可以制订和实施节能计划，提高能源利用效率，降低能耗和碳排放。

数字技术促进了可再生能源的开发和利用。太阳能、风能和生物质能等可再生能源是实现能源结构绿色转型的重要途径。通过数字技术，可以提高可再生能源的开发效率和利用水平。例如，太阳能发电系统可以通过智能化管理平台，实时监测太阳能电池板的运行状态和发电效率，优化发电和储能策略，提高太阳能利用效率。风能发电系统可以通过大数据分析和人工智能算法，预测风速和风向，优化风力发电机的运行模式，最大化风能利用率。生物质能发电系统可以通过物联网技术，监控生物质燃料的供应和消耗情况，优化燃料的利用和管理，提高生物质能利用效率。

此外，数字技术在能源管理的智能化方面也发挥着重要作用。智能能源管理系统通过物联网、云计算和大数据技术，实现对能源供应、传输和消费的全流程智能化管理。例如，智能电网系统可以通过实时监控和动态调度，实现能源的优化分配和平衡，提高能源利用效率。智能能源管理系统可以整合各种能源数据，分析能源供需情况，预测能源需求变化，制定与实施能源调度和应急预案，确保能源供应的稳定和可靠。智能能源管理系统还可以通过能源市场交易平台，促进能源供需双方的交易和合作，提高能源市场的透明度和效率。

在能源供应链管理方面，区块链技术的应用也具有重要意义。区块链技术通过分布式账本和加密技术，实现能源供应链全流程的透明、可追溯和可信任。例如，通过区块链技术，可以记录能源的生产、传输和消费过程，确保能源数据的真实性和可靠性。这样不仅可以提高能源交易的透明度和效率，还可以防止能源数据被篡改和欺诈，保障能源供应链的安全和稳定。同时，区块链技术还可以实现能源供应链各方的信息共享和协同管理，提高供应链的整体效率和绿色低碳水平。

在能源消费方面，数字技术的应用也为绿色低碳发展提供了新的手段。例如，通过智能家居系统，用户可以实现对家庭能源使用的智能化管理和优化。智能家居系统可以通过物联网技术，连接家庭中的各种电器设备，实现能源的集中监控和管理。例如，智能电表可以实时记录家庭的用电情况，通过手机应用，用户可以查看用电数据和能效报告，了解能源消耗的分布和趋势。智能电器可以根据用户的生活习惯和使用需求，自动调节运行状态，减少不必要的能源消耗。通过智能家居系统，用户可以制订和实施节能计划，优化家庭能源使用，降低能耗和碳排放。

在交通运输领域，数字技术的应用同样促进了能源结构的优化和绿色低碳发展。智能交通系统通过物联网、大数据和人工智能等技术，实现交通流量的优化和管理。例如，智能交通信号控制系统，可以根据实时的交通流量和道路情况，动态调整交通信号灯的配时，减少车辆的怠速时间和燃油消耗。智能网联汽车通过车联网技术，实现车辆与车辆、车辆与基础设施的互联互通，优化行驶路线和速度，减少交通拥堵和能耗。共享出行平台通过大数据分析和智能调度，提供高效、便捷的出行服务，减少私人汽车的使用和城市交通压力，降低能源消耗和碳排放。

在能源储存和利用方面，数字技术的应用也具有重要意义。例如，通过智能电池管理系统，可以实现对电池的高效利用和管理。智能电池管理系统可以通过物联网技术，实时监控电池的状态和性能，优化充放电策略，提高电池的使用寿命和能量转换效率。智能储能系统可以通过大数据分析和人工智能算法，预测能源需求变化，制订和实施储能计划，平衡能源供需，提高能源利用效率。通过智能储能系统，可以实现对能源的灵活调度和高效利用，减少能源浪费和碳排放。

总之，数字技术赋能绿色低碳发展的能源结构优化，通过提升能源效率、促进可再生能源的开发利用、实现能源管理的智能化和优化能源消费，推动能源结构向绿色低碳方向发展。数字技术在能源结构优化中的广泛应用，不仅提高了能源利用效率，降低了能耗和碳排放，还为能源行业的可持续发展提供了强大的技术支撑和创新动力。

3. 电力体系

在全球能源转型和应对气候变化的背景下，电力体系的绿色低碳发展成为实现可持续发展的关键。传统电力体系以化石燃料发电为主，导致高碳排放和环境污染。随着数字技术的迅猛发展，电力体系正在经历深刻的变革，通过智能化、数字化手段，实现对电力生产、传输、分配和消费的全面优化，推动电力体系向绿色低碳方向转型。

智能电网的建设是数字技术赋能电力体系绿色低碳发展的重要途径。智能电网通过将先进的传感技术、通信技术和信息技术应用于电力系统，实现电力系统的智能化监控和管理。例如，智能电表和传感器可以实时采集电力生产、传输和消费的数据，监控电力系统的运行状态和能效情况。通过大数据分析和人工智能技术，对电力系统进行实时监测、预测和优化，提高电力系统的运行效率和可靠性。例如，智能电网可以根据电力需求的实时变化，动态调整发电和供电策略，优化电力资源的配置和利用，减少电力浪费和碳排放。

分布式能源系统的广泛应用是电力体系绿色低碳发展的重要方向。分布式能源系统通过在用户端部署小型、分散的发电设备，如太阳能光伏、风力发电和储能系统，实现能源的本地化生产和消费。例如，家庭和企业可以在屋顶安装太阳能电池板，利用太阳能发电，减少对传统电网的依赖。同时，分布式能源系统还可以通过智能化管理平台，实现能源的共享和交易。例如，用户可以将多余的太阳能电力通过微电网输送给其他用户，或者存储在智能电池中，供未来使用。这样的分布式能源系统不仅提高了能源利用效率，减少了传输损耗，还促进了可再生能源的利用和推广，推动了电力体系的绿色低碳转型。

此外，能源互联网（energy internet）的发展为电力体系的绿色低碳转型提供了新的路径。能源互联网通过将电力系统与互联网深度融合，实现能源的广泛互联和智能化管理。例如，能源互联网可以通过云计算和大数据技术，整合电力生产、传输、分配和消费的全流程数据，构建智能化的能源管理平台。通过能源互联网，电力系统可以实现跨区域、跨行业的能源协同调度和优化配置，提高能源的整体利用效率。例如，能源互联网可以实现对不同类型能源的互补利用，如利用风能和太阳能的互补特性，优化能源的供需平衡，减少能源浪费和碳排放。同时，能源互联网还可以通过能源市场交易平台，促进能源供需双方的交易和合作，提高能源市场的透明度和效率，推动电力体系的绿色低碳发展。

在电力生产方面，数字技术的应用同样具有重要意义。例如，通过智能化电厂的建设，可以实现发电过程的全面数字化和智能化管理。智能化电厂通过物联网、人工智能和大数据技术，实现对发电设备的实时监控和智能化控制。例如，通过智能传感器和监控系统，可以实时采集发电设备的运行数据，监测设备的状态和性能，及时发现和处理故障，提高发电设备的运行效率和可靠性。人工智能技术可以通过对发电数据的分析和学习，优化发电过程和工艺参数，提高发电效率，减少能耗和碳排放。例如，通过智能化电厂，实现火力发电的燃烧优化和污染控制，提高煤炭的利用效率，减少二氧化碳和污染物的排放。

在电力传输和分配方面，数字技术的应用也发挥着重要作用。例如，通过智能电网的建设，可以实现对电力传输和分配的智能化调度与优化管理。智能电网通过物联网和通信技术，实现对电力系统各环节的实时监控和动态调度。例如，通过智能传感器和监控系统，可以实时监测输电线路的运行状态和负荷情况，发现并处理电力故障，确保电力系统的安全和稳定运行。大数据技术可以通过对电力传输和分配数据的分析，优化电力调度和分配策略，提高电力资源的利用效率，减少传输损耗和能耗。例如，运用智能电网，可以实现电力需求侧管理，根据用户的用电需求和负荷情况，动态调整供电策略，减少高峰负荷，优化电力供需平衡，提高电力系统的运行效率和可靠性。

在电力消费方面，数字技术的应用同样具有重要意义。例如，通过智能家居和智能楼宇系统，可以实现对电力消费的智能化管理和优化。智能家居系统通过物联网技术，连接家庭中的各种电器设备，实现对电力的集中监控和管理。例如，通过智能电表和智能插座，用户可以实时记录家庭的用电情况；通过手机应用，可以查看用电数据和能效报告，了解电力消耗的分布和趋势。智能电器可以根据用户的生活习惯和使用需求，自动调节运行状态，减少不必要的电力消耗。通过智能家居系统，用户可以制订和实施节能计划，优化家庭电力使用，降低能耗和碳排放。

在智能城市和智慧能源系统的建设中，数字技术的应用也发挥着重要作用。例如，通过智慧城市平台，可以实现对城市电力系统的智能化管理和优化。智慧城市平台通过物联网、大数据和人工智能技术，整合城市电力、交通、建筑等各方面的数据，构建智能化的城市管理系统。例如，通过智慧城市平台，可以实现对城市电力系统的实时监控和动态调度，提高城市电力系统的运行效率和可靠性。大数据技术可以通过对城市电力数据的分析，优化电力调度和分配策略，减少电力浪费和碳排放。例如，通过智慧城市平台，可以实现城市电力需求侧管理，根据城市的用电需求和负荷情况，动态调整供电策略，提高电力资源的利用效率，促进城市的绿色低碳发展。

总之，数字技术赋能绿色低碳发展的电力体系，通过智能电网、分布式能源系统、能源互联网、智能化电厂、智能家居和智慧城市平台等技术的应用，全面提升电力体系的绿色低碳水平。通过数字化、智能化手段，电力系统可以实现对生产、传输、分配和消费的全面优化管理，提高电力资源的利用效率，减少能耗和碳排放，推动电力体系的绿色低碳转型。

3.3.3 智慧协同的生态提质模式

1. 水污染治理模式

水污染问题一直是全球关注的重大环境问题，随着工业化和城市化的快速发展，水污染问题日益严重。传统的水污染治理方式往往依赖大量的人力和物力投入，治理效率低下，难以适应复杂多变的水环境和污染源。数字技术的迅猛发展为水污染治理提供了新的解决方案，即通过智能化、数字化手段，实现对水污染的实时监测、精准分析和高效治理，推动水污染治理模式向绿色低碳方向转变。

物联网技术在水污染治理中的应用，实现了对水体和排放源的实时监测。通过在河流、湖泊、污水处理厂等关键节点安装智能传感器，能够实时采集水质参数，如pH值、溶解氧、氨氮、总磷、总氮等，形成全面的水质监测网络。例如，物联网传感器可以持续监测工业排放口的水质变化，一旦检测到超标排放，立即发出警报并启动应急预案。通过物联网技术，管理部门可以实时掌握水体污染状况，快速响应和处理污染事件，提高水污染治理的效率和精准度。

大数据技术在水污染治理中的应用，实现了对水质数据的深度分析和预测。通过对海量水质监测数据进行采集、存储和分析，可以发现污染物的来源和扩散规律，预测水体的污染趋势和变化。例如，通过大数据分析，可以识别出污染高发时段和区域，制定有针对性的治理措施。同时，大数据技术还可以整合多源数据，如气象数据、土地利用数据、排污数据等，构建综合的水环境模型，提高水污染治理的科学性和准确性。例如，通过对历史水质数据和气象数据的分析，可以预测洪水来临时的污染扩散情况，提前采取防控措施，减少污染损失。

人工智能技术在水污染治理中的应用，也极大地提升了治理的智能化水平。通过机器学习和深度学习算法，人工智能技术可以对水质数据进行智能分析和识别，自动检测和诊断水污染问题。例如，人工智能算法可以根据水质监测数据，自动识别出不同类型的污染物，评估污染程度，并提出相应的治理方案。同时，人工智能技术还可以通过优化污水处理工艺，提高污水处理效率和效果。例如，智能控制系统可以根据污水的水质变化，自动调整处理设备的运行参数，优化处理流程，提高污染物的去除率，减少化学药剂的使用和二次污染。

区块链技术在水污染治理中的应用，实现了水质数据的透明和可信任。通过区块链技术，可以将水质监测数据记录在分布式账本中，确保数据的真实、透明和不可篡改。例如，管理部门可以通过区块链平台，公开水质监测数据和治理措施，接受公众监督和评价，提高治理的透明度和公信力。同时，区块链技术还可以实现跨部门、跨区域的水质数据共享和协同治理。例如，不同地区的环保部门可以通过区块链平台，实时共享水质监测数据和治理经验，共同应对跨区域的水污染问题，提高整体治理效果。

在智慧水务系统的建设中，数字技术的应用也发挥着重要作用。智慧水务系统通过物联网、大数据和人工智能技术，实现水务管理的智能化、精细化和高效化。例如，通过智慧水务平台，可以实现对水质监测、污水处理、管网管理、应急调度等功能的集成管理。例如，通过实时监测和数据分析，可以及时发现和处理水质异常，确保水体安全。同时，智慧水务系统还可以通过优化供水和排水系统，提高水资源的利用效率和治理效果。例如，通过智能管网管理系统，可以实时监测和控制供水管网的压力和流量，减少管网漏损和能耗，提高供水效率。

数字技术在农村水污染治理中的应用也具有重要意义。农村地区水污染问题较为复杂，污染源分散且治理难度大。通过数字技术，可以实现对农村水污染的精准治理和综合治理。例如，通过物联网传感器，可以实时监测农村水体和农田排水的水质情况，及时发现和处理污染问题。同时，通过大数据分析，可以评估不同农业生产活动对水质的影响，优化农业生产方式和水资源管理。例如，通过智慧农业平台，可以推广科学施肥和节水灌溉技术，减少农田面源污染，改善农村水环境。

在城市水污染治理中，数字技术的应用也有助于提升治理水平。例如，通过智慧排水系统，可以实现对城市排水管网的智能化监控和管理。智慧排水系统通过物联网技术，实时监测排水管网的流量、压力和水质情况，发现和处理排水管网的堵塞和泄漏问题，防止污水外溢和污染水体。同时，智慧排水系统还可以通过大数据分析，优化排水管网的运行和维护策略，提高排水系统的运行效率和可靠性。例如，智能调度系统可以根据雨水和污水的流量变化，动态调整排水策略，减轻暴雨期间的排水压力，防止内涝和水污染。

总之，数字技术赋能绿色低碳发展的水污染治理模式，通过物联网、大数据、人工智能和区块链等技术的应用，实现了水污染治理的智能化、精准化和高效化。通过数字化手段，水污染治理部门可以实现水质监测、数据分析、智能控制和协同管理，提高水污染治理的效率和效果，推动水污染治理向绿色低碳方向转变。

2. 大气污染治理模式

大气污染是全球范围内面临的严峻环境问题之一，其对人类健康、生态系统和气候变化造成了严重影响。随着工业化和城市化的快速推进，传统的大气污染治理方式面临诸多挑战，亟须引入更为先进的技术手段来应对。数字技术的发展为大气污染治理带来了新的契机，通过智能化、数字化手段，实现对大气污染的实时监测、精准分析和高效治理，推动大气污染治理模式向绿色低碳方向转型。

物联网技术在大气污染治理中的应用，实现了对大气质量的实时监测。通过在城市、工业区和交通干道等关键区域安装智能传感器，能够实时采集空气中各类污染物的浓度数据，如 $PM_{2.5}$、PM_{10}、二氧化硫、二氧化氮和臭氧等，形成覆盖广泛的大气质量监测网络。例如，物联网传感器可以持续监测城市不同区域的空气质量，一旦检测到污染物浓度超标，立即发出警报并启动应急预案。通过物联网技术，管理部门可以实时掌握大气污染状况，快速响应和处理污染事件，提高大气污染治理的效率和精准度。

大数据技术在大气污染治理中的应用，实现了对大气质量数据的深度分析和预测。通过对海量大气质量监测数据进行采集、存储和分析，可以发现污染源和污染扩散规律，预测大气污染趋势和变化。例如，通过大数据分析，可以识别污染高发时段和区域，制定有针对性的治理措施。同时，大数据技术还可以整合多源数据，如气象数据、交通数据、工业排放数据等，构建综合的大气环境模型，提高大气污染治理的科学性和准确性。例如，通过对历史大气质量数据和气象数据的分析，可以预测大气污染扩散情况，提前采取防控措施，减少污染损失。

人工智能技术在大气污染治理中的应用，也极大地提升了治理的智能化水平。通过机器学习和深度学习算法，人工智能技术可以对大气质量数据进行智能分析和识别，自动检测和诊断大气污染问题。例如，人工智能算法可以根据大气质量监测数据，自动识别不同类型的污染物，评估污染程度，并提出相应的治理方案。同时，人工智能技术还可以通过优化工业排放控制和交通管理，提高大气污染治理效率和效果。例如，智能控制系统可以根据大气污染物的浓度变化，自动调整工业排放设备的运行参数，优化排放过程，减少污染物的排放。通过智能交通管理系统，可以优化交通流量和车辆调度，减少车辆排放，改善城市空气质量。

区块链技术在大气污染治理中的应用,实现了大气质量数据的透明和可信任。通过区块链技术，可以将大气质量监测数据记录在分布式账本中，确保数据的真实、透明和不可篡改。例如，管理部门可以通过区块链平台，公开大气质量监测数据和治理措施，接受公众监督和评价，提高治理的透明度和公信力。同时，区块链技术还可以实现跨部门、跨区域的大气质量数据共享和协同治理。例如，不同地区的环保部门可以通过区块链平台,实时共享大气质量监测数据和治理经验,共同应对跨区域的大气污染问题，提高整体治理效果。

在智慧城市平台和智慧环境系统的建设中，数字技术的应用也发挥着重要作用。智慧城市平台通过物联网、大数据和人工智能技术，实现对城市大气污染的智能化、精细化和高效化管理。例如，通过智慧城市平台，可以实现对大气质量监测、污染源排放监控、应急调度等功能的集成管理。例如，通过实时监测和数据分析，可以及时发现和处理大气污染异常状况，确保城市空气质量。同时，智慧城市平台还可以通过优化交通和工业排放管理，提高城市大气污染治理的整体效果。例如，通过智能交通管理系统，可以实时监测和控制交通流量，减少交通拥堵和车辆排放，改善城市空气质量。通过智能工业排放控制系统，可以实时监测和控制工业排放，减少污染物的排放，提高工业企业的环保水平。

数字技术在农村大气污染治理中的应用也具有重要意义。农村地区的大气污染问题较为复杂，污染源分散且治理难度大。通过数字技术，可以实现对农村大气污染的精准治理和综合治理。例如，通过物联网传感器，可以实时监测农村大气质量和农田排放的污染物浓度，及时发现和处理污染问题。同时，通过大数据分析，可以评估不同农业生产活动对大气质量的影响，优化农业生产方式和大气污染治理措施。例如，通过智慧农业平台，可以推广科学施肥和合理用药技术，减少农田面源污染，改善农村空气质量。

在工业大气污染治理中，数字技术的应用也有助于提升治理水平。例如，通过智能工厂的建设，可以实现工业生产过程的全面数字化和智能化管理。智能工厂通过物联网、人工智能和大数据技术，实现对生产设备的实时监控和智能化控制。例如，通过智能传感器和监控系统，可以实时采集工业生产设备的运行数据，监测设备的状态和性能，及时发现和处理设备故障，提高生产设备的运行效率和可靠性。人工智能技术可以通过对工业生产数据的分析和学习，优化生产过程和工艺参数，提高生产效率，减少能耗和污染物的排放。例如，通过智能工厂，可以实现对工业排放的智能化控制和优化管理，减少污染物的排放，推动工业企业的绿色低碳转型。

在城市大气污染治理中，数字技术的应用也发挥着重要作用。例如，通过智慧排放控制系统，可以实现对城市排放源的智能化监控和管理。智慧排放控制系统通过物联网技术，实时监测城市各类排放源的污染物排放情况，发现和处理排放超标问题，防止污染物外溢和污染空气。同时，智慧排放控制系统还可以通过大数据分析，优化排放源的运行和维护策略，提高排放控制的效率和可靠性。例如，智能调度系统可以根据大气质量和排放源的污染物排放情况，动态调整排放控制策略，减轻大气污染压力，改善城市空气质量。

总之，数字技术赋能绿色低碳发展的大气污染治理模式，通过物联网、大数据、人工智能和区块链等技术的应用，实现了大气污染治理的智能化、精准化和高效化。通过数字化手段，大气污染治理部门可以实现大气质量监测、数据分析、智能控制和协同管理，提高大气污染治理的效率和效果，推动大气污染治理向绿色低碳方向转变。

3. 生态韧性提质模式

生态韧性指的是生态系统在面对外界干扰和压力时，维持其结构和功能稳定的能力。随着气候变化、土地利用变化以及人类活动对生态系统的影响加剧，提升生态韧性成为实现可持续发展的关键。数字技术的快速发展为生态韧性治理提供了新的方法和工具，通过智能化、数字化手段，实现对生态系统的实时监测、精准分析和综合治理，推动生态韧性治理模式向绿色低碳方向转变。

物联网技术在生态韧性治理中的应用，实现了对生态系统的实时监测。通过在森林、草原、湿地、荒漠等关键生态区安装智能传感器，可以实时采集生态环境的各类数据，如温度、湿度、土壤湿度、植被覆盖率等，形成覆盖广泛的生态监测网络。例如，物联网传感器可以持续监测森林中的温度和湿度变化，预警森林火灾风险；在草原地区，传感器可以监测土壤湿度，帮助牧民合理放牧，防止过度放牧导致的草原退化。通过物联网技术，管理部门可以实时掌握生态系统的状态，快速响应和处理生态问题，提高生态韧性治理的效率和精准度。

大数据技术在生态韧性治理中的应用,实现了对生态数据的深度分析和预测。通过对海量生态监测数据进行采集、存储和分析，可以发现生态系统的变化规律和趋势，预测生态风险和潜在问题。例如，通过大数据分析，可以识别生态系统的脆弱区域和关键物种，制定有针对性的保护措施。同时，大数据技术还可以整合多源数据，如气象数据、遥感数据、土地利用数据等，构建综合的生态环境模型，提高生态韧性治理的科学性和准确性。例如，通过对历史生态数据和气象数据的分析，可以预测气候变化对生态系统的影响，提前采取防控措施，增强生态系统的适应能力。

人工智能技术在生态韧性治理中的应用,也极大地提升了治理的智能化水平。通过机器学习和深度学习算法，人工智能技术可以对生态数据进行智能分析和识别，自动检测和诊断生态问题。例如，人工智能算法可以根据生态监测数据，自动识别植被退化、土壤侵蚀、物种减少等生态问题，评估生态系统的健康状况，并提出相应的治理方案。同时，人工智能技术还可以通过优化生态保护和修复措施，提高治理效率和效果。例如，智能控制系统可以根据生态监测数据，自动调整生态修复设备的运行参数，优化修复流程，提高生态系统的恢复能力，减少人力和物力的投入。

遥感技术在生态韧性治理中的应用，实现了对生态系统的宏观监测和评估。通过卫星遥感和无人机遥感技术，可以对大尺度的生态系统进行高精度的监测和评估。例如，通过卫星遥感影像，可以监测森林的覆盖变化、草原的退化情况、湿地的水域面积变化等，及时发现和评估生态系统的变化趋势。同时，遥感技术还可以通过多时相影像的对比分析，评估生态修复工程的效果，优化生态治理策略。例如，通过无人机遥感，可以对荒漠化地区进行高精度监测，评估植被恢复和土壤改良的效果，指导后续的生态修复工作。

区块链技术在生态韧性治理中的应用，实现了生态数据的透明和可信任。通过区块链技术，可以将生态监测数据记录在分布式账本中，确保数据的真实、透明和不可篡改。例如，管理部门可以通过区块链平台，公开生态监测数据和治理措施，接受公众监督和评价，提高治理的透明度和公信力。同时，区块链技术还可以实现跨部门、跨区域的生态数据共享和协同治理。例如，不同地区的生态保护部门可以通过区块链平台，实时共享生态监测数据和治理经验，共同应对跨区域的生态问题，提高整体治理效果。

在智慧城市平台和智慧生态系统的建设中，数字技术的应用也发挥着重要作用。智慧城市平台通过物联网、大数据和人工智能技术，实现对城市生态系统的智能化、精细化和高效化管理。例如，通过智慧城市平台，可以实现对城市绿地、公园、湿地等生态区域的实时监测和管理。例如，通过实时监测和数据分析，可以及时发现和处理城市绿地的退化问题，确保城市生态系统的健康和稳定。同时，智慧城市平台还可以通过优化城市绿地与生态廊道的规划和管理，提高城市生态系统的整体韧性和适应能力。例如，智能调度系统可以根据城市生态监测数据，动态调整绿地养护策略，减少资源浪费，提高养护效率。

数字技术在农村生态韧性治理中的应用也具有重要意义。农村地区的生态问题较为复杂，生态系统脆弱且治理难度大。通过数字技术，可以实现对农村生态系统的精准治理和综合治理。例如，通过物联网传感器，可以实时监测农村生态环境的变化，及时发现和处理生态问题。同时，通过大数据分析，可以评估不同农业生产活动对生态系统的影响，优化农业生产方式和生态治理措施。例如，通过智慧农业平台，可以推广科学种植和合理施肥技术，减少农业面源污染，改善农村生态环境。

在生态修复工程中，数字技术的应用也有助于提升治理水平。例如，通过智能修复设备的建设，可以实现生态修复过程的全面数字化和智能化管理。智能修复设备通过物联网、人工智能和大数据技术，实现对修复设备的实时监控和智能化控制。例如，通过智能传感器和监控系统，可以实时采集修复设备的运行数据，监测设备的状态和性能，及时发现和处理设备故障，提高修复设备的运行效率和可靠性。人工智能技术可以通过对修复数据的分析和学习，优化修复过程和工艺参数，提高修复效果，减少资源消耗和二次污染。例如，通过智能修复设备，可以实现对受损生态系统的智能化修复和管理，提高生态系统的恢复能力，推动生态系统的绿色低碳转型。

总之，数字技术赋能绿色低碳发展的生态韧性治理模式，通过物联网、大数据、人工智能、遥感和区块链等技术的应用，实现了生态韧性治理的智能化、精准化和高效化。通过数字化手段，生态治理部门可以实现生态监测、数据分析、智能控制和协同管理，提高生态韧性治理的效率和效果，推动生态系统向绿色低碳方向转变。

参考文献

[1] Wu J, Huang L Q, Zhao J L. Operationalizing regulatory focus in the digital age: evidence from an e-commerce context[J]. MIS Quarterly, 2019, 43(3): 745-764.

[2] Bailey D E, Leonardi P M, Barley S R. The lure of the virtual[J]. Organization Science, 2012, 23(5): 1485-1504.

[3] Goldfarb A, Tucker C. Digital economics[J]. Journal of Economic Literature, 2019, 57(1): 3-43.

[4] Hukal P, Henfridsson O, Shaikh M, et al. Platform signaling for generating platform content[J]. MIS Quarterly, 2020, 44(3): 1177-1205.

[5] 陈晓红, 唐立新, 李勇建, 等. 数字经济时代下的企业运营与服务创新管理的理论与实证[J]. 中国科学基金, 2019, 33(3): 301-307.

[6] 王如玉, 梁琦, 李广乾. 虚拟集聚: 新一代信息技术与实体经济深度融合的空间组织新形态[J]. 管理世界, 2018, 34(2): 13-21.

[7] 姜奇平. 数字经济学的基本问题与定性、定量两种分析框架[J]. 财经问题研究, 2020, (11): 13-21.

[8] 谢康, 夏正豪, 肖静华. 大数据成为现实生产要素的企业实现机制: 产品创新视角[J]. 中国工业经济, 2020, (5): 42-60.

[9] 杨公仆. 产业经济学[M]. 上海: 复旦大学出版社, 2005.

[10] 陈冬梅, 王俐珍, 陈安霓. 数字化与战略管理理论: 回顾、挑战与展望[J]. 管理世界, 2020, 36(5): 220-236, 20.

[11] 张永林. 互联网、信息元与屏幕化市场: 现代网络经济理论模型和应用[J]. 经济研究, 2016, 51(9): 147-161.

[12] Rhue L, Sundararajan A. Playing to the crowd? Digital visibility and the social dynamics of purchase disclosure[J]. MIS Quarterly, 2019, 43(4): 1127-1141.

[13] 荆文君, 孙宝文. 数字经济促进经济高质量发展: 一个理论分析框架[J]. 经济学家, 2019, (2): 66-73.

[14] Coase R H. The nature of the firm[J]. Economica, 1937, 4(16): 386-405.
[15] Schmidt C G, Wagner S M. Blockchain and supply chain relations: a transaction cost theory perspective[J]. Journal of Purchasing and Supply Management, 2019, 25(4): 100552.
[16] 何瑛, 杨琳, 张宇扬. 新经济时代跨学科交叉融合与财务管理理论创新[J]. 会计研究, 2020, (3): 19-33.
[17] 许宪春, 任雪, 常子豪. 大数据与绿色发展[J]. 中国工业经济, 2019, (4): 5-22.
[18] 杨学成, 涂科. 出行共享中的用户价值共创机理: 基于优步的案例研究[J]. 管理世界, 2017, (8): 154-169.
[19] Vickers J. Concepts of competition[J]. Oxford Economic Papers, 1995, 47(1): 1-23.
[20] Puschmann T, Alt R. Sharing economy[J]. Business & Information Systems Engineering, 2016, 58: 93-99.
[21] 刘意, 谢康, 邓弘林. 数据驱动的产品研发转型: 组织惯例适应性变革视角的案例研究[J]. 管理世界, 2020, 36(3): 164-183.
[22] 吴俊杰, 郑凌方, 杜文宇, 等. 从风险预测到风险溯源: 大数据赋能城市安全管理的行动设计研究[J]. 管理世界, 2020, 36(8): 189-202.
[23] 刘洋, 董久钰, 魏江. 数字创新管理: 理论框架与未来研究[J]. 管理世界, 2020, 36(7): 198-217, 219.
[24] Nambisan S, Lyytinen K, Majchrzak A, et al. Digital innovation management: reinventing innovation management research in a digital world[J]. MIS Quarterly, 2017, 41(1): 223-238.
[25] Boland R J, Jr, Lyytinen K, Yoo Y. Wakes of innovation in project networks: the case of digital 3-D representations in architecture, engineering, and construction[J]. Organization Science, 2007, 18(4): 631-647.
[26] Dougherty D, Dunne D D. Digital science and knowledge boundaries in complex innovation[J]. Organization Science, 2012, 23(5): 1467-1484.

第 4 章　数字化与新基建的减污降碳

4.1　引　　言

随着“十四五”规划的推进，中国正加速数字化发展，建设数字中国。数字化转型已成为推动经济增长和社会进步的重要引擎。数字基础设施建设和数字技术应用极大改善生产方式、管理模式和生活水平，不断促进融合创新，推动数字化与绿色化深度融合，以数字化引领绿色化，以绿色化带动数字化，为减污降碳注入强劲动能。

4.1.1　数字化与新基建的发展现状

1. 数字化的发展现状

数字化是指利用现代信息通信技术（information and communication technology，ICT）对业务模型、运营过程和市场策略进行根本性改造的过程。这一过程包括数据的数字化处理、云计算的应用、人工智能和机器学习技术的整合，以及通过这些技术提升运营效率、市场适应性和竞争力。数字化转型的核心目的是通过技术创新实现信息流、资金流和物流的最优化，从而提高组织的可持续发展能力。其核心特征为：①技术驱动，涉及广泛的技术应用，包括互联网、大数据、云计算、物联网和人工智能。这些技术的综合应用使组织能够实现对数据的即时处理和决策支持。②业务模式创新。新的商业模式不断涌现，如基于订阅的服务、按需服务和个性化产品。这些模式通常更能满足现代消费者的需求，提升用户体验。③组织文化与结构调整。数字化转型需要组织在结构和文化上做出相应调整，以支持快速决策和灵活创新。这包括推动跨部门合作、实行数据驱动的决策制度等。④客户关系重塑。通过数字渠道，组织能更有效地与客户互动，收集和分析客户数据，优化服务，从而提高客户满意度和忠诚度。

在全球范围内，数字化转型已成为推动经济发展的关键趋势。各国高度重视数字经济的发展，纷纷出台政策措施来促进企业的数字化转型。美国、德国和日本这些发达国家在高端制造业和新兴产业的数字化转型上处于领先地位，不仅拥有强大的技术实力，还提供了大量政策支持。例如，美国专注于前沿技术和高端制造业，德国以“工业 4.0”为核心，日本则通过技术创新和“互联工业”推动发展。全球数字化支出从 2020 年的 1.3 万亿美元增长至 2023 年的 2.3 万亿美元，显示出各国对数字化转型的高度重视。具体来说，在美国，硅谷和其他技术中心的企业领导了许多创新的数字化实践，包括生产自动化、数据分析和云计算等高级技术应用，不仅提高了运营效率，还增加了消费者互动。德国的“工业 4.0”战略成功整合了互联网、大数据和自动化技术，提高了制造业的灵活性和效率。日本的“社会 5.0”计划则致力于将先进的数字技术应用于社会服务，以改善国民的生活质量，打造超智能社会。这些策略与实践不仅促进了技术的普及和应用，还为数字化产业的发展提供了坚实的基础，为全球经济增长注入了新的活力。

中国的企业数字化转型虽已取得初步进展，但总体上仍处于起步阶段。截至 2024 年，超过 69%的中国企业已开始数字化转型过程，但仅有 14%的企业能被视为基本完成此过程，进入优化创新阶段。这反映出中国企业在数字化转型方面虽然活跃，但深度和广度仍有待提升。此外，随着信息技术的不断发展，产业数字化已成为当今经济发展的重要趋势。产业数字化是指利用信息技术对传统产业进行改造和升级，实现产业的智能化、网络化、服务化、协同化等，从而提高产业效率、降低成本、优化资源配置、提高市场竞争力。数字技术的应用范围正在不断拓展，涉及越来越多的领域，尤其在制造业和服务业中已被广泛应用于生产、管理、销售等各个环节，实现了智能化生产和服务质量的提升。这不仅提高了行业企业的生产效率，还实现了对资源的优化配置，为行业企业带来更大的经济效益。

然而，中国的数字化转型也面临着多重挑战。首先，数字化人才短缺成为制约发展的关键因素。尽管企业和政府都在努力培养和引进数字技术人才，但目前供不应求的状况仍然突出。其次，数据安全风险也是一个严峻的问题，随着数字技术的广泛应用，企业和个人信息的安全保护变得尤为重要。此外，技术快速迭代带来的更新换代压力，要求企业不断学习和掌握新技术，以适应数字化发展的需求。

2. 新基建的发展现状

新基建是中国经济发展中的一项重要战略，它是以新发展理念为引领，以技术创新为驱动，以信息网络为基础，面向高质量发展的需求，提供数字转型、智能升级、融合创新等服务的基础设施体系。根据“十四五”规划，新基建进一步细分为信息基础设施、融合基础设施和创新基础设施，涵盖 5G 基建、人工智能、大数据中心、工业互联网、城际高速铁路和城际轨道交通、特高压、新能源汽车充电桩等多个领域（表 4-1）。

表 4-1　新基建七大主要领域

涉及层面	相关领域			
创新层面	5G 基建	人工智能	大数据中心	工业互联网
补短板层面	城际高速铁路和城际轨道交通		特高压	新能源汽车充电桩

到 2023 年底，中国的 5G 基站建设数量已超过 150 万个，实现全国地级以上城市全覆盖，这标志着中国在全球 5G 部署上取得了领先地位。此外，中国的数据中心建设也迅速增加，预计到 2025 年，全国数据中心的总容量将达到 2 亿千瓦・时，为各种新兴数字服务提供支持。在智能交通系统方面，中国已在超过 30 个城市部署了智能交通管理系统，极大提高了交通效率并减少了碳排放。

新基建的主要特点包括公共性及社会性。政府和国有企业作为主要投资主体，确保了新基建项目从一开始就具有强烈的公共色彩。这些项目旨在提升公共服务水平，促进社会公平正义，实现可持续发展。例如，5G 网络、数据中心和智能交通系统的建设都旨在提高社会连接效率，加速信息流动，优化资源配置。此外，新基建具有明显的数字化和技术化特征。它广泛应用先进的通信技术，如 5G 网络、人工智能、大数据、云计算等技术，旨在提高社会治理水平和优化公共服务流程。新基建还鼓励技术创新和模式创新，通过产学研合作，推动科技成果的转化。

新基建也强调全局性和多元化的中国特色。它与中国的经济发展阶段和国情紧密相连，支持传统工业向现代服务业的转型，推动产业结构升级。政府通过统筹规划，引导新基建项目向中西部地区倾斜，促进区域间基础设施的互联互通，缩小地区差距，实现共同发展。此外，新基建项目在建设过程中充分考虑公众的需求和利益，关注环境保护和社会责任，使新基建真正惠及民生。

4.1.2　数字化对新基建的影响作用

1. 新基建对数字化的需求

新基建因其建设过程的复杂性、系统性和智能性，对数字化需求表现得尤为迫切。数字化是实现其功能和目标的核心，其在新基建中不仅是一个辅助工具，而且是整个建设和运营过程的关键驱动力。

首先，信息基础设施的建设，如 5G 通信网络、数据中心和物联网，对数字化有着本质需求。这些技术提供了必要的硬件和软件支持，使得大数据处理、云计算服务和高速通信成为可能。例如，5G 网络的建设不仅需要物理基站，还需要复杂的数字调制和解调技术，以及网络管理软件来保证网络的高效运行和安全。

其次，产业数字化转型是新基建的重要目标之一，这包括智能制造、智慧能源和智能交通等领域。这些产业的转型依赖数字技术，如自动化控制系统、智能传感器和人工智能算法，这些技术可以优化生产流程，提高能效和增强系统的响应速度。若无数字技术的融入，新基建项目将难以达到既定的效率和效果标准。此外，新基建项目的管理和服务也极度依赖数字化。数字化工具和平台能够帮助项目管理者实时监控基建设施的状态，预测维护需求，并优化资源分配。例如，在智能电网系统中，实时数据分析和远程控制技术必不可少，它们帮助调度中心根据消费需求自动调整电力分配，从而提高能源使用的效率和可靠性。

最后，技术创新和产业升级也使新基建项目对数字化产生必要需求。通过采用最新的数字解决方案，新基建不仅能提升自身的建设和运营效率，还能推动相关产业的技术进步和提高市场竞争力。这种推动作用通过集成和应用前沿的数字技术，在新基建实施的试验验证设施、技术开发设施等平台上实现。为了实现绿色发展和可持续性目标，新基建项目同样需要依赖数字化。这些转型能够帮助项目在设计、建设和运营过程中最大限度地减少资源消耗和环境影响，比如通过精确的数据分析来优化能源管理和减少废物产生。

2. 数字化对新基建的影响

新基建作为国家经济发展的重要驱动力，其成功实施与数字化的深度融合密不可分。数字化不仅提供了先进的工具和手段，还深刻影响着新基建的规划设计、施工建设和运营维护的全过程。

在规划设计阶段，数字技术通过大数据和云计算平台使项目规划变得更加精确和高效。例如，基于人工智能的交通流量预测模型能够提供高达 95%的准确率，这直接影响到交通基础设施的设计优化。通过这种方式，数字技术帮助设计师和规划者更好地理解用户需求和环境变量，从而优化路线设计和资源配置。在某些大型城市中，通过智能交通系统的实施，交通拥堵已经减少了 20%以上，有效降低了能源消耗和碳排放。

在施工建设阶段，数字技术的应用实现了施工过程的革命性变化。智能机器人、无人机测绘、虚拟现实仿真等技术的使用不仅提高了建设的精度和质量，还极大提升了施工效率并降低了人力成本。据统计，使用无人机进行地形测绘可以将时间成本降低约 50%，并提高数据精度。更重要的是，这些技术确保了施工安全性和稳定性，并通过远程监控和管理，进一步减少人力需求，提高整体建设的效率和安全性。

在运营维护阶段，数字技术同样显示出其不可替代的作用。通过物联网设备收集的数据，管理者可以实时监控基础设施的状态，预测潜在故障，从而减少约 30%的维护成本。例如，在智能电网系统中，通过实时数据分析，电网运营商能够优化电力分配，减少能源浪费，并降低约 15%的运营成本。

4.1.3 数字化与新基建在减污降碳中的问题

1. 减污降碳的重要性与紧迫性

在全球气候变化日益严峻的背景下，减污降碳已成为各国面临的迫切任务。科学研究显示，全球平均气温的持续上升以及极端天气事件的频繁发生，都与人类活动产生的温室气体排放密切相关。为了应对这一全球性挑战，许多国家和地区已制定了长远的减排目标，力图通过技术革新和政策调整，实现经济发展与环境保护的双赢。

数字化与新基建在全球应对气候变化、推进减污降碳目标中扮演着至关重要的角色。随着全球温室气体排放量的不断增加和环境压力的加剧，运用数字技术优化新基建项目，以实现更高效的资源利用和更低的碳排放，已成为当务之急。数字技术能够提升新基建项目的能效，减少整体的能源消耗。通过利用大数据、云计算和人工智能等技术,新基建项目能够在规划设计阶段实现最优的资源配置。例如，智能电网利用实时数据分析和预测模型，可以有效平衡电力供需，减少电力损失，提高能源利用率。此外，智能交通系统通过优化交通流量和减少拥堵，能够显著降低交通领域的碳排放。

新基建项目在建设和运营过程中采用数字化管理和控制系统，可以减少浪费和非效率操作。例如，在建筑行业，通过数字化施工技术（如 3D 打印建筑和自动化施工机器人），可以精确控制材料用量，最小化建筑废料和过程中的能源消耗。在运营阶段，通过物联网设备实时监控基础设施的能耗和状态，可以及时调整和优化运行策略，进一步降低能耗和碳排放。此外，新基建促进了可再生能源的广泛应用。智慧能源系统可以更好地整合风能和太阳能等可再生能源，通过智能调度系统确保这些清洁能源的最大化利用，减少对化石燃料的依赖。这不仅有助于减少环境污染，也是实现碳中和目标的重要措施。

面对全球气候变暖和环境恶化的双重威胁，数字化与新基建的融合提供了有效的解决方案。通过智能化和自动化的技术手段，新基建不仅可以提高经济效益和社会福祉，还能显著减少对自然资源的消耗和环境的破坏。因此，推动数字化与新基建的深度融合，对于全球减污降碳具有重要意义，是一个既紧迫又持久的任务。

2. 数字化与新基建在减污降碳中尚待解决的问题

尽管数字化与新基建在推动减污降碳方面展现出巨大潜力，但在实际操作中仍面临一系列挑战。①技术实施的高成本是一个重要障碍。尽管长期来看，数字化可以提高能效和降低运营成本，但前期所需的大规模投资，尤其是智能电网和数据中心等领域的设施升级，对于许多企业和地区来说仍然是一个财务负担。

②数据安全和隐私保护成为显著的问题。在智能交通系统、能源使用监测等领域，个人信息的安全性和隐私问题可能导致用户对新技术的接受度降低，从而影响新基建项目的推广和应用效果。③老旧的基础设施系统也是制约新技术整合的一个重要因素。许多现有的基础设施设计并未考虑到未来与数字技术的兼容性，使直接升级或整合面临诸多技术和经济上的挑战。④技术人才的短缺也限制了新基建项目的发展。当前，对于能够操作和维护新兴技术的专业技术人才的需求远远超过供应，这影响了新技术的快速部署和有效管理。⑤政策和法规的滞后亦是不容忽视的问题。伴随数字技术迅速发展，现有的法律法规框架常常难以及时更新以适应新的技术和业务模式，这种滞后可能阻碍技术的实施和推广。⑥公众的接受度和行为改变也是实施新基建项目的关键。技术尽管提供了节能减排的解决方案，但是否被广泛接受并转化为行动，还需要依赖于公众教育和行为改变的促进。

4.2　数字化赋能新基建减污降碳的机理与路径

4.2.1　数字技术在减污降碳中的应用概述

1. 大数据与人工智能在环保领域的应用

在当前环境保护和气候变化应对的背景下，大数据与人工智能的应用已成为环保领域的关键驱动力[1]。通过海量数据的收集与分析，这些技术揭示了环境问题的新视角，并为解决这些问题提供了创新工具。

环境监测和数据分析是大数据与人工智能应用的前沿[2]。传感器网络的广泛部署使实时监测空气质量、水质、土壤状况和生物多样性成为可能。这些数据被传输到数据中心，运用大数据分析工具进行存储、管理和深入分析。人工智能算法能够识别数据中的模式和趋势，为环境科学家提供宝贵的洞察，帮助他们更好地理解环境变化。

在污染源的识别与追踪方面，人工智能展现出巨大潜力[3]。机器学习模型经过训练，能够分析多源数据，如卫星图像、气象数据和工业排放报告，精确定位污染源并预测其对环境的影响。这对于制定有效的污染控制策略至关重要。

气候变化研究与预测是另一个关键领域[4]。通过分析历史气候数据和实时监测数据，人工智能模型可以预测全球温度变化、海平面上升和极端天气事件，为政策制定者提供科学依据，帮助他们制定应对气候变化的策略。

资源优化和能源管理也是大数据与人工智能发挥作用的重要领域[5]。智能电网利用这些技术实时监控电力供应和需求，自动调整电网运行，减少能源浪费，提高能源利用效率。环境政策的制定与执行同样受益于这些技术。人工智能通过分析环境数据和社会经济数据，帮助政策制定者评估不同政策措施的效果，优化政策设计。在政策执行阶段，人工智能可以监控政策实施情况，评估政策效果，为政策调整提供依据。

提高公众对环境问题的认识是实现可持续发展的关键[6]。利用大数据和人工智能技术，可以开发互动式环境教育工具和应用程序，提供个性化的环境信息和建议，鼓励公众参与环境保护活动。社交媒体和在线平台可以利用人工智能分析用户行为，推送相关的环境教育内容，提高公众的环境意识。

绿色金融和投资决策也是大数据与人工智能的重要应用领域[7]。这些技术可以帮助金融机构评估投资项目的环境风险和回报，推动绿色金融的发展。通过分析企业的环境表现和政策变化，人工智能可以预测其对企业财务表现的影响，为投资者提供决策支持。

生态系统服务评估是另一个重要方面。利用大数据和人工智能技术，可以评估生态系统服务的价值，为生态保护和恢复提供科学依据。人工智能模型可以模拟不同土地利用情景对生态系统服务的影响，帮助政策制定者和土地管理者做出更明智的决策。

大数据与人工智能在环保领域的应用前景广阔。随着技术的不断进步和创新，这些技术将在减污降碳、应对气候变化和实现可持续发展等方面发挥越来越重要的作用。通过深入研究和广泛应用这些技术，我们可以更好地理解和管理环境问题，为建设绿色、健康、可持续的生活环境做出更大的贡献。

2. 云计算与物联网在能源管理中的作用

云计算与物联网技术在能源管理中的作用是多方面的，它们共同推动了能源行业的智能化和绿色化发展[8]。云计算作为一种基于互联网的计算方式，提供了强大的数据存储、处理和分析能力。在能源领域，这意味着可以高效地处理和分析来自智能电网、智能建筑和其他能源系统的大量数据，从而优化能源分配和使用。

物联网技术通过将传感器和智能设备嵌入电网、建筑物和工业设施中，实现了对能源使用的实时监控和自动化控制。这些设备收集的数据可以传输到云平台，通过先进的分析工具，如机器学习和人工智能，来识别能源消耗模式，预测能源需求，并自动调整能源供应，以满足实时需求并减少浪费。

能源消耗的实时监控和优化是云计算与物联网技术结合的关键优势之一。例如，在智能建筑中，物联网设备可以监测照明、空调和电器的能源使用情况，而云计算平台可以分析这些数据，以优化能源使用并降低成本。这种监控和优化不仅可以应用于单个建筑，还可以扩展到整个城市或地区，实现更大规模的能源管理。

能源管理的预测和模拟是另一个重要方面。通过分析历史和实时数据，可以预测能源需求和供应的变化趋势，从而为能源规划和调度提供科学依据。这种预测能力对于应对可再生能源的间歇性和不稳定性至关重要，有助于实现能源供应的稳定性和可靠性。

智能电网是云计算与物联网技术应用的典型例子。智能电网利用先进的通信和自动化技术，实现了对电力系统的实时监控和管理。这不仅提高了电网的运行效率，还增强了对可再生能源的集成能力，促进了能源的可持续发展。

此外，云计算与物联网技术还提高了能源消耗的透明度，使能源用户能够更清楚地了解自己的能源使用情况，并采取相应的节能措施。政府和企业也可以通过这些技术更好地监管能源消耗，确保能源政策的有效执行。

在政策制定和执行方面，云计算与物联网技术提供了数据支持和决策工具。政策制定者可以利用这些技术来评估不同政策措施的效果，优化政策设计。在政策执行阶段，这些技术可以用于监控政策实施情况，确保政策目标的实现。

公众参与和教育也是云计算与物联网技术应用的重要方面。通过提供互动式的能源管理工具和应用程序，可以提高公众对能源问题的认识，鼓励人们采取更环保的生活方式。同时，这些技术还可以用于教育和培训，提高人们的能源管理能力和意识。

国际合作和知识共享也是云计算与物联网技术促进的关键领域[9]。通过这些技术，不同国家和地区可以共享能源数据和最佳实践，促进全球能源管理的优化和创新。

云计算与物联网技术在能源管理中的作用是全面且深远的。它们不仅提高了能源使用的效率和透明度，还促进了能源政策的有效制定和执行，加强了公众参与和教育，以及国际合作和知识共享。随着技术的不断发展和创新，这些技术将在未来的能源管理中发挥更加重要的作用，为实现能源的可持续发展和应对气候变化提供强有力的支持。

4.2.2 新基建项目中数字技术的落地路径

1. 智能化建筑与节能环保

在新基建项目中，数字技术的落地路径尤为关键[10]，智能化建筑作为这一路径的重要组成部分，正日益展现出其在节能环保方面的潜力。智能化建筑通过集成先进的信息技术和自动化控制系统，不仅优化了能源使用，还提升了居住者的舒适度和安全性。

智能化建筑的设计理念着重于能效的最大化。在设计阶段，通过采用高效的隔热材料、智能窗户以及自然采光设计，建筑能够利用自然条件减少对人工照明和空调的依赖。此外，智能化建筑在设计时就考虑到了能源回收和再利用的可能性，如利用地热泵系统和雨水收集系统。

建筑内部的自动化控制系统是智能化建筑的核心[11]，通过传感器与执行器网络实时监控和调节能源使用。智能温控系统能根据室内外温差与人员密度自动调节供暖和空调,智能照明系统则根据自然光照强度和房间使用情况自动调节亮度，实现节能。

能源管理系统在智能化建筑中发挥着重要作用，可以收集和分析能源消耗数据，识别能源浪费环节，并提出优化建议[12]。通过实施需求响应和峰谷电价管理等能源使用的最佳实践，智能化建筑能够进一步降低能源成本，并与智能电网及可再生能源系统如太阳能光伏板集成，实现能源自给自足。

智能化建筑采用的节能技术包括高效能暖通空调系统、LED 照明、太阳能热水系统和智能遮阳系统，这些技术提高了能源使用效率，减少了建筑的碳足迹。例如，LED 照明技术在提供相同亮度的同时，相比传统照明技术显著降低了电力消耗。

智能化建筑的运维阶段也实现了高度自动化和智能化。物业管理人员可以通过建筑运营管理系统远程监控建筑的运行状态，快速响应故障和维护需求。预测性维护技术的应用能够预测设备故障，减少意外停机时间，延长设备寿命。

用户参与是智能化建筑节能环保的另一关键因素。通过用户界面和移动应用程序，用户可以实时了解建筑的能源使用情况，并根据反馈调整自己的行为。这种参与不仅提高了用户的节能意识，也促进了节能行为的推广。

政策和标准的支撑对智能化建筑的发展至关重要。许多国家和地区已经制定了建筑能效标准与绿色建筑认证体系，鼓励采用智能化技术和系统。这些政策和标准不仅提高了建筑的能源效率，还推动了相关技术和产业的发展。

然而，智能化建筑在实施过程中也面临一些挑战，包括高成本、技术复杂性和低用户接受度等。为了克服这些挑战，需要加大研发投入以降低技术成本，加强技术培训和用户教育以提高用户接受度，同时政府和行业组织应加强合作，制定统一的技术标准和规范，促进智能化建筑的健康发展。

智能化建筑在新基建项目中是数字技术落地的重要体现，它通过提高能源使用效率和降低能耗，为实现建筑行业的绿色转型和可持续发展目标做出了重要贡献。随着技术的不断进步，智能化建筑将在未来的建筑领域发挥更加关键的作用。

2. 数字化交通与智慧城市的碳排放管理

数字化交通系统是智慧城市减污降碳策略的核心组成部分，它通过应用前沿的信息技术，对城市交通流量进行智能化管理，有效降低交通拥堵和相关碳排放。在这一系统中，交通信号的智能控制是利用传感器和摄像头收集的数据，分析交通模式，优化信号灯的时序，减少车辆的等待时间和空转排放。

进一步地，数字化交通系统通过推广电动汽车的使用，为智慧城市的碳排放管理做出了贡献。智能充电站网络的建立，不仅为电动车提供了必要的能源支持，而且通过智能调度系统，确保了电力供应的高效和稳定。这些充电站能够与可再生能源如太阳能和风能相结合，进一步提高能源使用的可持续性。

共享经济的兴起也为智慧城市的交通系统带来了变革[13]。共享汽车和共享单车服务减少了私家车的数量，从而降低了总体的碳排放量。通过智能调度和车辆分布优化，共享服务能够满足用户的出行需求，同时减少车辆空驶和停车占用的空间。

智能物流系统通过优化货物配送路线和方式，减少了运输过程中的能源消耗和碳排放。利用大数据分析和人工智能算法，物流系统可以预测需求，合理安排货物配送，减少空载和提高运输效率。

环境监测是智慧城市的另一项关键功能，通过部署空气质量监测站和温室气体传感器，城市能够实时监控污染水平[14]。这些数据被传输到中央系统进行分析，以识别污染热点和趋势，为政策制定和实施提供科学依据。

能源管理在智慧城市中也发挥着重要作用。智能电网的使用提高了能源分配的效率，通过集成可再生能源和储能系统，智慧城市能够更好地管理能源供需平衡，减少对化石燃料的依赖。

公众参与是智慧城市减污降碳成功的关键。通过教育和宣传活动，智慧城市鼓励居民采取更环保的生活方式，如使用公共交通、参与回收计划和节能行动。同时，数字化平台为公众提供了参与环境管理和决策的机会。

政策制定和执行是智慧城市实现减污降碳目标的基石。通过数字化手段，智慧城市能够更有效地监管企业和个人对环境政策的遵守情况，确保减排措施得到有效实施。

国际合作和知识共享对于智慧城市的发展至关重要。通过与全球城市和组织的合作，智慧城市能够学习最佳实践，共享创新解决方案，共同应对气候变化挑战。

数字化交通与智慧城市的碳排放管理是一个多方面、多层次的系统工程。通过智能化的交通系统、能源管理、环境监测和公众参与，智慧城市能够实现更高效、更环保的运营模式，为全球减污降碳做出积极贡献。随着技术的不断进步，智慧城市将在未来的可持续发展中扮演更加重要的角色。

4.3 特高压工程的实践案例探索

陇东—山东±800千伏特高压直流输电工程起于甘肃省庆阳市，途经甘肃、陕西、山西、河北、山东5省，止于山东省泰安市，全线总长926.4千米。工程于2023年3月开工建设，预计2025年投入运行，输送容量800万千瓦，是中国首条“风光火储一体化”送电的特高压输电线路，也是中国构建新型能源体系、建设新型电力系统的重要部署。作为落实习近平总书记关于推动陕甘宁革命老区发展、建设国家重要能源基地等重要指示精神的工作举措①，陇东—山东±800千伏特高压直流输电工程将充分发挥送端甘肃地区新能源产地优势，较大程度地缓解山东电网用电负荷的缺口。

工程总体共包括送端庆阳换流站、送端接地极线路、送端接地极址、送电线路、受端泰安换流站、受端接地极线路、受端接地极址等7个主要部分，其中换流站和极址以电力设备与建筑设施为建设主体，而接地极线路和送电线路以电塔与电缆线路为建设主体。工程投运后，每年可向山东省输送电量超过360亿千瓦·时，每年减少燃煤消耗约1085万吨，环境效益显著，对于加速中国电力绿色低碳转型、助力实现“双碳”目标具有重要意义。

4.3.1 陇东特高压项目分析框架

1. 需求分析

1）特高压工程碳排放项目清单分析

聚焦特高压工程建设和运行两个阶段，从材耗、能耗、人工、机械等建设阶段工程部分投入，以及能源消耗、设备、材料消耗、人员生活与办公等运行阶段费用出发，研究剖析特高压工程碳排放项目清单。

2）特高压工程碳排放组分分析

在对特高压工程碳排放项目清单进行深入剖析的基础上，根据各项目碳排放足迹特点开展特高压工程碳排放组分分析，将碳排放足迹清晰的材料消耗和能源消耗项目归为碳可溯源组，将碳排放足迹难以搜寻的人员办公、工程建造项目归为碳不可溯源组。

3）特高压工程碳排放核算

聚焦特高压工程碳可溯源组、碳不可溯源组碳排放项目特征，分别采用基于

① 《发展改革委印发实施〈陕甘宁革命老区振兴规划〉》，https://www.gov.cn/gzdt/2012-04/19/content_2117207.htm[2012-04-19]。

过程的生命周期评价（process-based life cycle assessment，PLCA）法和经济投入产出生命周期评估（economic input-output life cycle assessment，EIO-LCA）模型估算法对特高压工程碳排放进行科学核算。

4）陇东—山东±800 千伏特高压直流输电工程减碳措施研究

根据项目清单的碳排放量数值比重，设计陇东—山东±800 千伏特高压直流输电工程减碳方案，针对特高压站建设材料、建设方式、运行能耗等提出针对性、建设性的减碳方案与优化建议，以此达到打造低碳优质工程的建设目标。

2. 研究意义

深入研究和分析特高压工程碳排放项目清单具有重要意义。首先，通过细致地剖析，可以全面了解特高压工程建设和运行阶段的各项投入与消耗，从而准确评估其对环境的影响；其次，这有助于揭示特高压工程在材料、能源、人力和机械等方面的碳排放情况，为制定环保政策和规划提供科学依据。此外，深入了解特高压工程的碳排放项目清单还可以为企业优化生产管理、提高资源利用效率和降低碳排放提供指导，促进电力行业向绿色低碳方向发展。

进行碳排放组分分析的重要意义在于，通过将碳排放足迹清晰的材料消耗和能源消耗项目归为碳可溯源组，以及将难以搜寻的人员办公、工程建造项目归为碳不可溯源组，有助于明确特高压工程碳排放的来源和构成。这样的分析可以帮助企业深入了解碳排放的具体情况，从而有针对性地采取减排措施，提高碳排放的管理和控制水平；碳排放组分分析还可以为企业制订碳排放减量计划提供依据，有助于实现碳排放的量化监测和管理，推动企业向低碳发展目标迈进。此外，对碳排放组分的详细分析还可以为相关政府部门提供科学依据，指导环境保护政策的制定和实施，促进特高压工程的可持续发展。最重要的是，通过碳排放组分分析，可以提高公众对特高压工程碳排放问题的认识，增强社会对环境保护的关注和支持，推动建设更加清洁、低碳的社会和环境。

陇东特高压项目作为我国首个特高压碳排放核算项目，其意义深远重大。首先，建设陇东—山东±800 千伏特高压直流输电工程，实施陇电入鲁，对优化全国能源布局，加强山东网架结构，促进我国特高压项目可持续发展起到了重要作用。其次，作为我国首个“风光火储一体化”大型综合能源基地外送项目，该工程的碳排放核算对我国其他特高压碳排放项目核算有重要借鉴意义。最后，陇东—山东±800 千伏特高压直流输电工程可以实现年输送电量超过 360 亿千瓦·时，其中新能源电量占比约 50%，每年可减少山东省燃煤消耗约 1085 万吨，对于落实黄河流域生态保护和高质量发展战略，提高山东省电力供应保障能力，促进能源清洁低碳转型具有特殊意义。

研究并实施陇东—山东±800 千伏特高压直流输电工程的减碳措施具有深远

的意义。首先，通过对特高压站建设材料、建设方式、运行能耗等方面的精准分析，并提出针对性和建设性的减碳方案与优化建议，能显著降低整个工程的碳排放量。这不仅有助于响应全球气候变化挑战，减少温室气体排放，也符合国家推进绿色、低碳发展的战略目标。其次，通过实施减碳措施，还能展示中国在高技术领域的绿色发展能力，提高能源利用效率，减少环境污染。这将为其他能源与基础设施项目提供宝贵的经验和参考，推动更多行业和领域采纳低碳技术与方法。同时，还有助于提升工程项目的社会责任感和环境友好形象，增强公众对可持续发展重要性的认识。综上，陇东—山东±800 千伏特高压直流输电工程减碳措施的研究和实施，是实现项目低碳优质建设目标的关键，对促进能源结构优化、加快绿色低碳转型、实现可持续发展具有重要的实践和示范意义。

4.3.2 特高压工程碳排放测算方法及清单分析

1. 核算方法选取

基于前述对特高压工程碳排放核算分析思路梳理出的各部分内容，为了后续特高压工程碳排放核算以及工程碳减排措施研究的开展，需要明确碳排放核算方法的选择。

1）主流核算方法比较

目前碳排放的主流核算方法有实测法、排放因子法、质量平衡法和生命周期评价（life cycle assessment，LCA）法四种。其中，实测法又称采样测量法，是对排放源的现场实测基础数据，进行汇总从而得到相关碳排放量，该方法中间环节少、结果准确，但数据获取相对困难，投入较大，现实中多是将现场采集的样品送到有关监测部门，利用专门的检测设备和技术进行定量分析，因此该方法还受到样品采集与处理流程中涉及的样品代表性、测定精度等因素的干扰。

排放因子法又称排放系数法，是联合国政府间气候变化专门委员会（Intergovernmental Panel on Climate Change，IPCC）提出的第一种碳排放估算方法，也是目前广泛应用的方法，其基本思路是依照碳排放项目清单，针对每一种排放源构造其活动数据与排放因子，以活动数据和排放因子的乘积作为该排放项目的碳排放量估算值。现有清单计算都基于活动水平数据和排放系数，即采用系数核算方法来进行碳排放的测量。

质量平衡法是一种根据质量守恒定律提出的方法，用输入物质的含碳量减去输出物质中的含碳量进行平衡计算，最终得出二氧化碳排放当量的碳排放计算方法。该方法的优势是可反映碳排放发生地的实际排放量，不仅能够区分各类设施之间的差异，还可以分辨单个和部分设备之间的区别；尤其在设备不断更新的情况下，该方法计算简便。

生命周期评价法是一种用来评价工艺、产品系统、服务或活动行为从开始到结束全过程的工具，包括原材料的生产和加工、材料的制造、运输、使用维护以及报废回收等各个阶段，能够具体衡量某种产品全生命周期或某种活动过程中所产生的碳排放量。

四种评价方法的比较如表 4-2 所示。因为特高压工程覆盖区域广，且包含项目众多，所以适用于小区域碳排放源的实测法和适用于稳定人为排放源以及简单自然排放源的排放因子法均不适合特高压工程碳排放的核算，质量平衡法虽适用于复杂的人为和自然排放源，但其计算结果不准确；而生命周期评价法适用范围广，计算过程详细、具体并且能够衡量产品或服务的整个生命周期的累计碳排放，因此本章最终选用生命周期评价法进行特高压工程碳排放核算。

表 4-2　碳排放核算方法比较分析

方法	优点	缺点	适用对象
实测法	中间环节少、计算结果最接近真实值	检测结果易受到样品和仪器精度影响	小区域碳排放源；可监测的自然排放源
排放因子法	易掌握、有完备数据和参考实例	不同工艺排放因子不确定性较大	稳定的人为排放源；简单的自然排放源
质量平衡法	适用范围较广，数据收集较容易，方法简单	计算结果不准确，存在统计误差	复杂的人为排放源；复杂的自然排放源
生命周期评价法	适用范围广，计算过程详细、具体	边界确定较为复杂	衡量人类活动中释放的或在产品或服务的整个生命周期中累计的碳排放量

2）生命周期评价法选取

由于目前生命周期评价法可以进一步细分为 PLCA 法、EIO-LCA 法以及 HLCA（hybrid life cycle assessment，混合生命周期评价）法三类方法，并且三种方法均有各自适用的评价范围，依据评价范围的不同，选用不同的方法所得的评价精确度也各不相同。因此，本章通过将以上三种方法进行对比分析，为特高压工程碳排放项目清单分析的最终选用方法提供依据。

PLCA 法：PLCA 法是一种自下而上的分析方法，主要依据产品生产或服务全生命周期过程中的材料、能源和环境影响的投入产出清单内容，通过不断向上追溯产品的开采以及生产过程中所消耗的材料及能源情况，来评价产品对环境造成的影响。PLCA 法的优点在于其针对性强，通过实地调查、搜集数据资料信息，结合产品生产各个阶段的能源和材料投入情况，能够准确地计算产品的环境影响，并评估不同产品对环境造成的影响程度大小。但基于清单分析的 PLCA 法对于清单的依赖性太强，很多时候由于产品生产过程投入的材料和能源数量大、种类多，无法准确获取全部的清单列表，造成向上追溯困难或无法追溯的问题；因此在实际评价过程中，只采用尽可能包含多的且对评价对象非常关键的数据作为投入参数进行生命周期评价，最终会导致结果存在截断误差。

EIO-LCA 法：与 PLCA 法不同，EIO-LCA 法是一种自上而下的全生命周期评价方法。EIO-LCA 法首先利用投入产出表计算出部门层面的能源消耗及排放水平，再结合评价对象与部门之间的一一对应关系来评价其对环境的影响。相较于 PLCA 法，EIO-LCA 法在系统边界上包含整个国民经济的各个部门，能够克服 PLCA 法不能评价无法追溯产品的问题，因此其能够全面地核算产品或服务的能源消耗水平以及环境影响能力。EIO-LCA 法以货币形式的投入来反映各个产品的材料和能源流动情况，因此可以用其来评估各个部门所引起的隐含能耗及排放水平。虽然 EIO-LCA 法能够有效避免截断误差的产生，但其结果的准确性与针对性却不如 PLCA 法，这是由于 EIO-LCA 法采用部门层面的强度数据，评价结果只能是部门间的水平，无法比较部门内部产品，因此 EIO-LCA 法在实际使用中仅对部门层面进行评价，不能用于对具体的单一产品进行评价。

HLCA 法：HLCA 法是指将 PLCA 法和 EIO-LCA 法结合使用的方法，它是通过列举投入产出项目清单，并将各项目按照其生产过程的可追溯性以及所属部门类型进行分类后，分别采用 PLCA 法和 EIO-LCA 法进行评价的方法。该方法在消除了 PLCA 法造成的截断误差的基础上，也弥补了 EIO-LCA 法所产生的部门聚合误差，能够在保证评价边界的完整性的同时提高评价结果的准确性。

考虑到本章以特高压直流输电工程作为研究对象，涉及的材料数量大、种类多，并且存在多个部门层面的资金投入，采用 HLCA 法进行特高压工程碳排放的核算，既能够通过 PLCA 法详细解析特高压直流输电工程不同生命周期阶段的材料、能源投入，发挥 PLCA 法计算精度高的优势，同时还能够利用 EIO-LCA 法追溯除去材料和能源层面的其余部门的资金投入情况，确定各部门隐含碳排放水平，发挥 EIO-LCA 法评价对象全面的优势。因此，本章最终选用 HLCA 法进行特高压工程碳排放项目清单分析。

2. 清单分析思路

电力资源从火力发电厂、风力发电站、光伏发电站、水力发电站等电源设施生产出来后，通过特高压直流工程或特高压交流工程传输到需求侧，供给生产、生活、交通、通信等领域的用能设备。虽然特高压输电技术主要分为直流输电和交流输电两种类型，但是二者所形成的输电工程在建设项目上并无较大差别，因此，本章在分析时并未区分直流工程和交流工程。此外，特高压工程的生命周期一般可分为 3 个阶段：建设阶段、运行阶段、退役阶段。我国特高压工程设计使用年限一般较长（70 年左右），且目前国内外退役拆除的特高压工程较少。因此，本章在计算特高压工程碳排放量时，以建设阶段 10%左右的碳排放作为运行阶段碳排放量，不考虑退役阶段碳排放量。

特高压工程建设阶段碳排放是指因其工程建设而产生的碳排放，即材料生产环节和施工建设环节产生的碳排放总和。从结构内容来看，特高压工程主要分为换流站与输电线路两个部分，其中换流站包括基建系统、建筑系统、安全系统、环保系统、电力设备系统五大系统，而输电线路包括输电线和电塔。

针对换流站和输电线路分别包含的各个系统进一步梳理其碳排放的来源，得到特高压工程建设阶段碳排放构成。其中，换流站基建系统的碳排放来源包括换流站地基建设、站内路面建设、围墙建设过程以及路面硬化材料的生产过程等；建筑系统的碳排放来源为管理建筑、设备建筑、仓储建筑、后勤建筑以及照明与风暖系统等建筑工程所需的各项建筑物建造过程；安全系统的碳排放来源为事故油的处理、集油器和消防泡沫设备的购置等；环保系统的碳排放来源为污水处理设备、水处理设备以及水泵等与环境有关的设备投入；电力设备系统的碳排放来源包括换流变压器、滤波器、冷却塔、继电器以及电压阀等设备的购置。输电线路中输电线的碳排放主要来自构成电线的线芯材料、绝缘层材料、屏蔽层材料以及保护层材料等材料的生产与运输过程；电塔的碳排放主要来自电塔地基建设、电塔底座搭建、电塔主体的材料生产运输和组立安装以及电塔上安装的各类金具和绝缘子串等材料的运输。

3. 特高压工程碳排放清单体系构建

考虑到特高压工程涉及项目众多，部分项目既无清晰获取源头也无法搜寻其碳足迹，为确定特高压工程碳排放来源，首先应先明确特高压工程各项目的具体情况，而工程造价可以反映出某项工程建设花费的全部费用，能够很好地体现工程所包含的各类项目的资金投入情况，通过明确各部分费用情况，将其进一步与碳排放之间形成对应关系，从而可以确定特高压工程的碳排放清单。因此，本章以特高压工程的费用情况作为切入点，进行特高压工程碳排放清单梳理的工作。

首先，依据我国现行特高压工程造价编制与计算的有关规定，特高压工程的主要投入一般由建筑工程费、设备购置费、安装工程费、其他费用四大部分组成。其中，建筑工程费和设备购置费投资所涉及的材料投入、能源消耗、人力资源投入、工程设备投入占总投资比重最大。关于特高压工程中建筑工程费和设备购置费的主要投入项，其中，设备购置费中所涉及的每个项目在建筑工程费和安装工程费中均有体现，因此设备购置费依据工程类型的不同分为建筑设备购置费和安装设备购置费，并将建筑设备购置费编入建筑工程费，与建筑工程费和人工费共同构成建筑工程汇总估算表；安装设备购置费编入安装工程费的主要生产工程和辅助生产工程部分，与装置材料费和安装费共同构成安装工程汇总估算表。建筑工程汇总估算表和安装工程汇总估算表分别包含了建筑工程费、设备购置费和安装工程费的各部分项目费用。

由于上述四大部分费用各自的具体组成尚不明确，因此对建筑工程费、设备购置费、安装工程费和其他费用等四种费用类型进行下一步细分。参考我国《电网工程建设预算编制与计算规定（2018 年版）》，建筑工程费与安装工程费均由直接费、间接费、利润和税金组成，其中直接费由人工费、材料费、施工机具使用费和措施费等费用组成，间接费由规费和企业管理费等费用组成，由此将建筑工程费和安装工程费拆解后转换为包含一般建筑工程材料费的建筑消耗、包含电力工程建筑材料费的电力工程消耗以及包含人工费、施工机具使用消耗费、措施费、规费、企业管理费、利润和税金的建造过程消耗三大类。设备购置费分为建筑设备购置费和安装设备购置费，其中包含在建筑工程费中的建筑设备购置费所列设备以照明、空调、通风等设备为主，而包含在安装工程费中的安装设备购置费所列设备以变流器、继电器、电抗器等电力工程设备为主。因此，将设备购置费转换为设备投入，并包含建筑设备和电力设备两部分。

在我国现行特高压工程造价编制规定和《电网工程建设预算编制与计算规定（2018 年版）》的基础上，通过以上对费用构成的进一步分解，最终将特高压工程包含的建筑工程费、设备购置费、安装工程费和其他费用根据其费用的组成特点以及其与碳排放的对应关系进一步整理，提炼出主要的碳排放项目，包括建筑消耗、电力工程消耗、设备投入、建造过程和其他项目等五大类，进而形成特高压工程碳排放核算项目的五类子清单，并形成对应的人工、材料、机械投入，最终被拆解为建筑消耗子清单、电力工程消耗子清单、设备投入子清单、建造过程子清单和其他项目子清单五个部分。

其中，建筑消耗子清单包括水泥、砂石、钢材、铝材等构成换流站和接地极的建筑材料；电力工程消耗子清单包括组成直流送电线路和电塔等的金属材料以及用于防水、防电的其他材料等；设备投入子清单包含建筑设备和电力设备两部分；建设过程子清单是包含建筑人工费和安装人工费在内的生产安装过程，由施工过程中各类施工机械的维修、折旧等造成的工程机械施工，以及以措施费、规费、企业管理费、利润和税金为主要资金投入的冬雨季施工、夜间施工、安全文明施工和企业管理等部分；其他项目子清单包括编制期价差和其他费用中的建设场地征用及清理费、项目建设技术服务费、生产准备费、项目管理费、基本预备费等，其中，依据《电力建设工程装置性材料综合预算价格（2018 年版）》规定，编制期价差应作为建筑安装工程费的组成部分，但考虑到编制期价差由编制年份决定，与实际建筑安装工程没有直接关联，因此将其一同编入其他项目子清单。

4. 陇东—山东±800 千伏特高压直流输电工程碳排放清单构建

1）工程费用情况介绍

工程总体建设预算费用根据《±800 kV 直流输电工程建设预算编制与计算标准》，按工程性质划分为站址类工程费用和线路类工程费用。其中，站址类工程费用表格包括变电工程总估算、建筑工程汇总估算、安装工程汇总估算、建筑单位工程估算、安装单位工程估算、建筑机械价差汇总和换流站其他费用等；线路类工程费用表格包括架空输电线路工程总预算、架空输电线路安装工程费用汇总估算、架空输电单位工程估算、送电线路工程装置性材料统计和架空输电线路其他费用等。各部分具体费用情况如表 4-3 所示。

表 4-3　各部分具体费用情况

<table>
<tr><th>工程性质</th><th>表格情况</th><th>组成部分</th><th>费用构成</th></tr>
<tr><td rowspan="7">站址类工程</td><td>变电工程总估算</td><td>主要生产工程、辅助生产工程、与站址有关的单项工程、编制期价差、其他费用、基本预备费、特殊项目、动态费用以及铺底流动资金</td><td>建筑工程费、设备购置费、安装工程费和其他费用</td></tr>
<tr><td>建筑工程汇总估算</td><td rowspan="2">主要生产工程、辅助生产工程以及与站址有关的单项工程</td><td>建筑设备购置费、建筑工程费</td></tr>
<tr><td>安装工程汇总估算</td><td rowspan="3">安装设备购置费、装置性材料费以及安装费</td></tr>
<tr><td>建筑单位工程估算</td><td rowspan="2">各单项工程所消耗的材料以及所用的设备</td></tr>
<tr><td>安装单位工程估算</td></tr>
<tr><td>建筑机械价差汇总</td><td>建筑工程中所使用的全部机械</td><td>施工机械的单价和总价</td></tr>
<tr><td>换流站其他费用</td><td></td><td>建设场地征用及清理费、项目建设管理费、项目建设技术服务费、生产准备费以及大件运输措施费</td></tr>
<tr><td rowspan="5">线路类工程</td><td>架空输电线路工程总预算</td><td>架空输电线路本体工程、辅助设施工程、编制期价差、设备购置费、其他费用、基本预备费、特殊项目和动态费用</td><td></td></tr>
<tr><td>架空输电线路安装工程费用汇总估算</td><td>基础工程、杆塔工程、接地工程、架线工程、附件工程以及辅助工程</td><td>直接费、间接费、利润和税金</td></tr>
<tr><td>架空输电单位工程估算</td><td>基础工程、杆塔工程、接地工程、架线工程、附件工程以及辅助工程所需要的材料、设备</td><td>安装费（包含人工费与机械费）和装置性材料费</td></tr>
<tr><td>送电线路工程装置性材料统计</td><td>基础工程、杆塔工程、接地工程、架线工程、附件工程以及辅助工程所使用的装置性材料</td><td>各类材料的单价和总价</td></tr>
<tr><td>架空输电线路其他费用</td><td></td><td>建设场地征用及清理费、项目建设管理费、项目建设技术服务费、生产准备费、专业爆破服务费、大件运输措施费以及其他费</td></tr>
</table>

基于《±800 kV 直流输电工程建设预算编制与计算标准》所涉及的各类费用估算情况，结合实际工程数据收集情况，本章以投入费用为切入点，对涉及碳排放的费用项目开展整理和分析工作。

2）工程建设阶段碳排放清单

本章根据所获得的陇东—山东±800 千伏特高压直流输电工程的建设估算书中包含的建筑工程汇总估算表、安装工程汇总估算表、换流站其他费用表、架空线路安装工程费用汇总估算表和架空输电线路其他费用表等 5 类表格，将站址类工程和线路类工程涉及的费用均按照人工费、材料费、机械费、设备购置费和其他费用进行梳理。

人工费主要源于建筑工程和安装工程中相关人员的工资酬金等；材料费主要由建筑工程中的材料消耗、电力工程中的材料消耗、安装工程中的装置性材料消耗以及施工过程中机械使用造成的各类型能源的消耗组成；机械费由施工机具的使用造成；设备购置费主要来自建筑工程中的照明、空调、通风等设备的购置以及安装工程中的电力设备的购置；其他费用主要包括建设场地征用及清理费、项目建设管理费、项目技术服务费、生产准备费、专业爆破服务费、大件运输措施费、编制期价差、预备费和其他措施费等 9 部分。由于站址类工程费用中不包含专业爆破服务费和其他措施费，因此将这两部分费用与大件运输措施费进行合并且以其他措施费的形式体现。

由于人员生活与办公、机器电气设备购置以及场地征用等其他费用更多地以投资额的形式体现，而材料消耗带来的碳排放更多来源于其生产环节，能源消耗带来的碳排放更多来源于各类型施工机械每台班的能源消耗，因此对陇东—山东±800 千伏特高压直流输电工程建设阶段的材料消耗情况以及施工过程中所用的机械情况进行梳理。结合工程设计方提供的建筑单位工程汇总表、安装单位工程汇总表、输电线路工程装置性材料统计表中所包含的各项材料的投入情况以及建筑机械价差汇总表中所包含的施工机械台班情况，梳理出该工程所使用的全部材料以及全部机械台班数。考虑到材料生产环节碳足迹的可寻性，对涉及的各类型材料再次进行拆分，将能够明确获取组成成分的材料拆解为相应的原始材料并对各原始材料进行汇总得到具体材料使用量，对于获取组成成分困难的材料单独列出并以投资额的形式体现。

基于上述的梳理，本章制定出特高压站址类工程和线路类工程碳排放核算项目清单。如图 4-1、图 4-2 所示，在工程碳排放核算项目清单梳理的结果上，参照工程碳排放清单体系，将一般建筑工程所消耗的各类金属材料、建筑材料以及其他材料归入建筑消耗子清单；将电力工程所消耗的各类金属材料归入电力工程消耗子清单；将安装工程中的建筑设备和电力设备中的水处理、暖通、灯光等设备归入设备投入子清单；将措施费、间接费、利润和税金等与建筑安装工程相关的

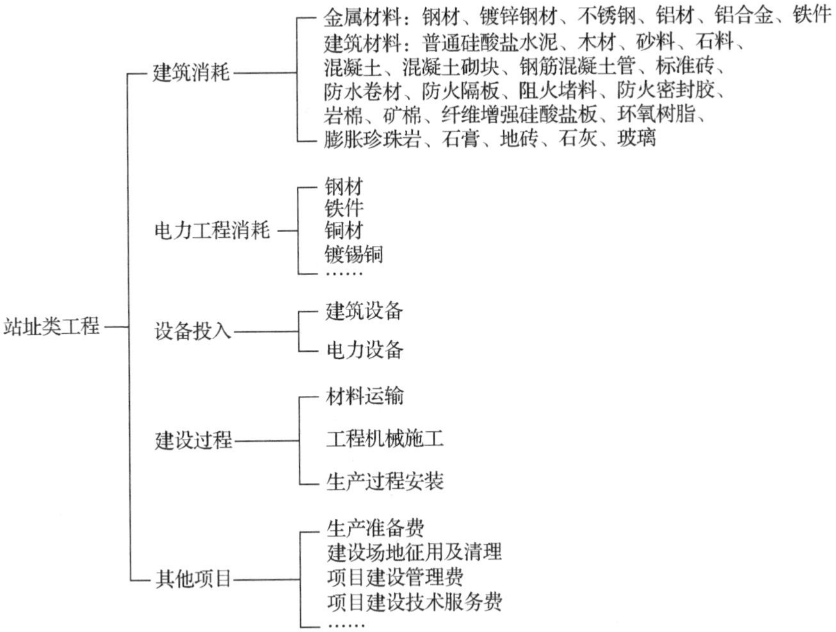

图 4-1　特高压站址类工程碳排放核算项目清单

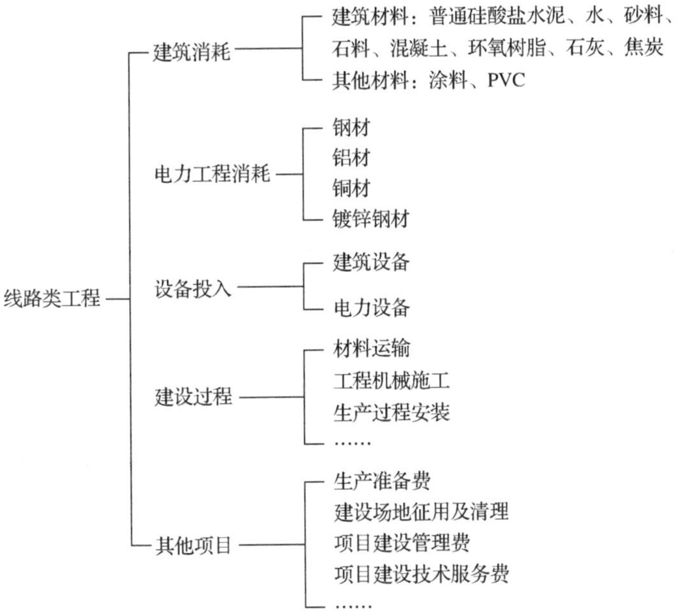

图 4-2　特高压线路类工程碳排放核算项目清单

费用合并为过程管理费用，与建筑人工需求、安装人工需求、工程机械施工一并归入建设过程子清单；将生产准备费、建设场地征用及清理费、项目建设管理费、项目建设技术服务费、编制期价差、基本预备费和其他措施费等归入其他项目子清单。最终形成陇东—山东±800 千伏特高压直流输电工程碳排放清单。

4.3.3 特高压工程全生命周期碳排放核算

1. 核算模型构建

当前碳排放核算方法主要分为 PLCA 法和 EIO-LCA 法两类。然而，两种方法各有优缺点，在特高压等电力工程核算中都有不足之处。PLCA 法需要充分掌握工程各项目的过程，且需要大量的数据支撑，这在特高压这类超大型工程的复杂边界条件下是无法实现的；EIO-LCA 法仅关注投入与产出两端而忽略了实际过程，对于碳排放的计算相对粗略且无法体现出不同电力工程之间的区别。鉴于此，本章通过构建适用于特高压工程建设的碳排放清单，提出我国特高压工程建设阶段 HLCA 模型。在此基础上，以陇东—山东±800 千伏特高压直流输电工程建设阶段为分析案例，核算和评价特高压工程建设阶段的碳排放和减排潜力。

1）基于过程的生命周期碳排放核算模型构建

据前文分析结果，对于碳可溯源组项目采用 PLCA 法。对于建设消耗和电力工程消耗两个子清单中涉及的所有项目，其开采、精炼、合成、运输等过程中产生的所有碳排放 $CE_{material}$ 计算如下：

$$CE_{material} = \sum(1+\omega_i)\times m_i \times EF_i$$

式中，m_i 表示建设消耗和电力工程消耗中第 i 种材料的使用量；EF_i 表示第 i 种材料的碳排放因子（千克二氧化碳当量/单位）；ω_i 表示建设过程和施工过程中带来的材料损耗率。根据现有研究结论，工程涉及的生产消耗和建设消耗所列项目中，混凝土损耗率为 1.5%，钢筋损耗率为 15%，其他材料假定损耗率为 5%。

2）基于投入产出的生命周期碳排放核算模型构建

在本章梳理的碳不可溯源组中，建设过程包含的装置性材料、材料运输、安装工程等项目在我国发布的投入产出表中有明确分类，同时项目中涵盖的材料消耗、资源消耗、人工消耗等都与碳排放有直接关联，仅是因为特高压工程等大型工程的复杂性导致其碳排放足迹和使用情况难以明确溯源。而设备投入和其他项目中涉及的项目，更多以投资额体现，同时包含的征地移民、环保措施、水保措施、电力设备投入等与碳排放更多的是间接关系，故在分析时应与建造过程子清单中的项目采用不同的分析策略。鉴于以上情况，本章根据国内外已有研究的思路，基于投入产出表对建造过程子清单中项目碳排放情况进行分析，基于静态投资与碳排放强度分析设备投入和其他项目两个子清单的碳排放情况。

本章对建设过程子清单中项目碳排放分析的具体操作方法如下：

$$\mathrm{CE}_{\mathrm{project}} = \sum M_i \times \mathrm{EF}_{\mathrm{EIO},i}$$

式中，$\mathrm{CE}_{\mathrm{project}}$ 表示建设过程子清单中碳排放项目的碳排放值；M_i 表示碳排放项目中第 i 种要素的投入资金；$\mathrm{EF}_{\mathrm{EIO},i}$ 表示经部门拆分法转换后的第 i 种要素的碳排放强度。

本章对设备投入和其他项目两个子清单碳排放分析的具体操作方法如下：

$$E_{j,\text{year-standard}} = I_j \times \left(\frac{\mathrm{CPI}_{\text{year}}}{\mathrm{CPI}_{\text{year-standard}}} \times \mathrm{PPP}_{\text{year-standard}} \right)^{-1} \times \mathrm{EF}_j$$

式中，$E_{j,\text{year-standard}}$ 表示第 j 种项目的投资额在基期的碳排放值；I_j 表示第 j 种项目的投资额；$\mathrm{CPI}_{\text{year}}$ 和 $\mathrm{CPI}_{\text{year-standard}}$ 分别表示计划投资年和基期中国的消费价格指数（consumer price index，CPI）；$\mathrm{PPP}_{\text{year-standard}}$ 表示基期中国对美国的购买力平价（purchasing power parity，PPP）指数；EF_j 表示第 j 种项目的部门碳排放因子。在此基础上，设备投入和其他项目两个子清单的碳排放总和为

$$\mathrm{CE}_{\text{investment}} = \sum E_{j,\text{year-standard}} \times \frac{I_{\text{year}}}{I_{\text{year-standard}}}$$

式中，$\mathrm{CE}_{\text{investment}}$ 表示设备投入和其他项目两个子清单的碳排放总和；I_{year} 表示项目投入年中国碳排放强度；$I_{\text{year-standard}}$ 表示基期美国碳排放强度。

综上，特高压工程建设阶段总体碳排放为基于过程的生命周期碳排放核算与基于投入产出的生命周期碳排放核算的结果之和，即

$$\mathrm{CE}_{\text{total}} = \sum \mathrm{CE}_{\text{material}} + \sum \mathrm{CE}_{\text{project}} + \sum \mathrm{CE}_{\text{investment}}$$

基于 HLCA 法的特高压工程建设阶段碳排放核算逻辑如图 4-3 所示。

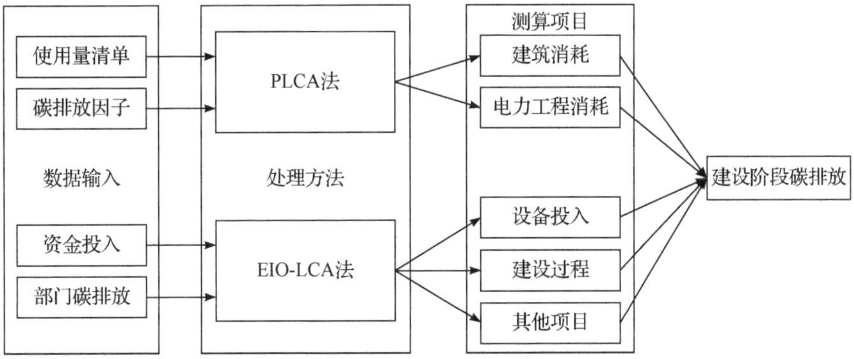

图 4-3　基于 HLCA 法的特高压工程建设阶段碳排放核算逻辑

2. 建设阶段碳排放核算

1）工程建设阶段碳排放数据情况

本章核算数据来源于陇东—山东±800 千伏特高压直流输电工程设计方提供的审定版可行性研究报告和预算表。工程预期总投资 202 亿元，全线预期建设换流站两座、接地极址站两座，架设接地极线路 96.300 千米、送电线路 933.900 千米（因跨越黄河，其多假设 1 回路增加线路 5.790 千米），架设电塔 1953 基。工程全线跨越黄河 2 次，全程平地占 26.46%，山地占 57.83%，高山占 9.54%，丘陵占 6.17%。基于前文提出的碳排放清单，本章通过整理陇东—山东±800 千伏特高压直流输电工程各部分的工程总估算表、建筑工程估算表、安装工程估算表、其他费用估算表等材料，形成了陇东—山东±800 千伏特高压直流输电工程的碳排放清单。其中有包含接地极址和换流站的站址类工程碳排放清单，以及包含直流输电线路和接地极线路的线路类工程碳排放清单，如表 4-4 和表 4-5 所示。

表 4-4　陇东—山东±800 千伏特高压直流输电工程建设阶段站址类工程碳排放清单

清单类型	送端接地极址					
	项目	数量	项目	数量	项目	数量
建筑消耗	钢材/吨	43.606	镀锌钢材/吨	0.623	混凝土 C20/米 ^{3}	2 509.203
	沙料/米 ^{3}	897.000	石料/米 ^{3}	1 668.000	混凝土 C40/米 ^{3}	751.564
电力工程消耗	石油焦炭/吨	4 050.000	铁件/吨	2.405	铜材/吨	1.077
	环氧树脂/千克	500.000	镀锌钢材/吨	1.718	氯化聚氯乙烯/千克	26.898
	铝合金/吨	27.657	钢材/吨	0.280	防火涂料/吨	0.320
	防火堵料/吨	0.154	防火隔板/米 ^{2}	100.000		
设备投入	电力设备/元	1.241×10^7				
建设过程	工程机械施工/元	2.067×10^6	装置性材料/元	2.108×10^7	安装工程/元	6.962×10^6
其他费用	场地征用/元	8.882×10^6	项目建设技术服务/元	4.301×10^6	生产准备/元	7.920×10^5
	项目建设管理/元	5.172×10^6				
清单类型	送端换流站					
	项目	数量	项目	数量	项目	数量
建筑消耗	钢材/吨	49 016.512	镀锌钢材/吨	5 056.068	不锈钢/吨	49.371
	铁件/吨	990.497	标准砖 240×115×53/千块	3 165.631	石料/米 ^{3}	72 281.829
	沙料/米 ^{3}	64 363.367	硅酸盐水泥 32.5/吨	7 665.716	氯乙烯塑料/米	21 000.000

续表

清单类型	送端换流站					
	项目	数量	项目	数量	项目	数量
建筑消耗	岩棉/吨	5.823	纤维增强硅酸盐板/吨	24.840	铝合金/吨	1.643
	钢筋混凝土管/吨	6 838.184	各型混凝土/米 ^{3}	4.160×10^5		
电力工程消耗	铝合金/吨	182.619	镀锡铜材/吨	157.639	铜材/吨	278.633
	钢材/吨	111.991	镀锌钢材/吨	1 315.849	防火涂料/吨	52.500
	防火堵料/吨	28.000	防火隔板/米 ^{2}	26 400.000		
设备投入	电力设备/元	4.584×10^9	建筑设备/元	9.254×10^7		
建设过程	工程机械施工/元	1.087×10^8	装置性材料/元	1.745×10^8	安装工程/元	2.685×10^8
	运输/元	1.728×10^7				
其他费用	场地征用/元	1.029×10^8	项目建设技术服务/元	2.047×10^8	生产准备/元	1.986×10^7
	项目建设管理/元	1.552×10^8				
清单类型	受端换流站					
	项目	数量	项目	数量	项目	数量
建筑消耗	钢材/吨	35 881.934	铝合金/吨	1.569	镀锌钢材/吨	285.956
	铁件/吨	826.192	沙料/米 ^{3}	40 098.809	石料/米 ^{3}	75 113.562
	硅酸盐水泥 32.5/吨	4 882.947	石英玻化地砖/米 ^{2}	3 660.953	氯化聚乙烯橡胶/米 ^{2}	33.852
	各型混凝土/米 ^{3}	2.217×105				
电力工程消耗	铝合金/吨	396.701	镀锡铜材/吨	375.126	铜材/吨	66.981
	钢材/吨	330.920	镀锌钢材/吨	603.541	防火涂料/吨	37.500
	防火堵料/吨	19.035	防火隔板/米 ^{2}	21 615.000		
设备投入	电力设备/元	3.450×10^9	建筑设备/元	7.892×10^7		
建设过程	工程机械施工/元	5.085×10^7	装置性材料/元	1.443×10^8	安装工程/元	1.984×10^8
	运输/元	4.484×10^7				
其他费用	场地征用/元	1.021×10^8	项目建设技术服务/元	1.759×10^8	生产准备/元	1.393×10^7
	项目建设管理/元	1.102×10^8				

续表

清单类型	受端接地极址					
	项目	数量	项目	数量	项目	数量
建筑消耗	钢材/吨	325.504	镀锌钢材/吨	6.727	铁件/吨	13.499
	沙料/米 ^{3}	4 369.108	石料/米 ^{3}	391.254	硅酸盐水泥 32.5/吨	11.687
	各型混凝土/米 ^{3}	3 148.899				
电力工程消耗	石油焦炭/吨	3 500.000	铜材/吨	4.929	钢材/吨	0.220
	铝合金/吨	0.633	镀锌钢材/吨	8.371	不锈钢/吨	9.300
	环氧树脂/千克	350.000	氯化聚氯乙烯/千克	22.911	防火涂料/吨	0.500
	防火堵料/吨	0.500	防火板/米 ^{2}	60.000		
设备投入	电力设备/元	3.366×10^7				
建设过程	工程机械施工/元	3.092×10^6	装置性材料/元	1.809×10^7	安装工程/元	1.038×10^7
其他费用	场地征用/元	1.692×10^7	项目建设技术服务/元	2.216×10^6	生产准备/元	8.330×10^5
	项目建设管理/元	5.670×10^6				

表 4-5　陇东—山东±800 千伏特高压直流输电工程建设阶段线路类工程碳排放清单

清单类型	送端接地极线路（28.500 千米）					
	项目	数量	项目	数量	项目	数量
建筑消耗	钢材/吨	1 135.033	沙料/米 ^{3}	2 864.754	石料/米 ^{3}	3 837.668
	硅酸盐水泥 42.5/吨	1 498.310				
电力工程消耗	钢材/吨	121.030	铝合金/吨	282.402		
设备投入	电力设备/元	3.884×10^5				
建设过程	工程机械施工/元	1.481×10^6	装置性材料/元	1.574×10^7	运输/元	9.982×10^5
其他费用	场地征用/元	1.494×10^7	项目建设技术服务/元	2.363×10^6	生产准备/元	46 959.000
	项目建设管理/元	1.205×10^6				

续表

清单类型	送电线路（933.900 千米）					
	项目	数量	项目	数量	项目	数量
建筑消耗	钢材/吨	1.688×10^5	各型混凝土/吨	4.533×10^5		
电力工程消耗	铝合金/吨	70 210.602	钢材/吨	30 090.258		
设备投入	电力设备/元	2.507×10^7				
建设过程	工程机械施工/元	4.049×10^8	装置性材料/元	2.584×10^9	安装工程/元	2.325×10^9
	运输/元	3.477×10^8				
其他费用	场地征用/元	4.819×10^8	项目建设技术服务/元	3.623×10^8	生产准备/元	6.868×10^6
	项目建设管理/元	1.213×10^8				
清单类型	受端接地极线路（67.800 千米）					
	项目	数量	项目	数量	项目	数量
建筑消耗	环氧树脂/米^3	16.000	普通硅酸盐水泥42.5/吨	582.414	石料/米^3	1 028.600
	钢材/吨	489.912	镀锌钢材/吨	5.450	沙料/米^3	514.160
电力工程消耗	铝合金/吨	331.100	钢材/吨	141.900		
设备投入	电力设备/元	2.838×10^5				
建设过程	工程机械施工/元	1.466×10^6	装置性材料/元	1.419×10^7	运输/元	1.248×10^6
其他费用	场地征用/元	4.536×10^6	项目建设技术服务/元	3.782×10^6	生产准备/元	33 957.000
	项目建设管理/元	8.709×10^5				

本章采用的碳排放因子、碳排放强度均参考现有研究成果。在设备投入与其他项目涉及的碳排放核算过程中，基期为 2002 年，项目投入年 CPI、基期 CPI、基期 PPP 指数均来源于国家统计局，美国 2002 年碳排放强度数据来源于世界银行，中国 2022 年碳排放强度数据根据国际能源署提供的中国年二氧化碳排放数据和国家统计局发布的 2022 年 GDP 测算获得。

2）基于 PLCA 法的特高压工程碳排放评估结果

根据以上确定的核算方法和陇东—山东±800 千伏特高压直流输电工程各部

分的可行性研究报告和预算表，本章核算得到了工程送端接地极址、送端接地极线路、送端换流站、送电线路、受端换流站、受端接地极线路、受端接地极址等7个部分的碳可溯源组碳排放情况。模型结果表明，在当前的工程投资规模和建设内容下，工程碳可溯源组碳排放量为 1.106×10^6 吨二氧化碳当量，其中建筑消耗子清单碳排放量为 9.395×10^5 吨二氧化碳当量，电力工程消耗子清单碳排放量为 1.669×10^5 吨二氧化碳当量，分别占碳不可溯源组的84.912%和15.088%。

上述七个部分的碳排放量分别为13 926.981吨二氧化碳当量、4824.335吨二氧化碳当量、2.647×10^5 吨二氧化碳当量、6.355×10^5 吨二氧化碳当量、1.719×10^5 吨二氧化碳当量、2520.936吨二氧化碳当量和13 044.672吨二氧化碳当量。其中，送电线路建设过程碳可溯源组碳排放量最大，占比达到57.437%，换流站建设阶段碳排放量占比第二，接地极线路由于距离较短，建设阶段碳排放量最少。从送端和受端来看，各部分总体碳排放量接近，建设环境和建设策略的不同使碳排放量出现差异。

4.3.4 数字技术赋能特高压工程减污降碳的实现路径

据《新时代的中国能源发展》报告，自2005年以来，中国在推动非化石能源发展和减少供电能耗、线损率等方面采取了一系列节能减排措施，实现了能源生产和利用模式上的重大革新。在这一过程中，清洁能源占总能耗的比重达到了23.4%，2019年中国的碳排放强度相比2005年已经降低了48.1%，由此可见，能源的绿色发展在中国的碳排放强度下降方面扮演了至关重要的角色。尽管煤电装机比重和火电发电量持续下降，但是当前及未来一段时间内，煤电仍然是中国电力和电量的主体来源，导致电力体系依然呈现巨大的高碳结构。

在“十四五”规划期间，中国将致力于开发和采用更加高效、低碳的能源生产技术，以提高能源资源的利用效率；同时加大清洁能源的投入和使用，以期提高清洁能源在总能源消耗中的占比，推动能源产业向更加环保、可持续的方向转型。预计到2030年，中国清洁能源的消费比重将达到约25%。因此，实现“双碳”目标，需要从根本上减少化石能源消费，大幅增加非化石能源消费；同时，利用清洁能源发电技术降低源端发电产生的碳污染，改造供电企业的发电结构特征。

1. 大数据技术实现清洁能源的高效利用

对于特高压工程而言，清洁能源发电技术在源端直接减少碳排放方面发挥着重要作用。在清洁能源使用方面，存在利用率不高、不稳定等问题。利用大数据技术可以精准预测发电功率，实现低成本、高效率的清洁能源发电。在风电方面，大数据技术可以通过收集和分析气象、风速、风向等参数数据，预测未来的风能资源情况；通过对历史数据和实时数据的分析，建立精确的风能预测模型，提前做出发电计划和调度安排，从而提高风电的发电效率。在光伏发电方面，大数据技术可以通过对光照强度、气温、云量等因素的实时监测和分析，预测光伏发电的潜力和发电效率。同时，大数据技术还可以对光伏电池组件进行监测和管理，提高光伏发电系统的运行效率和可靠性。利用大数据技术，可以优化光伏发电系统的设计和运营，使其在低成本和高效率方面取得突破。

2. 数字储能技术助力清洁能源的稳定存储

清洁能源的管理问题是电力行业发展的重中之重，其中清洁能源的稳定存储尤为关键，面临三个方面的挑战。①清洁能源（如太阳能和风能）具有间歇性和不可控性的特点，依赖天气条件和自然资源的可用性，导致供需不平衡；②目前较为广泛使用的储能技术是电池储能系统（如锂离子电池和钠离子电池）以及新型的储能技术（如氢能、空气压缩存储等），价格较为昂贵，企业投入成本过高；③能源传输损耗是另一个挑战，长距离传输清洁能源可能会导致能量损失，需要有效的输电和分配系统来解决这个问题。

数字技术的出现和发展为解决大型输电工程中清洁能源的存储问题提供了全新机遇，致使其能够通过数字技术实现智能化储能管理，使储能设备可以智能感知和实时响应能源需求。通过实时监测清洁能源产量和电网负荷，智能化储能系统可以优化能量的储存和释放，以平衡能源供求。此外，通过大数据预测分析可以提前规划储能行为，确保在清洁能源充足时进行储存，在用电高峰时进行释放，从而实现能源供应的稳定性。

4.4　前景展望与应对

随着“十四五”规划的推进，中国将继续加速数字化发展，建设数字中国。数字化转型已成为推动经济增长和社会进步的重要引擎，通过数字基础设施建设和数字技术应用，生产方式、管理模式和生活水平将得到极大改善。新基建项目，如 5G 基建、人工智能、大数据中心、工业互联网等，将进一步促进数字化与绿色化的深度融合，为减污降碳注入强劲动能。同时，数字技术也将赋能新基建项目，提高其效率和优化资源配置，推动产业数字化转型，实现智能化、网络化、服务化、协同化。

4.4.1　数字技术的应用推动减污降碳

监测与管理：数字技术能够实时监测企业的能源消耗和污染物排放，通过数据分析帮助企业发现节能减排的潜在点。例如，智能传感器可以收集生产过程中的能耗数据，而大数据分析则有助于识别节能机会。

优化生产流程：通过智能制造和工业互联网，企业可以优化生产流程，减少资源浪费，降低碳排放。例如，使用人工智能进行生产调度，可以最大化生产效率和能源使用效率。

挑战与对策：面对数字技术应用的不均衡，政府和企业需要投资于技术研发和人才培养，以促进技术的普及和深化应用。同时，加强数据安全防护，制定统一的技术标准，以保障数字化减污降碳的可持续发展。

4.4.2 新型基础设施的低碳发展策略

绿色设计：在新型基础设施的设计阶段，应充分考虑低碳和环保要求，比如使用可再生能源、高效节能材料和设备。

能效提升：通过技术创新，提高数据中心、5G基站等新型基础设施的能效比，减少能耗。例如，采用液冷技术可以显著降低数据中心的能耗。

循环经济：推动基础设施建设材料的循环利用，减少资源消耗和废弃物排放。例如，推广建筑垃圾的资源化利用，减少对新资源的需求。

4.4.3 数字化与低碳化的深度融合路径

全生命周期管理：企业应从产品设计、原材料采购、生产制造、销售服务到产品回收的整个生命周期考虑减碳措施，利用数字化工具进行碳足迹的核算和优化。

政策引导：政府可以通过制定相关政策，激励企业采用数字化手段实现低碳转型，比如提供税收优惠、补贴支持等。

市场机制：建立和完善碳市场，通过碳交易等市场化手段，促进企业降低碳排放。数字技术可以提高碳市场的透明度和效率，比如通过区块链技术实现碳足迹的准确记录和交易。

公众参与：提高公众对数字化和低碳化重要性的认识，鼓励消费者选择低碳产品和服务，形成全社会共同参与的减污降碳氛围。

参考文献

[1] 王军, 王杰. 城市数字化转型与"减污降碳"协同增效[J]. 城市问题, 2024, (2): 46-56.

[2] 中华人民共和国国务院新闻办公室. 新时代的中国能源发展(2020 年 12 月)[M]. 北京：人民出版社, 2020.

[3] 彭华荣, 凌可, 徐佳. 智慧城市建设试点对碳排放绩效的影响研究[J]. 环境经济研究, 2023, 8(4): 95-120.

[4] 屈小娥. 异质型环境规制影响雾霾污染的双重效应[J]. 当代经济科学, 2018, 40(6): 26-37, 127.
[5] 李治国, 王杰. 中国碳排放权交易的空间减排效应: 准自然实验与政策溢出[J]. 中国人口・资源与环境, 2021, 31(1): 26-36.
[6] 郭俊杰, 方颖, 杨阳. 排污费征收标准改革是否促进了中国工业二氧化硫减排[J]. 世界经济, 2019, 42(1): 121-144.
[7] 张营营, 许钊, 彭硕毅. 大数据发展对中国城市低碳转型的影响及其机制研究[J]. 城市问题, 2023, (9): 34-43, 65.
[8] 沈国兵, 袁征宇. 企业互联网化对中国企业创新及出口的影响[J]. 经济研究, 2020, 55(1): 33-48.
[9] 孙早, 侯玉琳. 工业智能化如何重塑劳动力就业结构[J]. 中国工业经济, 2019, (5): 61-79.
[10] 穆学英, 王强. 中国数字经济对城市创新影响的空间效应及机制[J]. 城市问题, 2023, (8): 83-92.
[11] 赵宸宇, 王文春, 李雪松. 数字化转型如何影响企业全要素生产率[J]. 财贸经济, 2021, 42(7): 114-129.
[12] 傅京燕, 原宗琳. 中国电力行业协同减排的效应评价与扩张机制分析[J]. 中国工业经济, 2017, (2): 43-59.
[13] 史丹, 冯永晟. 中国电力需求的动态局部调整模型分析: 基于电力需求特殊性的视角[J]. 中国工业经济, 2015, (10): 5-20.
[14] 孙慧, 邓又一. 环境政策“减污降碳”协同治理效果研究: 基于排污费征收视角[J]. 中国经济问题, 2022, (3): 115-129.

第 5 章　数字化与水污染综合治理

5.1　引　言

5.1.1　研究背景

1. 水污染现状

中国水污染经历了集中整治的 40 年，特别是近 20 年，水污染治理取得了巨大的成效。2023 年，根据生态环境部公布的全国地表水环境质量状况，1～12 月，3641 个国家地表水考核断面中，水质优良（Ⅰ～Ⅲ类）断面比例为 89.4%。其中，长江、黄河、珠江、松花江、淮河、海河、辽河等七大流域及西北诸河、西南诸河和浙闽片河流水质优良（Ⅰ～Ⅲ类）断面比例为 91.7%。长江流域、浙闽片河流、西北诸河、西南诸河、珠江和黄河流域水质为优；淮河、辽河和海河流域水质良好；松花江流域为轻度污染。地表水系主要污染指标为化学需氧量、总磷和高锰酸盐指数。

以典型的地表水系长江流域为例，基于 2016～2023 年 116 个地级市 8 年的水质和城市发展情况，界定广东、福建、浙江、江苏、上海的相关城市水系为下游地区，界定湖南、湖北、安徽、河南、江西的相关城市水系为中游地区，界定重庆、云南、西藏、贵州、四川、广西的相关城市水系为上游地区。

由于 2019 年前与 2019 年后水质数据统计的口径和颗粒度不同，本章将收集到的数据按时间分为 2016～2019 年和 2019～2023 年两部分（其中重叠的 2019 年使用两种不同统计口径的数据），并针对四个主要检测指标统计分析水质改善情况，具体如下。

长江流域各城市 COD（chemical oxygen demand，化学需氧量）变化情况显示（图 5-1、图 5-2），2016～2019 年，上游城市 COD 减量 23.21%，中游城市 COD 减量 14.38%，下游城市 COD 减量 13.22%，上游城市 COD 减量效果明显；2019～2023 年，上游城市 COD 增量 0.74%；中游城市 COD 增量 10.64%；下游城市 COD 减量 2.17%，中游城市 COD 增量效果明显。

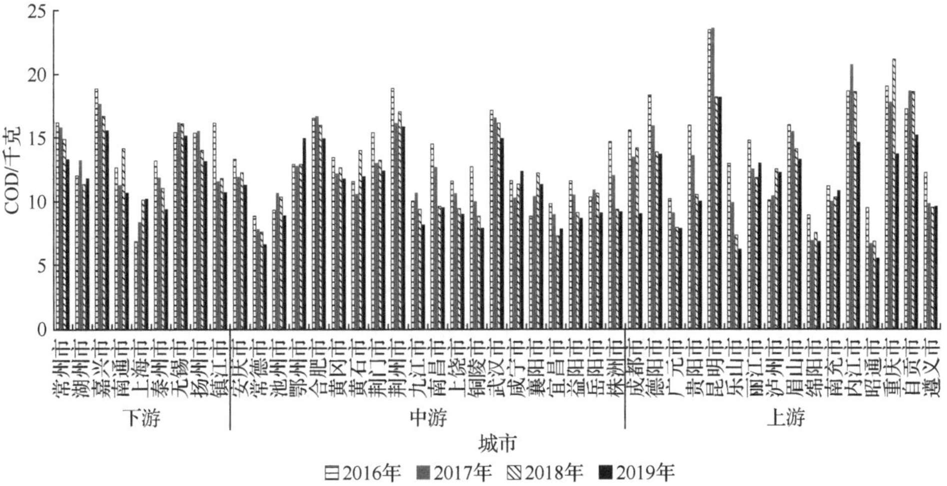

图 5-1 2016～2019 年长江流域各城市 COD 变化情况

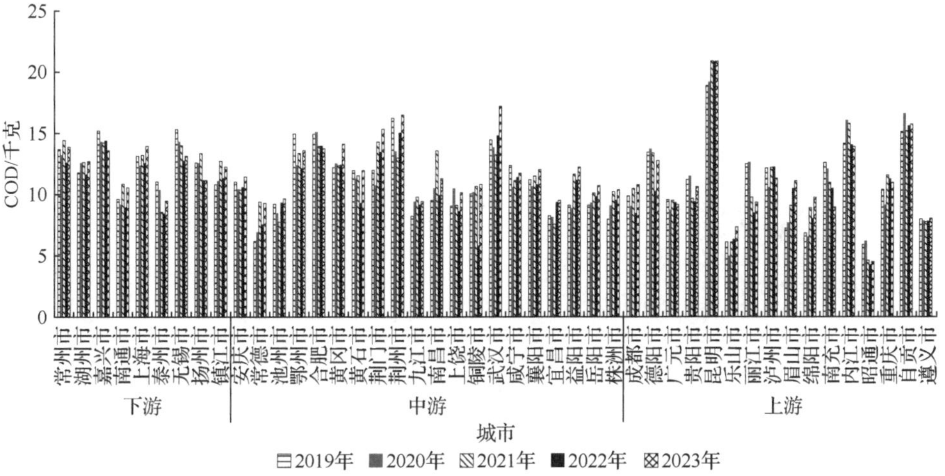

图 5-2 2019～2023 年长江流域各城市 COD 变化情况

长江流域各城市总磷变化情况显示（图 5-3、图 5-4），2016～2019 年，上游城市总磷减量 40.97%，中游城市总磷减量 15.19%，下游城市总磷减量 14.27%；2019～2023 年，上游城市总磷减量 39.30%，中游城市总磷减量 12.04%，下游城市总磷减量 19.64%。总体来说，2016～2023 年上游城市总磷减量效果明显。

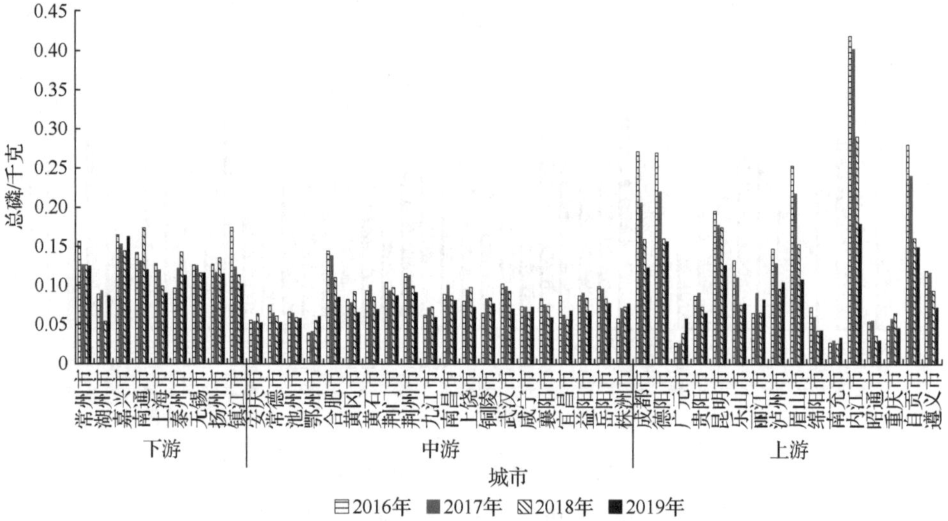

图 5-3　2016～2019 年长江流域各城市总磷变化情况

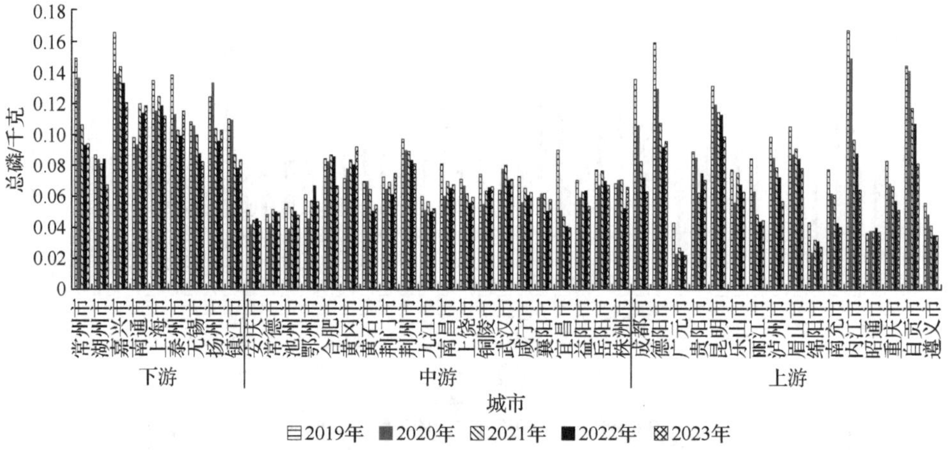

图 5-4　2019～2023 年长江流域各城市总磷变化情况

长江流域各城市总氮变化情况显示（图 5-5、图 5-6），2016～2019 年，上游城市总氮增量 2.56%，中游城市总氮减量 4.69%，下游城市总氮减量 15.26%，下游城市总氮减量效果明显；而在 2019～2023 年，上游城市总氮减量 20.33%，中游城市总氮增量 18.79%；下游城市总氮增量 1.04%，可见上游城市总氮减量效果明显。

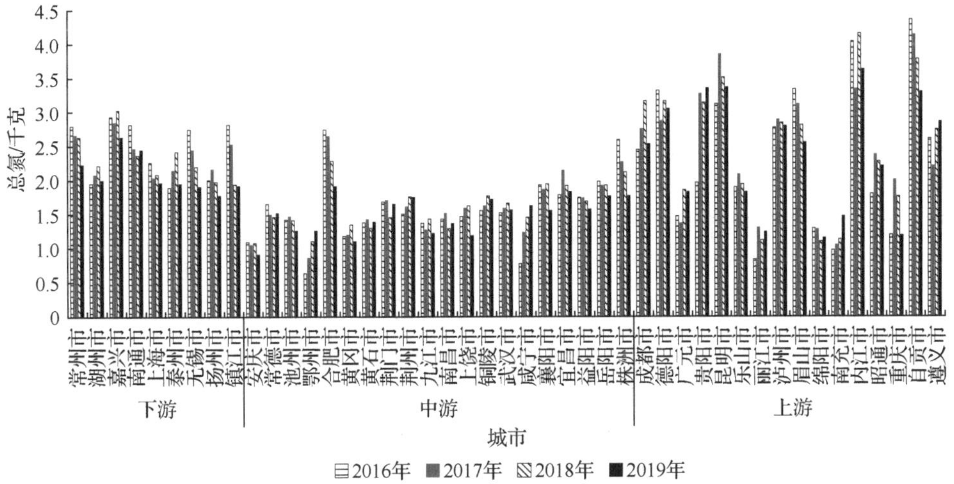

图 5-5　2016～2019 年长江流域各城市总氮变化情况

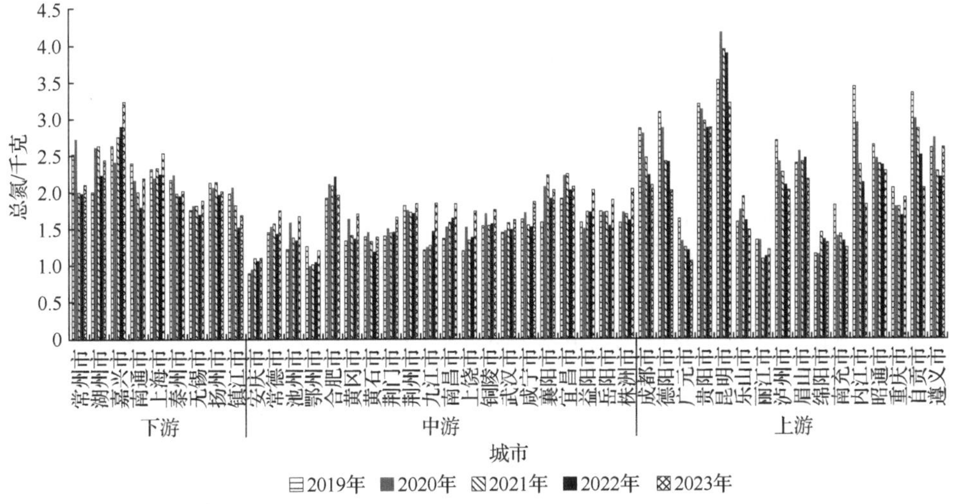

图 5-6　2019～2023 年长江流域各城市总氮变化情况

从长江流域的具体数据可以看出，总体而言这 8 年水质情况得到极大改善，有机污染物和总磷均有下降，但总氮在部分区域有增加，故部分流域断面虽满足地表水环境质量标准，但仍存在污染物增加的情况。

2. 水污染仍存在的问题

1）工业废水排放来源多样，污染物种类多，监管难

在工业发展的浪潮中，工业行业门类多、工艺差别大，废水来源呈现出多样性的特点，带来水污染的严峻挑战，现有处理中总氮、总磷、高氯酸盐、高浓度

有机废水、高氨氮废水等仍为达标排放的难点[1]。有机物质如酚、醛、酮等，以其复杂的化学结构和毒性，成为水体污染的重要来源。重金属如铅、汞、镉等，不仅难以降解，还会通过食物链累积，对生态环境和人体健康构成长期威胁。此外，还有氮、磷等营养性物质，过量排放会导致水体富营养化，引发藻类大量繁殖，消耗水中氧气，破坏水生生态系统。这些污染物的多样性和复杂性，使工业废水处理常规管理面临巨大挑战。

在环保领域，监管力度的不足已成为制约环境治理取得成效的关键因素。当前，一些地区和行业的环境监管仍显宽松，导致违法成本低，环保法律难以落实。这既削弱法律法规的威慑力，也影响公众对环保工作的信心。因此，强化监管、严格执法，是推动绿色发展、构建美丽中国的必由之路。同时，提升监管科技含量，利用现代信息技术提高监管效率和精准度，也是提升环保工作水平的重要途径。

2）农业带来的面源污染点位散、面积广、溯源难

化肥中的氮、磷、钾等元素过量时，会沉积在土壤里，影响作物吸收，长期累积还可能污染地下水源。农药的使用虽能保护作物免受病虫害，但不当使用或过量喷洒会导致农药残留在作物表面或内部，进而对人体健康构成潜在风险。随着雨水淋溶作用和污染物下渗迁移，造成农业面源污染面积广，又因农业地域范围广，如不借助遥感等技术，污染物溯源难度大。

另外，随着规模化养殖的兴起，大量畜禽粪便未经妥善处理便直接排放，造成水体富营养化，威胁生态平衡。水土流失过程中带入土壤层中残留的农药和化肥，严重威胁水环境质量。

3）城市生活污水管网雨污分流不足，缺乏系统性治理

城市生活污水处理率基本达到60%及以上，到“十四五”末期，绝大部分城市均可以达到90%及以上，生活污水处理率高[2]。但是80%以上的污水厂均出现进水浓度低、生化反应效果不佳的情况，而造成这一情况的原因是管网雨污未分流，雨水汇入污水管道，稀释进水浓度，污水进入雨水管道，一下雨又全部直接从雨水管道汇入地表水系，造成水体黑臭。造成这一现象的主要原因有：部门协调不足问题，水污染治理涉及多个部门，缺乏有效的协调机制，影响治理效率；水环境区域管理脱节问题，水体的流动性要求打破地界，区域共同治理，但实际操作中往往存在管理上的脱节；忽视非点源污染问题，目前管控措施多针对点源污染，对农业面源、城市径流等非点源污染的管控不足。

4）地下水污染源隐蔽性强，污染物迁移慢、治理难

地下水污染源隐蔽性强的问题日益凸显。工业废水、化肥、农药残留在土壤和水源中，不易察觉却危害深远[3]。城市生活污水、垃圾处理不当，也在无形中加剧了地下水环境的恶化。这些隐蔽的污染源，不易发现，但危害巨大、影响长

久。地下水中污染物的迁移缓慢，在土壤和沉积物中悄然转移，这一过程不易察觉，既是自然界自我净化的体现，也是人类活动影响的见证，污染物日积月累，因治理环境未直接暴露，不易操作，造成治理难度大。

5.1.2　数字技术的必要性

（1）提升治理效率和精度，解决监管欠精细难题。通过大数据、云计算、5G、区块链、人工智能等数字技术，可以实现对水环境的实时监测和动态管理，实现精准治污。例如，浙江省通过数字化赋能河长制，提升了水治理的综合能力。东莞市则通过信息化手段有效降低了环境管理成本，增强了环境管理和决策的科学性与主观能动性。

（2）优化资源配置和决策，解决水环境质量难持续稳定的问题。现有的数字技术中的数字孪生技术可以构建“天空地”一体化水利感知网和数字化场景，通过多维度、多时空的数据分析，提供防洪预警、供水调度和污染防治等方面的决策支持。

（3）系统化和智能化治理，解决污染源隐蔽性难题。数字技术能够实现对水污染治理的全局性决策、整体性协调和功能性整合，从而提升治理效果。例如，湖州市吴兴区通过数字化和智能化手段，从监测、监控到预警、诊断，全面提升了水环境治理水平；湖北省白莲河水库流域综合治理也显示了数字化赋能流域综合治理的优势。

（4）提高治理精细化水平，解决管网雨污难分流的问题。数字技术使生产运行管理者能够通过物联网实现对各污水处理厂、泵站的关键生产指标和生产运行数据的实时监控，从而提升水环境治理的精细化水平。例如，宁波市江厦街道的“污水零直排区”数字化监管系统有效应对了数据调阅效率低下和污水排放监管滞后的问题，推动了水污染的快速精准治理。例如，数字孪生技术的应用使治水、用水、护水有了“智慧大脑”，在防洪预警、供水调度和污染防治等方面发挥了更大的积极作用。这种技术的应用不仅提高了水资源的利用效率，还最大化了有限水资源的效益。通过数字化赋能系统治理，可以破解水环境可持续治理的难题，推动生态环境的修复和保护。

数字技术在水污染综合治理中具有至关重要的作用，它不仅提升了治理效率和精度，优化了资源配置和决策，还推动了系统化和智能化治理，并促进了跨部门协作和信息共享，最终实现了水环境治理的精细化和高效化。

5.1.3　数字化在水污染防治中的应用潜力

数字技术通过构建整体性治理框架，包括协调机制、整合机制和信任机制，能够有效提升水环境治理的效能，其体系应用主要包含以下五个部分。

（1）水质自动监测技术及应用。水质自动监测技术的应用，能够迅速查明水环境污染原因，评估其污染程度，并指导污染源的有效处理，对于提升生态保护实效具有重要意义，是数字化系统的基石。

（2）大数据技术及应用。在收集了水质自动监测数据后，开展大数据分析。运用大数据技术，可以对水污染信息化系统进行全面体系性的升级改造，从而提升水污染治理的信息化水平。此外，大数据工具和技术可以帮助应对水质量管理的挑战，通过提高管理人员对这些挑战的理解和洞察力，帮助揭示化学物质、环境和人类健康之间的新关系。

（3）智能监控与管理技术及应用。智能控制系统在水资源环境整治中的应用，实现了设备的实时监测、数据分析和智能化控制，是水环境治理过程中不可或缺的一部分。此外，基于大数据的智慧水务数字化应用探索和实践，通过数据架构设计和应用场景设计，有效指导水务的生产和经营，提高生产和管理效率。流域环境保护三维数字化管理平台的研究表明，通过数据分类存储、多源数据清洗、统一数据编码等技术的应用实现了数据的融合管理和动态关联，结合物联网数据采集、数值模拟模型和统计分析算法，满足了环保数字化管理的各项功能需求。

（4）数字管网技术及应用。数字管网技术在城市河道水环境治理中的应用，实现了对城市排水管线进行优化设计和动态管理以及污染源溯源，为实现河道整治处理提供了技术支持，成为城市河道水环境治理的关键技术之一。

（5）信息技术的应用。新一代信息技术如5G、大数据和物联网等与水污染综合治理的深度融合，有力支撑了水污染防治的数字化、网络化和可视化转型。这种转型不仅提高了治理效率，还促进了环保产业的发展，带来了显著的经济效益。信息技术在水污染防治过程中的应用，虽然存在一些问题，但通过充分利用信息化技术手段，可以提高防治的效率和水平。

5.2 数智赋能水污染防治的路径及原理

数智赋能水污染防治的路径及原理涉及多个方面，包括人工智能、物联网、大数据分析、数字孪生技术等。通过这些技术的应用能够实现对水污染的智慧监测、大数据分析以及智能决策（如预警、溯源和治理），从而提升水环境治理的科学化和智能化水平。其具体实施路径见图5-7。

5.2.1 智慧监测技术

水污染防治行业的智慧监测技术是指利用现代信息技术，如物联网、大数据、

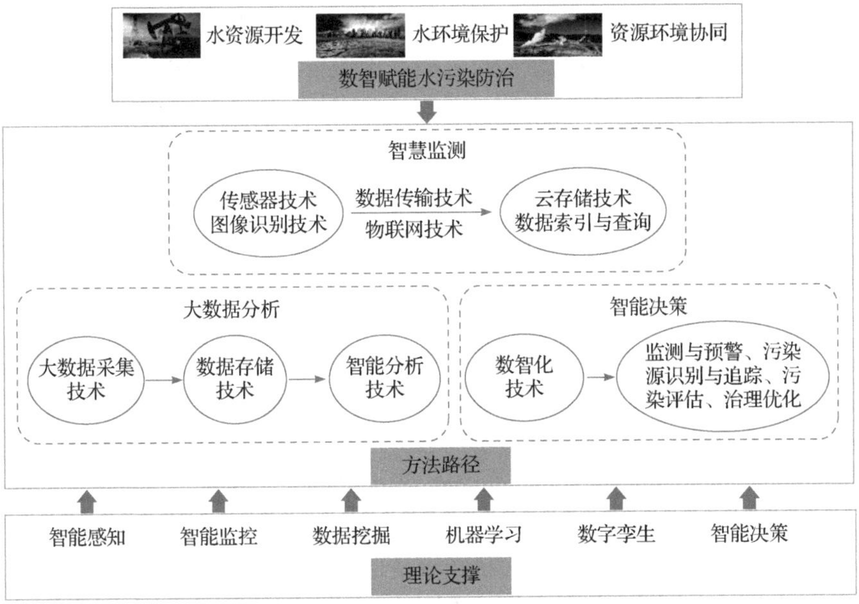

图 5-7 数智赋能水污染防治的路径及原理示意图

人工智能技术等，对水环境进行实时、自动化的监测和管理的技术。这些技术能够有效地收集、处理和分析环境数据，为环境保护和管理提供科学依据。

1. 实时监测与数据采集

1）传感器技术

传感器技术在智慧水质监测领域的应用，显著提升了水质监测自动化和智能化水平。传感器作为水质监测系统的核心组件，其性能直接影响数据采集的准确性和监测系统的整体效能。传感器技术主要由传感器和数据传输系统两大部分组成。传感器作为水质监测系统的关键部件，其性能好坏直接关系到数据采集的准确性。因此，在进行水质监测时，对传感器的性能进行全面的检测是至关重要的。目前，我国研发了许多性能优异的传感器，如热释电红外（pyroelectric infrared，PIR）、微波、光声等传感器。这些传感器因具有多种工作模式和多种响应速度，能够对水质进行连续、实时的监测，从而提高了水质监测的智能化程度。随着现代传感器技术的进步，出现了纳米传感器和生物传感器等新型传感器，因其高灵敏度和特异性，正逐步应用于精细环境监测中。这些传感器不仅能够监测各种环境参数如水温、多种污染物含量等，而且更小型化、低功耗且功能更强大，为智慧水质监测提供了强有力的技术支持[4]。

在水质监测系统的设计与实现方面，多传感器无线智能水质监测系统的设计及应用研究表明，通过采用先进的传感器技术和无线传输技术，可以实现对 pH

值、温度、浊度等水质参数的远程实时监测[5]。此外，基于无线传感器网络的水产养殖水质监测系统的开发与试验也证明了无线传感器网络在提高水质监测自动化程度和时效性方面的有效性。

传感器技术在智慧水质监测中的应用不仅提高了数据采集的准确性和实时性，而且通过新型传感器技术的应用，进一步提升了水质监测的智能化和精细化水平。未来，随着传感器技术的不断进步和创新，智慧水质监测能力将得到进一步的提升。

2）图像识别技术

在水环境智慧监测领域，人工智能和计算机视觉技术的迅猛发展极大地推动了图像识别技术的应用，使其成为自动检测、分类和量化环境中各种元素（如水文特性、地形地貌及污染物指标等）的强大工具。例如，深度学习算法，尤其是卷积神经网络（convolutional neural network，CNN），在提升图像识别的准确性和效率方面发挥了关键作用。此外，图像识别技术的进步还体现在多模态数据的融合上，通过结合卫星遥感、无人机拍摄及地面监测站的不同类型图像数据，研究人员能够通过卫星图片反演的方式推演地表水环境变化，实现三维空间的动态监测[6]。

然而，尽管图像识别技术在水环境监测中取得了显著进展，但在实际应用中仍面临一系列挑战。这些挑战包括对高分辨率图像的需求大、复杂环境下的识别准确性不足以及大范围监测时数据处理的计算负担重等[7]。已有研究表明，基于视觉注意机制的大范围水体信息遥感智能提取方法，通过优化设计 RGB（red, green, blue，红、绿、蓝）配色方案和利用颜色空间 HSV（hue，saturation，value，色调、饱和度、明度）中的色差与距离图像的关键节点信息，实现了水体信息图像特征的增强和可视化表达[8]。此外，基于深度学习的多源遥感水体信息提取方法，通过引入密集连接结构，缓解了一般网络中数据浅层特征丢失的问题，加强了网络对图像特征的抽取能力，提高了对遥感影像中细节水体的敏感程度[9]。

未来的研究将集中解决这些实际问题，随着人工智能和计算机视觉技术的不断进步，图像识别技术在水环境智慧监测领域的应用将更加广泛和深入。探索更多创新算法，能提高系统的可扩展性和适应性，还能进一步提高水环境监测的准确性和效率，为水资源管理和保护提供更加科学有效的技术支持。

3）数据传输技术

在传统无线网络和卫星通信的基础上，水环境智慧监测行业已出现多种数据传输技术。这些技术包括低功耗广域网（low-power wide area network，LPWAN）技术，如基于 LoRa（long range radio，远距离无线电）技术的一种低功耗广域物联网通信协议 LoRaWAN 和 Sigfox 等。这些技术因其低功耗、长距离传输的优势，非常适合在广阔或偏远的自然环境中应用，特别适用于广域的地表水环境监测[10]。还包括利用无人机或浮空器（如气球或软式飞船）搭载数据传输设备，完成临时或移动性的监测任务。这种方式可以在短时间内对环境应急现场或遥远地区进行快速覆盖，有效提高了数据传输的灵活性和响应速度。同时，为了适应高速增长的数据传输需求，研究人员也在探索使用更高频率的波段，如毫米波技术和太赫兹通信[11]。这些技术因具备更高的数据传输速率和更大的带宽而备受关注，尤其在传输高清视频或大量传感器数据时显示出独特优势。

人工智能和机器学习的应用也在不断提升数据传输技术的效率。通过智能算法优化数据传输路径选择和网络资源配置，能够减少延迟、降低能耗，并提高整体网络的鲁棒性[12]。在数据传输过程中，数据安全和隐私保护越来越受重视，数据传输的加密技术也得到了加强。采用先进的加密算法和认证机制，能确保监控数据在传输过程中的安全性，防止数据泄露和非法访问。

4）物联网技术

物联网是信息技术与互联网技术相结合的产物，是将相关的信息数据传输到网络中，从而实现远程控制和管理的一种网络形式。水生态环境物联网监测是一种高效的智能服务，它运用现代信息技术来获取并利用水生态环境数据。该技术通过建立水生态环境监测的物联网，采用传感器技术、网络传输以及智能联动机制等先进技术手段，能实时地获得流域水生态环境质量的动态数据信息，从而大幅提高水生态环境保护管理的信息化决策水平。

物联网中的数据既可以利用传统互联网进行信息传输，如光纤、双绞线、同轴电缆、无线网络（Wi-Fi）和网状蓝牙（Mesh-Bluetooth）等多种传统网络传输介质；也可以根据具体场景的特点和实践中的具体需求来灵活应用具有对应性的物联网体系架构，如电力线通信、微功率短距离无线通信（如 ZigBee 协议）、低功耗广域网调制通信（如 LoRa 技术）、窄带宽蜂窝互联网络［如 NB-IoT（narrow band internet of things，窄带物联网）技术］等。常见物联网所用无线通信技术对比如表 5-1 所示[13-17]。

表 5-1 常见物联网所用无线通信技术对比

项目	Wi-Fi	Mesh-Bluetooth	ZigBee	LoRa	NB-IoT
部署方式	节点+路由	节点	节点+网关	节点+网关	蜂窝组网
节点容量	小	大	小	大	大
续航时间	数小时	约数天	约 2 年	约 10 年	约 10 年
常用范围	50 米	10 米	10～100 米	10 千米以上	10 千米以上
造价成本	高	低	低	中	高

续表

项目	Wi-Fi	Mesh-Bluetooth	ZigBee	LoRa	NB-IoT
频段范围	免授权 2.4 吉赫、5 吉赫	免授权 2.4 吉赫	免授权 868 兆赫、915 兆赫和 2.4 吉赫	免授权 Sub-GHz（即工作频段低于 1 吉赫的无线通信技术）	运营商频段
适合场景	室内	室内	室内外小范围、近距离、低数据量场景	室外大范围蜂窝覆盖	室外大范围无蜂窝覆盖

ZigBee 协议的主要设计场景为短距离双向无线通信，其设计通信速率的范围是 20～250 千比特/秒，设计传输距离为 1～1500 米，单个节点可以管理 254 个子节点，最大节点规模的网络可以支持超过 65 000 个节点同时连接。在所用频段方面，由于各地区的政策限制差异，ZigBee 使用的是免执照的工业科学医疗（industrial，scientific and medical，ISM）频段，可以选择 868 兆赫、915 兆赫和 2.4 吉赫三个频段的网络进行通信。868 兆赫适用于欧洲地区，可用通道数为 1；915 兆赫适用于北美地区，可用通道数为 10；2.4 吉赫则为全球通用频段，可用通道数为 16。ZigBee 可以方便地搭建层次化的结构和多样化的功能，同时支持动态、静态节点，能够实现多节点的自组织连接，并提供了树型、星型、网状三种网络拓扑结构。由于支持地理定位功能，ZigBee 非常适用于嵌入式环境、自动控制和远程控制等场景，也在智慧水务系统等众多场景中充当无线解决方案。ZigBee 在应用中也存在技术上的缺陷，尤其是其全球通用的 2.4 吉赫频段的信号容易受到多种来源的干扰，并且容易受到障碍物的阻隔，针对这类问题，采用射频放大或提高功率等手段则丧失了 ZigBee 的低成本和低功耗优势。综上所述，在智慧水环境系统的建设中，对 ZigBee 网络的应用需要根据实际需求来确定，并且有必要根据对应场景的工作需求来灵活调整所用的网络拓扑结构。

LoRa 技术是一项专有低功耗广域网调制技术，在 2010 年由法国创业公司 Cycleo 推出，后来被 Semtech（升特科技）公司收购，首发于 2013 年 8 月，是基于 Sub-GHz 的超长距离和超低功耗实现的无线通信技术。在不同地区，LoRa 提供了针对对应区域频道标准的可用工作频率波段范围。为了实现长距离的信号传输，LoRa 利用了扩频通信（spread spectrum communication，SSC）的原理，牺牲带宽，提升信噪比。在常见的 LoRa 模块上，可以修改的主要配置参数一般包括扩频因子（spreading factor，SF）、带宽（bandwidth，BW）、编码率（coding rate，CR）和低数据速率优化（low data rate optimization，LDRO）选项。LoRa 技术在实际应用中存在一些不足之处。首先，LoRa 终端所利用的免费频道容易受到攻击，需要使用者和维护者随时对安全漏洞保持警惕。其次，LoRa 技术整体受美国公司

Semtech 的控制，在国际贸易争端常态化和市场存在去全球化倾向的时代背景下，有可能带来专利和授权等多方面的潜在隐患。

NB-IoT 可以看作对 4G 无线宽带标准 LTE（long term evolution，长期演进技术）进行精简和舍弃而得到的一种窄带无线接入技术，二者可以使用共同的物理设备，即在同一个物理网络中，可以同时支持运行。在现有的 LTE 网络上，也可以快速部署实现 NB-IoT 网络的搭建。NB-IoT 的一大优势是其支持海量设备连接的特性，一个基站的网络接入可以容纳高达 10 万规模的节点。在同样的物理条件下，NB-IoT 能够最大限度将各终端接入，设计的理想覆盖范围是 LTE 的 20 倍左右，同一基站的接入容量是现有 LTE 网络的 50 倍以上。NB-IoT 相比其他技术，在安全上更有保障，所用频段为电信运营商专有频段，基于电信运营商网络提供服务支持，能够得到商用通信水准的安全保障。NB-IoT 另一个突出的优势是极低的功耗，使用电池供电的 NB-IoT 设备在理论上的续航时间可以达到 10 年以上。对应地，NB-IoT 的传输速率较低，下行峰值为 250 千比特/秒，上行速率的范围在 160～250 千比特/秒。不过，需要注意的是，其终端成本可能会高于 ZigBee 协议和 LoRa 技术；而且，随着运行周期的延长，硬件上的网络建设和维护的费用其实会被逐渐摊薄，而 NB-IoT 方案对通信运营商的依赖可能在长期使用的场景下带来价格波动等不可控因素。在国际视野的能源矿产开发场景中，尤其是在社会秩序存在动荡的国家和地区，尤其需要谨慎考虑这种对当地运营商的服务稳定性和可靠性存在极强依赖性的技术方案。

在当今社会，物联网技术的发展已经成为信息时代的关键组成部分，其通过将物理设备连接到互联网，实现对数据的实时收集和处理，从而推动智能化决策的实现。传统的物联网设备主要依赖电池或接线供电，这在一定程度上限制了其在偏远地区或恶劣环境中的部署可行性和使用持久性。然而，随着新技术的发展，为传感器供电的自给自足能源解决方案已经得到了显著的改进，这不仅提高了传感器的部署可行性和使用持久性，也为物联网技术的应用提供了新的可能性。此外，物联网设备的通信技术也经历了显著的改进。低功耗广域网技术的出现，使长距离、低功耗的数据传输成为可能。同时，5G 技术的商用化进一步促进了大量数据的高速传输和高效处理，这对于实时数据分析和即时反馈具有重要意义[18]。在数据处理方面，云计算和边缘计算的结合使用正在成为一种趋势。云计算提供强大的数据处理能力，适用于非实时数据分析；而边缘计算可在数据生成地点进行即时处理，适用于实时应用。这种结合方式优化了数据处理效率并减少了延迟[19]。

面向水环境数据处理领域中，数据源分散、数据存储体系多样的特点，本章团队设计和研发了基于 Canal 的多元数据 ETL（extract, transform, load，提取、转换和加载）技术及工具。该技术包含三部分：数据的抽取、数据的清洗转换、数据的加载。数据的抽取是将各个不同数据源的数据抽取到 ODS（operational data store，操作型数据存储）中，并完成数据的清洗和转换，在数据清洗完成后，通过不同数据适配器直接写入 DW（data warehouse，数据仓库）中。基于 Canal 的多元数据 ETL 工具采用的模式，从整体看来可以分为三层：数据抽取层、数据转换层和数据输出层。为了实现多元数据输入、多目标数据输出的目标，设计了基于 Canal 的数据增量抽取技术、基于消息队列的数据清洗与预警技术以及面向多目标数据输出的数据适配器模型。

物联网技术的发展已经从依赖传统能源和通信技术向依赖新能源技术和高效通信技术转变，这不仅提高了物联网设备的部署可行性和使用持久性，也为实时数据分析和即时反馈提供了可能。同时，云计算和边缘计算的结合使用进一步优化了数据处理效率并减少了延迟。未来，随着更多高效设备管理协议和安全框架的开发，物联网技术的应用将更加广泛和安全。

2. 大数据存储与管理

1）云存储技术

现有的水环境类监测数据中的地表水环境断面数据采用每小时或者每两个小时采集一次，布点数量大，每个国控、省控地表水监测断面基本都用在线监测系统，且需要将在线数据存储到相应的平台，最后方便环境管理部门进行数据查询和调取。大数据的存储需要庞大的存储空间和高安全性，云存储技术能提供可靠的解决方案，确保数据安全且易于访问。

云存储技术的关键技术包括数据存储技术［如谷歌文件系统（Google File System，GFS）］、数据管理技术（如 Bigtable）、编程模型和任务调度模型（如 MapReduce）[20]。近年来，云存储技术的发展通过虚拟化集成多个云供应商的在线存储服务，实现了统一存储、性能调优、数据安全与隐私保护等功能。此外，数据完整性证明机制也是确保云存储环境下用户数据完整性的关键技术之一。尽管云存储技术取得了显著进展，但仍面临数据安全与隐私保护、数据完整性、并发控制方法以及安全重删技术等方面的挑战。

在水环境监测领域，云存储技术的应用不仅能够提高数据采集和管理的效率，还能够支持更复杂的数据分析和模型构建，从而为水环境的保护和管理提供更加科学有效的决策支持。例如，基于云平台的水土保持数据监测系统能够实现对监测数据的统一管理与分析，提高数据采集和管理效率。此外，云存储技术还能支持水文监测数据的共享模式研究，通过高效的数据处理和存储技术，实现对海量、异构、多来源的水环境相关信息的统一采集、处理和存储。

未来水环境防治领域中涉及的云存储技术的研究将聚焦于解决现有技术面临的挑战，如提高数据安全性、优化数据管理策略、增强系统的可靠性等。这包括但不限于提高数据传输的安全性和效率、优化数据存储和检索性能、增强数据安全性和隐私保护措施以及开发新的并发控制方法和安全重删技术等。

2）大数据存储技术与索引优化

水生态环境监测领域的数据索引与查询优化研究涉及多个方面，包括水质预报预警、水污染监测与溯源技术、生物指标的应用、水质预测方法及监测系统开发、流域水环境信息管理系统、地理信息系统（geographic information system，GIS）在水生态监测中的应用、在线分析处理数据库（database，DB）以及数据采集交换体系等。为快速检索和分析数据，需结合复杂的数据结构和算法优化、配套高效的数据索引和查询系统，近年来主要研究方向如下。

在构建基于水环境模型的水质预报预警大数据平台时，考虑如何有效地处理大规模数据集。在水污染监测与溯源技术中，先进技术和算法的应用对于数据索引与查询至关重要。通过结合光谱分析和人工智能技术，可以实现快速精准的溯源。例如，基于谱分析与荧光响应的水污染预警溯源技术基础研究表明，通过高频在线传感数据流的谱分析技术识别水质异常，并利用荧光响应特征进行平行因子（parallel factors，PARAFAC）分析和自组织映射（self-organizing maps，SOM）聚类，可以智能锁定污染排放行业或企业[21]。在生物指标的应用上，下一代测序（next generation sequencing，NGS）方法为水质评估提供了一种新的途径。通过从环境 DNA 和 RNA 样本中识别和量化硅藻，NGS 方法展示了在水生态环境监测中利用生物指标进行数据索引与查询的潜力。例如，一项研究测试了使用 NGS 方法识别和量化环境中硅藻的可能性，结果表明，尽管存在参考数据库的缺口和分析物种相对丰度的变化，但通过 NGS 数据直接计算的瑞士硅藻指数（Swiss diatom index）DI-CH 与显微镜计数的硅藻物种数显示出显著的相关性，表明了相似的生物质量状态[22]；在水质预测方法及监测系统开发上，基于数据驱动的水质预测方法研究及监测系统的开发，提高了预测精度和效率，提升了模型的泛化能力和实际应用价值。一项研究针对具有诸多非确定时变特征和大数据量的多元水质时序数据以及不同的应用场景，对水质时序数据预测算法展开了研究，通过采用回声状态网络设计预测模型并将其应用于水质时序数据预测，提出基于改进蝗虫优化算法和回声状态网络的预测模型，增强了基于回声状态网络的预测模型的预测精度和泛化能力[23]。

开发高效的预测模型和监测系统是数据索引与查询研究的关键方向。通过结合大数据技术、先进技术和算法以及下一代测序方法，可以有效地处理大规模数据集，实现快速精准的溯源，并提高水质预测方法及监测系统的预测精度和效率。这些研究成果不仅为水环境质量预报预警平台的构建提供了新的见解，也为基于大数据技术的水环境质量预报预警平台的构建提供了思路和参考。

本章面向大规模数据存储的需求，基于分布式的、面向列的开源数据库 HBase

（Hadoop Database，Hadoop 数据库）和关系型数据库的混合存储体系，将业务数据（如监控数据）存储在大数据平台 HBase 的 HDFS（Hadoop Distributed File System，Hadoop 分布式文件系统）中，基础数据存储在关系型数据库中。构建混合存储体系架构，分为表现层、服务聚集层[主要为数据汇集与管理 EMBA（executive master of big aggregation）]、报表分析层和数据层，如图 5-8 所示；设计面向混合数据存储的数据连接方法，基本思路是从关系型数据库中获取基础数据，并通过远程过程调用（remote procedure call，RPC）方式调用 HBase 协处理器进行分布式处理，最后进行汇总计算、形成结果，返回给系统前台；提出大规模数据存储性能优化方案，如通过 HBase 协处理器实现数据分布式处理和读取优化、通过多层次设计优化条件搜索性能、通过表列合并和压缩技术提高读取效率等；设计了基于非关系型的数据库（NoSQL）的多层次索引优化技术。

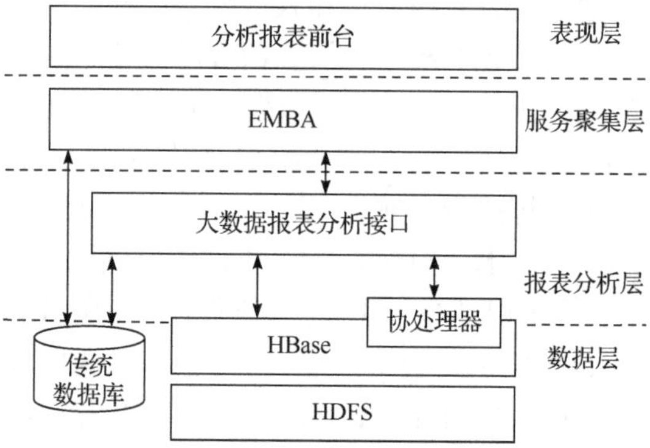

图 5-8　系统结构图

未来，在水污染防治领域将着力构建面向水污染防治体系与治理能力现代化的水环境智慧监测体系，推动实现感知高效化、数据集成化、分析关联化、应用智能化。

5.2.2　大数据分析与预测技术

时空大数据是实现水环境数智管理的核心支撑资源。随着物联网、云计算和智能感知等新兴信息技术的快速发展，各类企业、监测网络、传感器产生的连续观测记录均是典型的具有时间和空间属性的时空大数据，逐渐形成了“天空地海”一体化的对地观测，所形成的泛在测绘成为直接产生时空大数据的主要手段。时空大数据包括时空基准（时间和空间基准）数据、全球导航卫星系统（global navigation satellite system，GNSS）数据和位置轨迹数据、空间大地测量和物理大地测量数据、海洋测绘数据、地图（集）数据、遥感影像数据、与位置相关联的空间媒体数据、地名数据以及时空数据与大数据融合产生的数据等。时空大数据除具有一般大数据的特征外，还具有位置特征、时间特征、属性特征、尺度（分辨率）特征、多源异构特征以及多维动态可视化特征。

上述时空大数据特征，有助于对时空大数据的分析与挖掘，揭示大数据的时间变化趋势和空间分布规律。任何规律的得出、任何决策的做出，都必须依据一定时间、确定地点（地区）的大数据，即时空大数据，同时也给时空大数据的组织、存储、管理和提取增加了难度。基于环境的系统复杂性以及时空大数据的时空关联特征，本章提出了基于环境时空大数据的移动预测与异常监测算法、基于环境时空大数据的统计特征分析与预测技术，主要从时空大数据分析和预测的角度出发，探索环境复杂系统的不确定性与可预测性度量方法、研究对象的时空变化规律、大数据预测方法以及设计基于时空大数据的环境异常事件监测算法。

1. 时空大数据不确定性与可预测性度量

基于时空大数据，对数以百万计动态个体的行为在时空维度上进行研究，有利于深刻挖掘从个体到整体的群体行为作用机制和演化模式。抽取衡量时空大数据不确定性和可预测性的特征，度量时空大数据的不确定性和可预测性，是分析和预测时空大数据的重要技术。

在度量时空大数据的不确定性方面，本章依据应用信息论中对系统不确定性进行度量的经典指标——熵，来量化空间数据中存在的不规则性和不确定性；进而使用 Fano（法诺）不等式，将不确定性度量问题转化为对系统可预测性的计算，从而得到可预测性指标，可用于从本质上刻画时空轨迹数据包含的预测能力。把熵作为衡量系统可预测性的最基本的量，利用 Fano 不等式推导出可预测性对应的理论上界值，得到系统的可预测性，实现根据时空历史数据计算行为可预测性。

通过综合时空大数据的多维度特征（时间、位置、多属性），分别对不同场景中研究对象的时空变化统计规律进行分析，挖掘场景中的结构特性以及研究对象在场景中的时空变化特征，构建基于时空大数据的研究对象时空变化统计规律指标体系（数量、速度、周期、空间范围、持续时间等），最终实现从时空大数据中抽取研究对象的时空变化统计特征和变化模式，以及对研究对象时空变化行为的监测和预测。

2. 时空信息融合与深度学习预测算法

在充分挖掘能源环境时空历史大数据模式和规律的基础上，利用深度学习预测模型进行特定情境下时空大数据强化学习模型的开发，可以用于对研究对象的时空变化规律进行大数据预测。根据研究对象的时空变化的历史信息，建立研究对象时空变化行为的强化学习预测模型，研究预测精度与信息熵、最大可预测性的相关性，进而探索预测精度与时空特征的相关性。其中最有效的方法为图神经网络联合深度强化学习模型。

图神经网络对时空大数据的多维度特征（时间、位置、多属性）中各个属性之间的关系进行抽取，生成关系特征提取图谱，进而充分提取多维度特征之间的规律。在图神经网络中采用注意力和门控机制，可以对特征关系进行细化抽取，进而打造针对现实场景的具有针对性的数据关系。

强化学习算法将研究对象的时空位置变化赋予奖励机制，认为研究对象的时空变化行为是根据具体现实情况做出灵活的决策。奖励机制是指当前的状态依赖于前一个或多个时间区间内的状态，并根据对应状态分别做出智能决策。在移动性预测问题中，有多种方法可以建模时序预测的强化学习函数，如马尔可夫决策过程、变分循环神经网络模型等。通过选择合理的算法，基于历史大数据的图神经网络联合深度强化学习模型的预测精度能极大地逼近可预测性的理论值。

本章团队主要运用大数据和人工智能技术开展环境中关联关系的变化规律研究，通过构建基于生成式对抗神经网络的相关模型，建立了基于图神经网络与变分循环神经网络的能源环境长短期影响演化规律模型，提出了参数调整机制使模型效率达到最佳。

3. 时空大数据异常事件监测算法

时空大数据异常事件监测算法的目的在于从时空大数据中找出异常数据对象，并通过分析异常数据所表达的行为模式为在实践应用中解决诸多问题提供支持。

异常事件监测模型主要涉及两方面的内容：一方面，使用监测模型，可在突发事件未知的情况下从时空大数据中提前发现异常性，从而未雨绸缪，为异常事件的反应和处理争取宝贵时间；另一方面，在突发事件类型已知的情况下，使用监测模型可以分析在不稳定环境条件下事件的异动性，增加对不稳定环境条件下可能出现的异常事件的关注。

本章重点探讨基于移动通信大数据和卫星遥感大数据的环境异常事件监测算法。通过设定区分正常事件与异常事件的关键指标阈值，实现对异常事件的连续监测及预警。基于环境时空大数据的异常事件监测是水环境大数据分析的重要组成部分，可广泛应用于包括设备工作状态监测、能源异常消耗检测、水环境质量监测、流域异常事件监测等在内的诸多领域。对水环境状态进行异常监测、指标分析和预测，可以深挖节能潜力，合理计划和利用水资源，实时监测和及时推送水资源及环境异常信息，实现精细化水环境管控目标。

5.2.3　智能决策技术

在水污染防治领域，智能决策技术的应用主要聚焦于水质监测、污染源识别、污染程度评估以及治理方案的优化等关键方面。这些技术依托人工智能、机器学习、深度学习等高级计算方法，通过对海量数据的深度挖掘与综合处理，实现对水环境状况的实时监控与智能化管理。

1. 环境数智管理大数据存储与分析基座

利用大数据、云计算等先进技术，基于科学、合理的设计理念构建一个弹性、灵活、快速响应、安全稳定、资源高度集中与统一的大数据应用平台。架构设计基于 Hadoop 生态系统，拟基于一个开放源代码的大数据平台 CDH（Cloudera’s distribution including Apache Hadoop，Cloudera 的发行版，包括 Apache Hadoop）或借鉴 CDH 的构建思路。该平台为项目提供能源与环境大数据存储和分析能力，能够很好地保证应用系统的可伸缩性、可扩展性、易维护性、易管理性和安全性。大数据技术构架如图 5-9 所示。

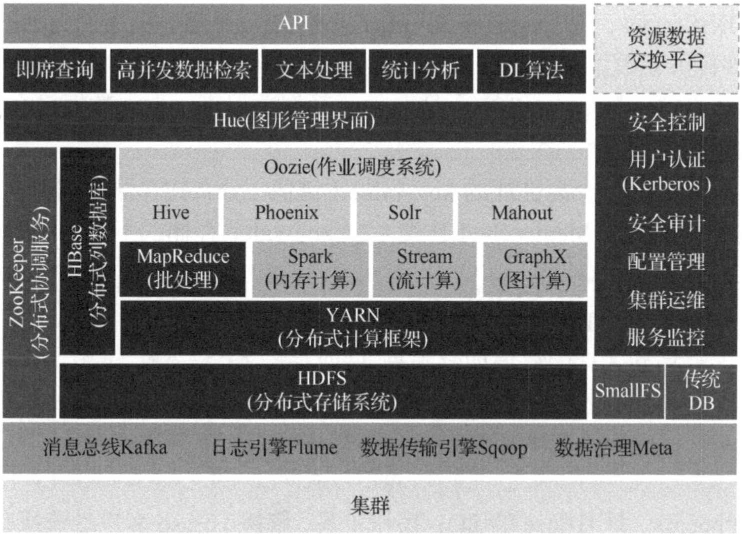

图 5-9　大数据技术架构

API 全称为 application program interface（应用程序接口）

建设大数据处理支撑平台，构建基础数据仓库、大数据处理功能和数据处理体系，为业务应用系统的数据共享、数据处理提供支撑。一方面，大数据处理支撑平台实现对大数据的高效存储与索引；并根据集成平台总体设计形成的数据标准，将各个业务应用系统、不同数据来源的数据结构按照统一标准进行治理和建模，从源头上保证集成平台数据交互的可行性。另一方面，大数据处理支撑平台具备对数据计算和处理的能力。将数据预处理等需求汇总到大数据处理支撑平台，能为整个项目提供数据处理支持。同时，业务组件支撑平台也将数据处理的需求汇总到大数据处理支撑平台，由它完成数据处理。

如上述描述，本章基于 CDH 或借鉴 CDH 的构建思路对大数据存储与分析功能进行构建，对 Hadoop 生态圈开源组件进行封装和增强，包含如下内容。

（1）Hadoop 核心组件，包括 HDFS，可以提供高吞吐量的数据访问，适合大规模数据集方面的应用；HBase 提供海量数据存储功能，构建在 HDFS 之上的分布式、面向列的存储系统；YARN 资源管理系统，为各类应用程序进行资源管理和调度；MapReduce 分布式数据处理模式和执行环境，提供快速并行处理大量数据的能力。

（2）SmallFS，用于优化平台对小文件的存储能力，提供小文件后台合并功能，自动发现系统中的小文件（通过文件大小阈值判断），在闲时进行合并，并把元数据存储到本地的 LevelDB 中，来降低 NameNode 压力，同时提供新的 FileSystem 接口，让用户能够透明地对这些小文件进行访问。

（3）DBService，是一个具备高可靠性的传统关系型数据库，为 Hive、Hue、Spark 组件提供元数据存储服务。

（4）MySQL 或 PostgreSQL，是一种关系型数据库，为大数据平台提供逻辑和中间数据存储服务。

（5）Redis，是一个高性能的 key-value（键值）分布式存储数据库，支持丰富的数据类型，弥补了 Memcached 这类系统 key-value 存储的不足，满足实时的高并发需求。

（6）Loader 或 Sqoop，是实现大数据平台与业务系统关系型数据库、文件系统之间交换数据和文件的数据加载工具，同时提供 REST API，供第三方调用平台。

（7）Hive，是建立在 Hadoop 基础上的开源数据仓库，提供类似 SQL 的 HQL（Hive Query Language，Hive 查询语言）操作结构化数据存储服务和基本的数据分析服务。

（8）Phoenix，是 HBase 的 SQL 操作工具，解决 HBase 客户端难操作、HBase 无法创建二级索引的问题，可以对接 Spark、Hive、Pig、Flume、MapReduce 等组件。

（9）Solr，是基于 Lucene 的全文检索服务器，提供了更为丰富的查询语言，同时实现了可配置、可扩展，并对查询性能进行了优化，提供了一个完善的功能管理界面，是一款非常优秀的全文检索引擎。

（10）Spark、Stream、GraphX，为大数据平台提供计算框架，分别支持内存计算、流计算与图计算。

（11）Flume，是一个海量日志聚合系统，为大数据平台提供日志支持。支持在系统中定制各类数据发送方，用于收集数据；同时，Flume 提供对数据进行简单处理，并写入各种数据接受方（可定制）的功能。

（12）Oozie，提供了对开源 Hadoop 组件的任务进行编排、执行的功能。以 Java Web 应用程序的形式运行在 Java Servlet 容器（如 Tomcat）中，并使用数据库来存储工作流定义、当前运行的工作流实例（含实例的状态和变量）。

（13）Kafka，是一个分布式的、分区的、多副本的实时消息发布和订阅系统，提供可扩展、高吞吐、低延迟、高可靠的消息分发服务。

（14）ZooKeeper，提供分布式、高可用性的协调服务，帮助系统避免单点故障，从而建立可靠的应用程序。

（15）Hue，用于提供应用的图形化用户 Web（网络）界面，支持本平台多种组件的可视化操作，包括 HDFS、YARN、Hive、Solr 等。

在以上 Hadoop 生态圈开源组件组成的大数据平台基础底层的基础上，针对能源与环境管理需求，为能源与环境数据分析与态势预警分析提供计算和功能支持，包括数据治理、文本分析、关联分析和分类聚类。

同时，为支撑业务组件、案件和知识库平台，大数据处理支撑平台提供主要数据处理功能的服务接口。

2. 水质监测与预警

水质监测技术的发展经历了从传统方法到现代技术的转变。传统水质监测方法，尽管在历史上发挥了重要作用，但它们存在明显的局限性，包括成本高昂、操作复杂、耗时长以及对现场监测效率低下等问题。这些方法通常需要高度维护实验室设施，并涉及化学材料的使用，这对实时水质参数检测构成了挑战。此外，传统方法在实现水污染特征识别和溯源方面的准确性和速度也受到限制。

近年来，随着技术的发展，特别是物联网、虚拟传感、网络物理系统（cyber-physical systems，CPS）和光学技术等现代监测方法的应用，为水质监测提供了新的解决方案。这些现代方法相比传统方法具有更高的实时检测能力和简化的过程。例如，CPS 因其结合了物理和计算算法的优势而被认为适合于水质监测[5]。智能决策技术通过运用 AI 和 ML 算法对水质参数进行精准建模与趋势预测。人工神经网络（artificial neural network，ANN）、支持向量机（support vector machine，SVM）、模糊逻辑系统（fuzzy logic system，FLS）、数字孪生等先进的数据分析工具，已被广泛运用于水质指数（water quality index，WQI）和水质标准（water quality criteria，WQC）的精准预测中[24]。这些模型能够基于历史数据集，准确预测未来水质的变化趋势，从而为水污染的早期预警与应急响应提供坚实的科学支撑。

人工智能和机器学习技术在水质评估和监测中的应用正在迅速发展。这些技术能够处理大量数据，提高预测的准确性。例如，基于人工智能的实时监测系统能够利用多传感器系统进行水质的实时监测和异常检测，这对于化学污染的早期发现和响应至关重要[25]。此外，电化学生物传感器作为一种分析工具，通过生物识别元件将生物信号转换为显著的电学响应，为敏感、连续和实时的水质监测提供了新的可能性[26]。

尽管现代水质监测技术在提高监测效率和准确性方面取得了显著进展，但仍面临一些挑战，包括数据管理、模型可解释性、模型可重复性、标准化以及学术透明度等方面的问题[27]。因此，未来的研究需要在提高这些技术的实用性和可靠性方面做出更多努力，以实现更有效的水质监测和管理。

3. 污染源识别与追踪

在 20 世纪 50 年代，国内外学者开始对水污染源识别与追踪进行研究。1972 年，美国环境保护局首次提出了“污染源识别与追踪”这一概念，并将其作为水污染源的基础研究课题。国外在这方面的研究工作开展较早，主要集中在污水厂选址与布局、污水厂运行管理以及污染物扩散模型等方面。随着水污染治理工作的不断深入，国外学者对水质预测技术、污染物溯源技术等方面的研究也取得了重要进展。

智能决策系统通过深入剖析水体中各类污染物的浓度与分布特性，能够精准定位污染源的位置及其性质。例如，借助机器学习算法对水质监测数据进行深度挖掘，并结合地理信息系统技术，可以有效追踪污染源头，并对其对水环境产生的影响进行准确评估。流域水污染监测与溯源技术的研究进展表明，光谱分析和人工智能技术的应用为水污染快速监测和污染源智能识别提供了新的思路[28]。

4. 污染程度评估

通过构建基于智能视觉分析的模型，实现对水体污染程度的快速且精确判断。智能视觉分析技术，结合先进的机器学习和人工智能方法，已被证明在水体监测和污水处理领域具有显著的应用潜力。特别是人工神经网络、模糊逻辑系统以及专家系统（expert system，ES）等技术，已被广泛应用于水质监测、污染物识别以及污水处理过程的优化控制中。

在水质监测方面，基于人工神经网络的污水处理出水水质预测模型已被证明能够准确预测出水 COD 和氨氮，为污水处理工艺的高效、稳定运行提供指导。此外，基于非线性最小二乘法和改进模糊综合评价的河湖水质精确评估方法，通过提取水质指标演化机理，实现了对河湖水质演化的精确建模，有效提高了水体污染综合评价的精确性和适用性[29]。

在污水处理过程的优化控制方面，混合智能控制策略，结合神经网络、模糊逻辑和遗传算法等技术，已被证明能够有效控制废水处理过程中的各项工艺参数，达到最佳的处理效果。此外，基于机器学习方法的污水处理系统优化决策与智能控制方法，可用于控制污水处理过程，有效降低能耗，同时抑制出水水质超标的问题[30]。

智能视觉分析技术在水体污染监测和污水处理过程中的应用，不仅能够实现对水体污染程度的快速且精确判断，还能够对污水处理过程中的能耗及出水水质进行有效评估，为优化污水处理策略提供有力支持。这些研究成果表明，通过结合智能视觉分析技术与先进的机器学习和人工智能方法，可以显著提高水体污染监测与污水处理过程的效率和精确度，为实现水环境的可持续管理提供新的技术途径[31]。

5. 治理方案的优化

智能决策能够依据实时监测数据与预测结果，自动调整水处理流程与治理措施。例如，通过智能控制算法对污水处理厂的运行参数进行动态调整，旨在实现节能降耗与提升出水水质的双重目标。同时，智能决策系统还能为制定长期水资源管理与保护策略提供有力辅助。

在治理方案的优化中，城市水网的成熟度和智慧科技的应用水平，显著体现在对城市内涝及径流污染物综合管理的能力上。当前，针对城市内涝灾害风险的评估方法主要包括以下四种：①历史灾情法，该方法依赖历史数据的精确性，适用于大尺度的风险评估工作。然而，其对细节的捕捉能力有限，需要与其他方法结合使用以提升评估精度。②指标体系法，该方法依据特定区域内涝灾害的特性、污染物分布及其类型构建评价体系。尽管能够提供一定的风险评估，但该方法在表征灾害的时空动态变化方面存在不足。③3S 技术耦合法，该方法是指结合遥感影像（remote sensing image，RS）、地理信息系统（GIS）和全球定位系统（GPS）的技术手段，通过分析卫星影像数据来评估洪涝灾害的程度。这种方法可以有效识别和监测洪水影响范围，为灾害管理提供科学依据。④情景模拟法，该方法广泛应用于城市内涝及污染源风险评估中，运用多种水文水动力模型，根据区域特性模拟不同暴雨情境下的积水情况，还可构建多维度动态模拟模型来综合评价内涝灾害和径流污染程度[32]。

自 1971 年美国环境保护局开发了暴雨洪水管理模型（storm water management model，SWMM）以来，基于不同情景的水文水动力模型已成为城市排水系统规划和管理的关键工具。SWMM 基于城市整体降水总量稳定性的假设，尽管各区域降水特征值有所不同。该模型及其衍生的如 MIKE-Urban、InfoWorks 等城市降雨模型，在城市规划中扮演了重要角色。然而，这些模型面临与复杂城市水系统建立互动性的挑战，需要更多地关注模型内部组件间的相互作用[33]。此外，模型通常整合了人口统计、技术水平、土地使用特性、地表情况以及气候数据等因素，其中土地利用率是最关键的变量之一。随着城市的快速扩张，土地利用率数据的更新速度对模型预测的准确性产生了显著影响。

然而，智慧水务信息系统的构建仍面临诸多挑战，其中信息采集系统的薄弱性和信息“孤岛”现象尤为突出。中国水务信息化的构建仍处在发展初期，只有部分领先的水务实体成功部署了基于云的平台，实现了系统整合与数据共享的初级阶段。尽管基于大数据的智慧水务应用已初步展开，但其发展潜力依然巨大。在一线城市，大多数水务单位已经建立了较为完善的信息化基础设施，有些已经开发出专门的统一管理和应用平台。然而，由于水网管道深埋地下且结构复杂，其内部问题往往难以被有效识别和呈现。数字孪生技术为解决这一问题提供了新的思路。该技术通过创建虚拟的管道模型来具象化水网，从而可以从多个角度深入理解构筑物的内部结构，使故障和问题能够在模型中的对应位置直观地显示出来。具体实施时，首先运用三维激光扫描技术对管道的走向、直径、材质以及连接方式等进行详细的数据收集，并据此制作出三维立体管网模型。随后，将虚拟现实技术与地理信息系统技术结合起来，并在管网的相应位置安装传感器进行耦联，这样可以在虚拟场景中实时观察设备的运行状态和故障点。这种集成的三维可视化实时监控系统，不仅提高了水务管理的透明度和效率，还为运维人员提供了一个直观、互动的操作界面，极大地提升了城市水务系统的智慧化管理水平。

总而言之，智能决策技术在水污染防治领域的应用，不仅显著提升了水环境监测与管理的效率和精度，更为实现水资源的可持续利用与保护提供了强有力的支撑。然而，要充分发挥这些技术的潜力，尚需解决数据管理、模型解释性、算法透明度等方面的一系列挑战。因此，未来的研究应致力于提升模型的泛化能力，增强系统的可解释性与可靠性，并开发更为高效的数据处理与分析工具，以进一步推动智能决策技术在水污染防治领域的深化应用。

5.3 应用案例

5.3.1 云-边协同的能源环境一体化数智管理平台案例

针对传统大数据平台技术与方法在能源环境应用构建中的不足，研发出跨域云-边协同的能源环境一体化数智管理平台。

（1）构建了能源环境数智管理大数据存储与分析基座。以云计算资源管理、混合存储体系、区块链服务网络为平台支撑，融合能源环境协同数智管控算法与模型资源，以多状态、多运行时微服务架构形成服务化系统结构，提供能源与环境大数据存储和分析能力。

（2）针对能源环境多源异构大规模数据存储和高效读取的需求，构建了高效分布式数据混合存储系统，并提出了多维索引查询和多层次缓存等存储优化技术。创新性设计了能源环境相关结构化和非结构化数据、分布式文件系统以及分布式数据库、NoSQL 和传统数据库，构建了分布式数据混合存储体系。数据存取基本思路为：从异构数据库中获取基础数据，并通过本地处理器进行分布式处理，最后利用分布式计算汇总查询结果。提出一种基于分布式散列表的多维索引查询技术（图 5-10），配合多层次缓存实现了大规模数据存储性能优化。该体系使亿级数据存储的查询基本在秒级以内响应，达到国际领先水平。

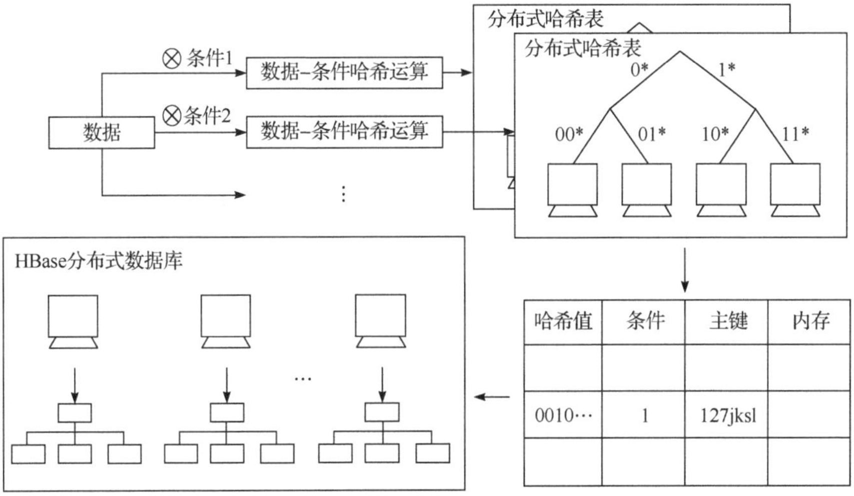

图 5-10　分布式散列表多维索引

（3）针对能源环境协同中异构跨域终端通信量大、安全性差的问题，提出了“中心云-边缘云-边缘终端”的多层次跨域云-边协同技术。从云-边协同计算模式和协同服务访问控制协议两个方面提升能源环境协同性能与安全性。通过边缘集群实现边缘计算，通过中心云实现服务协同，设计跨域多层次学习模型实现云-边协同的数据分析。首先提出了基于服务级别协议（service level agreements，SLA）的服务可信协商与访问控制策略，通过终端设备与云节点的交互行为来建立自己的信任与推理空间，并进行信任关系推导和举证，形成信任证据链；其次进行信任传递与迭代计算确定终端的服务级别协议，并提供相应级别的服务。实践表明该方法能有效改变云节点被设备终端欺骗和滥用的状况。协同服务访问控制协议流程和服务编排数据共享方法分别如图 5-11、图 5-12 所示。

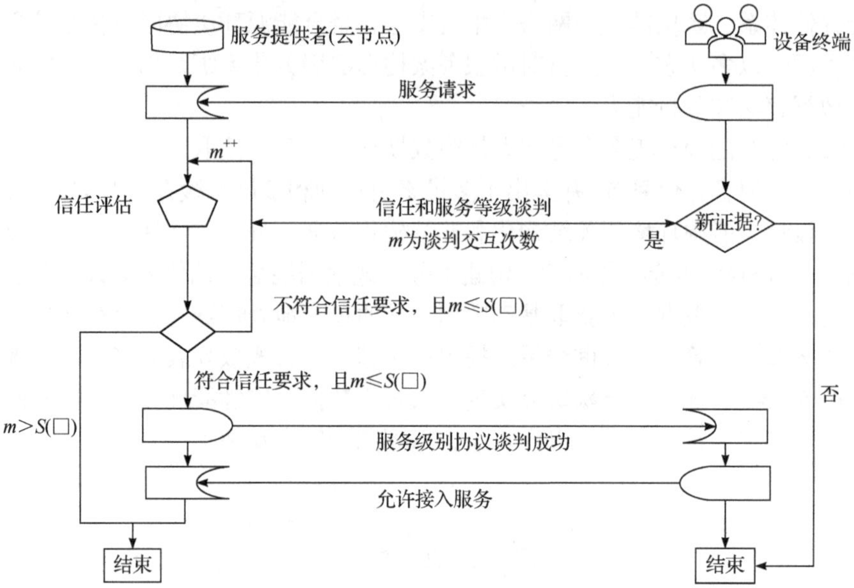

图 5-11　协同服务访问控制协议流程

"□" 表示信号格

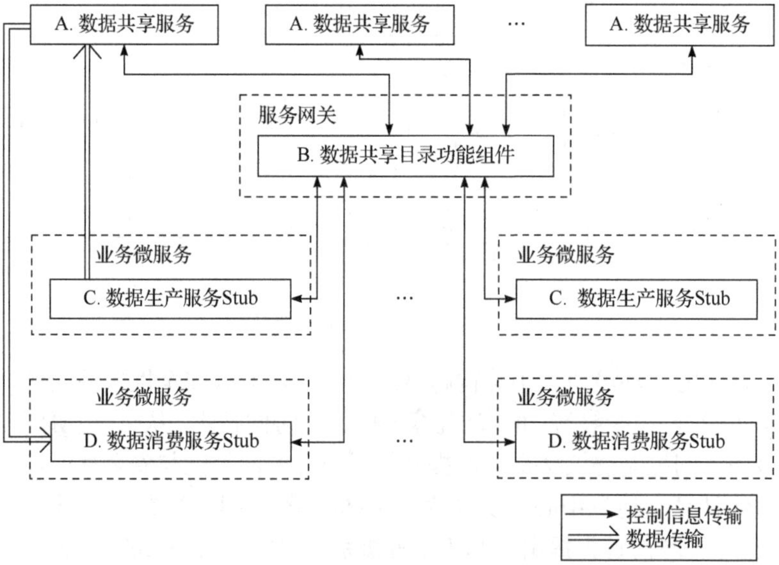

图 5-12　服务编排数据共享方法

Stub 是一个占位符或替代物，在运行时被用来模拟真实组件的行为

（4）针对服务化系统架构中无状态服务对能源环境服务编排组合的限制，提出了一种可用于微服务软件架构的多状态、多运行时微服务编排技术。由于能源环境业务有状态，所以无状态服务给能源环境业务逻辑的设计和实现带来了极大

的不便，特别是在服务编排下，不同能源环境服务间的数据共享难以实现。提出了一种微服务架构下的服务编排数据共享方法，通过数据共享存储微服务，结合实现状态索引的服务网关，提供运行时数据动态共享的功能，实现了服务状态保存的多状态、多运行时微服务编排，破解了能源环境协同调度中服务运行时数据交互共享的难题。

5.3.2　长江流域机器学习分析污染成因案例

按照地域情况将长江流域划分为上、中、下游，一般认为，湖北省宜昌市往西为上游段，湖北省宜昌市至江西省九江市湖口县为中游段，江西省九江市湖口县往东则为下游段。由于研究过程中涉及大量长江周边水系，涵盖西藏、云南、重庆、广西、广东、河南、江苏、浙江、上海等 16 个省区市，以某个地级市作为上中下游区分点并不合理，结合地理位置与各地区的经济发展状况，认定广东、福建、浙江、江苏、上海的相关城市水系为下游地区，认定湖南、湖北、安徽、河南、江西的相关城市水系为中游地区，认定重庆、云南、西藏、贵州、四川、广西的相关城市水系为上游地区。上中下游分别代表了不同经济发展状况，对于经济发展与环境保护矛盾的平衡各地区不相同，对上中下游城市水质的影响因素进行解析可以帮助我们理解其背后的相关作用机理。本章团队共收集了上中下游共 116 个地级市城市 2016～2023 年的水质和城市发展情况，利用各类智能分析方法对比揭示长江流域典型城市水质改善的影响因素。本节重点列举下游地区情况，在总的对比分析中将上中下游数据同步对比。

1. *皮尔逊相关性分析*

在对长江上游区域的水质与经济社会因素的相关性分析中，发现部分因素之间存在显著相关性，其结果如图 5-13 和 5-14 所示。在对下游经济社会数据与水质的相关性分析中发现，降水量与溶解氧、总磷和总氮之间存在显著的负相关关系，而降水量对数值与溶解氧之间也存在显著的负相关关系。城市建设用地占市区面积比重与溶解氧、化学需氧量、总磷和总氮之间存在显著的正相关关系。地区生产总值（gross regional product，GRP）对数值与氨氮和总磷之间存在显著的正相关关系。人均地区生产总值与溶解氧之间存在显著的正相关关系，人均地区生产总值对数值与溶解氧之间也存在显著的正相关关系。第二产业生产总值与溶解氧、化学需氧量、氨氮、总磷和总氮之间存在显著的正相关关系。工业企业数与溶解氧和化学需氧量之间存在显著的正相关关系，而与五日生化需氧量之间存在显著的负相关关系。工业企业数对数值与溶解氧、化学需氧量、五日生化需氧量、氨氮、总磷和总氮之间均存在显著的相关关系。

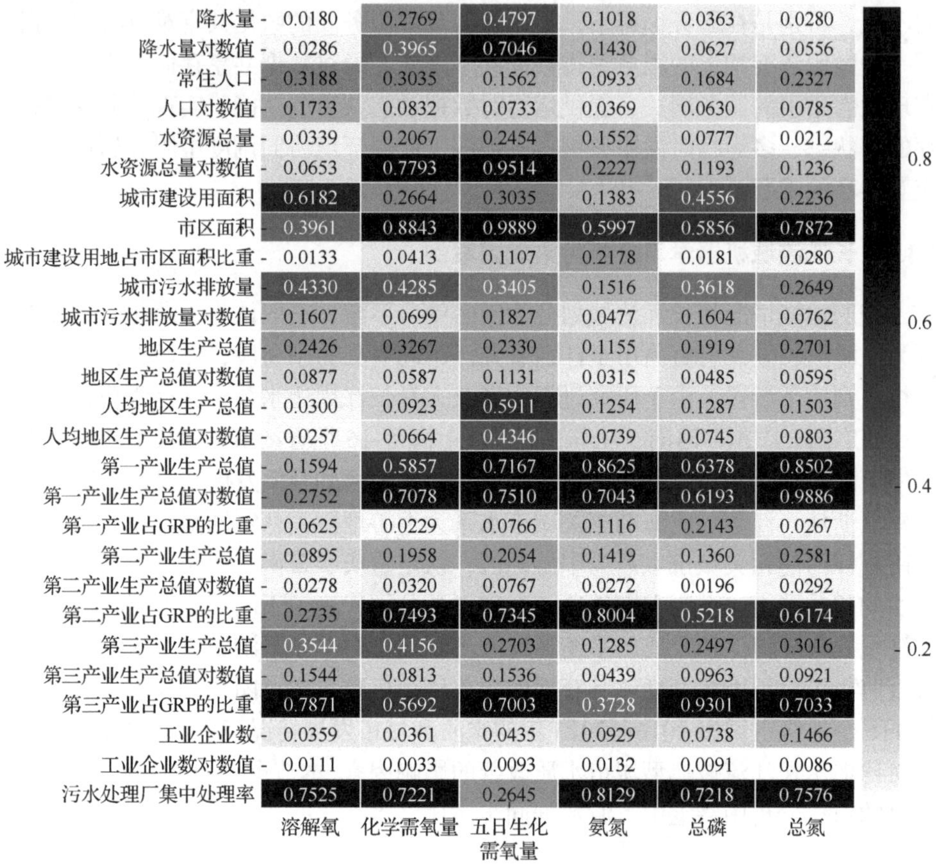

图 5-13　长江下游水质影响因素相关性热力图

这些发现表明，降水量和城市建设用地占市区面积比重对水质指标有显著影响，而地区生产总值、人均地区生产总值、第二产业生产总值和工业企业数也对水质有重要影响。这些因素变化可能会通过影响污染物排放和稀释效应来改变水体的水质状况。

2. LMDI *分解法*

基于 LMDI（logarithmic mean Divisia index method，对数平均迪氏指数）分解法（又称迪氏指数分解法）探究各经济社会活动对长江沿岸城市水质指标的影响程度。LMDI 分解法是一种广泛应用于能源、环境和经济领域的定量分析工具。它将一个目标变量（如碳排放量、能源消耗量等）的变化分解为若干个驱动因素的贡献，从而量化各个因素对目标变量变化的影响。

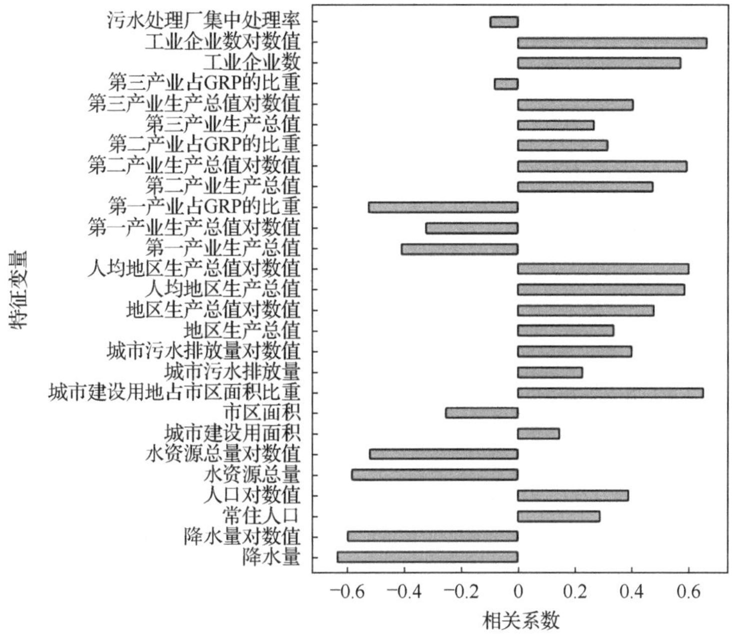
特征变量
污水处理厂集中处理率
工业企业数对数值
工业企业数
第三产业占GRP的比重
第三产业生产总值对数值
第三产业生产总值
第二产业占GRP的比重
第二产业生产总值对数值
第二产业生产总值
第一产业占GRP的比重
第一产业生产总值对数值
第一产业生产总值
人均地区生产总值对数值
人均地区生产总值
地区生产总值对数值
地区生产总值
城市污水排放量对数值
城市污水排放量
城市建设用地占市区面积比重
市区面积
城市建设用面积
水资源总量对数值
水资源总量
人口对数值
常住人口
降水量对数值
降水量
−0.6
−0.4
−0.2
0
0.2
0.4
0.6
相关系数

(a) 溶解氧

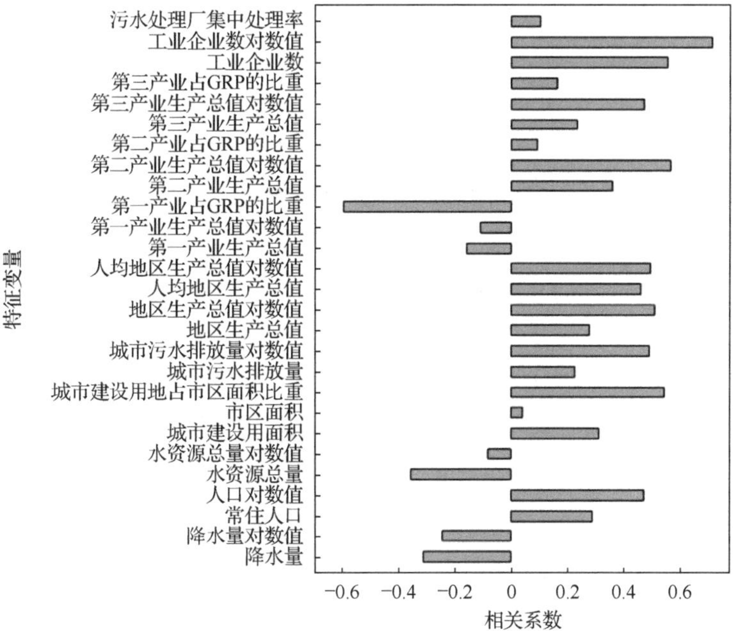
特征变量
污水处理厂集中处理率
工业企业数对数值
工业企业数
第三产业占GRP的比重
第三产业生产总值对数值
第三产业生产总值
第二产业占GRP的比重
第二产业生产总值对数值
第二产业生产总值
第一产业占GRP的比重
第一产业生产总值对数值
第一产业生产总值
人均地区生产总值对数值
人均地区生产总值
地区生产总值对数值
地区生产总值
城市污水排放量对数值
城市污水排放量
城市建设用地占市区面积比重
市区面积
城市建设用面积
水资源总量对数值
水资源总量
人口对数值
常住人口
降水量对数值
降水量
−0.6
−0.4
−0.2
0
0.2
0.4
0.6
相关系数

(b) 化学需氧量

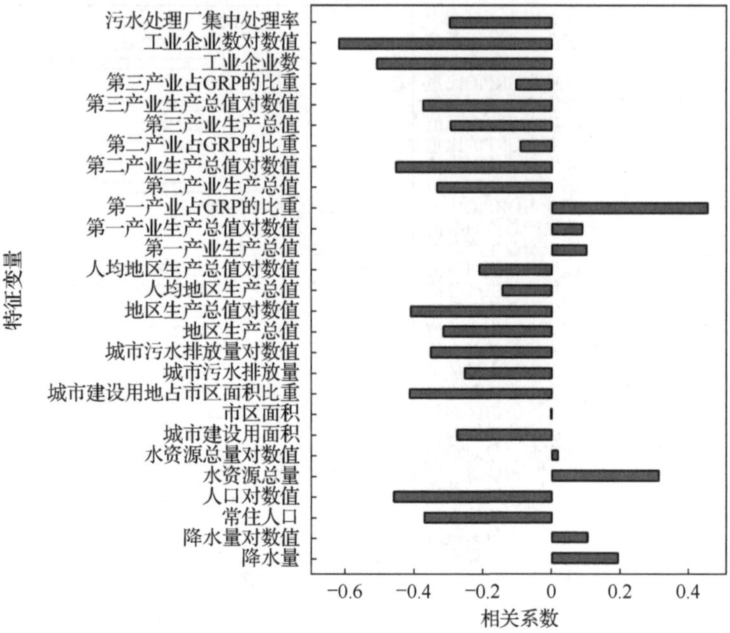

(c) 五日生化需氧量

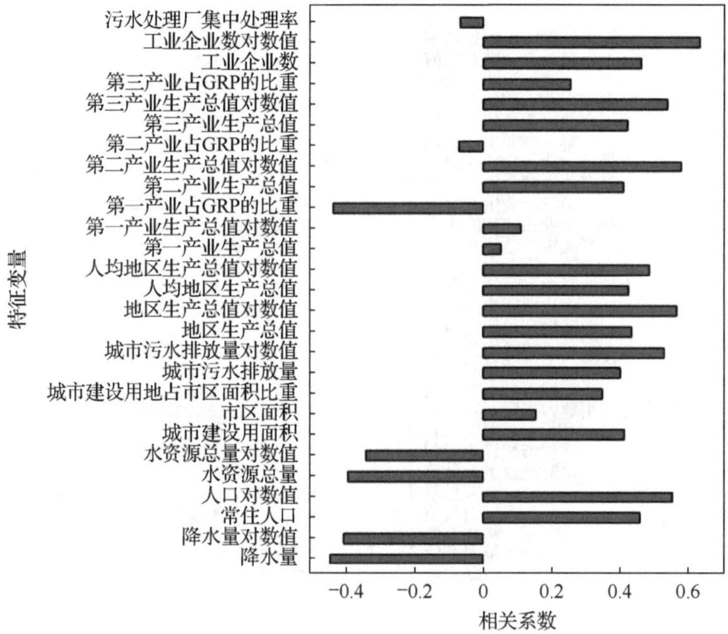

(d) 氨氮

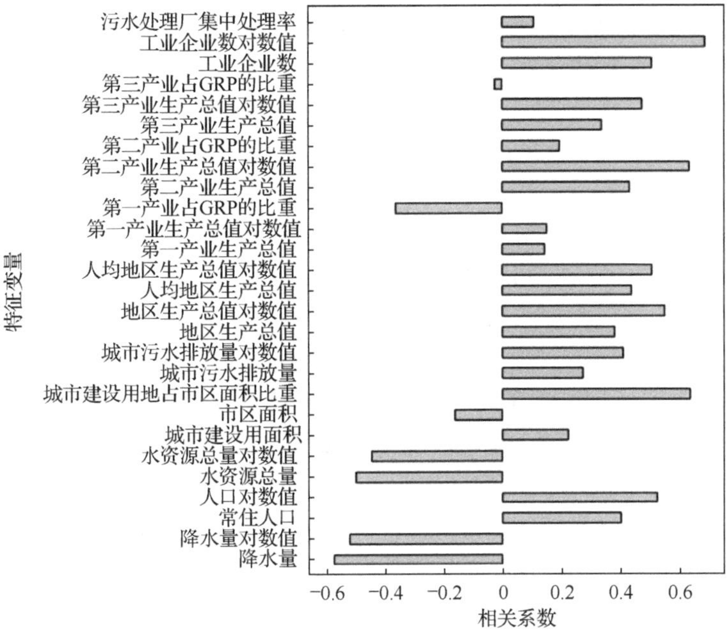

(e) 总磷

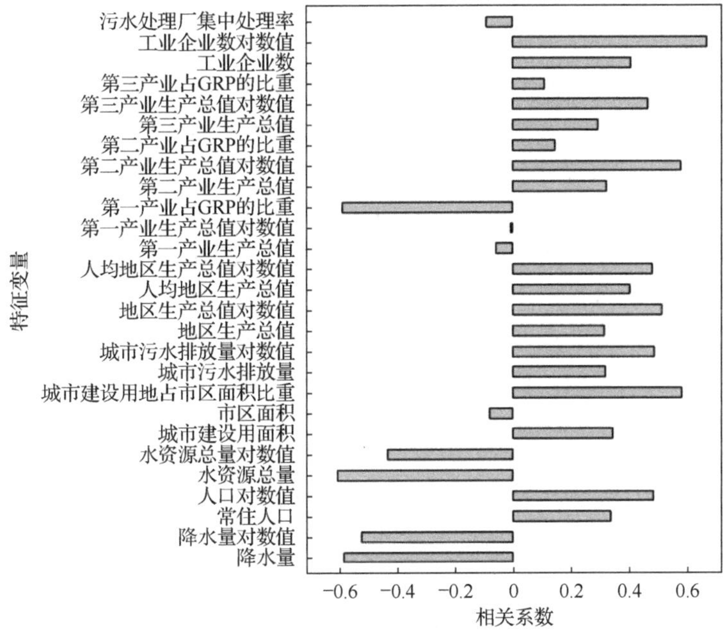

(f) 总氮

图 5-14　长江下游水质影响因素相关系数结果

本章选取降水量、常住人口、水资源总量、城市建设用面积、城市建设用地占市区面积比重、城市污水排放量、地区生产总值、人均地区生产总值、第一产业生产总值、第二产业生产总值、第三产业生产总值、工业企业数、污水处理厂集中处理率，共 13 个驱动变量，对长江上中下游分别按照年份计算各个驱动变量对长江水质变化的影响，并根据计算结果绘制各年份社会经济指标对水质影响的瀑布图，以呈现各个指标对水质影响的相对强弱。通过该研究，可以系统地分析和比较不同区域、不同时间段内各经济社会活动对长江水质的具体影响，从而为制定科学有效的水质管理政策提供数据支持和理论依据。分析结果如下，以下游区域为例。

图 5-15 表明，长江下游城市水环境中，相同年份的社会经济指标对长江水质的影响各不相同。2017 年，第一产业生产总值、第二产业生产总值、地区生产总值、第三产业生产总值和人均地区生产总值对长江水体污染的正向影响依次递减，而水资源总量与降水量对污染物含量产生的负向影响异常显著，表明农业和工业活动对水体污染的贡献最大，而自然条件有助于稀释污染物。2018 年，第三产业生产总值对长江水体污染的正向影响最大，反映出服务业活动对水资源的消耗和污染排放的影响较为显著；地区生产总值、人均地区生产总值、第二产业生产总值、污水处理厂集中处理率以及降水量的影响依次递减，说明经济活动和人均收入的增加带来的环境压力逐渐减弱；水资源总量与第一产业生产总值对长江水体污染物含量产生的负向影响异常显著，表明自然条件和农业生产对水质有一定的缓解作用。2019 年，水资源总量对污染物含量产生的正向影响异常显著，反映出水资源管理和分配问题对水质的影响较大；第三产业生产总值、地区生产总值、人均地区生产总值、第二产业生产总值和第一产业生产总值对长江水体污染的正向影响依次递减，经济活动的各个方面均对水质产生不同程度的影响。2020 年，常住人口对污染物含量产生的正向影响异常显著，说明人口增长对水体污染的压力较大；降水量、工业企业数、第一产业生产总值和地区生产总值对长江水体污染的正向影响依次递减，自然降水和污水处理设施在一定程度上缓解了污染；人均地区生产总值、第三产业生产总值和水资源总量对长江水体污染的负向影响效果显著，表明人均收入增加和水资源管理在一定程度上有助于改善水质。2021 年，各因素对长江水体污染均产生了一定的正向影响，其中第二产业生产总值、地区生产总值和人均地区生产总值的影响最为显著，表明工业活动和经济总量对水质的负面影响尤为突出。2022 年，第三产业生产总值对长江水体污染的正向影响最为显著，表明服务业的发展对水体污染的贡献最大；水资源总量和降水量对长江水体污染的负向影响异常显著，表明自然条件在稀释和净化水体污染方面的作用不可忽视。

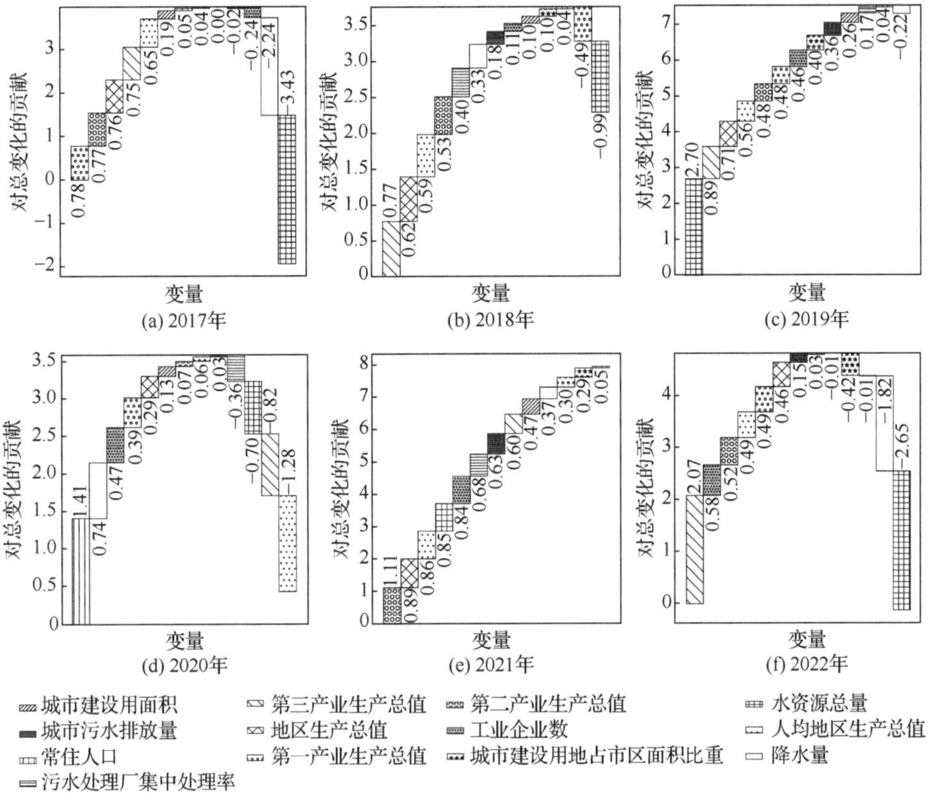

图 5-15　下游城市 LMDI 分解法水质影响因素解析结果

3. 随机森林回归模型

基于随机森林回归模型评估各经济社会特征对长江沿岸城市水质指标的影响程度。随机森林（random forest，RF）是一种强大的机器学习算法，常用于分类和回归任务。它通过结合多棵决策树（decision tree，DT）来提升模型的预测性能和稳定性。随机森林可以评估每个特征在模型中的重要性，通过计算每个特征在所有树中对预测结果的影响程度来确定。特征重要性越高，表示该特征在模型中越重要。

本章选取降水量、常住人口、水资源总量、城市建设用面积、城市建设用地占市区面积比重、城市污水排放量、地区生产总值、人均地区生产总值、第一产业生产总值、第一产业占 GRP 的比重、第二产业生产总值、第二产业占 GRP 的比重、第三产业生产总值、第三产业占 GRP 的比重、工业企业数、污水处理厂集中处理率、生活垃圾无害化处理率，共 17 个特征变量。对于每个特征变量，训练一个随机森林回归模型，并量化每个特征的重要性。最后将计算出的特征重要性标准化，以便进行比较。分析结果如下。

如图 5-16 所示，对于长江下游沿岸城市水质指标，溶解氧受到第二产业占

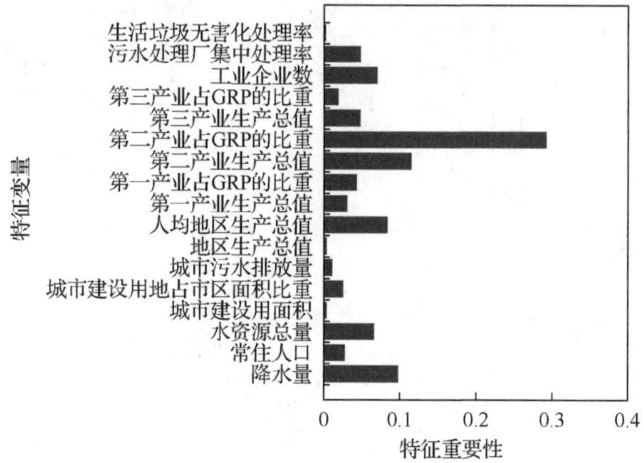

(a) 溶解氧

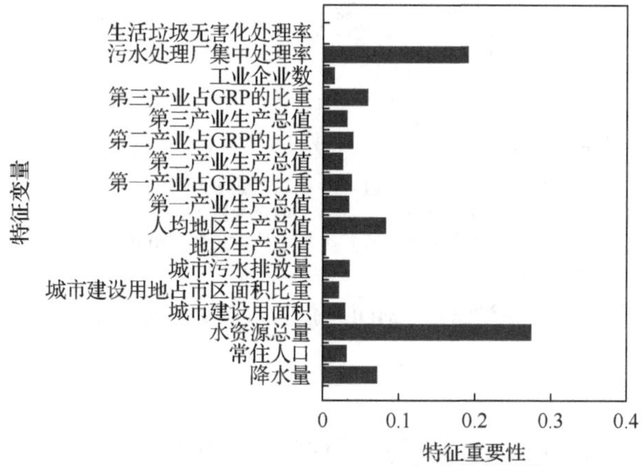

(b) 化学需氧量

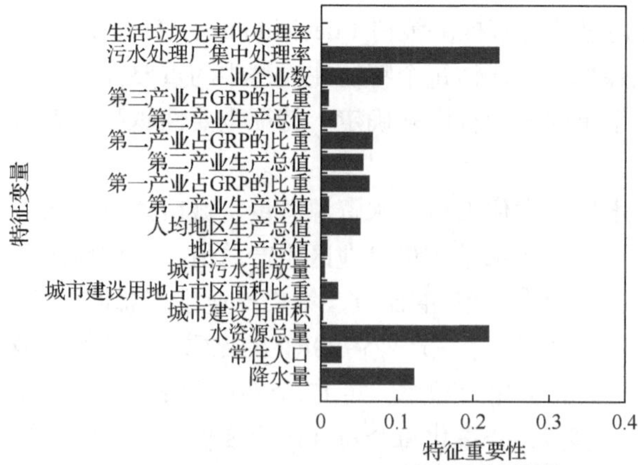

(c) 五日生化需氧量

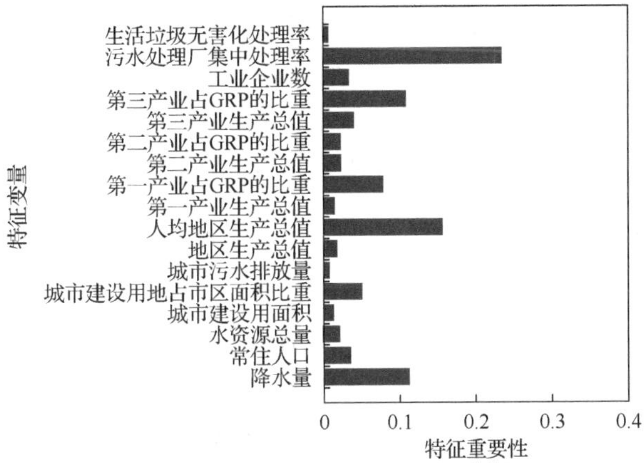

(d) 氨氮

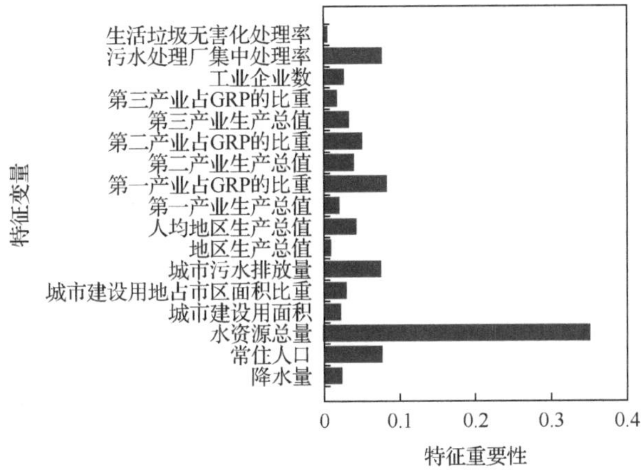

(e) 总磷

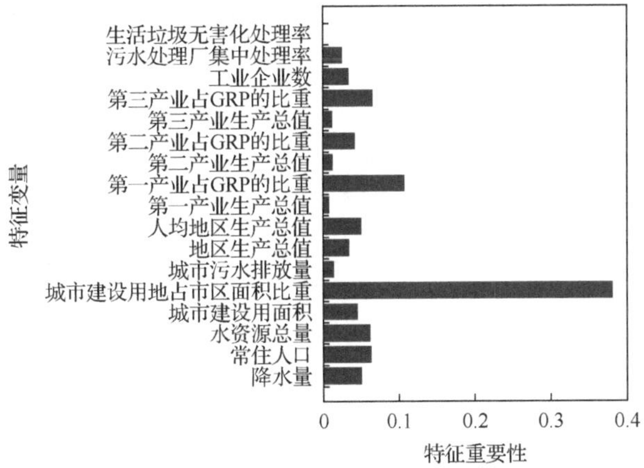

(f) 总氮

图 5-16　下游城市随机森林回归模型水质影响因素解析结果

GRP 比重的影响最为显著；化学需氧量则主要受到水资源总量和污水处理厂集中处理率的影响；五日生化需氧量受到污水处理厂集中处理率、水资源总量和降水量的影响最为显著；氨氮受污水处理厂集中处理率、人均地区生产总值和降水量的影响最为显著；对总磷影响最为显著的指标为水资源总量；总氮则主要受到城市建设用地占市区面积比重的影响。

4. 对比分析

横向对比三种分析方法，其中，使用随机森林方法的水质影响因素解析结果表现最为突出，可以相对清晰地看到各因素对水质的影响强弱，且对比明显。模型评估结果（表 5-2）也显示，随机森林回归模型的性能较好。

表 5-2　长江驻点城市水质指标随机森林回归模型评估结果

地区	污染指标	MSE	MAE	R^2
下游	溶解氧	0.0632	0.1698	0.8801
	化学需氧量	1.2172	0.7786	0.9284
	五日生化需氧量	0.0256	0.1136	0.9295
	氨氮	0.0064	0.0450	0.8652
	总磷	0.0003	0.0116	0.9171
	总氮	0.0431	0.1454	0.9465
中游	溶解氧	0.2528	0.2739	0.8550
	化学需氧量	3.1595	1.1610	0.8722
	五日生化需氧量	1.1747	0.6010	0.8007
	氨氮	0.0025	0.0348	0.9150
	总磷	0.0001	0.0060	0.9284
	总氮	0.0229	0.1036	0.9257
上游	溶解氧	0.2479	0.2785	0.8423
	化学需氧量	2.2516	0.9683	0.8901
	五日生化需氧量	0.5005	0.3594	0.8489
	氨氮	0.0056	0.0422	0.8935
	总磷	0.0001	0.0066	0.9242
	总氮	0.0270	0.1075	0.9220

注：MSE 全称为 mean square error（均方误差），MAE 全称为 mean absolute error（平均绝对误差）

借助智能分析方法，我们发现，长江水体污染是多种因素共同作用的结果，包括各类产业活动、经济发展水平和环境条件等。降水量和水资源总量对水体污染物有很好的稀释效果，但是这两项因素几乎无法人为控制。经济活动的增加，特别是服务业和工业活动，对水质的负面影响明显。各年的分析显示，服务业的迅猛发展和工业生产的扩张，对长江水质的污染贡献最大。农业活动，虽然在某些年份影响较小，但在化肥和农药的使用量增加时，也对水体污染有显著的贡献。

随着城市化进程加速，城市建设用地面积的扩大和城市污水排放量的增加，对长江水体污染产生了显著影响。尽管污水处理厂的集中处理率有所提升，但城市污水排放仍然是主要的污染源之一。人均地区生产总值的提高，表明人们生活水平和消费能力的提升，伴随而来的是更多的污染排放，尤其是在缺乏有效环境管理和监管措施的情况下。

值得注意的是，常住人口的增加和人口密度的提升，对水质的影响并不单一。在一些年份，常住人口对水体污染产生正向影响，说明人口增长带来的环境压力较大。然而，在另一些年份，常住人口对水体污染产生负向影响，可能表明人口密度的增加伴随更高的环保意识和更严格的污水处理措施。

基于以上分析，我们需要在经济发展的同时，更加注重环境保护和污染治理。提升污水处理能力、改善农业生产方式、加强环保监管等措施至关重要，尤其是要重点控制服务业和工业活动对水体的污染排放，通过技术创新和政策引导，促进经济活动与环境保护的协调发展。同时，应加强对水资源的管理和利用，尽量利用自然条件的稀释和净化作用，减轻经济活动对长江水质的负面影响。只有通过综合治理和多方面的协同努力，才能有效改善长江水质，实现可持续发展。

5.3.3　国内外其他案例

1. 虚拟数字河流：哈德逊河的重生

虚拟数字河流是指通过数字技术模拟和重建真实世界中的河流系统，并为其赋予虚拟的特性和功能。哈德逊河的重生是指利用虚拟数字河流技术来模拟和恢复哈德逊河的生态系统和水文过程。

哈德逊河是美国东北部的一条重要河流，流经纽约州和新泽西州等地。由于近代大型工厂倾倒的有毒化学物质以及居民造成的下水道污物的沉积，该河流受到严重的破坏，无法作为饮用水水源。纽约州政府为了恢复哈德逊河的生态系统，发起了“新一代的水资源管理计划”，虚拟数字河流技术被应用于对其进行模拟和重建。通过使用地理信息系统、遥感技术、数值模拟等工具和方法，可以获取和整合哈德逊河流域的地理数据、水文数据、水质数据等信息。然后，利用这些数据和模型，可以建立一个虚拟的数字河流系统，模拟和重建哈德逊河在水文过程、水质状况、生态系统等方面的情况。

具体实施如下。首先在河流全程安装传感器，收集水的不同层面以及各种物理、化学、生物数据，实时通过网络传递到后台的计算中心区。后台的计算中心区分为三个环节：①数据传输环节，传感器将收集到的数据以实时连续的方式传送给系统管理层；②数据清洗环节，后台通过消除数据的异源性，使数据一致化且互通；③可视化环节，通过分析管理平台对这些数据进行可视化的展现。相关科研人员通过对计算结果的分析构建了哈德逊河的环境模型，以有效评估人们的破坏行为，制订最佳的治理方案，最终实现治理效率的提升。虚拟数字河流技术可以提供一个全面、动态和可视化的平台，便于研究人员、决策者和公众了解与分析哈德逊河的情况。通过模拟和重建，可以评估不同管理措施对河流生态系统的影响，预测未来的变化趋势，制定合理的保护和恢复策略。

2. MARVIN：富营养化监测平台

MARVIN 是一个富营养化监测平台，用于监测和评估水体中的富营养化程度。MARVIN 结合了地理信息系统、遥感技术和水质监测数据，提供了一个全面的富营养化监测和评估工具。它可以收集和整合水质监测数据、卫星遥感数据和环境参数等信息，通过数据分析和空间分析，生成富营养化的空间分布图、趋势分析图和预测模型。

MARVIN 可以收集和整合来自不同监测站点和数据源的水质监测数据、气象数据、土地利用数据等。这些数据可以被存储、管理和更新，以便后续的分析和评估。MARVIN 随后可对收集的数据进行统计分析、时空分析和空间插值等处理，以揭示富营养化的空间分布和趋势。通过空间分析，可以识别富营养化的热点区域和潜在的影响因素。MARVIN 可以生成富营养化的空间分布图、趋势分析图和预测模型，并以可视化的方式展示给用户。这些可视化结果可以帮助决策者和研究人员更好地理解和评估富营养化问题。MARVIN 可以根据监测数据和模型结果，提供富营养化的预警和决策支持。通过及时的预警和有效的管理措施，可以减轻富营养化对水体生态系统和人类健康的影响。MARVIN 利用地理信息系统、遥感和水质监测等技术，帮助监测和评估水体富营养化程度，并提供决策支持和管理措施。它对于保护水体生态系统和改善水质具有重要的意义。

3. NUSwan 系统：高效监控水库水质

NUSwan 系统是一种用于高效监控水库水质的系统。它是由新加坡国立大学（National University of Singapore）开发的，利用了无人机和水下机器人技术，以及先进的传感器和数据分析算法。NUSwan 系统的主要目标是实时监测水库的水质，并提供准确的数据和分析结果，以支持水资源管理和环境保护。该系统可以监测水库中的多个关键参数，如水温、溶解氧、浊度、pH 值、氨氮、总磷等。这些参数对于评估水质状况和富营养化程度非常重要。

NUSwan 系统采用了无人机和水下机器人相结合的方式进行监测。无人机可以飞越水库表面，使用遥感技术获取大范围的水质数据，并进行快速的数据收集。水下机器人则可以深入水体中，获取更详细和准确的水质数据，同时还可以进行水下摄像和样品采集等操作。NUSwan 系统还配备了先进的传感器和数据分析算法。传感器可以实时监测水质参数，并将数据传输到中心服务器进行处理和分析。数据分析算法可以对水质数据进行实时分析和预测，帮助识别水质异常和富营养化问题，并提供相应的建议和措施。NUSwan 系统通过无人机和水下机器人技术，以及先进的传感器和数据分析算法，实现了高效监控水库水质的目标。它可以提供准确的水质数据和分析结果，帮助水资源管理者和环境保护机构及时了解水库的水质状况，制定相应的管理策略和采取措施，保护水体生态系统和人类健康。

5.3.4 前景展望与挑战应对

1. 数智化与水污染综合治理发展趋势

未来中国水环境治理行业将朝着系统化治理、技术创新和智能化、生态优先和绿色发展、产业升级和市场化等方向发展。可通过构建智慧高效的生态环境管理信息化体系，实现及时感知、智能预警、精准溯源、协同管理的智能化水生态环境管理格局。

2. 面临的挑战

现阶段，数智化与水污染防治面临的挑战主要体现在以下几个方面。

（1）传统的水污染治理与监管技术存在监测滞后的问题，导致无法及时发现和处理突发的污染事件。此外，农村水环境保护与治理缺乏统一的管理机构和有效的协调机制，监测、监管能力严重不足。

（2）各部门之间的涉水数据共享不畅，影响了信息化、智能化的治水综合决策系统的建设。例如，宁波市江厦街道在建设“污水零直排区”数字化监管系统时，需要精细排摸、汇总定位，以解决传统污水治理管网底数不明的问题。

（3）数字化赋能系统治理虽然具有巨大潜力，但其应用过程中也面临技术复杂性和成本高昂的问题。例如，物联网远程在线监控技术的应用需要充分考虑用户的实际需求，并提供相应的培训和支持。

3. 应对策略

针对现有挑战，可从以下几个方面开展应对。

（1）结合大数据、人工智能等新兴技术，开拓一条智慧化管控道路。例如，利用机器学习算法识别污染物、预测变量和优化水处理过程，提高效率和安全。同时，开发基于道德的网络信息系统，考虑公平、社会正义和避免冲突等因素。

（2）利用数字孪生技术和混合现实技术，为城市水污染治理带来创新解决方案。例如，重庆大九污水处理厂的数字孪生平台可以实时监控和管理水处理过程，提升治理效果。

（3）推动城市水环境治理领域的数字化、智能化转型，将信息、技术、设备与管理需求有机结合。例如，清研集团通过物联网、云计算、人工智能等技术手段，助推城市水环境治理的数字化、智能化转型。

（4）进一步完善流域综合治理体系，提升流域水环境综合治理能力和水平。例如，在“十四五”时期，重点突破面源污染防治等方面，实现主要水污染排放总量持续减少，水生态环境持续改善。

（5）加强部门涉水数据共享，推进信息化、智能化的治水综合决策系统建设。例如，杭州市生态环境局高新区（滨江）分局深化滨江数字治水云平台建设，加强水质监测、防洪排涝、智慧河道等场景的应用。

（6）提高所有参与水安全的利益相关者的数据素养，评估数字技术和数据在水安全领域的实用性，并尊重不同观点。例如，印度的经验表明，项目应进行全面用户需求评估，以用户为中心设计反馈机制，确保项目的长期采用率。

通过以上对策，可以有效应对数字化与水污染综合治理面临的挑战，推动水环境的可持续治理和高质量发展。

参考文献

[1] 前瞻产业研究院. 2023 年中国工业废水处理行业全景图谱[EB/OL]. (2023-02-25)[2025-04-16]. https://www.qianzhan.com/analyst/detail/220/230224-85a93b1e.html.

[2] 国家发展改革委, 住房城乡建设部. “十四五”城镇污水处理及资源化利用发展规划[EB/OL]. (2021-06-06)[2025-04-16]. https://www.ndrc.gov.cn/xwdt/tzgg/202106/P020210611557100276483.pdf.

[3] 刘菲. 地下水系统中的新污染物[J]. 水文地质工程地质, 2024, 51(2): 1-2.

[4] Jaywant S A, Arif K M. A comprehensive review of microfluidic water quality monitoring sensors[J]. Sensors, 2019, 19(21): 4781.

[5] Zainurin S N, Wan Ismail W Z, Mahamud S N I, et al. Advancements in monitoring water quality based on various sensing methods: a systematic review[J]. International Journal of Environmental Research and Public Health, 2022, 19(21): 14080-14095.

[6] Yang L P, Driscol J, Sarigai S, et al. Towards synoptic water monitoring systems: a review of AI methods for automating water body detection and water quality monitoring using remote sensing[J]. Italian National Conference on Sensors, 2022, 22(6): 2416-2428.

[7] 李涛, 徐高, 梁思涵, 等. 人工智能图像识别在水利行业的应用进展[J]. 人民黄河, 2022,

44(11): 163-168.
[8] 汪权方, 张梦茹, 张雨, 等. 基于视觉注意机制的大范围水体信息遥感智能提取[J]. 计算机应用, 2020, 40(4): 1038-1044.
[9] 梁泽毓. 基于深度学习的多源遥感水体信息提取方法及其应用研究[D]. 合肥: 安徽大学, 2019.
[10] 姚俊杰, 张新晨. 基于超长距低功耗数据传输技术与无线通信技术的智能水表系统[J]. 计算机测量与控制, 2018, 26(5): 282-285.
[11] 史东华, 龙少颖. 5G 通信技术在水文自动监测中的应用前景分析[J]. 人民长江, 2021, 52(7): 226-230.
[12] Muhsina K, Prabhudas A. Low power communication technologies in water quality monitoring system: a review[J]. SSRN Electronic Journal, 2020, 37(9): 1143-1156.
[13] 孟宪宇. 基于 NB-IoT 的充电桩数据监测系统的研究[D]. 哈尔滨: 哈尔滨理工大学, 2018.
[14] 吴小军. 基于 NB-IoT 的无线传感器网络技术研究[D]. 上海: 东华大学, 2019.
[15] Zakariyya R S. 上行链路窄带物联网(NB-IoT)系统的信道编码算法[D]. 合肥: 中国科学技术大学, 2021.
[16] 刘璐. 无处理器的 LoRa 反向散射通信系统设计[D]. 成都: 电子科技大学, 2021.
[17] 曹宇. 基于 Niagara 的分布式能源物联网管理平台开发[D]. 济南: 山东建筑大学, 2020.
[18] 杨彬蔚. LoraWAN 技术及其在物联网中的应用[J]. 数字技术与应用, 2021, 39(4): 43-45.
[19] 邱曙光, 庞成鑫, 贾佳. LPWAN 与边缘计算融合在电力物联网中的应用研究[J]. 物联网技术, 2019, 9(7): 63-66.
[20] 尹丽娜, 邱立源. 大数据场景下的云存储技术与应用[J]. 信息与电脑(理论版), 2019, (14): 19-20.
[21] 王宝玉. 基于谱分析与荧光响应的水污染预警溯源技术基础研究[D]. 哈尔滨: 哈尔滨工业大学, 2019.
[22] Visco J J, Apothéloz-Perret-Gentil L, Cordonier A, et al. Environmental monitoring: inferring the diatom index from next-generation sequencing data[J]. Environmental Science & Technology, 2015, 49(13): 7597-7605 .
[23] 梁庆. 基于数据驱动的水质预测方法研究及监测系统开发[D]. 大连: 大连理工大学, 2022.
[24] Al-Adhaileh M H, Alsaade F W. Modelling and prediction of water quality by using artificial intelligence[J]. Sustainability, 2021, 13(8): 4259.
[25] Rudjord Z C, Reid M J, Schwermer C U, et al. Laboratory development of an AI system for the real-time monitoring of water quality and detection of anomalies arising from chemical contamination[J]. Water , 2022, 14(16): 2588.
[26] Hui Y, Huang Z L, Alahi M E E, et al. Recent advancements in electrochemical biosensors for monitoring the water quality[J]. Biosensors, 2022, 12(7): 551-561.
[27] 吴太夏, 夏可, 刘翼遥, 等. 水生态环境遥感监测研究进展[J]. 中国水利, 2024, (11):38-44.
[28] 魏潇淑, 高红杰, 陈远航, 等. 人工智能技术在水污染治理领域的研究进展[J]. 环境工程技术学报, 2022, 12(6): 2057-2063.
[29] Lowe M, Qin R W, Mao X W. A review on machine learning, artificial intelligence, and smart technology in water treatment and monitoring[J]. Water, 2022, 14(9): 1384.

[30] 贾洁, 苏婷立, 王小艺, 等. 关于水质污染准确评估建模研究[J]. 计算机仿真, 2019, 36(2): 367-371, 389.
[31] 栗三一. 城市污水处理过程优化决策与智能控制方法研究[D]. 北京: 北京工业大学, 2018.
[32] 李瑶, 胡潭高, 潘骁骏, 等. 城市内涝灾害模拟与灾情风险评估研究进展[J]. 地理信息世界, 2017, 24(6): 42-49.
[33] Candela A, Freni G, Mannina G, et al. Receiving water body quality assessment: an integrated mathematical approach applied to an Italian case study[J]. Journal of Hydroinformatics, 2012, 14(1): 30-47.

第 6 章　数字化与大气污染治理

6.1 引　言

在新时代背景下，数字经济成为加速转变发展方式和产业结构转型升级的新动力，为改善生态环境质量提供了新的契机。数字化推动技术革新，促进新业态、新产业的成长，引发传统产业的重大变革，提高传统产业生产率，进而减少大气污染的排放量[1]。

6.1.1 大气污染治理的紧迫性与存在问题

1. 大气污染治理的紧迫性

随着工业化进程加快、能源过度开采、人口快速增长等多方面因素出现，大气污染治理逐渐成为一个不容忽视的议题。《2019 年世界空气质量报告》显示，全球逾 92%的人口生活在空气质量低于世界卫生组织推荐标准的地区，每年由大气污染引起的早亡人数高达 700 万人。大气污染物主要包括二氧化硫（SO_2）、二氧化氮（NO_2）、颗粒物（$PM_{2.5}$和 PM_{10}）以及挥发性有机化合物（volatile organic compound，VOC）等，这些污染物会对人类健康、生态系统和气候产生明显的负面影响，如导致心肺疾病、农作物减产、建筑物腐蚀以及全球气候加速变暖等[2]。能源行业是中国碳排放的最大来源部门，在工业生产中，化学工业、钢铁行业和水泥生产等产业在燃烧化石燃料和非化石燃料时，会释放出大量的二氧化硫和氮氧化物，导致许多地区的大气污染问题相当严重[3]。

此外，交通运输业对大气污染尤为重要，汽车尾气排放已成为一些地区空气质量恶化的主要原因。2024 年全国机动车保有量达 4.53 亿辆，这还不包括农用运输车辆。因此，及时进行大气污染治理是至关重要的，想要有效地减少大气污染排放源，并提高能源利用率，常见的治理措施包括烟气脱硫（flue gas desulfurization，FGD）、选择性非催化还原（selective non-catalytic reduction，SNCR）、选择性催化还原（selective catalytic reduction，SCR）等。

2. 大气污染治理存在的问题

2022 年《政府工作报告》指出，加强生态环境保护，推动绿色低碳发展。然而，由于长期以来存在的市场分割和跨界追踪难题，发生在边界地区的污染并未得到有效解决。边界地区污染纠纷频繁出现，省界监测点的各项污染指标均大幅高于非省界监测点。为了解决这一问题，中央和各级政府采取了多种旨在协调边界地区环境保护的举措[4]。大量文献也从理论和实证上论证了流域监测制度、河长制、中央环保督察、大气污染协同防控等对边界地区污染的改善效应。

但是，现有的治理手段往往只在短期内发挥了积极作用，边界地区的污染问题仍然较为突出。以中央介入为代表的垂直化管理和区域协同治理与现行的行政管理体系存在偏差，部分地方政府在边界污染治理行动上激励不足，缺乏内生动力。生态环境部的报告多次指出，部分地区环保部门对当地污染企业仍存在包庇和弄虚作假现象。即使督察组指出各项污染问题，当地政府依旧可能不作为、慢作为，如某两省交界地区政府通过联合执法取缔违法排污企业，但执法过后这些企业又会恢复生产。特别是对于扩散性更强、监测难度更高的跨界空气污染问题，治理效果仍不尽如人意。大气污染因具有空间上的传播性且传播方向复杂，较之河流污染现象更难得到有效治理。随着城市化和工业化的快速发展，我国空气污染问题日益突出。2013 年百度“雾霾”一词的搜索量达 2012 年的 14 倍，由于空气污染明显的空间溢出特征，跨界协同治理成为重中之重。2013 年的《大气污染防治行动计划》要求京津冀、长三角区域建立大气污染防治协作机制。2015 年修订的《中华人民共和国大气污染防治法》新增了“重点区域大气污染联合防治”章节，从立法层面增强对大气污染联合防治的重视。2023 年 9 月，生态环境部办公厅起草《京津冀及周边地区、汾渭平原 2023—2024 年秋冬季大气污染综合治理攻坚行动方案（征求意见稿）》，再度强调以区域联防联控应对重污染天气。为了更进一步提高边界污染治理的效率，我国亟须探索出一种与现有行政管理更协调的自发治理新思路。

3. 数字技术应用的必要性

近年来，我国面临的环境问题越来越严重，不利于人们的高质量生活以及社会整体的健康可持续发展。因此，大气监测技术的发展至关重要。将数字技术应用在大气监测系统中是提高大气监测系统性能的一大步飞跃，不仅促进了大气监测系统的数字化和智能化，成为大气监测系统的主要发展方向，还有利于人们更好地采集大气环境数据，制定大气环境保护措施。数字化监测系统是一种现代化的智能综合系统，它通过构建完善的数据库和数字化测量设备，对收集到的数据进行检测、分析，并能够进行一定程度的控制。这种系统实现了现代数字化设备与计算机技术的科学结合，能有效地应用于数据的监测、收集和处理。在大气监测领域，数字化监测系统的一个重要应用是它能够实现对大气环境质量的监控评估，同时也可以确保监测数据的准确性和可靠性。实现对大气环境质量的监控评估，主要是通过管理大气监测设备或者技术控制来实现的，其中包括在采样过程中使用科学合理的数字化采样方式，使所采集的数据能够客观体现当地大气环境的现状，这样才能够说明采集方式的可靠性[5]。

随着数字技术的飞速发展，“十四五”规划明确提出要加快数字化发展，打造数字经济新优势，协同推进数字产业化和产业数字化转型。陈晓红院士认为数字化转型能成为焕发内在动力、推动经济高质量发展的重要举措。2020 年中国产业数字化规模达 31.7 万亿元，占 GDP 比重为 31.2%，在数字经济中的占比由 2005 年的 49.1%大幅上升至 80.9%，成为国民经济增长的主要动能[6]。中国式创新正经历由“低质低效”向“高质高效”转变的关键时期。数字技术迅猛发展对中国式创新产生了颠覆式改变，成为加速中国式创新的重要驱动力。人工智能、大数据、区块链等数字科技元素的加入为传统企业注入了发展新活力[7]。

6.1.2　数字化与大气污染治理的研究进展和趋势

在习近平生态文明思想指引下，我国大气环境治理体系与治理能力现代化建设不断推进。中央将空气质量明显改善定位为刚性要求，中央财政大气污染防治资金年年增加，2024 年 12 月提前下达 2025 年大气污染防治资金 204 亿元，全力以赴坚决打赢蓝天保卫战。但我国生态环境稳中向好的基础还不稳固，与人民群众对优美生态环境的需要相比仍存在差距。城市环境空气质量总体仍未摆脱“气象影响型”，尚有 29.8%的城市 $PM_{2.5}$ 平均浓度达不到国家二级标准，臭氧浓度呈波动上升趋势，区域性重污染天气时有发生，加之新污染物出现，特别是 $PM_{2.5}$ 和臭氧日益呈现出双高的复合型污染特征，但如何应对这些问题却没有先例可循。当“反弹”成为 2022 年大气污染的高频词，各地区在不同污染物的治理成效上也出现分化，我国大气污染治理这场长跑，尚处于焦灼且关键的时期。新一轮污染防治攻坚战目标从“坚决打好”转变为“深入打好”，意味着新一阶段的环境治理问题深层化、多样化，大气污染防治进入深水区。习近平总书记在 2023 年 7 月全国生态环境保护大会上强调，要“深化人工智能等数字技术应用，构建美丽中国数字化治理体系，建设绿色智慧的数字生态文明”①。基于新一代数字技术应用的大数据治理模式，对于如何实现精准治污、科学治污提出更高要求，且现

①《习近平在全国生态环境保护大会上强调：全面推进美丽中国建设 加快推进人与自然和谐共生的现代化》，https://www.gov.cn/yaowen/liebiao/202307/content_6892793.htm[2023-07-18]。

阶段的大气污染治理体系还存在较大的改进创新空间[8]。

第一，夯实大数据治理模式的技术基础，促进大气环境智慧监测感知能力提升。大数据治理要想发挥相应的作用，关键在于大气环境智慧监测体系的发展与完善。在试点地区可以积极引进和部署尖端的卫星遥感、无人机技术以及热成像等相关监测技术，基于“天空地”一体化监测网络，综合卫星遥感、地面监测、高精度气象等多源实时监测数据，完善城市的“市—区—街道—社区”的多级热点网格联动监管体系，强化大数据管理与分析应用，大力推动各行为主体对数据全面、及时且准确的收集与传输。面对区域性的复合型污染新难题，完善 $PM_{2.5}$ 与臭氧协同控制监测感知设备布局，提升监测设备的数据采集准确度和数据传输的低损性。开发利用人工智能的自动识别技术和智能化模型等实时对污染源进行解析与预警，实现工业、扬尘、机动车以及“散乱污”企业等污染源的精细化监测和督查，并以大数据监测感知技术作为基点支撑精准和科学治污，提升政府决策和监管能力。

第二，破除数据“烟囱”和信息壁垒，压实地方政府主体责任。由于大气污染成因复杂，利益主体诉求不同，治理效应存在明显的地区差异。长期以来环境治理过程中存在严重的信息不对称，环境监测虽积累海量数据，但由于各地监测机构各自为政，监测数据无统一规范，准确性和可比性差，数据难以共享，形成了应用“烟囱”和数据“孤岛”。大数据治理模式应通过建立全国统一的实时在线环境监控系统，实现对空气质量、重大污染源、大气状况的全覆盖，通过进一步优化国家、省、市三级监测数据联通共享机制，规范不同时空分辨率的卫星遥感数据，加大投入以整合全国多源气象、大气污染、辐射监测数据，融合跨行业数据交叉分析与验证，为合理量化评估污染责任、畅通压力传导机制、动态评估规划提供数据信息，加快政府污染治理能力转型。

第三，创新公众参与的机制设计，激发生态文明建设的内生动力。良好生态环境是普惠的民生福祉，需激发全社会共享共建的内生动力，但现实中公众参与途径碎片化，监督责任模糊，信息共享开放程度低，降低了公众参与治理的效率和作用，需要重新规划公众参与的机制流程。例如，搭建有效的反馈响应机制，通过广泛运用大数据等现代信息技术手段，自动抓取、主题检索、专题聚焦涉及环境风险、环保举报、突发环境事件、社会舆论等的海量互联网数据，利用机器学习等算法实现有效筛选和甄别，形成有价值的反馈信息，让政府或有关部门能够及时回应公众诉求。当然还需大力提升公众的数字素养和数字技能以适应时代需求，并借助智能技术手段推广和宣传《公民生态环境行为规范十条》，把“建设美丽中国”的思想理念融入全体人民的言行之中。

6.2　数字技术赋能大气污染治理的核心原理与技术体系

6.2.1　数字技术应用的现状与优势

1. 数字技术应用的场景

现如今数字技术已经深入到日常生活的方方面面，从个人使用的智能手机、智能家居，到企业级的云计算服务、大数据分析，再到工业自动化和智能制造，数字技术无处不在。数字技术应用指的是利用数字技术对信息进行捕捉、处理、存储和传输的过程，以及基于这些过程开发的各种应用系统和服务。它们可以广泛地应用于个人生活、企业运营、政府服务等多个领域，旨在提高效率、降低成本、增强创新能力和优化用户体验。

（1）教育领域：利用数字技术构建教育资源共享平台，如 MOOC（慕课，大规模开放在线课程）平台，提供来自世界各地大学的课程资源，并且结合人工智能技术，创建智能教学助手以提供个性化的学习建议和辅导。具体应用包括：①在科学教育中，虚拟实验室允许学生进行远程实验操作，如通过计算机模拟来学习物理、化学或生物学概念。②数字化教材替代传统纸质教材，提供互动性强、易于更新的电子版教材。③在线评估和测试。使用在线系统进行考试和测验，确保考试的远程进行和诚信性。④课堂互动工具。促进教师与学生之间的互动和沟通。⑤特殊教育支持。为有特殊需求的学生提供定制化的学习工具和辅助技术，如盲文显示器和语音识别软件。数字技术改变了传统的教育方式，提供更加灵活、可访问和个性化的学习体验，随着技术的不断进步，未来教育领域将出现更多创新应用。

（2）能源行业：应用大数据、人工智能、区块链和数字孪生技术，优化能源管理，提高能源使用效率，促进碳中和目标的实现。具体应用包括：①智能电网。利用先进的传感器、通信技术和自动化控制系统，能够实时监控和优化电力的生成、分配和消费。②可再生能源管理。将数字技术用于监控和管理风能、太阳能等可再生能源系统，提高能源转换效率和电网稳定性。③能源消耗监测。企业和家庭通过安装智能电表和传感器，实时监测能源使用情况，优化能源分配和减少浪费。④电动汽车充电网络。将数字技术用于构建和优化电动汽车充电站网络，通过智能调度系统平衡充电需求和电网负荷。⑤智能家居和建筑自动化。利用楼宇管理系统，自动调节照明、暖通和其他能源密集型系统的运行，提高能效。⑥能源交易平台。区块链技术在能源交易中的应用，提供了一个透明、去中心化的平台，促进了能源的点对点交易。⑦碳足迹追踪和管理。企业利用数字化工具监测和管理其运营中的碳排放，制定减排策略，实现碳中和目标。⑧能源数据分析和优化。企业使用大数据分析和人工智能算法优化能源采购、生产和销售策略，降低成本。⑨环境监测与保护。在能源生产过程中，使用数字化工具监测环境影响，确保合规并减少对生态系统的破坏。数字技术在能源领域的多样化应用，不仅提高了能源效率和可靠性，还促进了能源的可持续生产和消费。随着技术的不断进步，未来将出现更多创新的数字化能源解决方案。

（3）企业运营管理领域：在供应链管理、生产与质量管理、服务运作管理等方面，应用数字技术提高运营效率、降低成本、增强服务能力。具体应用包括：①企业资源规划（enterprise resource planning，ERP）系统。通过集成的软件和数据库系统，企业能够管理核心业务流程，如财务、人力资源、供应链和库存。②客户关系管理（customer relationship management，CRM）系统。企业使用 CRM 系统跟踪客户互动，提高销售效率，增强客户服务和支持。③供应链管理（supply chain management，SCM）系统。数字化工具帮助企业优化库存管理，预测需求，减少供应链风险。④数据分析和商业智能（business intelligence，BI）。企业利用数据分析工具从大量数据中提取洞察，支持决策制定，提高运营效率。⑤智能制造和“工业 4.0”。利用物联网、机器人技术和自动化提高生产效率和质量。⑥能源管理系统。企业通过数字化工具监控和管理能源使用，降低成本，提高可持续性。数字技术帮助企业管理和优化其业务流程，提高效率，降低成本，并创造新的商业机会，随着技术的不断发展，更多的创新应用将会出现，进一步推动企业管理的数字化转型。

2. 数字技术应用的特点与优势

集成性：能够将不同来源和类型的数据整合到统一的平台或系统中，实现对数据的集中管理和分析。具体指的是不同系统、应用、数据源和设备之间的无缝连接和协同工作的能力。实际在应用过程中表现为：①统一平台。数字技术的使用可以将多个应用程序和工具集成到一个统一的平台上，使用户能够从一个中心点访问和管理不同的服务，减少不同站点之间切换所导致的问题。②数据整合。使用数字技术可以将不同来源的数据汇集在一起，相比传统技术，数字智能化应用可以利用统计的数据，形成一个完整的数据视图，以便于分析和决策。③模块化设计，数字技术的应用可以在应用使用之前的设计阶段就将系统模块化，允许各个模块或组件根据需要进行添加、移除或升级。④设备互联。物联网设备和传感器的集成，可以实现物理设备与数字系统的连接。数字技术在各个领域的应用使得智慧家庭成为可能，只需要一个中控装置就可以实现对家庭所有联网设备的一键式操作。

自动化：通过自动化工具和流程，减少人工操作，提高效率和准确性。数字技术的应用可以减少人工干预，用自动化系统执行重复性任务，可以减少或消除人工参与，使员工能够专注于更复杂或创造性的工作。数字技术协助下的自动化还可以提高效率，加快任务执行速度，提高生产率和整体运营效率；自动化使在大规模生产中保持较低的单位成本成为可能，因为固定成本在整个生产过程中分摊。现代自动化系统可以快速调整以适应不同的生产需求，不仅可以提高生产的灵活性，还能够进行质量控制，自动化可以集成质量控制流程，确保产品或服务符合预定标准。同时，若在危险或有害环境中工作，自动化可以代替人工操作，减少工作场所事故和职业病。

智能化：应用人工智能和机器学习技术，使系统能够进行自我优化和决策支持。数字技术的应用可以提升适应性，能够适应环境变化，并据此调整行为。数字技术具有感知能力，其智能体现在能够感知环境并通过感官输入处理信息。数字技术还可以辅助决策制定，其中涉及评估情况、考虑可能的行动方案并选择最佳方案。创造性智能化可以包括创造性思维，即产生新颖和有价值的想法的能力。数字技术的应用可以总结学习以往的知识并进行归纳总结，并预测未来的发展方向。因此，智能化设备或系统可以记忆和学习，包括记忆信息和从经验中学习的能力，以改进未来的行动，智能系统也能够与用户或其他系统进行交互，响应输入并提供适当的反馈。

互联互通：通过开放的标准化协议，实现不同系统和设备之间的互联互通。即不同的软件系统和应用程序能够共享信息和功能，实现紧密的业务流程整合，在数字技术的帮助下，应用可以在不同平台和数据库之间实现数据的无缝传输和同步，使用标准化的通信协议来确保不同设备和系统之间的兼容性和互操作性，不同的在线服务和 API 能够相互调用，为用户提供整合的体验，应用和服务不依赖于特定的硬件或软件平台，可以在多种设备和操作系统上运行。

数据驱动：基于数据分析和洞察来指导业务决策和优化流程。由于数据驱动是基于实际收集的数据和分析结果，而非仅凭直觉或经验，所以数据驱动的决策过程通常更加准确透明，决策依据也可以被量化和共享。数据驱动能够实时或近实时地收集和分析数据，快速响应市场和环境变化，利用时效性数据可以作为竞争优势，以此来占据市场主动或应对潜在危机。又因为数据驱动的过程是连续的，所以能够通过持续的数据监控和分析来不断优化决策，也可以利用历史数据来预测未来趋势和结果，为战略规划提供支持，有助于制定和调整长期战略。

数字技术的应用正推动着社会向更高效、更智能、更可持续的方向发展，数字技术是实现现代化管理和促进社会进步的关键工具，随着技术的不断进步和创新，数字技术将在未来发挥更加重要的作用。

6.2.2 数字技术赋能大气污染治理的关键路径

1. 数字化供应链管理

数字技术是指基于数字化的生产和交易方式，推动经济增长的一种技术发展形态，可能会给传统经济格局带来改变。当下数字技术的发展打破了传统经济所依赖的自然资源、地理条件等约束，加强了技术与资本在全国范围内的自由流动，数字技术的不断发展、地理空间约束的减弱，可能会令我国传统经济地理的格局发生改变。

数字经济的发展能够通过知识共享和技术创新形成新的经济聚集的空间经济形态，降低交易成本。数字技术通过提供高效的信息交流和交易处理平台，降低了搜索、协调和交易的成本，促进了资源的有效配置，并且数字平台和网络也使知识共享变得更加便捷，加速了创新思想和最佳实践的传播，提高了创新的速度和质量，打破了传统产业间的界限，促进了不同产业间的融合，形成了新的产业集群和经济形态。

数字化工具和平台支持大规模协作和协同工作，使不同地区的企业和个人能够共同参与创新和生产活动。数字技术允许企业根据客户需求提供更加个性化和定制化的产品和服务，满足市场的多样化需求。互联网和数字化平台使企业能够更容易地进入全球市场，扩大了经济活动的地理范围，企业可以建立绿色供应链管理体系，从原材料采购到产品生产、运输、销售的全链条减少污染排放。利用区块链技术确保供应链的透明度和追溯性，通过供应链优化减少物流运输中的能源消耗和污染排放。

2. 提高能源效率

数字技术不仅能够提高能源使用的效率，还能够促进能源的可持续管理和使用，涵盖了从生产、分配到消费的各个环节，为实现能源安全和环境保护目标做出贡献。

数字技术能够优化能源结构，推广清洁能源的使用。例如，通过智能电网实现可再生能源的高效利用，利用大数据优化能源分配，降低化石能源的消耗和污染排放，利用智能控制系统自动调节设备运行，以减少不必要的能源消耗。随着技术的不断发展，数字化在提高能源效率方面的潜力将得到进一步的挖掘和实现。

3. 环境监测与保护

数字技术首先需要实现对大气污染的实时监测。通过部署传感器网络，可以实时收集空气质量数据，包括 $PM_{2.5}$、PM_{10}、二氧化硫、二氧化氮、臭氧等污染物的浓度。这些数据通过物联网设备传输到中央处理系统，利用大数据分析技术进行实时分析，快速识别污染源和污染趋势，利用地理信息系统和数据分析技术，将监测数据与地理位置信息相结合，实现对污染源的精确定位。通过机器学习算法，对污染源进行分类和优先级排序，为监管部门提供针对性的管理策略和执法依据。最后结合历史数据和实时数据，运用时间序列分析和机器学习模型，开发大气污染预测模型。这些模型能够预测未来一段时间内的空气质量变化趋势，为政府和公众提供预警信息，使其提前采取应对措施。

4. 政策和市场机制

政策和市场机制通过多种方式促进环境改善，这些方式旨在调整经济活动对环境的影响，鼓励可持续发展，并提高公众对环境保护的认识。首先，制定严格的环境法规和标准，限制污染物排放，保护自然资源。其次，开发智能决策支持系统（decision-making support system，DSS），为政府部门提供科学的决策依据。政府可以利用数字技术提高政策制定和执行的效率，通过数据分析和模拟，评估政策效果，及时调整和优化政策措施。系统也可以模拟不同减排措施的效果，评估各种政策方案的可行性和成本效益，辅助制订最优的大气污染治理方案。

通过排放交易制度，为排放污染物设定价格，激励企业减少排放，对可能影响环境的项目进行评估，确保采取适当的缓解措施。数字技术的应用不仅可以确保政策的一致性和长期稳定性，还能为投资者和企业提供可预测的环境状态变化。通过移动应用、社交媒体等渠道，向公众提供空气质量信息和健康建议，增强公众的环保意识。同时，建立信息公开平台，让公众参与到大气污染治理中来，形成政府、企业和公众共治的格局。数字技术也可以在具体的领域进行精准优化，如交通领域，针对道路交通，通过预测车流量的变化，并调度道路指挥，进行精准分流以减少车辆拥堵，再通过车辆监控、路线规划和公共交通优化，降低交通污染。

数字技术为大气污染治理提供了全新的手段和工具，通过实时监测、精准管理、预测预警、智能决策支持等关键路径，数字技术能够提高大气污染治理的科学性、精准性和有效性。

6.2.3　数字化大气污染治理的技术体系

数字化大气污染治理的技术体系是一个综合性的框架，它整合了多种数字技术来监测、分析、预测和管理大气污染，具体技术框架如图 6-1 所示。

数字化大气污染治理技术体系中的数据采集层是整个系统的基础，它涉及监测设备获取原始数据并将其传输至数据处理中心的过程，数字技术赋能所产

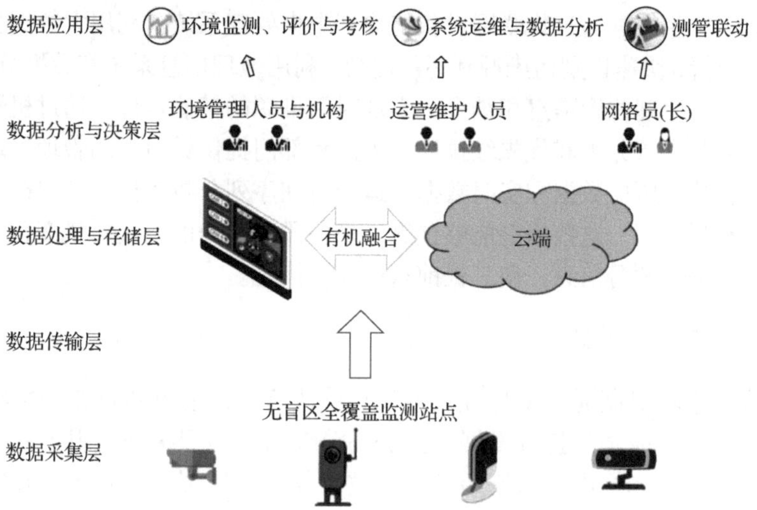

图 6-1　数字化大气污染治理的技术框架

生的现代监测设备，通常具备自动化和智能化功能，能够自动进行样品采集、处理、分析，并自动完成数据采集、存储与传输。这些设备能够连续运行，提供实时数据，除了数据的实时性，智能化的数据处理还可以保证采集数据的准确性与稳定性，利用移动监测站和无人机技术，还可以使数据的覆盖范围得到进一步的提升。

数据传输层是连接监测设备和数据处理中心的关键环节，它确保数据的实时、准确和安全传输，为大气污染的监测和治理提供了坚实的数据支持，保护数据不被未授权访问或篡改。为了确保数据的安全性，数据在传输前会被加密，在接收端解密，并且由于监测数据量可能非常大，数据传输层可能包括数据压缩技术，以减少传输所需的带宽，提高传输效率。除此之外，数字技术还支持远程监控和诊断监测设备的状态，以便及时发现和解决传输过程中的问题。

数据处理与存储层是负责将采集到的大量数据进行有效管理和分析的关键组成部分，包括数据清洗、数据转换、数据降维等，以确保数据的质量和一致性。预处理步骤对于提高后续分析的准确性和效率至关重要。首先，通过数据集成管理技术，实现对生态环境监测数据的整合、存储和资源化，提供统一数据服务的能力；其次，对数据进行分析与挖掘，利用数理统计、数值模拟、机器学习等方法，对环境质量、污染排放等数据进行深度挖掘分析，识别环境风险或污染排放异常行为，并且定期对数据进行备份，制订数据恢复计划，以应对可能的数据丢失或损坏情况，还需建立数据共享机制，促进不同部门和机构之间的数据交换，提高数据利用效率，通过质量控制流程，确保数据的准确性和可靠性，包括数据审核、异常值处理等。

数据分析与决策层是核心组成部分，它涉及对采集和存储的大量数据进行深入分析，确保了数据的有效利用，为大气污染治理提供了科学的决策支持。除了利用数据挖掘技术，如分类、聚类、关联规则学习等，从大量数据中发现未来趋势，还需要应用统计学方法对数据进行分析，包括描述性统计、推断性统计、相关性分析等，以量化大气污染的特征和影响因素；也可以构建数学模型和机器学习模型，如回归模型、神经网络、深度学习模型等，对大气污染进行模拟和预测；结合人工智能技术，如专家系统、智能代理等，实现部分决策过程的自动化和智能化；还可以利用优化算法，如线性规划、非线性规划、遗传算法等，寻找最佳的污染控制策略。最后通过数据分析评估现有政策的效果，为制定新的环境政策和措施提供科学依据。

通过数据集成平台，将不同来源和格式的数据进行整合，形成统一的数据视图，便于共享和应用。例如，中国环境科学研究院构建的大气环境科学综合数据采集与共享平台，实现了海量数据的一站集成和科研数据的一站分发，还可以实现对大气环境的实时监测和预警。例如，利用大数据分析技术，可以对空气质量进行实时监控，及时发布预警信息；通过数据挖掘和分析技术，识别主要污染源，为污染源的管理和控制提供依据；应用数据应用层的分析结果，对现有环境政策进行评估，提出政策优化建议；最后利用数据应用层的技术，对环境风险进行评估和管理，提高环境风险防控能力。

数字化大气污染治理的技术体系通过跨学科的技术整合，为实现精准监测、科学决策、有效治理和公众参与提供了强有力的支持。随着技术的不断进步，这一体系将更加智能化、自动化和集成化，为大气污染治理提供更加高效和可持续的解决方案。

6.3　数字技术在大气环境监测中的应用

6.3.1　数字化监测技术的工作原理与优势分析

1. 数字化监测技术的工作原理

1）数字化监测技术

数字化监测技术通过高精度传感器来捕捉大气环境数据。例如，电化学传感器广泛用于监测气体浓度，光学传感器适用于颗粒物监测，而半导体传感器则具有较高的灵敏度。卫星遥感是通过卫星载荷收集来自大气的辐射信号，并从中推断大气污染的分布和浓度，它能够监测二氧化硫、二氧化氮、臭氧等污染物的总量，并分析这些污染物在区域尺度上的时空分布规律。此外，空气质量监测网络由分布在不同地理位置的监测站点组成，通过各种传感器和仪器测量大气污染物的浓度和环境因素[9]。

2）物联网技术

物联网技术通过连接传感器、机器设备以及无线通信技术来实现对大气污染环境的实时监测。物联网技术与无线通信技术、智能识别系统等结合，实现对监测对象信息数据的快速传输和信号转换，物联网与互联网等技术相结合使得大气污染环境数据的传输更加迅速。通过互联网通信技术可以使监测数据远程传输到监控平台或者管理平台，管理人员可以远程操控和分析数据，大大提高监测和管理的效率。

3）大数据集成分析技术

传感器收集的数据量巨大，且生成速度极快，这些数据最终被存储在数据库中，为后续的数据分析提供了丰富的原始材料。通过大数据集成分析技术，可以实现对监测数据的多维度关联分析。在云平台上，不同时间、空间尺度以及不同类型的监测数据被集成起来进行跨尺度、跨区域的综合分析，揭示数据间的内在联系，为探究污染的成因提供科学依据。例如，通过将气象数据、卫星数据与地面监测数据相结合，可以深入分析污染物在时空上的分布特征及其影响因素，从而为环境管理和决策提供更加精准的数据支持。

4）数据分析与挖掘技术

数据分析与挖掘技术融合了多种学科方法，如数理统计、算法模型和机器学习等，通过分布式计算、内存计算和数据流处理等技术手段，对环境质量、污染排放、监控监管、自然资源和社会经济等领域的数据进行深入分析。通过对长期监测数据的趋势分析，可以构建基于数据监测的污染预警系统，识别污染排放异常，及时发现潜在的大气污染风险，并提供预警预报，辅助管理部门做出决策[10]。

同时，大数据挖掘实现了对监测数据的智能化处理，包括数据的归一化、异常点标记和缺失数据修复，提升了数据质量。利用深度学习可以对监测图像进行智能分析，辅助判读监测结果。通过构建监测知识图谱，揭示监测对象之间的关联，建立监测知识体系，深化对监测事项的认知，并促进监测数据的应用[11]。

不同的数字化监测技术可能在监测的技术实现和数字化监测设备上有所不同，但是其总体的工作原理是相似的。

2. 数字化监测技术相较于传统监测技术的优势

传统的大气环境污染监测方法主要包括现场采样分析和使用传感器与监测设备。现场采样分析涉及在特定位置采集气体或颗粒物样品，并送至实验室分析。这种方法虽然重要，但受限于监测站点的数量和分布，导致数据覆盖范围有限且需要高昂的维护成本[12]。传感器与监测设备可以实时或近实时测量污染物并提供连续数据，但也面临监测范围有限的问题。近年来，随着技术进步，远程监测技术如卫星遥感和空气质量监测网络得到了广泛应用，提供了更全面和高分辨率的监测数据。

卫星遥感技术可以通过传感器获取大气中的二氧化氮、臭氧、颗粒物等污染物的浓度数据，这些数据可以覆盖全球范围，实现对大范围地区的大气污染监测。例如，当在城市地区发生大规模的工业排放或交通尾气排放时，卫星遥感技术可以及时捕捉到大气污染物浓度的变化，为监测和预警提供数据支持。同时，在偏远地区，遥感技术也能够进行监测，弥补了传统现场监测方法监测范围受限的问题。通过网络技术实现远程监控和操作，减少了人力现场巡检的需求，降低了成本和风险。

数字化监测技术采用运算速度快、存储容量大的处理器和数据处理系统，加快对监测数据的处理和传输速度，相较于传统监测方法所使用的化学分析仪器等，数字化监测技术可以在短时间内完成大量数据的计算和整理，并迅速将数据传输至监测平台或数据库。

传统监测技术在数据分析和预测方面相对较弱。数字化监测系统通过运用机器学习算法等可以根据设定的阈值自动发出警报或预警，帮助及时应对异常情况或潜在问题。同时数字化监测系统通常配备数据可视化工具，使数据呈现更加直观，便于分析和决策。

6.3.2　数字化监测系统的研发与部署实践

1. 数字化监测系统的研发过程

1）设计原则

数字化监测系统由三个关键部分组成：先进的智能系统网络层——精准的网络管理服务平台；安全高效的数据共享网络层——结合物联网和通信技术；响应迅速的认知层——机械设备的智能检测功能。由于该数字化监测系统将用于大气环境保护，因此系统需要具备可靠性、开放性、可扩展性，并且保持成本可控，以确保在各种环境条件下都能有效运行。

安全可靠性原则：数字化监测系统应依赖先进设备，以确保数据传输的稳定性。此外，系统需要配备大容量存储设备，如移动硬盘，以保障大量监测数据的安全存储。完善的数据保护机制也是必不可少的，以防止任何数据资源的丢失或损坏，从而确保数据的完整性和可靠性。

对外开放性原则：数字化监测系统应采用标准化的通信模块，并结合互联网和现代通信技术，科学合理地进行方案设计。通过不断优化系统的开放性操作，实现各个模块之间的无缝联动与协作，从而提升系统的整体功能和扩展性，确保系统能够灵活适应不同应用场景的需求。

2）数字化监测系统的功能

在环境监测工作中，数字化监测系统具有重要的应用价值。该系统以数字技术为核心，能够准确地采集、存储和传输数据，达成高效的监测目标。通过设置服务器功能模块和客户端功能模块，实现二者的紧密协作，从而提升环境监测的有效性。

在系统中，采样服务器和网络服务器等不同服务器各司其职，以满足用户的不同需求。客户端模块由用户直接控制，负责数据处理并直观呈现结果，提高了监测工作的效率。

服务器模块的设计要求将网络服务器和数据服务器集成在同一站点，用户通过网络服务器与数据服务器实现高效连接，从而提升数据传输的速度和质量。整个数据传输过程以数据服务器为核心，能够有效处理不同用户的请求。网络服务器则主要负责网络连接，为用户提供必要的网络服务与管理。

客户端模块负责从服务器获取数据，并在计算机上显示，为监测分析工作提供数据支持。通过内置的分析功能，客户端模块能够准确地处理数据，生成用户控制、数据分析和数据接收等子模块之间的交流结果，各模块能够相互协调，无干扰地工作，确保监测工作的顺利进行。

3）数字化监测系统的组成

虚拟仪器：环境监测数据的可靠性和准确性至关重要，传统监测方法依赖于光谱学和光学仪器，操作复杂且成本高昂，尤其在大气环境监测中，对复杂环境的监测难度更大。随着技术的进步，虚拟仪器逐渐成为自动化监测的核心工具。通过虚拟仪器，计算机可以实现自动监测，并与互联网结合，提升数据处理和统计的效率。这种仪器在大气监测中的优势包括操作简便和数据可靠，因而受到广泛重视。互联网技术的应用显著减少了数据处理的工作量，使计算机能够高效完成复杂数据的分析处理，避免了重复采样和计算。此外，虚拟仪器还支持远程控制，可根据不同环境使用不同的软件，确保数据的真实性和一致性。

服务器模块：数据服务器提供充足的空间以进行数据交换，网络服务器则负责数据的传输。客户通过网络平台访问数据服务器，享受快速的传输和下载速度。客户提出数据提取需求后，网络服务器通过网络连接处理请求。数字化监测系统整体性强，能够实现各模块的协调合作。采样服务器对信息进行数字化处理，并将分析后的数据存储至数据库，增强信息处理的有效性。

客户端模块：在数字化监测系统中，客户端模块占据重要地位，具体的模块结构见图 6-2。客户端模块负责调用服务器数据，并将其传递给用户，为环境监测工作提供数据支持。此外，客户端模块还具备其他功能，以满足用户的多样化需求。针对不同的数据，客户端模块可以进行有针对性的处理，确保监测结果更符合用户的要求。客户端模块由多个复杂模块组成，各模块之间相互协作，显著提升了环境监测的合理性和准确性。

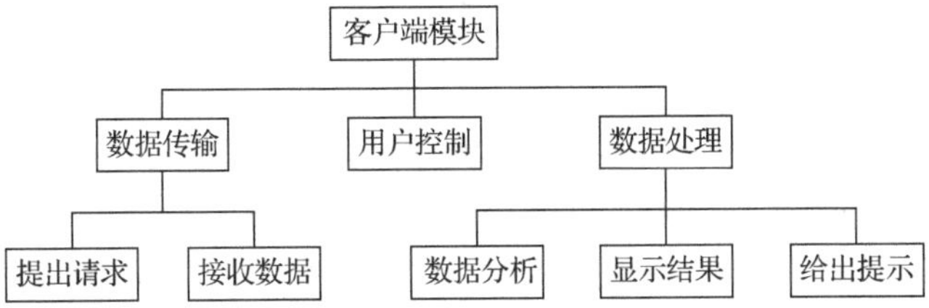

图 6-2　客户端模块结构

数据传输与处理模块：根据用户需求，数据传输模块可以对不同模块进行精准控制。服务器接收到请求后，迅速获取所需结果，并及时反馈给用户。在这一过程中，数据处理模块根据客户的实际需求进行针对性处理，并通过图表等形式展示结果，确保信息的及时性和准确性。

2. 实际应用中的部署情况

在数字化监测系统的应用中，大气环境监测主要可分为两个关键部分：空中监测和地面监测。通过这两种监测方式的综合应用，可以有效提升对大气环境的理解和管理。

空中监测利用无人机遥感技术对城市、乡镇等区域进行巡查。这种监测方式通过无人机拍摄实时影像、传输数据并进行系统自动分析，实现了对大气环境的动态观察。无人机的飞行轨迹、航线和高度可以由监测人员精确控制，以确保数据采集的准确性和可靠性。无人机空中监测的优势在于其能够覆盖广泛的监测区域，并提供直观的污染物分布和浓度信息。通过高分辨率影像和实时数据传输，无人机能够清晰展示大气污染物的种类、浓度、来源及其在不同区域的分布情况。这些数据不仅有助于实时评估空气质量，还为后续的大气环境治理提供了宝贵的基础数据。例如，通过无人机的航拍图像，可以识别出污染源的具体位置，进而采取针对性的治理措施。

地面监测则关注具体地理位置的大气质量监测。为了实现有效的污染治理，需要在工业聚集区、环境敏感区等重点区域布设自动监测站点。这些监测站点的主要任务是实时采集空气质量数据，并将这些数据传输至本地监测中心。通过在多个点位布设监测站，可以实现大气环境监测的全覆盖，确保数据的全面性和准确性。地面监测站点采用网格化布局，使不同监测点之间能够协同工作，共同提供详尽的环境数据。这种网格化监测方式不仅可以监测到局部区域的空气质量变化，还能整合数据，提供整体的空气质量状况。当地的监测中心通过对这些数据的分析，能够制定出科学合理的环境治理措施。基于实时反馈的数据，可以对环境治理措施进行调整和优化，以便于更有效地改善大气环境质量。

6.3.3 监测数据的实时采集、传输与处理

1. 实时采集

利用先进的数字技术实现对大气监测数据的实时采集，需要结合传感器、大数据、物联网等技术手段，对大气环境中的各类污染物进行实时、精确且全面的监测，同时可以全面了解大气污染状况、趋势和分布，从而指导环境管理决策、制定政策、提高监测效率，实现大气环境保护的精准化、信息化、智能化[13]。

在固定监测站方面，大数据分析技术通过布置在不同地点的传感器和监测设备，实时采集空气质量和气象数据。传感器可以检测空气中的颗粒物浓度、有害气体浓度等，而气象设备则记录温度、湿度、风速、风向等信息。通过大数据技术，这些数据能够被高效地采集、整合和分析，从而实现对大气环境的全面监控与评估。

移动监测设备的应用扩展了大数据技术的数据采集范围。比如，车载监测设备可以在城市的不同路段和交叉口对空气质量进行实时监测和数据采集。采集到的数据经过大数据技术的实时处理与分析，进一步丰富了环境监测的数据信息和覆盖范围。

2. 传输与处理

在大气污染物的监测过程中，信息传输往往面临丢包率高、误码率高、传输延时长以及传输成功率低等问题。通过物联网通信技术，可以有效改善这些问题，确保监测数据的无线传输更加可靠和高效。

数据处理是将采集到的原始数据转化为有意义结果和信息的关键步骤。大数据技术在这一过程中发挥了重要作用，能够预处理数据以填补缺失值、消除噪声和剔除异常数据，从而提高数据的可靠性和实用性。首先，将不同来源的数据（如传感器采集的空气质量和气象数据）统一转化为结构化的表格格式，以便于后续的处理与分析。其次，在采集过程中由于传感器误差和信号干扰，数据常会包含随机噪声，针对数据中的噪声问题，大数据技术通过应用滤波算法（如滑动平均、中值滤波等）来减少这些噪声的影响，从而提高数据的准确性。

对于数据中的缺失值，可能是由采集错误或未能采集到某些数据项所致。大数据技术可以通过插值、回归等方法填补这些缺失值，以保证数据的完整性和连续性。例如，可以基于现有数据样本进行相关性分析，预测缺失值并进行适当的插值处理。此外，利用统计方法和机器学习算法，大数据技术能够有效

检测和识别异常数据，并根据实际情况采取措施，如删除、修复或标记这些异常数据。最后，在大数据环境下，由于多样化的数据来源和重复采集，容易产生大量重复数据，降重处理不仅能节省存储空间，还能提高数据分析的效率和效果。

6.4 数字技术在大气污染源识别与控制中的应用

6.4.1 基于数字技术的污染源识别方法

随着工业化和城市化进程的加速，大气污染问题日益突出，有效识别和控制污染源成为环境治理的关键环节。传统的污染源识别方法包括统计模型、大气化学传输模式、现场监测和实验室分析，虽然精确度较高，但通常耗时长、成本高、覆盖范围有限。因此数字技术的发展为污染源识别提供了新的方法，能够更快速、更广泛、更精确地进行大气污染源的识别和控制。

1. 大数据与人工智能

大数据和人工智能已成为推动社会变革和技术进步的两大支柱。随着互联网的普及、计算能力的提升以及数据获取手段的多样化，大数据技术和人工智能的应用越发广泛和深入。大数据技术使海量环境监测数据的收集和分析成为可能，通过整合卫星遥感数据、空气质量监测数据、气象数据等多源数据，可以为污染源识别提供丰富的数据支持。

人工智能技术，尤其是深度学习和机器学习，近年来在污染源识别领域取得了显著进展。深度学习算法能够从大量非结构化数据中自动学习复杂的污染源模式，识别能力远超传统方法，它的自适应能力和高精度预测能力具有显著优势。其中，卷积神经网络可以用于分析遥感图像中的污染源特征，自动识别出污染源的特征；生成对抗网络（generative adversarial network，GAN）和循环神经网络（recurrent neural network，RNN）则适用于处理时间序列数据，可识别出潜在的污染源，预测污染源的变化趋势。借助机器学习技术的蓬勃发展，图形图像分析技术也取得了巨大的进步，图像中的物体识别及物体轮廓提取都可以借助机器学习技术实现。例如，将深度学习图像分析技术应用于激光雷达水平扫描热点识别中，并基于该技术的图像分类和图像分割算法对污染源进行识别，结果表明可以识别出不同类型的污染，如点状污染、线状污染、面状污染，实现雷达扫描监测的污染溯源自动化[14]。

机器学习算法能够从复杂数据集中提取特征，实现对污染源的自动识别和分类。其中基于监督学习的分类模型可以根据历史数据训练识别特定类型的污染源，非监督学习则可用于发现潜在的未知污染源。

2. 统计学方法

在污染源识别中，正定矩阵因子分解法（positive matrix factorization，PMF）通过对环境监测数据（如大气污染物浓度）的矩阵分解，分离出潜在污染源的贡献，并识别出这些污染源的特征。

化学质量平衡法（chemical mass balance，CMB）则是通过分析污染物的化学成分，利用已知源特征谱（即每种污染源排放物的特征化学成分分布），将观测到的污染物浓度分解为不同污染源的贡献。

3. 遥感技术

遥感技术通过卫星或无人机等获取大范围的环境数据，能够实时监测大气污染状况。遥感影像的高光谱分析可以识别特定污染物的光谱特征，从而定位污染源，特别是在难以接近或监测点稀疏的区域，遥感技术具有不可替代的优势。此外，遥感数据与地理信息系统的结合，可以实现污染源的空间分布分析，帮助决策者制定有效的污染控制措施。

4. 传感器网络与物联网技术

传感器网络通过在污染源附近布设密集的传感器，实时采集空气质量数据。物联网技术将这些传感器连接起来，形成一个动态监测网络，通过传感器实时上传的数据，可以准确识别污染源的位置和排放强度。结合先进的数据处理技术，如数据融合和边缘计算，能够有效处理传感器数据的时空异质性问题，提高污染源识别的准确性。

5. 区块链技术

区块链技术的引入为污染源数据的管理和追溯提供了新的可能性，通过构建一个去中心化的数据存储和共享平台，区块链可以确保污染源数据的真实性和不可篡改性。不同监测机构可以通过区块链平台共享数据，增强污染源识别的透明度和协作性，还可以进一步增强执法与监测有效联动、提高环境监测数据质量、发挥固定污染源自动监控的效能。

通过以上分析，基于数字技术识别污染源方法的流程图如图 6-3 所示。

可见，数字技术在污染源识别领域，已经存在广泛的运用，通过大数据、遥感、物联网、人工智能和区块链等技术的综合应用，可以实现对污染源的全面、实时和精准的识别。

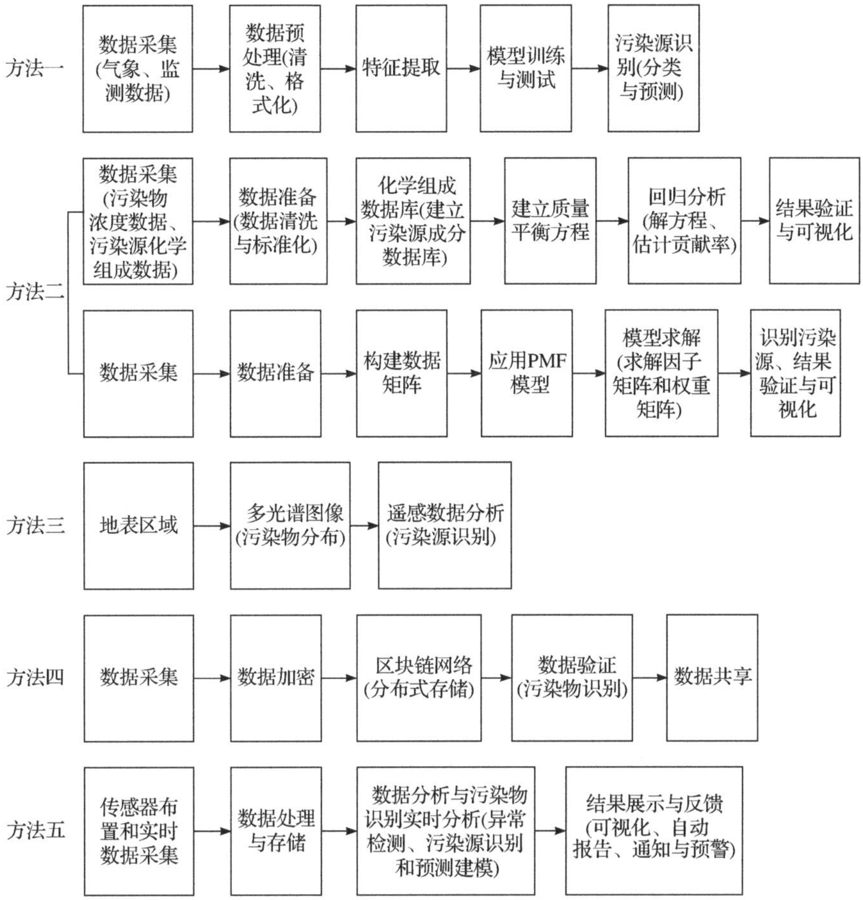

图 6-3　基于数字技术识别污染源方法的流程图

6.4.2　污染源控制策略的数字化实现

数字技术不仅可以提高污染源识别的准确性，还能支持更精准和高效的控制策略制定与执行。数字技术可以通过大数据分析和人工智能算法，将海量的环境数据转化为有用的信息，这些信息包括污染物排放的时空分布、污染源的贡献率、污染物的传输路径等，之后对这些信息和数据进行实时处理与分析，从而实现对污染源的动态监测和快速响应。通过数字化仿真和预测建模技术，模拟不同污染源控制策略的实施效果，可以得到污染物在特定区域内的浓度分布图，帮助决策者量化分析和评估不同控制策略的效果，选择最优的控制方案。再运用常用的优化算法包括线性规划、遗传算法、粒子群优化等在多维度上对控制策略进行优化，确保污染物浓度达到安全标准的同时，将经济成本降到最低。最后通过决策支持系统将复杂的分析过程和结果以可视化的方式呈现给决策者，使其能够直观地理解污染源的分布和控制措施的效果。这样，决策者就可以快速评估不同策略的利弊，并通过模拟测试调整策略参数，最终确定最优的污染源控制方案。

1. 实时监控与反馈系统

实时监控系统通过与传感器和监测设备相连，能够即时获取污染源的排放数据和空气质量信息。当监测到污染物超标或特定区域污染加重时，系统能够自动发出警报，并触发相应的应对措施，如调节工厂排放量或实施临时交通管制。反馈系统还能根据执行效果，动态调整控制策略，实现闭环控制。

2. 数字化执法与管理

通过数字技术，环境执法部门可以更高效地执行污染控制措施。无人机监测、卫星遥感等技术能够帮助执法人员精准定位违法排放源,并提供详尽的证据支持。数字化管理平台则可以整合各类数据资源，为执法提供全面的决策支持，确保控制措施的落地执行。

3. 云计算与智能调度

云计算技术的引入使污染源控制的执行变得更加灵活和高效。利用云端计算资源，可以为大规模数据处理、实时调度和资源优化等方面提供强大支持。例如，在大规模污染事件发生时，云计算系统能够迅速整合多方数据，生成应急响应策略，并通过智能调度系统协调各部门的联动行动，确保控制措施的有效实施。

虽然数字技术为污染源控制带来了诸多便利，但在其应用过程中也面临着一定的挑战。例如，数据的准确性和完整性是数字化策略制定的基础，而在实际操作中，监测数据可能因设备故障或环境变化而不稳定。此外，数字化系统的构建与维护也需要较高的技术和资金投入，这对某些发展中国家或地区可能形成一定的障碍。随着科技的不断进步，数字技术在污染源控制中的应用前景仍然十分广阔。未来，随着物联网技术的普及，环境数据的获取将更加全面和便捷；人工智能和机器学习技术的不断发展,也将进一步提升污染源识别和控制策略的精准度。最终，数字技术将推动污染源控制从被动响应向主动预防转变，实现更可持续的环境治理。

数字技术在大气污染源控制中的应用，为环境管理和污染防治提供了全新的思路和方法。通过大数据、人工智能、实时监控和智能决策系统，污染源的识别、控制策略的制定与执行变得更加精准、高效和科学。尽管面临一些挑战，但数字技术的应用无疑将成为未来污染源控制领域的重要趋势，为实现环境的可持续发展做出贡献。

6.4.3　数字技术在污染源监管中的应用实践

随着全球环境问题日益严重，尤其是大气污染的加剧，污染源的监管变得尤为重要。然而，传统的污染源监管手段存在诸多局限性，如监测范围有限、数据实时性差、监管手段滞后等问题，难以全面、准确地反映污染源的实际情况和应对复杂多变的污染形势。数字技术的快速发展为污染源监管提供了全新的工具和手段，通过大数据、物联网、云计算、人工智能等技术，提升了污染源监测的精度和效率，实现了监管手段的智能化、精准化和实时化。

党的十八大以来，国家加快推进环境治理体系建设，其中污染源环境监管体系是环境治理的重点领域，已制定和实施了系列改革措施（表 6-1）。总体上，我国污染源环境监管体系建设取得显著进展，相关体制制度做出了较大的调整和优化，为切实加强污染物排放的控制与监管奠定了基础[15]。

表 6-1　近年我国污染源环境监管体系建设主要改革举措

类别	具体举措	主要文件	主要政策目标
监管体制	省以下环保机构监测监察执法垂直管理制度改革	《关于省以下环保机构监测监察执法垂直管理制度改革试点工作的指导意见》（中办发〔2016〕63 号）	理顺行政层级间、政府部门间、地区间污染源环境监管职能划分，加强监管统一性、有效性
	设立流域、区域机构	《按流域设置环境监管和行政执法机构试点方案》（2017 年） 《跨地区环保机构试点方案》（2017 年）	
	组建生态环境部，明确有关部门生态环境保护责任	《关于深化生态环境保护综合行政执法改革的指导意见》（中办发〔2018〕64 号） 《国务院办公厅关于生态环境保护综合行政执法有关事项的通知》（国办函〔2020〕18 号） 《生态环境保护综合行政执法事项指导目录（2020 年版）》（环人事〔2020〕14 号）	
政策制度	控制污染物排放许可制	《控制污染物排放许可制实施方案》（国办发〔2016〕81 号） 《排污许可管理办法（试行）》（环境保护部令第 48 号） 《关于构建以排污许可制为核心的固定污染源监管制度体系实施方案》（环办环评函〔2020〕725 号） 《排污许可管理条例》（国务院令第 736 号）	优化完善污染源环境监管各项基本制度，明确核心制度，理顺制度之间关系，加强制度协同
	环境影响评价制度改革	《中华人民共和国环境影响评价法》（2018 年修正） 《“十三五”环境影响评价改革实施方案》（环环评〔2016〕95 号） 《关于强化建设项目环境影响评价事中事后监管的实施意见》（环环评〔2018〕11 号）	

续表

类别	具体举措	主要文件	主要政策目标
政策制度	建设项目竣工环境保护验收管理改革	《建设项目环境保护管理条例》（国务院令第253号）（2017年修订） 《建设项目竣工环境保护验收暂行办法》（国环规环评〔2017〕4号）	优化完善污染源环境监管各项基本制度，明确核心制度，理顺制度之间关系，加强制度协同
	责任追究制度	《环境保护主管部门实施按日连续处罚办法》（环境保护部令第28号） 《环境保护主管部门实施查封、扣押办法》（环境保护部令第29号） 《环境保护主管部门实施限制生产、停产整治办法》（环境保护部令第30号） 《生态环境损害赔偿制度改革方案》（2017年） 《关于深入推进生态环境损害赔偿制度改革若干具体问题的意见》（环法规〔2025〕6号） 《中华人民共和国刑法》（2020年修正） 《最高人民法院、最高人民检察院关于办理环境污染刑事案件适用法律若干问题的解释》（2016年）	
	环境保护税	《中华人民共和国环境保护税法》（2018年修正） 《中华人民共和国环境保护税法实施条例》（国务院令第693号）	
运行机制	环境执法“双随机、一公开”	《国务院办公厅关于推广随机抽查规范事中事后监管的通知》（国办发〔2015〕58号） 《关于在污染源日常环境监管领域推广随机抽查制度的实施方案》（环办〔2015〕88号） 《关于进一步强化生态环境保护监管执法的意见》（环办环监〔2018〕28号）	确保污染源环境监管各项制度有效运行和实施，提升监管的有效性
	环境保护行政执法与刑事司法衔接	《环境保护行政执法与刑事司法衔接工作办法》（环环监〔2017〕17号）	
	环境监管网格化	《国务院办公厅关于加强环境监管执法的通知》（国办发〔2014〕56号）	
	监测与执法联动	《国务院办公厅关于印发生态环境监测网络建设方案的通知》（国办发〔2015〕56号）	

环境治理体系建设的推进与完善，为数字技术在污染源监管中的应用奠定了坚实的基础。大数据技术可通过收集、存储、分析海量的环境数据，发现其中的规律和趋势，从而为污染源监管提供科学依据。例如，通过对历史排放数据的分析，可以识别出排放量较高的时段、区域和企业，进而制定有针对性的监管策略。随着计算机技术和数值科学的巨大进步，计算机模拟已成为许多应用领域中传统实验方法的有力替代方案。与实验测试相比，仿真更便宜，并且可以在更短的时

间内获得包含更多信息量的结果。仿真尤其适用于预测和优化研究。计算机模拟可以很容易地改变和检查基础模型的不同参数，并且模型可以模拟在实验中难以实现的条件（如毒性环境）[16]。

一项研究通过运用大数据技术，以 2006～2015 年湖南省 300 兆瓦及以上大型火电企业燃煤机组发电过程中烟气排放的 SO_2、NO_x 等连续监测数据为基础，分析火电厂大气污染物排放在线监测数据，对主要污染物年、月、日、区域的变化及差异进行挖掘，并对各排放特征的形成原因和影响因素进行分析，探究具有潜在联系的因素之间的相关性。研究结果总体上反映了大气污染治理政策体系的整体演进特征和规制效果，以及火电厂对中央政策的响应速度和程度[17]。

这一实例说明通过大数据分析排放污染物的监控数据，能够很好地说明政策的实施效果，可以更好地反映大气污染治理政策体系的整体演进特征和规制效果，对于政府提高污染治理的精细化管理水平，进一步完善大气污染治理政策有十分重要的参考意义。大数据技术也可以与气象数据、交通数据等其他类型的数据结合，进行综合分析，预测污染物的扩散路径和影响范围，从而为应急管理提供支持。通过大数据技术，监管部门可以更加全面地了解污染源的情况，提高监管的科学性和有效性。

云计算技术在污染源监管中的应用，主要体现在数据的处理和存储方面。污染源监测数据量巨大，需要强大的计算和存储能力来支持。云计算技术通过提供灵活、高效的计算资源，可以实现对海量监测数据的快速处理和分析。此外，云计算平台还可以提供数据的共享和协作功能，使不同部门、不同区域的监管数据能够实现互联互通，共享污染源信息，提高监管的整体效率。例如，在跨区域的污染事件中，云计算平台可以汇聚各地的监测数据，进行统一分析，为跨区域的联动监管提供支持。2024 年，全国首个“移动污染源智能监管云平台”在丰台启用，该平台的搭建和应用，实现了对移动污染源的全量化、实时化、动态化、智能化监管及整治水平的提升。应用移动污染源监测设备可以实现对尾气排放超标车辆的识别，电子围栏功能可以通过北斗卫星定位，对 12 吨以上重型车辆的 GPS 数据进行实时掌握，获取车辆行驶轨迹，通过平台系统划定虚拟围栏可以对违规进入围栏的车辆进行预警提示，并追溯车辆轨迹，为人工执法监管提供数据支撑，有效地减少了区域 $PM_{2.5}$ 来源，实现经济发展与环境保护协调推进，并实现双赢。这充分说明了人工智能、大数据、物联网等前沿的数字技术在污染源监管方面的应用能够助力社会高质量发展。

此外，数字技术还促进了公众参与和信息透明度的提升。在数字化平台的支持下，公众可以通过手机应用、网页等渠道，实时获取污染源的监测信息，并向监管部门举报环境违法行为。这种信息的公开和透明，提高了公众的环境意识，增强了公众对环境治理的参与感和监督力度，形成了全社会共同参与的环境治理机制。

综上所述，数字技术在污染源监管中的应用，不仅显著提升了监管的精准性和实时性，还推动了监管手段向智能化和创新化的方向发展。通过物联网技术可以实现对污染源的实时监测，利用大数据技术增强监管决策的科学性，借助云计算技术优化数据处理和共享方式，并通过人工智能技术提高监管的智能化水平。这些数字技术的协同应用，正在逐步构建一个高效、智能、透明的污染源监管体系。然而，数字技术在实际应用中仍然面临数据安全、技术成本和系统稳定性等方面的挑战，未来仍需持续改进和优化。

6.5 数字技术在大气污染治理政策及效果评估中的应用

6.5.1 数字技术在政策制定与执行中的作用机制

随着数据量的爆炸式增长和技术的不断进步，数字技术成为政策制定者的有效工具，使政策的制定和执行更加科学、合理、高效，具体可以从大数据分析、机器学习算法应用以及具体环境领域的实例展开讨论。

政策制定者可以利用大数据分析来识别和精确定位污染源，并分析出对污染源造成影响的主要因素，以及污染源在时序上的演变趋势，为环境政策制定给出合理的建议，帮助其优化资源分配，提升治理效果。

当然，在环境大气污染领域中的其他方面，机器学习算法也有非常大的用处，这些算法能够捕捉污染物及其影响因素之间的复杂非线性关系，因此在预测、误差校正、资料同化以及污染成因分析中应用广泛。根据检索到的近 9000 篇文献，常规的机器学习算法如支持向量机、随机森林、XGBoost（extreme gradient boosting，极端梯度提升）、决策树等，以及深度学习模型如长短期记忆网络（long short-term memory，LSTM）、卷积神经网络和人工神经网络，因其强大的数据处理能力，被广泛应用于空气污染预测和成因分析。这些算法在预测 $PM_{2.5}$、NO_2、臭氧等污染物浓度时表现出色，能够为政策制定者提供高精度的预测结果，帮助其提前采取应对措施，减少污染物的积累和扩散[18]。

在二氧化碳领域内，全球气候变化是当今人类面临的重大挑战，对二氧化碳排放的控制已成为各国政府的重要议题。中国作为全球碳排放量最高的国家，必须采取科学合理的政策来实现“双碳”目标。围绕落实“双碳”目标，《中共中央关于制定国民经济和社会发展第十四个五年规划和二〇三五年远景目标的建议》中明确提出，加快推动绿色低碳发展，降低碳排放强度，支持有条件的地方率先达到碳排放峰值。而数字技术在此过程中发挥了重要作用，通过多种机器学习算法，如 XGBoost 模型，政策制定者可以建立交通运输领域二氧化碳排放的预测模型，并分析影响碳排放的关键因素。利用 SHAP（Shapley additive explanations，沙普利加法解释）算法，能够量化各输入特征对二氧化碳排放的贡献，帮助决策者制定出更有针对性的减排政策。

此外，LSTM 等深度学习模型在碳排放预测中表现出色。通过对不同省区市的经济发展水平、能源结构和碳排放历史数据进行分析，LSTM 模型可以帮助预测各省区市的碳达峰时间，并为实现"双碳"目标制订合理的路径优化方案。这种基于数据和模型的情景分析可以为政策制定提供有效支持，确保各省区市根据自身特点实施最适合的减排策略。

臭氧污染是另一项亟须解决的环境问题，因其形成机制复杂，传统的分析方法往往难以准确把握影响因素之间的关系。机器学习技术尤其是 XGBoost 和 SHAP 算法在这种复杂环境下的应用，有助于揭示臭氧浓度与气象要素、大气污染物之间的关系。

在青岛市的研究中，利用这些技术，研究者可以确定不同季节影响臭氧浓度的关键因子，并分析臭氧超标日的驱动因素。这些分析结果为区域性臭氧污染的分类管控提供了重要依据，帮助政策制定者制定更有效的治理措施。例如，夏季和冬季的主要驱动因素可能有所不同，因此需要制定不同的污染控制策略。

此外臭氧浓度的持续上升也成为公众日益关注的环境污染问题。长期暴露于高浓度臭氧环境中，可能会面临心血管疾病和呼吸系统疾病等健康风险。臭氧的形成受多种前体物质、化学反应和气象条件的影响，各驱动因素之间存在着复杂的非线性关系，在这种复杂大气环境中，识别和理解以上条件与因素的相互作用变得更加重要。因此机器学习技术尤其是 XGBoost 和 SHAP 算法在这种复杂环境下的应用，有助于揭示臭氧浓度与气象要素、大气污染物之间的关系。采用 XGBoost 模型和可解释性 SHAP 算法，研究者可以确定不同季节影响臭氧浓度的关键因子，探讨不同季节气象要素和大气污染物对臭氧浓度的影响及贡献，以及在臭氧超标日各子站影响臭氧浓度的关键驱动因素。这些分析结果为区域性臭氧污染的分类管控提供了重要依据，帮助政策制定者制定更精准的治理措施[19]。

这些数字技术的应用使环境治理更加科学、合理，显著提高了政策的实施效果，为全球环境保护和气候变化应对提供了坚实的技术支撑。

6.5.2　基于大数据的治理效果评估与决策支持

随着互联网的普及，信息总量正以空前的速度爆炸性增长，人类社会进入了一个以"PB"（1 PB=1024 TB，1 TB=1024 GB①）为单位的数据信息新时代，即大数据时代[20]。大数据的典型特征就是大量化、快速化、多样化和价值化，正深

① PB 指 petabyte（拍比特）；TB 指 terabyte（太比特）；GB 指 gigabyte（吉比特）。

刻影响着人类社会的变革与发展，已成为推动大气污染治理的重要工具并在全球大气污染治理中扮演着至关重要的角色。大数据技术在大气污染治理效果评估与提供决策支持方面，已经展现出强大的潜力。通过对全方位数据的采集、科学的分析与挖掘，决策者能够更加精准地评估治理效果，优化政策制定，提升环境监管效率并实现科学决策支持，最终实现大气环境质量的持续改善，为全球环境治理提供有力支持。

1. 数据采集与整合

大气污染治理的首要任务是全面、及时地采集与整合各类相关的数据源。这些数据源包括但不限于空气质量监测数据、气象数据、工业排放数据、交通流量数据、居民健康数据以及社交媒体上的公众反馈。通过先进的传感器网络、卫星遥感技术、智能设备和信息系统，这些数据可被高效地采集和汇总。

通过大数据平台，对这些多源数据进行整合与清洗，形成一个综合性的数据池，为后续的分析提供坚实的基础。

2. 数据分析与挖掘

在数据整合完成后，深入挖掘与分析这些数据是评估治理效果的核心步骤。机器学习和人工智能技术在其中发挥了重要作用。可以通过构建预测模型，分析污染源的时空分布规律，预测未来污染趋势，并评估不同治理措施的效果。利用大数据分析，可以识别出影响大气污染的关键因素，如特定行业的排放、交通拥堵和气象条件等，为进一步优化治理策略提供依据。此外，利用大数据挖掘技术可以从海量数据中提取出影响政策效果的潜在因素，从而为政策的改进和优化提供科学依据。

3. 治理效果评估

大数据技术不仅在单一维度上为大气污染治理提供支持，还可以通过构建系统化的多维度评估指标体系实现对治理效果的全面评估。通过构建包含环境指标（$PM_{2.5}$、PM_{10}、SO_2、NO_x的浓度变化）、社会经济指标、政策执行指标以及公众参与度等指标的多维度评估指标体系，对其进行综合分析，可以对比不同治理时期的污染物浓度变化、政策实施区域的空气质量改进情况以及公众健康水平的提升等指标，来衡量治理政策的实际效果并从多个维度全面评估大气污染治理的效果。

大数据技术的应用还使动态评估成为可能，通过利用大数据平台，政府可以对环境监测数据进行实时分析，及时发现空气质量异常变化，并将这些信息反馈到政策执行层，迅速做出响应。基于历史数据的模型预测也可以提前识别潜在的污染风险，提前发布预警信息，并制定应急预案。在冬季供暖期间，可以预测雾霾天气的发生，提前启动减排措施。动态评估不仅仅是监测和反馈，更重要的是能够指导政策的调整和优化。通过大数据分析，可以评估当前政策的效果，并提出优化建议，如治理措施的覆盖范围是否足够广，执行力度是否到位等，从而为后续政策的调整与优化提供科学依据。

同时，大数据治理运用大数据、云计算等现代信息技术手段打造的“智慧环保”等平台，能快速搜集和处理涉及环境风险、举报、突发事件等的信息，实现各级政府间实时数据传输和共享，使上级政府能够清晰了解各地区的污染变化情况，从而解决环境监管中的委托代理问题[21]，以提高政府环境决策与监管能力。通过大数据评估，治理措施的有效性得到了量化，环境管理的智能化得到了实现，政策的实际影响得到了验证，为持续改进提供了坚实的数据支持。

4. 决策支持与优化

大数据技术不仅仅用于效果评估，还能为决策者提供实时的决策支持。通过构建大气污染治理的智能决策支持系统，决策者可以基于实时数据快速响应突发事件，如重污染天气预警和污染源排查。同时，利用仿真与优化技术，决策者可以模拟不同治理措施的潜在效果，从而选择最优策略。通过仿真分析不同污染源控制措施的效果，决策者可以预测政策实施后的污染物减少量，从而优先选择成本效益最高的治理措施。此外，基于大数据的决策支持系统还可以提供动态调整建议，确保治理政策始终与实际情况相匹配。

5. 公共反馈机制

一方面，需搭建有效的反馈响应机制，通过广泛运用大数据技术自动抓取、主题检索、专题聚焦涉及大气污染、突发环境事件、社会舆论等的海量互联网数据，利用机器学习等算法实现有效筛选和甄别，形成有价值的反馈信息[22]，为决策者提供数据支持；另一方面，通过分析社交媒体以及大气污染投诉热线等渠道的数据，决策者可以了解公众对治理政策的反应，及时调整政策方向。

6.5.3　数字技术在公众参与和社会监督中的应用探索

随着中国进入经济发展新时期，人民群众对优美环境的诉求也在不断提升，环境治理成为推动经济增长与环境污染“脱钩”的重要着力点。当前阶段，中国已经建立起“政府主动、企业被动”的“自上而下”的环境治理体系。然而，作为环境资源的最直接利益相关者，公众却长期被排除在环境治理体系之外，因而也使现行的二元环境治理体系暴露出诸多缺陷：一是在信息不对称背景下，企业污染环境的行为很难被政府及时掌握，且此时环境污染已经发生，后端治理的成本要远大于前端管控的成本；二是部分地方官员的工作需求与污染企业的利益需求往往产生重合，寻租行为有可能带来地方政府与污染企业的共谋，进而产生环境治理领域的政府监管失灵。党的十九大报告明确指出“构建政府为主导、企业为主体、社会组织和公众共同参与的环境治理体系”①。将公众纳入环境治理体系具有重要意义，有利于打破地方政府与污染企业在信息不对称和监管失灵背景下的环境负外部均衡，促进“三方共治”体系的建立。公众参与环境治理是指与环境利益相关的个人或社会组织、团体直接或间接参与到环境政策、计划或项目的决策过程中。工业化进程早于中国的发达国家也相对较早地面临了环境治理问题，国外关于公众参与环境治理的研究大致经历了由“退出机制”到“呼吁机制”的转变。在“退出机制”下，公众直接参与环境治理的渠道相对有限，他们可以“用脚投票”倒逼地方政府加大对环境的治理力度[23]。随着数字技术的迅速发展，公众参与和社会监督在大气污染治理中的作用愈加显著，数字化手段不仅为公众提供了更加便捷的信息获取渠道，也使社会监督政府和企业变得更加高效和透明。

通过数字化平台公开污染治理信息，可以提高公众对政策和执行情况的了解，增强公众的信任感和参与感。政府和环保机构可以通过官方网站、应用程序和社交媒体等渠道，定期发布空气质量报告、污染源清单和治理措施进展情况。这些信息的公开，不仅有助于公众了解环境状况，还为社会监督提供了依据。

在生态文明建设中，大气污染防治的重要程度进一步得到了提高。政府开放了多种参与渠道，并获得了多方专家的参与意见。例如，在《中华人民共和国大气污染防治法》的修订过程中，政府多次举办专家论证会和专家咨询会听取各领域专家学者的宝贵意见。同时，在相关政策文件制定出台后，政府也会通过专家这一重要的专业知识媒介向公众解读并传播大气污染防治知识，从而更好地倡导或动员公众参与到大气污染治理中来[24]。信息公开还包括对历史数据的开放与共享，意味着公众和研究机构可以访问这些数据，开展独立分析，评估治理措施的实际效果。这种数据透明度的提升，促进了公众对政府环保工作的理解和支持，同时也增强了政策实施的公信力。

数字技术为公众参与大气污染治理提供了多样化的平台。这些平台通过社交媒体、在线论坛和应用程序，形成了一个开放的交流空间，公众可以随时随地获取有关空气质量的信息，并参与相关讨论和决策过程。

首先，建立在线平台，鼓励公众报告污染问题，参与政策讨论和反馈，增强政策的社会适应性。在大气污染治理领域，互联网的普及和大数据技术的应用为

---

① 《习近平：决胜全面建成小康社会 夺取新时代中国特色社会主义伟大胜利——在中国共产党第十九次全国代表大会上的报告》，https://www.gov.cn/zhuanti/2017-10/27/content_5234876.htm[2017-10-27]。

环境治理主体提供了一个可持续的交互性政策参与平台。互联网的开放性、交互性、实时性的特点，在实现环境监测动态化、政府环境监管信息化、社会公众参与环境保护深度化、环保产业智能化方面更具有优势，尤其是公众环境参与方面，由于互联网大数据技术的发展及其在环境保护领域的创新应用，公众能够及时有效地表达自己的环保诉求，对政府部门形成监督。其次，加强网络回应机制建设，规范网络环境下公众环境参与行为，可依托大数据技术，对公众反馈的意见进行深度剖析与分类，确保回应策略能够精准对接问题的紧迫性与重要性，实现高效、有针对性的沟通。大数据技术的跨时空性和信息传递的及时性也可以降低公众环境参与成本，对政府和企业形成有效监督。同时，公众可以通过大数据平台实时了解大气污染治理进展，提高对环境污染突发事件的预警能力，为政策制定提供民众的反馈与建议。公众参与大气污染环境治理的逻辑关系与路径如图 6-4 所示。

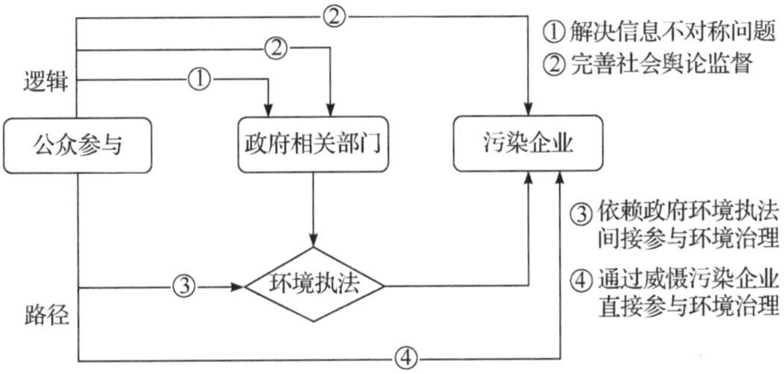

图 6-4　公众参与大气污染环境治理的逻辑关系与路径

但是在确保公众享有充分言论自由与知情权的前提下，政府也应积极推动相关法律法规体系的建立健全，清晰界定公众在网络空间中参与活动的权利范围与应承担的责任义务，确保公众参与的每一步都符合法律与道德的双重标准，促进构建一个更加积极、健康且有序的公众与政府网络互动环境，便于公众深入参与环境监管，提高对政府措施的信任度与配合度。

6.6　国内外数字化大气污染治理典型案例分析

6.6.1　国内典型城市大气污染治理的数字化实践案例

数字生态文明建设通过融合大数据、5G、人工智能等技术，提升了生态环境治理的科学性、精细性和智能化水平。在大气污染治理领域，这些技术的应用已成为关键驱动力，并提升了环境治理效率。在中国，大数据和人工智能技术在大气污染治理中的应用日益广泛，涉及实时空气质量监测、污染源追踪、智能预警、公众信息服务、跨区域协同治理和自动化监控等方面。当前，众多城市群在大气污染治理领域通过采纳数字技术实现了显著的成效。具体而言，京津冀地区、长三角地区、珠三角地区以及长株潭城市群等典型区域，在应用大数据、人工智能、物联网等先进数字技术进行环境治理方面，均已取得了突破性的进展。这些技术的应用不仅优化了环境监测和污染源追踪的效率，还增强了空气质量预测的准确性，为制定更为科学的环境政策和治理措施提供了强有力的数据支撑。

首先是京津冀地区在数字化治理方面表现突出，区域内构建了广域的空气质量监测网络，部署众多监测站点与移动设备，对 $PM_{2.5}$、PM_{10}、NO_2、SO_2 等污染物进行实时监控，数据即时汇总至中心平台，为决策提供科学依据。例如，河北省的数智环保综合管理平台，北京市的大气“三监”联动精准治污调度平台，通过集成多源数据，实现了监测、监管和监察的有效联动，推动了精准治污的实施。北京市开发了生态环境大脑，综合运用物联网、大数据、云计算、卫星遥感等技术，结合人工智能算法，实现生态环境质量、重大污染源、生态状况全覆盖。进一步地，利用大数据和人工智能技术，京津冀地区开发了智能预报系统，能准确地预测空气质量。同时，结合卫星和地面数据追踪污染源，为管理部门提供定制化控制策略，如在工业密集区和交通繁忙路段执行更严格的排放规定。智慧城市平台整合多源数据，实时监控城市运行，减少对空气质量的影响。天津市通过智能化监管系统，对重点企业的环保用车进行智能管控，提升了移动源污染治理能力，并建立了湖库水华监测预警模型系统，利用环境大数据进行模拟预测，进一步增强了大气污染治理的科学性和精准性。这些措施共同展示了京津冀地区如何利用数字技术优化大气污染治理，为区域环境质量的持续改善提供了坚实的技术支撑。

在长三角地区，通过一体化示范区建设实现了生态环境的共保联治。该区域已建立空气质量数据共享机制、联合预报系统，并构建了环境空气质量联合预报平台，以实现气象与空气质量监测数据的实时共享，目前，区域内 41 个城市的 400 多个监测站点实现了监测数据实时共享，这不仅加强了对污染源的监控，也为制定精确的治理策略提供了数据支撑。此外，该地区还在推进统一的环境监测监控体系建设，包括整合空气质量监测站点与交通信息平台的实时数据，旨在促进区域一体化的智慧物流服务和多式联运信息的共享，以此有效利用大数据技术，推动大气污染的治理工作[25]。

在珠三角地区，广东省基本建成了 $PM_{2.5}$ 成分监测网络、颗粒物和臭氧激光雷达监测网络，并结合遥感卫星监测系统，形成了“天空地”一体化的监测体系。同时，区域内建立了大区环境超级监测站，探索大气污染联防联控新模式，该观测站具备大气污染源解析等功能，并能够分析污染成因以及气象条件对污染的影响。珠三角地区还创建了全球第三个大气污染联防联控技术示范区，成功提高了空气质量预测和预警的水平，城市群整体的协同治理能力也得到了不断提升[26]。这些案例体现了珠三角地区如何运用数字技术，通过建设监测网络、超级观测站、示范区和区域规划等措施，积极推动大气污染防治措施的实施。

长株潭城市群在大气污染治理方面也积极应用了数字技术。长沙市建立了“智慧环保”系统[27]，通过大数据和云计算技术整合空气质量监测、污染源排放、气象数据等信息，此系统能够提供实时空气质量报告、预测和预警，帮助政府部门制定科学的空气治理策略，并向公众发布空气质量信息，提升了治理的透明度和公众参与度。株洲市建设了环境监测与预警平台，利用传感器网络和数据分析技术，对城市空气质量进行实时监测。平台能够自动分析污染物数据，及时发出预警，支持污染源追踪和管理决策。湘潭市实施了大气污染控制系统，结合大数据分析和人工智能技术，对空气质量进行动态监测和预测。系统能够识别污染源的变化趋势，为市政府提供数据支持，优化大气污染治理措施。同时，长株潭区域建立了大气污染协同治理平台，通过整合长沙、株洲和湘潭三市的环境数据，进行大气污染的区域性分析和预测，平台支持三市之间的信息共享和联合应对，提高了区域污染治理的整体效果。在智能交通管理领域，通过分析交通流量数据、车载传感器信息，并结合大数据分析，优化了交通信号和流量管理，有效减少了交通拥堵，降低了汽车排放对空气质量的负面影响。

6.6.2　国际先进经验借鉴与对比分析

由于大气污染是全球性环境问题，对各国居民的健康、生态系统以及气候变化都会产生长久的负面影响。发达国家在注意到气候环境的恶化会严重影响国家经济、社会等多方面的高质量发展后，在 20 世纪 50 年代，便针对“环境治理”问题展开了持续至今的研究与讨论。随着数字技术的发展，传统的大气污染物监测方法已经无法满足复杂的环境数据分析，数字技术为大气污染研究提供了新的视角和工具，也提高了污染物排放的预测准确性和响应速度。

深度学习作为数字技术领域中一个快速发展的计算机方法，在大气污染物研究中具有巨大的应用潜力。深度学习模型，特别是递归神经网络和长短期记忆网络，因其在时间序列预测方面的优势而被广泛应用于大气污染物浓度的预测。这些模型能够处理大量历史监测数据，模拟污染物浓度变化的规律和趋势，从而实现对未来时间段内污染物浓度的准确预测。同时，数字技术与传统数学模型的结合，不仅可以提高模型的处理能力、预测精度以及适用性，还能够快速地适配当前已有的监测系统，该方法在西班牙东南部的 NO_2 浓度预测实践中起到了很好的效果。

在大气污染控制过程中，实时监测是实现有效治理的关键。数字技术可以通过实时分析来自传感器的数据流，快速识别污染事件并预测其发展趋势，这种实时性对于快速响应和减轻污染影响至关重要。在实际应用中，实时数据的及时汇总与分析极为重要，如在纽约曼哈顿的哈德逊河的治理中，科学家利用传感器分别对河流的上中下游进行化学成分、物理性质、生物信息等方面的数据变化监测，及时汇总后统一由计算中心分析处理，并与历史数据进行比对，让科学家可以快速地了解污染发生的时间、地点和类型，从而及时采取相应的解决措施。在治理过程中，建模分析师会利用现有的数据结合相应的治理措施，再借用数字技术来模拟实际的治理效果，也会在治理的同时，不断地调整治理细节，以此达到最优的治理成效。同样地，在大气污染治理中，欧美等国家也建立起实时空气质量和空气污染监测平台，如美国环境保护局利用传感器网络和数据分析技术，实时监测空气质量，并发布空气质量指数（air quality index，AQI）。欧洲的哥白尼大气监测服务（Copernicus Atmosphere Monitoring Service，CAMS）利用卫星数据和地面观测数据，提供对空气质量的预测和分析，帮助政府和公众了解污染物的来源和传播路径。

大气污染防控的难处不仅在于其覆盖范围广、数据量大和流动性强，动态性变化也是其难以把控的原因之一。因此，就要求大气污染治理方法具备高精度、实时性、分析大数据以及规律特征的能力。在数字技术中，类似的机器学习、神经网络等方法均可以提取数据的特征信息，进而预测未来的变化趋势。因此，在大气污染研究中，这些模型能够从复杂的环境数据中识别出关键特征，这些特征往往包含污染物的来源、传播路径以及与其他环境因素的相互作用过程。例如，研究气溶胶光学厚度（aerosol optical thickness，AOT）时，有学者就利用遥感技术和机器学习模型探究 AOT 与大气污染物的内在联系，发现 AOT 与 $PM_{2.5}$、CH_4、NO、BC（black carbon，炭黑）呈正相关，而与 CO、HCHO、SO_2、NO_x 呈负相关。

在研究以及实际治理过程中，大气污染数据通常来源于不同的监测设备和传感器，包括地面监测站、卫星遥感和气象站等。针对这些多源数据，需要分析不同数据源之间的关联性，从而提供更全面的污染物排放视图。数字技术所具备的数据融合能力使其在处理复杂环境问题时具有独特的优势。例如，欧盟的 OSIRIS（Optical, Spectrocopic and Infrared Remote Imaging System，光学、光谱和红外遥感成像系统）信息平台，包含城市空气质量和空气污染两种监测模式，同时，它还具备工业建筑火灾、森林火灾和地下水污染等其他情景监测，利用固定空气监测站、移动端空气传感器以及噪声传感器，汇总包含空气污染在内的多种污染监测数据，并在适当时间将监测数据以无线技术传输至监控中心，与附近固定式气象站的信息结合，进行后续污染物扩散模拟预测分析，并且将资料集成后以图形的方式呈现在地图上，作为决策单位的预警系统。

从治理模式来看，国内对区域的大气污染防治研究较为成熟，并且构建了区域大气污染防控监测系统。国外更多地侧重于国家层面的监管和国际合作，如欧盟国家之间的环境数据共享和联合研究，在理论基础方面的研究更为全面。从数据融合和共享来看，国内现阶段的研究和实践多处于区域层面，各区域之间并未建立起较好的经验交流和数据共享的渠道，存在数据“孤岛”的问题。发达国家则通常拥有较为成熟的数据共享机制，如欧盟哥白尼计划，提供了一个较为统一的数据访问和分析框架。从公众参与度来看，随着“智慧环保”系统的建立，国内公众的参与度逐渐提高，政府通过移动应用和网络平台向公众提供空气质量信息，逐步增强公众的环保意识。但总体来看，国内公众的环保意识仍处于一个较低的水平。在一些发达国家，公众参与环境保护的渠道更为多样化，包括环境教育、社区参与项目和环境监督等，环保观念的宣传和培养义务逐渐由国家主体承担转移到民众自发性执行。

综合来看，国内外在数字化大气污染治理方面都有显著的进展和成功案例。针对国内而言，我国在区域联防联控、数据整合和公众参与方面取得了积极成果，但仍需在数据共享机制和国际合作方面加强。从国际上的研究基础和实践经验来看，持续的政策支持、技术创新和公众教育是实现长期环境改善的关键因素。对于未来大气污染防控治理的发展，国内可以借鉴国际经验，进一步推动数字技术在大气污染治理中的应用，提高环境治理的科学性和有效性。

6.6.3　案例总结与对我国大气污染治理的启示

在提高我国大气污染治理效率和效果方面，借鉴国际先进经验将是一个有效的途径。首先，建立统一的空气质量监测和数据共享平台是关键。参考欧盟的哥白尼大气监测服务和美国环境保护局的实践，可以建立或完善国家层面的空气质量监测网络。这一平台应实现数据的实时共享和公开，为科学研究、政策制定以及公众信息提供坚实基础。其次，积极利用数字技术进行污染物预测也是一种值得借鉴的国际经验。例如，西班牙东南部地区已成功应用深度学习模型来预测污染物浓度。这些技术能够提供更精准的污染事件预测，帮助我们提前采取应对措施，从而更有效地防控大气污染。

在智慧城市和环境监测系统方面，国内可以通过智慧城市平台整合多源数据，实时监控城市运行，能够减少对空气质量的影响，并提高整体治理效率，而且推动多区域协同治理也是提升大气污染治理效果的重要策略。借鉴长三角地区一体化示范区建设的经验，可以推动跨区域的空气质量数据共享、联合预报以及环境空气质量联合预报平台的建立。这种协同机制有助于强化对污染源的监管和治理，提升整体治理效果。

此外，提高公众参与度和环境教育也是不可忽视的方面。通过借鉴发达国家的公众参与模式，我们应通过教育和社区参与项目提高公众的环境意识，鼓励大众积极参与环境保护工作。这不仅有助于提高公众对大气污染治理的支持，也能在源头上减少污染行为。

优化交通管理和减少移动源污染也是另一个关键领域。可以通过优化交通流量管理，减少交通拥堵带来的汽车排放，从而有效降低空气污染水平，而且建立环境预警和应急响应系统也是大气污染治理的重要环节。通过利用气候、水文、水质等环境大数据进行模拟预测，我们可以建立更为精准的污染预警和应急响应机制，及时应对突发污染事件。

在法律法规方面，推动环境立法和政策支持是保障大气污染治理长效机制的基础。学习借鉴国际环境法规和政策的制定、实施和监管流程，我们需要进一步推动国内环境立法，为大气污染治理提供强有力的法律保障和政策支持。因此，加强国际合作和交流也成了提升治理水平的重要途径。通过与国际组织和其他国家合作，共享大气污染治理经验和最佳实践，我们可以更好地参与全球环境治理，共同应对环境挑战。

加强国际合作和交流，共享大气污染治理经验和最佳实践，参与全球环境治理，共同应对环境挑战。同时投资研发和技术创新，增加对环境科技研发的投入，鼓励技术创新，实现环境质量的不断改善。这些措施共同构成了我国大气污染治理的全面策略，旨在实现环境质量的持续提升和可持续发展目标。

6.7 数字化与大气污染治理的总结与展望

6.7.1 数字化在大气污染治理过程中面临的主要挑战

数字技术在大气污染治理中的广泛应用，虽然取得了显著的成效，但也面临着诸多挑战和问题。

1. 数据采集与质量

大气污染治理高度依赖于高质量的环境数据，这些数据通常来自多个渠道，如传感器、卫星、气象站和工厂排放监控设备。不同数据源的精度和标准不一，也会造成数据不一致或质量不高。数据采集的覆盖范围、精度和实时性仍存在不足。并且，一些偏远地区或发展中国家缺乏完善的监测网络，导致数据缺失或不完整。此外，由于传感器的校准问题以及环境条件的影响，可能增加数据误差，进而影响分析结果的可靠性[28]。

2. 数据整合与共享

不同部门和机构的数据格式和标准不统一，使数据整合和共享困难。各地政府、研究机构和企业往往独立收集和处理数据，缺乏有效的沟通和协作机制。这种信息“孤岛”现象阻碍了全面、精准的污染分析和跨区域治理措施的实施。

3. 技术适应性与推广

尽管大数据、人工智能等技术在大气污染治理中具有巨大潜力，但其推广和应用仍然面临技术适应性的问题。部分现有的数字化工具和平台尚未完全适应复杂的环境变量和地区差异。例如，政府对污染企业的监管手段和工具，可能滞后于企业采用的先进的污染控制技术或数据管理系统，难以在不同区域和条件下广泛推广。同时，数字技术的开发和维护成本较高，这可能限制其在资金有限的地区应用。

4. 法律法规与政策支持

近年来，虽然我国围绕大气污染治理出台了很多政策性文件，但是这些政策性文件并不健全。现有的法律法规和政策框架可能跟不上数字技术的发展步伐。一些地区缺乏明确的数字化数据使用和隐私保护法规，可能导致数据滥用或监管不到位的情况。另外，从法律内容上分析，这些文件可能存在概念不统一、标准不协调、立法主体不明确、法律责任差异大等问题[29]。同时政策支持力度不足，也可能影响数字技术在大气污染治理中的应用和发展。

5. 公众参与及意识

数字化大气污染治理的有效性也依赖于公众的参与和支持。然而，公众对数字化工具的认知度和信任度较低，可能导致数据采集和治理措施实施过程中遇到阻力。如何提高公众的环保意识，并通过数字化手段有效动员公众参与，是一个亟待解决的问题。

6. 安全与隐私

数字化进程中的网络安全和数据隐私问题同样不可忽视。大气污染治理涉及大量的环境数据和个人数据，这些数据一旦遭到黑客攻击或泄露，可能对公共安全和个人隐私造成严重威胁。因此，如何保障数据安全和用户隐私是数字化应用中的重要挑战。

6.7.2　未来发展趋势与技术创新方向

随着数字技术的不断进步，大气污染治理领域有望迎来一系列的发展趋势和技术创新方向。

物联网和边缘计算将在大气污染监测中扮演更为关键的角色。物联网和边缘计算已在农业、火电等行业应用广泛[30,31]，未来，物联网技术将会在城市与工业区部署更多高精度、低成本的传感器网络，实现全方位的环境数据采集。这些传感器将实时监控空气质量参数，并通过边缘计算技术在数据源附近进行初步处理和分析，减少数据传输延迟，提高决策响应的及时性和有效性。

大数据与人工智能将在大气污染治理中得到更广泛和深入的应用。通过大数据技术对海量异构环境数据的综合分析，人工智能算法可以识别复杂的污染源，模拟和预测大气污染的扩散路径，并评估治理措施的有效性。特别是深度学习和强化学习模型的引入，将使污染预测更加精确，为政策制定和应急响应提供科学支持。机器学习作为一种强大的数据处理与信息挖掘工具，已被广泛应用于空气污染研究领域，用于揭示空气污染的变化规律及影响因素，并预测未来空气质量变化。近年来，机器学习在空气污染研究中的典型应用主要包括以下几个方面：基于卫星遥感的大气成分反演与估算、空气质量监测与预测、模拟与预报的准确性提高，以及污染成因分析和多源数据融合[32]。

此外，先进的遥感技术将显著扩展大气污染监测的空间覆盖范围。未来，通过卫星、无人机等多平台遥感技术的应用，将实现全球范围内的高分辨率污染监测。遥感数据与地面监测网络的集成，将进一步增强污染监测的时空分辨率，助力更加全面和动态的环境评估。

区块链技术的引入则为环境数据的可信管理与跨区域共享提供了新的可能。在农业面源污染的治理中，区块链技术通过提高信息安全性、促进有效监管、降低成本与复杂度，实现了政府与农业主体间信息自由传递和立体化治理模式的突破[33]。同时，区块链赋能跨界环境协作治理，改变了现有的环境协作行动机制，利用区块链的各项技术特点构建跨界环境协作治理的技术架构，结合区块链技术的各种特点设计改进导致跨界环境协作治理行动陷入困境的可能路径，为破解我国地方政府间环境协作治理困境提供一种全新的视角和可能性[34]。并且区块链的分布式账本特性能够确保环境监测数据在传输与存储过程中的完整性和透明性，防止数据被篡改。这种技术在国际合作与区域联防联控中具有特别重要的应用价值，能够提升大气污染治理的协同效能。

数字孪生技术的成熟，使虚拟仿真与现实世界的紧密结合成为可能。通过构建大气环境的数字孪生体，可以在虚拟环境中进行污染扩散的模拟、治理措施的演练与优化，进而减少现实中的试错成本，并提升治理措施的精准度与有效性，具体技术创新方向与其应用及关键优势见表 6-2。总之，未来大气污染治理领域的数字技术将趋向于更加智能化、实时化和全球化。通过多种技术的协同应用，治理效率有望显著提升，推动大气质量的持续改善。

表 6-2　新兴技术在大气污染监测与治理中的应用及关键优势

技术创新方向	应用	关键优势
物联网与边缘计算	大气污染监测	实时数据采集与处理，降低数据传输延迟，提升响应效率
大数据与人工智能	污染源识别、污染扩散预测、治理措施评估	通过大数据分析和人工智能算法提高预测精度，支持科学决策与应急响应
先进遥感技术	全球污染监测	扩展空间覆盖范围，增强时空分辨率，实现高分辨率的全球监测
区块链技术	环境数据管理与跨区域共享	确保数据完整性与透明性，防止篡改，促进跨境协作
数字孪生技术	污染扩散模拟、治理措施优化	通过虚拟仿真降低现实试错成本，提高治理措施的精准度与有效性

6.7.3　政策建议与研究展望

1. 加强数据采集与质量控制

一方面，要完善监测网络设施，增加对偏远地区和发展中国家监测网络的投资，确保环境数据的全面覆盖。同时，推动建立标准化的数据采集流程，提升传感器校准精度，减少环境条件对数据的影响，确保数据一致性和高质量。另一方面，要提升数据质量监管力度，建立统一的环境数据质量标准和评估机制，对各类数据源进行定期校验和审查，确保数据的准确性和可靠性。

2. 推动数据整合与共享机制

有效推动数据整合与共享机制，制定全国统一的数据格式和标准，促进不同部门、机构和地区的数据互联互通，建设国家级环境数据共享平台，推动政府、研究机构和企业间的数据协同与开放共享，提升污染治理的精准性。

3. 提升技术适应性与推广力度

加强新型技术手段的应用，其在提升治理成效、改善大气环境等方面发挥着极为重要的作用[35]。相关部门可以利用信息化技术，构建智能化大气污染监控体系，加强对大气环境中各项污染指标的监测。在这一过程中，加强对各种监测设备的更新与优化，确保智能化大气污染监控体系能够有效获取城市中不同区域的大气污染指数，从而及时发现大气污染问题最严重的地方，并采取针对性的大气污染治理措施。在对大气污染数据进行处理时，相关人员要合理应用大数据技术、云计算技术、地理信息系统技术等，利用技术手段提高区域大气污染数据的分析质量，并从中找出有效的参考信息，制定针对性的大气污染治理决策，增强大气污染协同治理的前瞻性。

4. 加强大气污染治理法律法规的完善

打破各区域在大气污染治理中的行政壁垒，完善现有的法律法规，构建专门的大气污染治理法律制度。在立法过程中，相关部门需确保立法内容的一致性、协调性和整体性，制定系统、合理、合法的操作程序。明确各地区的核心问题和立法需求，围绕共同关注的治理项目进行立法[36]。

5. 提高社会力量参与大气污染治理的积极性

在全社会营造浓厚的污染治理氛围，保障公众享有舒适、健康、可持续发展的环境。持续增强公众的环保意识，促使更多人参与并共享治理成果，确保治理的可持续性。相关部门应通过多种宣传渠道，将大气污染治理信息快速、准确地传达给公众，提升公众意识。政府和企业应及时发布相关信息，积极回应公众质疑。加强对各地环保部门的监督与管理，并引入问责和激励机制，通过有效沟通提高环保工作效率。

6. 强化安全与隐私保护措施

增强网络安全防护，加大对大气污染治理系统的安全防护力度，确保数据在存储和传输过程中的安全性，防止数据泄露和被网络攻击。完善隐私保护政策，制定严格的隐私保护措施，明确数据使用的边界与权限，保障用户隐私不受侵犯，增强公众对数字化治理的信任。

未来，应继续深化数字技术在大气污染治理中的应用研究，重点关注多源数据的融合分析、智能化污染预测模型的优化以及数字化治理模式的创新。此外，还需加强对数字化工具在实际治理中的适用性评估，以确保技术的有效落地与推广。同时，鼓励跨学科合作，结合大数据、人工智能、区块链等前沿技术，探索更为高效、低成本的污染治理路径，推动大气污染治理水平的全面提升。

参 考 文 献

[1] 张书琪. 数字经济发展对大气污染的影响效应研究[D]. 保定: 河北大学, 2023.
[2] 王红英, 梁颖. 环境工程中大气污染危害及其治理措施[J]. 清洗世界, 2024, 40(5): 158-160.
[3] 陈晓红, 胡东滨, 曹文治, 等. 数字技术助推我国能源行业碳中和目标实现的路径探析[J]. 中国科学院院刊, 2021, 36(9): 1019-1029.
[4] 余典范, 龙睿, 王超. 数字经济与边界地区污染治理[J]. 经济研究. 2023, 58(11): 172-189.
[5] 陈司. 数字化监测系统在大气监测中的应用[J]. 民营科技, 2017, (12): 69.
[6] 陈晓红, 李杨扬, 宋丽洁, 等. 数字经济理论体系与研究展望[J]. 管理世界, 2022, 38(2): 208-224, 13-16.

[7] 陈晓红, 张静辉, 汪阳洁, 等. 数字技术赋能中国式创新的机制与路径研究[J]. 科研管理, 2024, 45(1): 13-20.
[8] 王莉, 薛飞. 大气污染的大数据治理效应测度[J]. 商业经济与管理, 2023, (8): 71-82.
[9] 叶茫茫, 胡丹婷, 徐虹虹, 等. 大气环境污染监测及环境保护的探讨[J]. 皮革制作与环保科技, 2024, 5(14): 34-36.
[10] 王勇. 大气环境监测中大数据解析技术应用探讨[J]. 皮革制作与环保科技, 2024, 5(5): 57-59.
[11] 李嘉宾. 大数据在大气环境治理中的应用研究[J]. 皮革制作与环保科技, 2023, 4(23): 81-83.
[12] 刘军. 大气污染治理中环境监测的应用[J]. 黑龙江环境通报, 2024, 37(6): 60-62.
[13] 邱慧晶, 杨哲荣, 徐征. 大气环境保护中数字化监测系统的应用分析[J]. 皮革制作与环保科技, 2024, 5(6): 48-50.
[14] 贾铭蛟, 尚祥, 任翔宇, 等. 基于颗粒物光量子雷达的颗粒物排放实时溯源及应用[J]. 中国环境监测, 2024, 40(2): 222-232.
[15] 马欢欢, 程亮, 陈瑾. 污染源环境监管体系建设现状及对策研究[J]. 中国环境管理, 2022, 14(1): 61-67.
[16] 张洪光. 机器学习方法在室内污染源特性识别的研究[D]. 南京: 南京大学, 2018.
[17] 马北玲, 吕欣, 陈星, 等. 火电厂大气排放监测大数据分析及政策影响研究[J]. 中国人口·资源与环境, 2019, 29(7): 73-79.
[18] 沙桐, 李靓青, 严殊祺, 等. 机器学习在空气污染研究方面的应用进展[J/OL]. 环境科学, 1-18[2025-04-16]. https://doi.org/10.13227/j.hjkx.202405208.
[19] 王超龙, 薛莲, 张宜升, 等. 基于可解释性机器学习的滨海城市臭氧驱动因素[J/OL]. 环境科学, 1-15[2025-04-16]. https://doi.org/10.13227/j.hjkx.202404320.
[20] 刘涛雄, 徐晓飞. 大数据与宏观经济分析研究综述[J]. 国外理论动态, 2015, (1): 57-64.
[21] 潘旭文, 付文林. 环境信息公开与地区空气质量: 基于 $PM_{2.5}$ 监测的准自然实验分析[J]. 财经研究, 2022, 48(5): 110-124.
[22] 王莉, 薛飞. 大气污染的大数据治理效应测度[J]. 商业经济与管理, 2023, (8): 71-82.
[23] 郭进, 徐盈之. 公众参与环境治理的逻辑、路径与效应[J]. 资源科学, 2020, 42(7): 1372-1383.
[24] 李强, 顾金航. 公众环保诉求、环境信息公开与环境污染治理绩效: 来自长江经济带的例证[J/OL]. 重庆大学学报(社会科学版), 1-16[2025-04-16]. http://kns.cnki.net/kcms/detail/50.1023.C.20240708.1104.004.html.
[25] 冉江, 黄荷筠, 邹镕坤. 基于多源大数据的长三角城市群 AQI 遥感估算[J]. 复旦学报(自然科学版), 2023, 62(6): 786-795.
[26] 唐湘博, 张野, 曹利珍, 等. 中国减污降碳协同效应的时空特征及其影响机制分析[J]. 环境科学研究, 2022, 35(10): 2252-2263.
[27] 姜华, 吴静, 吕连宏. 升级"环保管家"服务助力减污降碳协同增效[J]. 环境工程技术学报, 2022, 12(6): 2027-2031.
[28] 龚宏健, 张明娟. 试析大气污染协同治理面临的困境及应对措施[J]. 皮革制作与环保科技, 2024, 5(11): 103-105.

[29] 李金昌, 李晶. 数据治理与政府统计现代化[J]. 统计研究, 2024, 41(8): 7-14.
[30] 闻天, 马振芳, 李光燕. 基于 GIS 可视化技术的物联网边缘计算在农业智能化管理中的应用[J]. 集成电路应用, 2024, 41(7): 134-135.
[31] 杨文峰, 王明龙, 李洋, 等. 5G 边缘计算在火电行业工业互联网中的应用模式初探[J]. 互联网周刊, 2024, (13): 22-24.
[32] Tang D, Zhan Y, Yang F. A review of machine learning for modeling air quality: overlooked but important issues[J]. Atmospheric Research, 2024, 300(4): 107261.
[33] 梁晓贺, 周爱莲, 远铜, 等. 基于区块链的农业面源污染治理信息管理及监管机制创新[J]. 农业环境科学学报, 2023, 42(11): 2541-2549.
[34] 林民望, 吴京. 区块链赋能下跨界环境协作治理集体行动困境消解: 技术架构、作用机理与潜在风险[J]. 生态经济, 2023, 39(1): 197-205.
[35] 张薇. 环境监测在大气污染治理中的作用与策略[J]. 黑龙江环境通报, 2024, 37(8): 74-76.
[36] 徐振华, 张伟. 在土壤污染治理中生物修复技术的运用探讨[J]. 资源节约与环保, 2021, (1): 29-30.

第 7 章　数字化与矿产资源绿色低碳发展

本章探讨了数字技术在矿产资源开发与绿色低碳发展中的应用和成效。通过详细阐述数字技术如何赋能矿产资源的勘探、开采、冶炼加工及管理决策，展示了其在提升效率、优化资源配置、推动绿色发展等方面的显著优势。同时，本章强调矿产资源绿色低碳发展的重要性，结合“数字经济时代的资源环境管理理论与应用”国家自然科学基金基础科学中心团队（以下简称“基础科学中心团队”）在矿产资源领域的探索，提出了绿色化、智能化的转型路径，为行业转型升级提供了一定的实践经验和理论指导。

7.1　引　　言

7.1.1　数字化与矿产资源绿色低碳发展背景

1. *矿产资源在全球经济中的地位与挑战*

矿产资源是人类社会生产力发展的重要物质基础，在全球经济中具有举足轻重的地位。它们广泛应用于工业生产、基础设施建设、交通运输等关键领域，是国家财富的重要组成部分。然而，随着全球经济的快速发展，矿产资源面临诸多挑战，包括供需矛盾突出、地缘政治风险、环境保护等。本节将详细探讨矿产资源在全球经济中的地位及其所面临的挑战。

矿产资源在全球经济中扮演着举足轻重的角色，主要表现在以下方面。

第一，矿产资源是工业生产的关键原材料，包括金属矿产、能源矿产和非金属矿产等多种类型。这些资源在钢铁、建筑、能源等工业生产领域发挥着至关重要的作用。例如，铁矿石是钢铁生产的主要原料，煤炭和石油则是能源工业的基础。没有这些矿产资源，现代工业生产将难以为继。

第二，矿产资源是国家财富的重要组成部分。拥有丰富的矿产资源意味着国家在全球经济中具有较大的竞争力和话语权。矿产资源的价值往往直接体现在国家的 GDP 和财政收入上，对于提升国家经济实力和人民生活水平具有重要意义。

第三，矿产资源能带动相关产业发展。矿产资源的开采与加工利用可以带动相关产业的发展，如矿业、冶炼、化工等。这些产业的发展不仅能创造就业机会，还能促进技术创新和产业升级，从而推动整个经济的持续增长。

第四，矿产资源可以影响国际政治经济格局，矿产资源的分布与储量直接影响到国家的战略地位和国际竞争力。因此，矿产资源往往成为国际政治与经济博弈的焦点。

矿产资源在国际竞争中的重要性凸显的同时，也面临供需矛盾突出、地缘政治风险、环境保护压力、技术创新与产业升级等挑战。

尽管全球矿产资源储量丰富，但分布极不均衡。一些国家和地区拥有大量的矿产资源，而另一些地区则资源匮乏。这种不均衡的分布格局导致了国际市场上矿产资源的供求关系紧张。随着全球经济规模的扩大，对矿产资源的需求不断增加，而矿产资源的供给能力却面临着诸多限制，如开采成本、环境保护等。这导致矿产资源的价格不断上涨，进一步加剧供需矛盾。

矿产资源往往与政治、经济和安全等因素紧密相连。一些关键矿产的供应集中于少数国家或地区，使这些资源的供应容易受到地缘政治风险的影响。例如，地区冲突、政治动荡或贸易战等都可能导致矿产资源的供应中断或价格上涨，从而对全球经济造成冲击。

矿产资源的开采和加工过程中往往伴随着环境污染和生态破坏等问题。采矿业对环境造成的破坏不容忽视，如矿石开采过程中可能导致土地退化、水源污染等问题。此外，一些采矿活动还可能对生态系统造成长期影响，如破坏底栖动物的栖息地等。随着全球环保意识的提高，矿产资源的开发利用面临着越来越严格的环保法规和社会责任要求。如何在满足经济发展需求的同时保护生态环境，成为矿产资源领域亟待解决的问题。

随着科技的进步和工业化进程的加速，矿产资源领域对技术创新和产业升级的需求越来越迫切。传统的采矿、冶炼等技术已经难以满足现代工业生产的高效、环保要求。因此，加大科技研发投入，推动矿产资源领域的技术创新和产业升级成为当务之急。

2. 数字技术的崛起及其对矿产资源行业的影响

数字技术是指利用计算机、通信、网络等技术手段，将传统的模拟信号转换为数字信号进行处理与传输的技术。随着科技的进步，数字技术已经渗透到各行各业，为传统产业的转型升级提供了强大的技术支持。随着国家对绿色矿山、智慧矿山的重视程度提升，矿山企业对无人化、智能化、绿色化采矿技术的资金投入逐步增加，数字技术从各方面赋能矿山企业，具体表现如下。

（1）生产效率提高。通过引入智能化的采矿设备和管理系统，数字技术可以大幅提高矿产资源的开采效率，降低生产成本。例如，利用无人机进行矿区勘探，可以快速准确地获取矿区的地质数据，为后续的开采工作提供有力支持。

（2）资源配置优化。数字技术可以实现矿产资源的实时监测与数据分析，帮助企业更加精准地掌握资源储量和开采情况。这有助于企业优化资源配置，提高资源的利用率，减少浪费。

（3）绿色发展得以推动。数字技术为矿产资源行业的绿色发展提供了新的路径。通过引入环保设备和工艺，结合数字化管理系统，企业可以更加有效地控制污染物的排放，降低对环境的破坏。同时，数字技术还可以帮助企业实现废弃物的循环利用，推动矿产资源行业的可持续发展。

（4）市场竞争力增强。数字技术的引入可以提升矿产资源企业的市场竞争力。通过数字化手段优化供应链管理、提高产品质量、降低运营成本等，企业在激烈的市场竞争中更容易脱颖而出。

（5）产业升级。数字技术为矿产资源行业的产业升级提供了动力。通过整合上下游资源、构建智能化的产业链和生态系统，数字技术可以推动矿产资源行业向更高附加值的方向发展。

在矿山智能化、数字技术的应用方面，国外起步较早，澳大利亚和瑞典等矿业发达国家的部分先进矿山目前已经基本实现遥控采矿、工作面无人采矿，正逐步朝全面的无人开采方向迈进，而我国矿山正处于稳步追赶状态。受限于矿产资源的禀赋特征，我国极少存在如同皮尔巴拉矿区那样高品位、低埋深、易开发的矿产资源，开发利用面临工程技术复杂、综合利用难度大、开发利用率低等挑战。而且我国的矿山机械化和自动化技术起步较晚，因此数字矿山技术的应用深度相对于国外的先进露天矿山仍有一定的差距。

3. *矿产资源绿色低碳发展的重要性及紧迫性*

当前，绿色低碳发展已逐渐成为未来全球矿业发展的主旋律。随着全球“双碳”目标共识的形成，我国也明确表明了由化石能源消费大国转型为绿色低碳发展大国的决心[1]。作为新能源技术的关键原材料，矿产资源将在全球能源转型过程中发挥至关重要的作用。铜、锂、钴、镍、稀土等新能源产业所需重要矿产资源呈爆发式增长，也带动了相应矿产资源消费和需求的高增长。然而，矿业作为资源消耗密集型产业和典型的高碳排放行业，也面临高排放、高耗能、生产成本较高、循环利用率较低、产能过剩、环境社会约束大、投资风险高等诸多问题与挑战。因此，必须加快推动矿业绿色低碳转型，实现科学开采、资源高效利用、生态环境保护和节能减排等目标任务，努力构建科技含量高、资源消耗低、环境污染小的矿业发展新模式。

绿色发展理念为我国矿产资源绿色低碳发展提供了契机。中央全面深化改革委员会第十八次会议指出，要围绕推动全面绿色转型深化改革，深入推进生态文明体制改革，健全自然资源资产产权制度和法律法规，建立健全绿色低碳循环发展的经济体系。《自然资源部关于全面开展矿产资源规划（2021—2025年）编制工作的通知》中明确提出要“加快矿业绿色发展”。2024年2月5日，工业和信息化部等七部门印发《关于加快推动制造业绿色化发展的指导意见》，提出加快传统产业绿色低碳转型升级，推进传统产业绿色低碳优化重构，加快传统产业绿色低碳技术改造，引导区域绿色低碳优化布局。其中还提到，到2030年，主要再生资源循环利用量达到5.1亿吨，大宗工业固废综合利用率达到62%，电解铝使用可再生能源比例达到 30%以上。严格项目准入，坚决遏制高耗能、高排放、低水平项目盲目上马。推动新兴产业绿色低碳高起点发展，开展共伴生矿与尾矿集约化利用、工业固废规模化利用、再生资源高值化利用等技术研发和应用，提升稀土、稀有金属等战略性矿产资源保障能力。对于矿业来说，建立健全绿色低碳发展体系，就是实现矿业的绿色发展。多项国家指导意见和政策的出台为矿产资源绿色低碳发展提出了要求，也提供了机遇，矿业绿色低碳发展刻不容缓。

矿产资源的绿色低碳发展对于缓解资源环境压力、促进经济社会的全面协调发展、实现可持续发展具有重要作用。矿产资源绿色低碳发展的重要性与紧迫性具体体现在以下几个方面。

（1）面对资源枯竭风险，绿色低碳发展可以提高资源利用效率。近年来，矿石工业品位和质量日益下降，被发现的优质矿产资源减少，高品位矿产资源开采殆尽，从低品位矿石中提取金属需要更多资源和能耗，传统高消耗、高污染的开发方式不可持续。就现阶段来看，我国人口基数大且经济发展较为迅速，矿产资源开采难度在不断上升，而矿产资源属于非再生资源，如果不加节制、不做出有效控制，那么矿产衰竭的时间将不断提前。而推进绿色低碳发展，可通过调整生产方式来提高资源利用效率，可以延长矿产资源的生命周期，有助于缓解资源枯竭的压力，保障资源的长期稳定供应。

（2）面对生态环保需求，绿色低碳发展有助于保护生态环境。环境保护已经成为全球共同的责任。传统矿产资源开发过程中的生态环境破坏问题十分严峻，地方生态系统遭到了较大的破坏，常常伴随着地质灾害等相应问题的出现，矿业经济持续健康发展受到严重制约。我国矿山遥感调查监测数据显示，截至 2018年底，全国矿山开采占用损毁土地约 3.6 万平方千米，其中，正在开采的约 1.3万平方千米，历史遗留的约 2.3 万平方千米[2]。推进绿色低碳发展可以在矿产资源开采的过程中尽可能地降低对生态环境的影响和破坏，有助于减少污染物排放，改善环境质量，维护生态平衡，进而更好地解决矿产资源开采和环境保护之间的矛盾，为转变单纯以消耗资源、破坏生态为代价的开发利用方式提供了现实途径。

（3）面对转型升级压力，绿色低碳发展能够促进循环经济。随着经济全球化和技术进步，传统的矿产资源密集型产业面临转型升级的压力。新时代下，绿色技术和清洁能源的研发与应用为矿产资源绿色低碳发展提供了技术工具。绿色低碳发展可以帮助企业提升竞争力，实现经济的高质量发展。通过绿色低碳转型推动矿业从粗放浪费转向集约高效，构建资源利用效率高、环境友好、能耗低、排放少的高质量发展新模式，促进产业结构的优化升级，推动矿业高质量发展。

综上所述，矿产资源绿色低碳发展不仅是应对全球环境挑战的必要举措，也是推动经济可持续发展的重要途径。在新发展理念的指导下，绿色低碳转型是矿业高质量发展的必由之路，也是矿业高质量发展的基本任务。我们必须加大对矿产资源绿色低碳发展的支持和投入，健全绿色低碳发展经济体系，促进资源的合理利用、节能减排、保护生态环境和矿地和谐，最终实现资源开发经济效益、生态效益和社会效益的协调统一，真正将“绿水青山”化为“金山银山”。

7.1.2 矿产资源绿色低碳发展面临的主要问题

在生态文明和中国式现代化背景下，矿产资源绿色低碳发展已成为行业转型升级的必然趋势，也是推动矿业高质量发展的重要驱动力。我国矿产资源行业通过不断探索与实践，在绿色低碳发展方面取得了显著进展，产业发展正步入全新的阶段，但同时也面临着一些突出问题亟待解决。

一是矿产开发历史遗留问题。过去矿山开采水平低，注重经济效益、忽视生态效益，遗留了一系列生态环境问题，要修复生态需先消除安全隐患，遵循动态施工原则，由于工艺比较复杂，现有治理技术水平难以完全满足治理需求。由于存在数量较多的无主矿山，修复资金缺口较大，需要当地政府买单，但地方财政困难，资金筹措难度较大。矿山生态修复治理的历史旧账和新账，也给矿业企业带来巨大资金压力。此外，矿产资源综合利用率不高，产生大量固体废物。许多矿产资源在开采和加工过程中存在大量的浪费现象，这不仅造成了资源的浪费，也增加了能源消耗和环境污染。矿石工业品位和质量日益下降，高品位矿产资源开采殆尽，从低品位矿石中提取金属需要更多资源和能耗。

二是企业转型经济压力较大。绿色低碳转型需要大量的资金投入，从根本上改变矿山企业的生产经营模式，包括生产流程重新设计、绿色技术研发、生产设备改造升级和环保设施建设等，这些过程增加了企业的运营成本，影响了收益的不确定性和不稳定性，叠加生态修复治理产生的额外成本，甚至可能损害企业的正常运转。据各行业协会反映，由于在科技创新、节约利用、环境保护等方面投入资金以推进绿色矿山建设，煤炭、有色金属行业矿产品新增成本为15%～20%，非金属行业新增成本为10%，加之矿产资源开采的外部成本、隐性成本、长期成本和高机会成本并没有纳入资源产品价格体系中，在短期削弱了绿色矿山企业的资源产品竞争力。

三是绿色低碳技术创新不足。当前，许多矿产资源的开采和加工技术仍然停留在传统的水平，缺乏高效、环保的新技术。矿产资源“采选冶”主体工艺已经基本成型，在未出现重大技术突破之前，难以大幅度降低单位产品能耗强度；原矿和精矿品位逐年下降，将造成冶炼过程中能源消耗增加。技术创新的不足限制了绿色低碳开采方式的推广和应用，也影响了矿产资源的可持续利用。此外，矿产资源行业绿色低碳技术的基础研究不足，资金投入主要倾向于技术推广应用和技术示范。由于基础研究周期长、见效慢等原因，前瞻性、颠覆性、基础共性研究投资不足，技术升级进入瓶颈，绿色低碳技术突破缓慢。

四是配套政策措施有待细化。目前专门系统针对矿产资源绿色低碳发展的国家配套支持政策还不够细化，绿色矿山建设的激励机制还有待完善。例如，用地、金融等支持政策还没有细化落地；现行资源税还未与资源回采率挂钩，导致未对难采、难选低品位矿石和综合利用提供优惠；企业所得税在环境保护、节能减排等方面的优惠幅度较小，优惠范围有限等。同时，缺乏有效的政策法规和健全的市场机制来引导和规范矿产资源的绿色低碳发展，这导致了资源的不合理配置和环境问题的加剧。例如，缺乏依据产业发展及外在环境变动而进行的政策动态调整机制；对政策实施的外部市场及社会效应考虑得较少，与利益相关方的会商和补偿机制不足；相关政策制定和实施的统筹协调不足，导致政策落地存在难度。

矿产资源绿色低碳发展之路虽充满挑战与困难，但在政府、企业和社会各方的共同努力下，可以通过政策支持、技术创新、人才培养和国际合作等措施，推动矿产资源绿色低碳发展。

7.2　数字技术赋能矿产资源高效开发

当今世界，数字化浪潮正以前所未有的速度席卷各行各业，矿产资源开发利用领域也不例外。面对日益复杂的地质条件、环境保护的高标准以及市场对资源品质的严苛要求，传统采矿模式已难以满足新时代的需求。随着信息技术的飞速发展，数字技术已经成为推动矿业转型升级的关键力量。数字技术赋能矿产资源开发利用已成为当前矿业发展的重要趋势。

大数据、云计算、物联网、人工智能等前沿技术深度融合于矿产资源的勘探、开采、加工、管理等各个环节，极大地提升了资源开发的效率、精准度和可持续性。通过数字技术的赋能，能够实现矿产资源的智能化勘探，精准定位矿体，减少盲目开采；优化开采方案，提高资源回收率，降低开采成本；实施智能监控与管理，保障作业安全，减少环境破坏。

本节将从勘探开采、冶炼加工、管理决策三个方面探索数字技术如何赋能矿产资源开发利用，见证这一变革的力量，开启矿产资源开发的新篇章。

7.2.1　数字技术与矿产资源勘探开采

矿产资源勘探开采需要大量的数据分析来确定矿体位置与走向、矿藏储量、矿石品位与采矿难度等，并进行开采方案的决策和开采过程的管控，为此，数字技术在这一领域有着广阔的应用空间。目前数字技术在资源勘探开采中主要应用于深部资源预测、智能采矿系统、采矿装备等方面。在此，我们将通过基础科学中心团队在该领域研发的代表性技术成果，来阐述数字技术在矿产资源勘探开采中的研究与应用状况。

1. 深部矿产智能预测技术

深部矿产智能预测技术是近年来随着科技进步和矿产资源勘查需求深化而发展起来的一门新兴技术。随着浅层矿产资源的日益枯竭，人类开始将目光转向地壳更深的层次，寻找新的资源储备。然而，深部矿产资源的勘探面临巨大的挑战，包括地质结构的复杂性、勘探成本的高昂以及技术难度的增加。因此，智能预测技术应运而生，旨在通过融合地质学、地球物理学、地球化学以及信息技术，提高深部矿产资源的预测准确率和效率。其关键技术与方法包括原生晕分析、物探技术、云计算与大数据分析等。

基础科学中心团队针对深部矿产资源勘探开采过程中的预测效果不精确、数据管理困难、预测低效率、数据获取难度大等诸多难题，研发了深部矿产资源电磁数据管理技术、深部矿产资源储量三维智能预测技术[3]，构建了多尺度三维地质模型，提出了深部地质建模—成矿信息定量分析—非线性预测建模的隐伏矿预测方法（图 7-1）。

该技术方法已应用于贵州省开阳县永温镇大坪磷矿，取得了重大成效。基于贵州省开阳县永温镇大坪磷矿地形地貌以及地层和断层等分布概况，基础科学中心团队设计了大坪磷矿的广域电磁测线与扩频激电测线（图 7-2），为大坪磷矿深部地质构造提供电性信息。通过布设 462 个广域电磁测点，255 个扩频激电测深点，12 条广域电磁测线，5 条扩频激电测深线，探明了 1600 米以上岩溶分布，确保施工的 38 个深钻成功避开了矿层上部密布的岩溶，开创了“勘探周期短、勘探效果好、探获储量大”的奇迹。

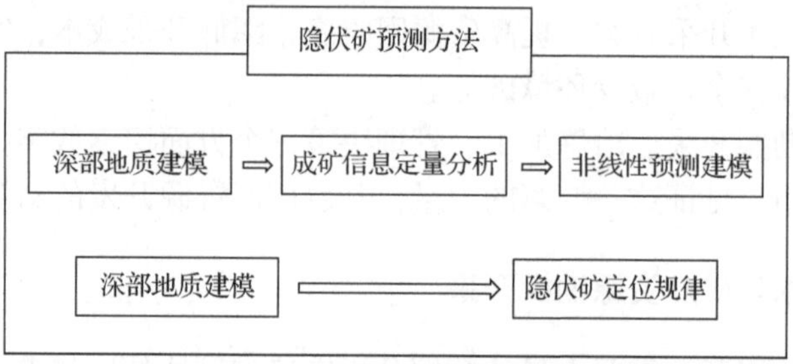

图 7-1　隐伏矿预测方法框架

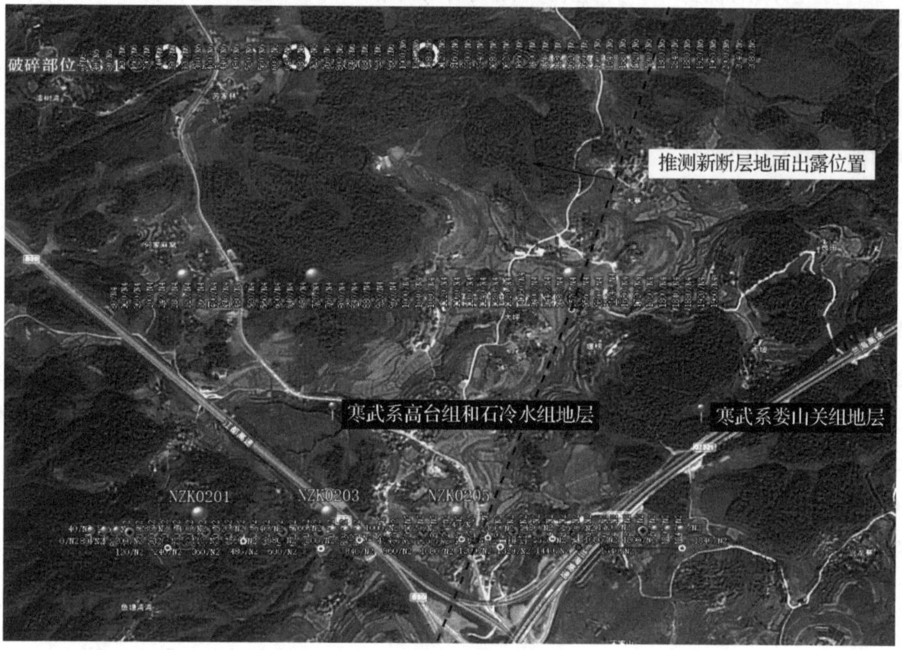

图 7-2　野外布设测点位

此外，基础科学中心团队联合长沙巨杉智能科技有限公司独创了大深度、高精度、抗干扰的激电勘探仪器——全波形扩频激电接收机 GS2IP-FW10（图 7-3）。全波形扩频激电接收机 GS2IP-FW10 是一种用于地球物理勘探领域的专业设备，主要用于地质勘查中的瞬变电磁法（transient electromagnetics，TEM）测量。该设备具有高精度、高效率的特点，可探测超过 1000 米深度，数据信息量达到常规方法的 10 倍以上，Ⅱ级地形 1 千米深度的勘探效率可达常规方法的 10 倍，频域分辨率达到常规方法的 2 倍，能够采集和记录地下介质的电磁响应信号，进而帮助地质学家分析地下结构、其他地质特征或寻找矿藏。

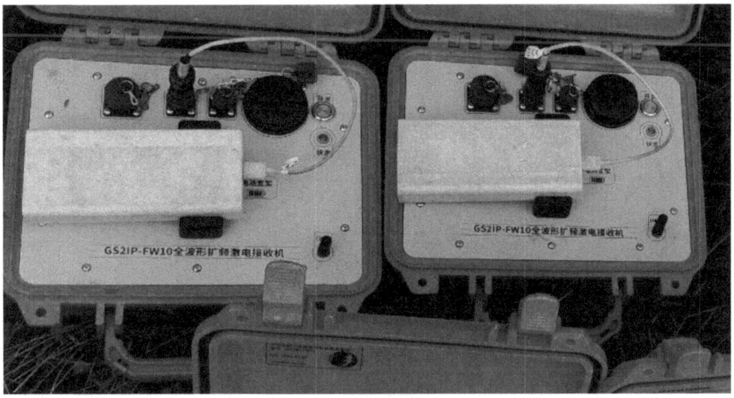

图 7-3　全波形扩频激电接收机 GS2IP-FW10

深部矿产智能预测技术的不断发展，为矿产资源的高效、安全勘探提供了强有力的技术支撑，对于保障国家资源安全、促进矿业经济可持续发展具有重要意义。

2. 智能化采矿系统

智能化采矿系统是现代矿业技术发展的前沿领域，它融合了物联网、大数据、人工智能、机器人技术、自动化控制、3D 可视化和数字孪生等先进技术，旨在提高矿山的生产效率、降低成本、增强安全性并减少对环境的影响。智能化采矿系统通常包括以下几个关键组成部分。

（1）感知层：通过安装在矿山设备、环境监测点以及人员身上的各种传感器，如 GPS 传感器、振动传感器、温度和气体传感器等，实时收集数据，监测设备状态、环境参数和人员位置。

（2）传输层：利用无线通信技术（如 Wi-Fi、4G/5G 网络）、光纤通信以及其他数据传输协议，确保数据的高速、稳定传输，使矿山内部和外部的系统能够实时交换信息。

（3）平台层：包括数据中心和云计算平台，用于存储、处理和分析来自感知层的大量数据，通过大数据分析、机器学习和人工智能算法，为决策层提供数据支持。

（4）应用层：基于平台层提供的数据和服务，开发各种应用程序，如智能调度系统、故障预测与健康管理（prognostics health management，PHM）、安全监控系统、环境监测系统、智能物流管理等，以实现矿山运营的智能化。

（5）决策层：基于应用层提供的信息，进行智能决策，包括资源分配、生产计划调整、安全风险评估等，确保矿山运行的高效、安全和可持续。

基础科学中心团队针对石油高效开采，开发了智能注采一体化协同平台，攻克了多源异构数据融合难点，集成了 A2（油气水井生产）、A5（地面工程）、智能注入、智能采油等多源异构数据，实现了多系统、多业务、多职能部门之间信息数据的互联互通，彻底打破了以往注采作业中数据“孤岛”的局面，将分散的“孤岛”数据转化为可共享、可利用的数据资产（图 7-4）。这一成果已经在大庆油田杏七区进行了示范应用，证明了其在实际场景中的可行性和有效性，为油田的智能化管理和高效运营开辟了新的道路。

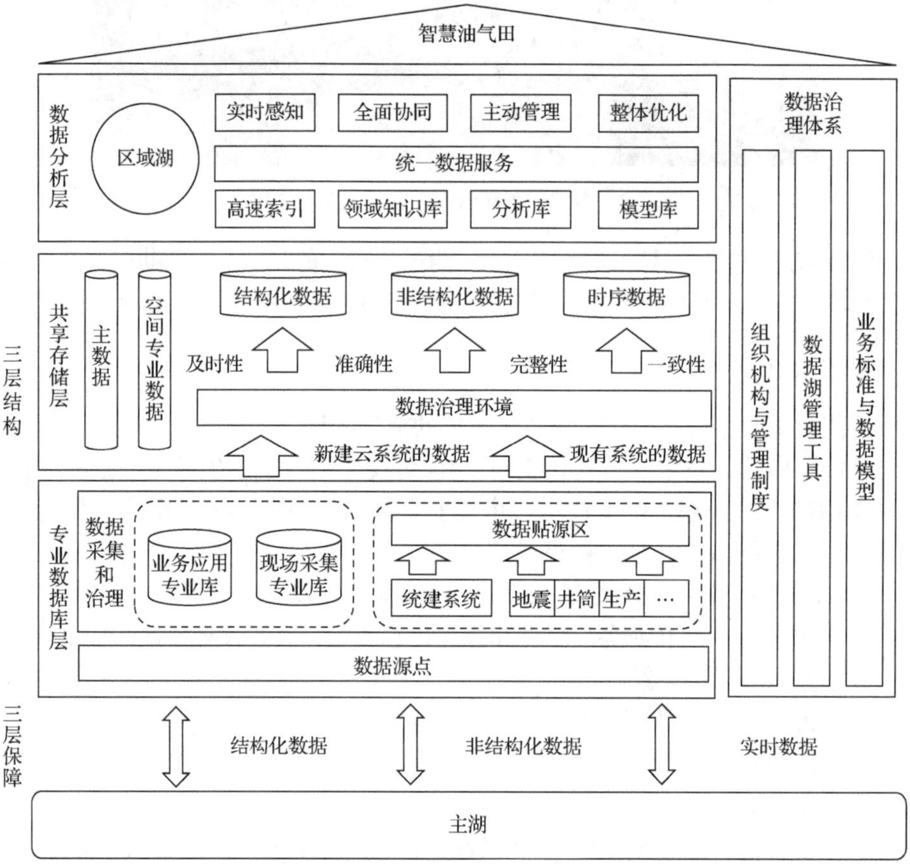

图 7-4　油田区域数据湖

智能化采矿系统的实施，不仅可以提高矿山的自动化水平，减少人工操作带来的风险，还可以通过实时监测和数据分析，优化生产流程，降低能耗，减少废弃物排放，实现绿色开采。此外，智能化系统还能增强矿山的应急响应能力，提高灾害预防和处理的效率，保障矿山员工的生命安全。

3. 数字化采矿装备

数字化采矿装备在矿产资源开发过程中扮演着越来越重要的角色，它们通过融合现代信息技术、自动化技术、传感器技术和智能化技术，实现对矿山开采过程的全面数字化管理与智能控制。数字化采矿装备不仅能够提高采矿效率，降低运营成本，而且能够显著改善工作环境的安全性和环保性。以下是一些关键的数字化采矿装备及其功能与优势概述。

智能钻机/凿岩台车：用于钻孔作业，具备高精度传感器和先进的控制系统，能够实现对钻孔过程的精确控制。这类装备集成数据采集和分析功能，能够实时监测钻孔情况，优化钻进参数，提高钻探效率。其优势在于提高了钻孔作业的精确度，减少了对人工的依赖，降低了工人的劳动强度。

智能铲运机：用于矿石的铲装和运输，其自主行驶和作业功能不仅提高了铲装与运输的效率，还减少了人员面临的安全风险，尤其是在复杂或危险的工作环境中。

无人驾驶卡车：用于矿石的运输。无人驾驶的卡车通过 GPS 传感器、激光雷达、摄像头等传感器收集环境信息，实现自主导航和作业。能够实时响应调度指令，实现高效、安全的物料运输，减少人力成本。

智能装药车：用于爆破作业的装药过程。通过智能化控制，提高装药精度和安全性，降低人员接触危险区域的机会。为矿山的安全生产提供数据支持，及时发现安全隐患并采取相应的应对措施。

传感器网络：遍布矿山各处的传感器网络持续监测地质条件、设备状态和环境参数，收集实时数据，为矿山的运营管理提供了宝贵的信息；还能够及时发现安全隐患并采取相应措施，确保矿山作业的安全与高效。

无线定位终端：通过实时定位矿山人员和设备的位置，无线定位终端增强了作业的安全性，同时也提升了管理效率，特别是在紧急情况下，能够迅速定位人员，提高救援效率。

数字化采矿装备的广泛应用，标志着矿业行业正经历一场深刻的变革，从传统的劳动密集型产业向技术驱动型产业转变，这不仅提升了采矿效率，还为矿业的可持续发展和环境保护提供了新的解决方案。随着技术的不断进步，未来的数字化采矿装备将进一步融合更多创新技术，实现更高水平的自动化、智能化和绿色化开采。

7.2.2 数字技术与矿产资源冶炼加工

矿产资源冶炼加工离不开详尽的数据分析与精细化管理，以确保产品质量、优化工艺流程并控制生产成本。数字技术通过对冶炼过程中的各项参数进行实时监测、数据分析与智能调控，为冶炼方案的优化与加工过程的精准控制提供了强大的技术支持。目前，数字技术在矿产资源冶炼加工中的应用已广泛覆盖流程智能决策、智能优化算法、自动化控制等多个方面。接下来，我们将聚焦基础科学中心团队在这一领域的突破性技术成果，深入探讨数字技术如何赋能矿产资源冶炼加工过程，展现其研究与应用的前沿态势。

1. 冶炼流程智能决策方法

冶炼流程智能决策方法是现代冶金工业中的一项关键技术，它利用大数据、人工智能、机器学习和其他高级分析工具，来优化生产流程、提高效率、降低成本并减少环境影响。

冶炼流程中面临特有的挑战，如密闭高温环境、多相多场复杂耦合、物料成分的多样性及难以精确感知的信息，加之现场强烈的电磁干扰与振动，使传统检测传感器的稳定性大打折扣，数据质量参差不齐。这些难题使人工决策难以跟上制造流程智能化发展的步伐。为此，基础科学中心团队开创性地构建了冶炼流程智能决策方法。

该方法的核心在于提出了基于工业互联网的智能优化决策架构（图 7-5），按照工业互联网的分层递阶与模块交互原则，成功搭建了云上敏捷开发、边缘可

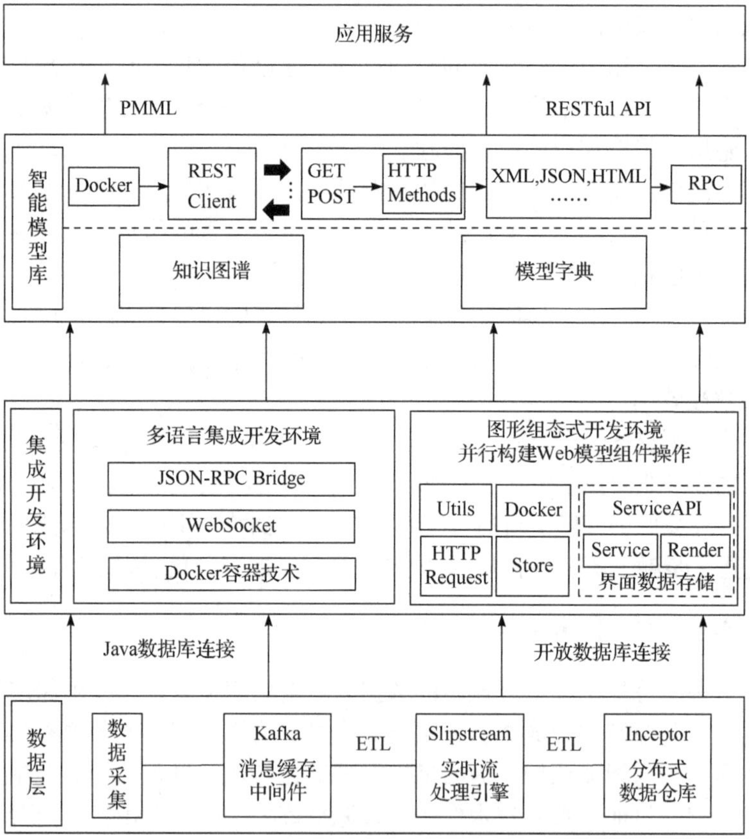

图 7-5 基于工业互联网的智能优化决策架构

PMML 全称为 predictive model markup language（预言模型标记语言）；XML 全称为 extensible markup language（可扩展标记语言）；HTML 全称为 hyper text markup language（超级文本置标语言）

信运行并重的全流程智能优化决策架构。该决策架构包括数据层、集成开发环境、智能模型库和应用服务四个层面，能够实现实时数据采集与处理，并提供多语言集成开发环境和图形组态式开发环境。

进一步地，提出了基于 MODELING 的元建模方法及面向多场景黑盒复用的元模型标准封装体系，构建具有可重构性、可移植性、易用性的元模型，为智能决策提供坚实的基础。元模型构建流程见图 7-6。

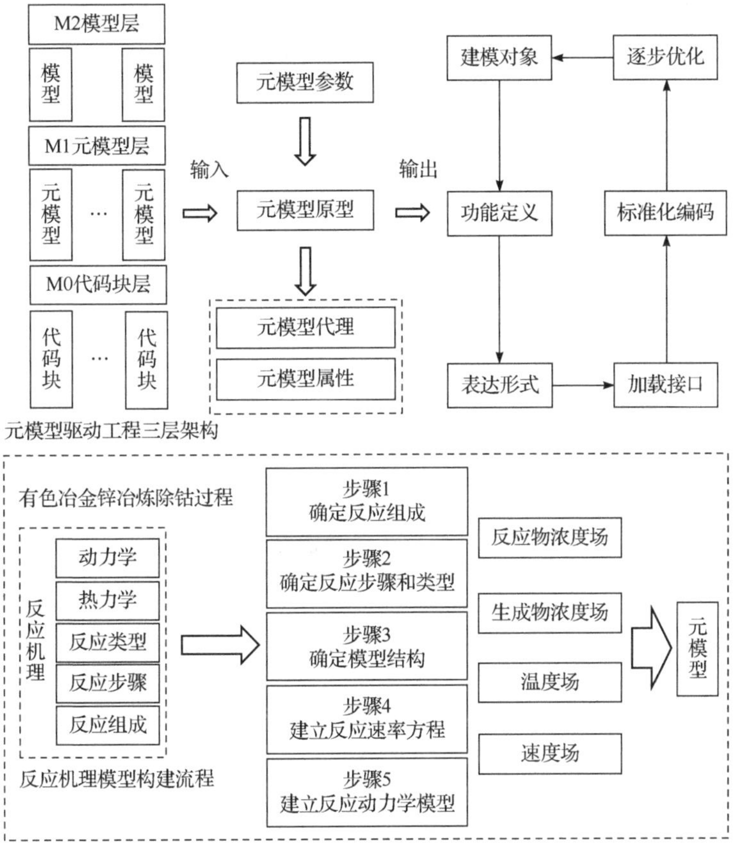

图 7-6　元模型构建流程

根据流程行业需求和工艺特点，基础科学中心团队还建立了集流程生产工业智能模型搜索、审核、评价、推荐于一体的模型全生命周期综合管理平台（图 7-7），为冶炼流程的智能化管理提供全方位支持。

同时，基于容器技术、JSON-RPC、Kubernetes 等先进技术，构建应用高效开发环境，提升应用开发效率，降低使用者的技术门槛。

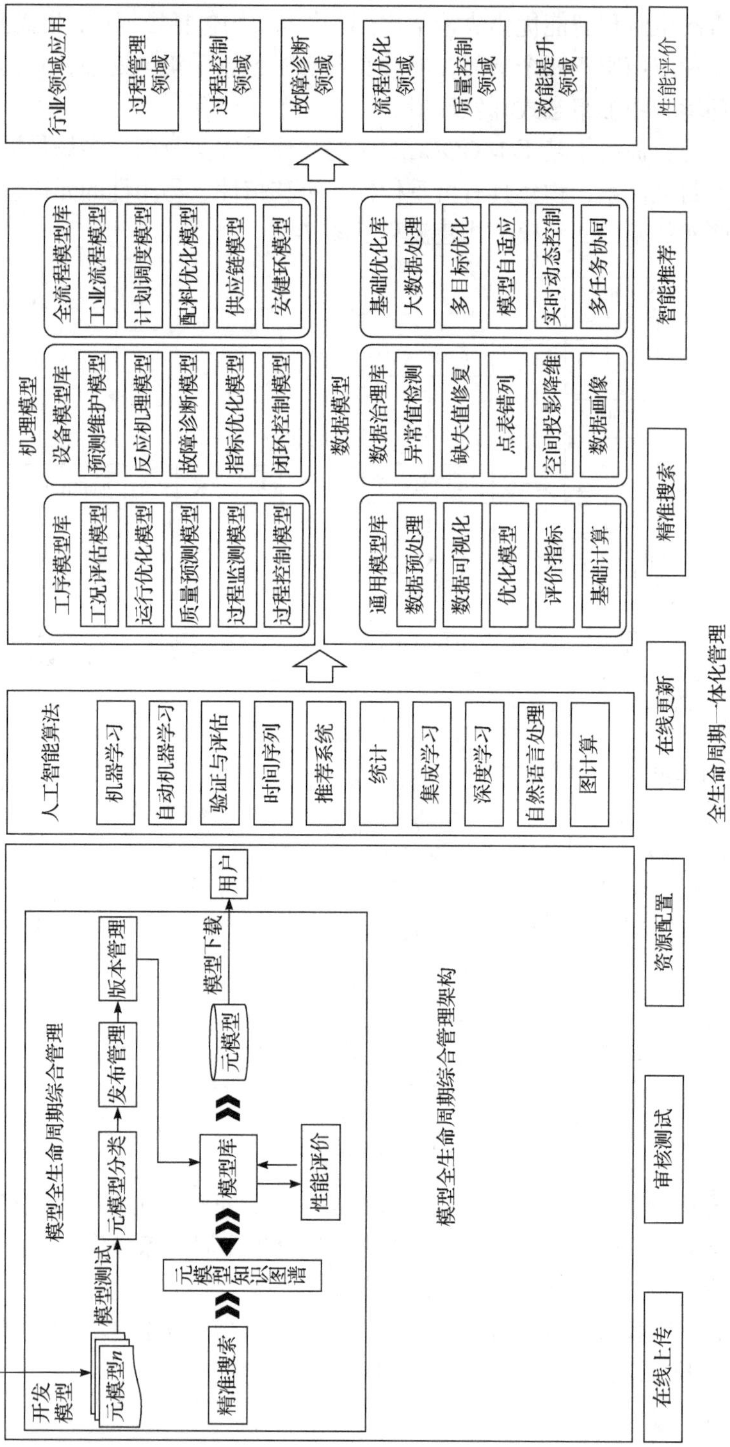

图7-7 模型全生命周期综合管理平台

此外，构建了云边协同智能决策新模式（图 7-8）。这一模式通过在线更新智能优化决策模型，有效解决了传统决策模式在复杂工况下模型失配的问题，实现了复杂生产过程的自适应稳定运行，实现了冶炼流程变工况下的精准控制与决策，为冶炼工业的智能化转型开辟了新路径。

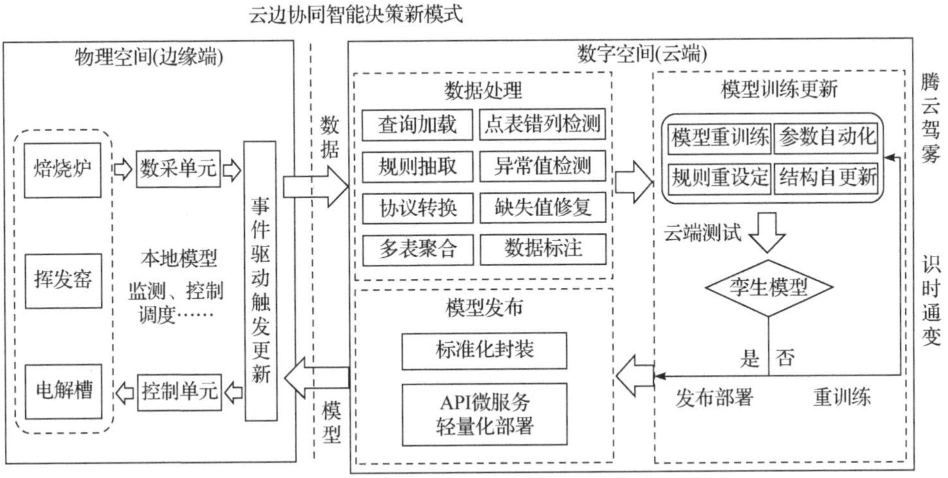

图 7-8 云边协同智能决策新模式

通过上述智能决策方法的应用，矿产资源冶炼企业能够实现精细化管理，提高生产效率，减少资源浪费，同时增强对市场变化的响应能力和环境适应性，最终实现可持续发展的目标。这些技术的应用还能够为企业的长期战略规划提供数据支持，助力企业在激烈的市场竞争中保持领先地位。

2. 冶炼供应链智能优化技术

冶炼供应链智能优化技术是现代冶金工业转型升级的关键，其核心在于利用先进的信息技术与智能化手段来提高整个供应链的效率和效果，确保从原材料采购到最终产品交付的每一个环节都能达到最优状态。这不仅包括内部生产流程的优化，还包括与供应商、分销商以及其他合作伙伴之间的协作优化。

供应链协同优化的核心目标是通过整合企业内外部资源，实现生产计划与采购计划的高效衔接，确保供应链各环节协同运作，从而提升整体效率和效益，是冶炼企业关注的重点。在冶炼过程中，原料供应质量直接影响生产稳定及产品质量，连续性生产方式下断料恢复成本巨大，要求原料持续供应。原料采购成本每年达数十亿元甚至上百亿元，占运营总成本的 70%左右，每降低 1%的采购成本将为企业增加 5%～10%的利润。

原料供应链管理存在人工决策主观性强、运营操作模式固化、无法适应海量信息、部门之间信息孤立等问题，造成运营成本高、效率低。基于企业生产计划，综合考虑内部生产和外部市场等要素，基础科学中心团队利用大数据及人工智能方法，研发了冶炼采购-生产协同的供应链一体化智能优化算法，自动计算原料采购计划，实现原料采购自动实时决策，降低原料采购成本，盘活资金占用，提升采购管理效率。该算法的框架见图 7-9。

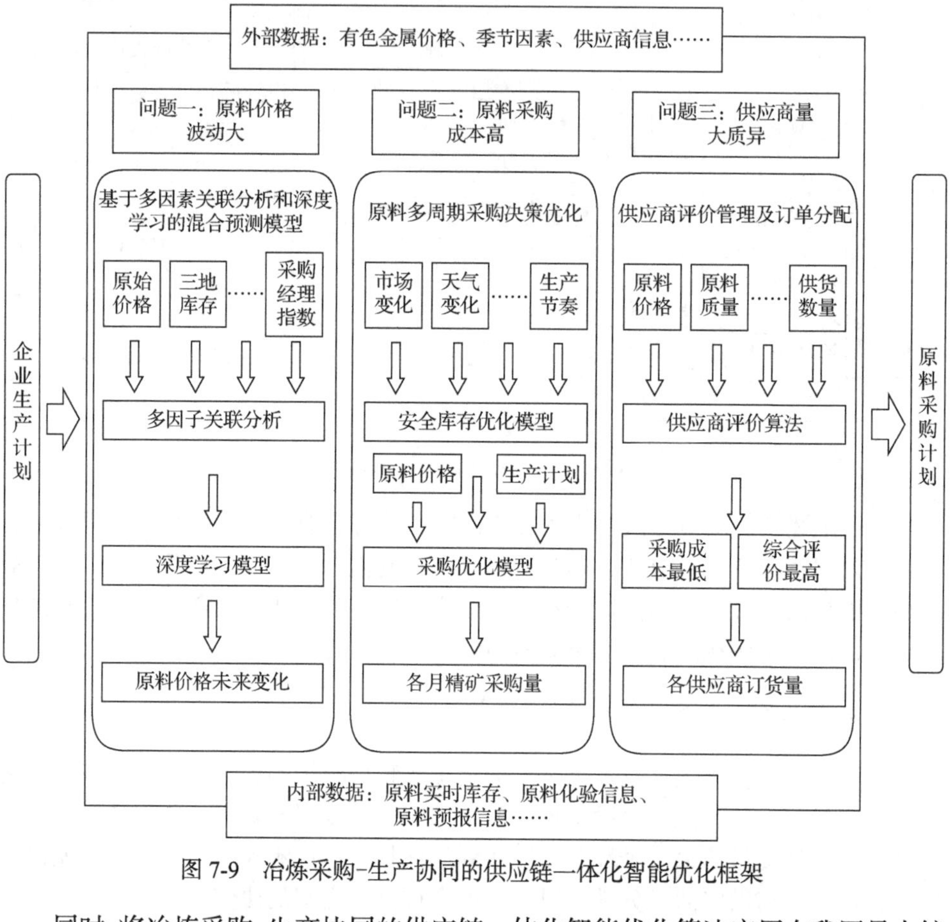

图 7-9 冶炼采购-生产协同的供应链一体化智能优化框架

同时，将冶炼采购-生产协同的供应链一体化智能优化算法应用在我国最大锌冶炼企业中国五矿集团有限公司的铜铅锌产业基地，显著提高原料供应稳定性，为装备稳定运行提供源头保障。其中，原料安全库存由 20 天降低至 10 天，居行业领先水平；库存成本及原料采购成本每年约节省 1360 万元；锌、铅的达标率较以前分别提升 6.7%、3.3%；锌、二氧化硅的波动率较以前分别降低 12%、1.26%。

冶炼供应链智能优化技术是现代冶金工业中的重要技术支撑。它利用先进的信息技术和控制理论实现对冶炼过程的优化控制和管理决策。随着技术的不断发展和应用实践的不断深入，冶炼供应链智能优化技术将为冶金工业的智能化转型和高质量发展提供有力支持。

3. 矿物加工自动化控制技术

矿物加工自动化控制技术是矿物加工领域的一个重要发展方向，它涵盖了从矿石破碎、磨矿、分级、选别到脱水过滤及浓缩等多个生产环节的自动化控制。以下是一些主要的矿物加工自动化控制技术。

PLC（programmable logic controller，可编程逻辑控制器）控制：在碎矿过程中，PLC 控制被广泛用于控制破碎机的运行、监测破碎机的负荷和故障，并根据生产需求调整破碎机的运行参数。PLC 控制具有编程灵活、可靠性高、易于维护等优点，能够实现对破碎过程的精确控制。

多参数综合控制：在磨矿过程中，多参数综合控制技术能够同时监测和控制磨矿机的给矿量、磨矿浓度、磨矿细度等多个参数，以实现磨矿过程的优化。通过多参数协调控制，可以提高磨矿效率，降低能耗，同时保证磨矿产品的质量。

基于品位分析的自动加药：在浮选过程中，通过在线品位分析仪实时监测矿浆的品位，并根据品位变化自动调整浮选药剂的添加量。这种技术能够显著提高浮选效率，稳定浮选指标，同时减少药剂的浪费。

矿浆液位自动控制：在多个生产环节中，如浮选槽、浓缩池等，矿浆液位的稳定对于生产过程的连续性和稳定性至关重要。通过液位传感器和自动控制系统，可以实现对矿浆液位的精确控制。该技术能够确保生产过程的连续性和稳定性，减少因液位波动导致的生产问题。

变频调速技术：在破碎、磨矿等过程中，通过变频调速技术可以实现对电机转速的精确控制，从而调整设备的处理能力。该技术显著提高设备的运行效率，降低能耗，同时延长设备的使用寿命。

专家系统、模糊控制、最优控制、神经网络控制：这些先进控制方式与传统的稳定化控制结合应用，能够显著改善选矿过程控制的应用效果。例如，专家系统可以利用专家知识为矿物加工过程的决策提供依据；模糊控制可以处理模糊信息，提高系统的鲁棒性；最优控制可以寻求最优的控制策略，以实现生产过程的优化；神经网络控制则可以通过学习历史数据，提高系统的自适应能力。

7.2.3　数字技术与矿产资源管理决策

在矿产资源管理领域中，数字技术正成为提升决策效率与科学性的关键驱动力。数字技术通过深入的大数据分析与智能算法来把握资源分布、储量动态、市场需求及政策导向等多维度信息，以制订科学合理的战略规划与决策方案。本节将依托基础科学中心团队在矿产资源管理决策领域的创新成果，聚焦于矿产资源数字化管理系统、矿产资源多主体复杂适应系统、数字化矿产资源供需态势推演技术三大核心技术的研究与应用实践，展现其如何助力矿业行业实现更加精准、高效与智能的管理决策。

1. *矿产资源数字化管理系统*

矿产资源数字化管理系统是一套集成了多种信息技术和智能化系统的综合解决方案。该系统通过数字手段实现矿产资源管理过程的透明化、实时化、智能化和科学化管理，为优化矿产资源的开发、利用和管理提供技术支持，提高资源利用效率，降低环境影响，并提升矿产资源管理能力的现代化水平。

矿产资源数字化管理系统包括以下关键组成部分。

（1）数据采集系统：利用传感器、遥感技术、无人机等手段，实时采集矿产资源的地质、环境、生产等数据。数据采集系统确保数据的准确性和实时性，为后续的数据处理和分析提供基础。

（2）数据处理与分析系统：对采集到的数据进行清洗、整合、存储和分析。引入四维（时间维度）的概念，在三维场景下以立体图表的方式直观展示矿产资源的数量、质量、结构和空间结构。实现对矿产资源状况及形势的分析、研判，为决策提供支持。

（3）决策支持系统：基于处理后的数据，提供矿产资源规划、开采方案、储量评估、监管策略等决策支持。借助人工智能、机器学习等技术，提高决策的科学性和准确性。

（4）监管与执法系统：实现对矿产资源开发利用全过程的监管，包括采矿权、探矿权审批，矿产资源储量管理、矿产资源开发利用监管等。通过数字化手段，提高监管效率和执法力度，确保矿产资源的合理开发和利用。

矿产资源大数据平台（图 7-10），是矿产资源数字化管理的重要组成部分。

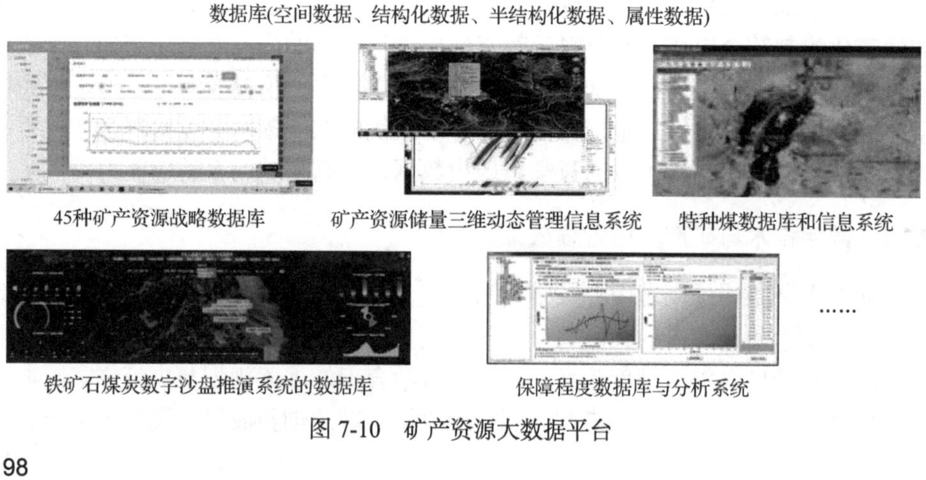

图 7-10　矿产资源大数据平台

基础科学中心团队设计开发了矿产资源大数据平台，旨在全面、系统地收集、整理和分析我国矿产资源的数量、质量、结构和空间分布等基础数据。该系统通过制定统一的数据库标准和建设规范,实现了对矿产资源的数字化管理和集成展示。依托先进的信息技术，系统不仅能够提供准确可靠的矿产资源数据支持，还能支持三维可视化展示和智能化分析，为矿产资源规划、勘查、开发和监管提供有力保障。该系统的建设和应用，推动了矿产资源管理向数字化、智能化方向发展，提升了矿产资源管理的效率和水平。

矿产资源数字化管理系统在石油开发领域也取得了应用。为提升油田数据的数字化管理和应用水平，基础科学中心团队建设了油田区域数据湖和智慧油田中枢系统。按照中国石油集团数据湖总体架构，建设油田区域数据湖，业务数据由油田专业数据库从源头采集，治理后由区域湖统一管理，可共享数据与主湖双向同步，满足集团、板块及油田三级应用分析决策。为了保障数据湖的有效运作，基础科学中心团队优先建立了区域湖与主湖之间的数据连通、确权、认责、调用管理等机制，确保数据的流通与使用遵循既定的规则，保护数据安全与权益。同时，构建了智慧油田中枢系统。中枢系统相当于智慧油田的大脑，可实现数据的汇聚和展示，要求实时、全面、准确地汇聚油田各类数据，打破信息“孤岛”，提升数据价值[4]。

2. *矿产资源多主体复杂适应系统*

面对矿产资源全产业链中安全管理主体多元、相互关系错综复杂、经济-安全-公平等多维度因素交织的挑战，基础科学中心团队深入探索，创新性地构建了矿产资源多主体复杂适应系统模拟仿真技术，为矿产资源决策支持体系的建立提供了强有力的技术支撑。

矿产资源多主体复杂适应系统，是一个涉及全产业链范围内多个主体相互关联、相互影响的动态网络。该系统的影响机制如图 7-11 所示。这个系统不仅涵盖了国家层面的政策制定者、市场监管者，还包括直接参与矿产资源开采、加工、销售的企业，以及间接受到其影响的消费者和其他相关行业。该技术通过集成多源数据融合、智能算法优化、动态建模与仿真等手段，实现了对矿产资源全产业链中多主体行为及其相互作用的精准模拟与预测，解决了安全评价不够客观、量化和智能化程度低、目标协同性差等难题。特别是，该技术成功解决了混动动力学分岔问题，在矿产资源多主体复杂适应系统中首次提出并验证了“临界突变”现象的存在，为深入理解系统内部动态变化提供了新视角。

矿产资源多主体复杂适应系统包含国家、企业、市场等多个主体，各个主体之间存在着复杂的交互关系[5]。矿产资源市场的供需关系、价格、政策等都在不断变化之中，这些变化要求产业链上的各个主体具备高度的适应性和灵活性，以

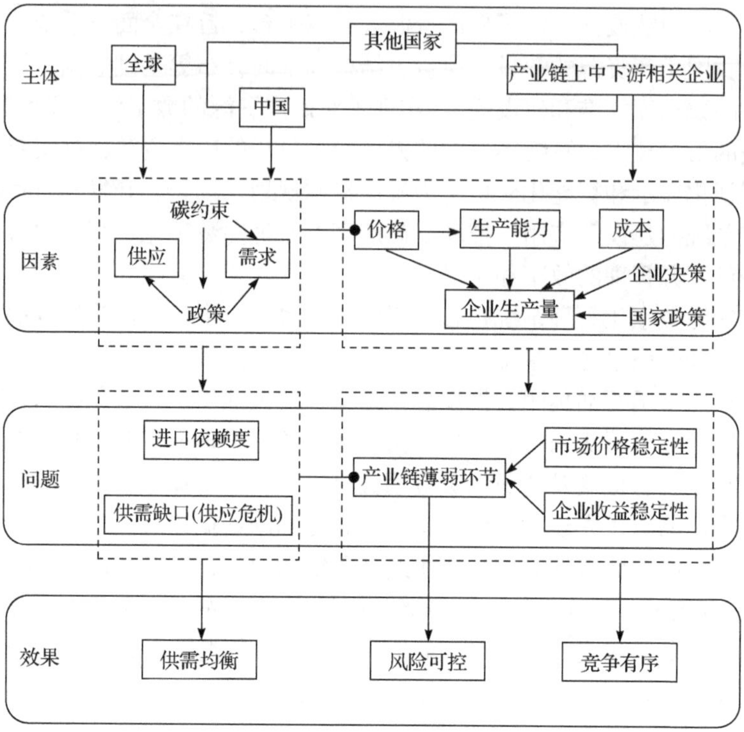

图 7-11　矿产资源多主体复杂适应系统影响机制

便及时调整自己的策略和行为。系统内部存在着多种反馈机制，包括正反馈和负反馈。正反馈可能加剧系统的某些趋势（如价格上涨导致供应增加），而负反馈则有助于维持系统的稳定（如供应过剩导致价格下跌）。

通过构建矿产资源多主体复杂适应系统，可以系统展示不同政策强度下可能产生的突变结果，精准模拟与预测各个主体的策略调整和行为变化，为政策制定者提供科学、客观、全面的决策参考依据，以实现整个矿产资源产业链的协调发展和可持续性运作。

3. 数字化矿产资源供需态势推演技术

随着全球经济的快速发展和资源需求的不断增长，矿产资源的安全供应已成为影响国家经济安全和社会稳定的关键因素。然而，矿产资源供需态势受多种因素影响，包括政治、经济、军事等外部因素，以及资源分布、开采技术、环境保护等内部因素，其复杂性和不确定性给决策制定带来了巨大挑战。因此，开发一种能够科学、系统地推演矿产资源供需态势的技术显得尤为重要。

为此，基础科学中心团队开发了数字化矿产资源供需态势推演技术，其框架如图 7-12 所示。该技术主要包括数据收集与处理、计算分析、过程模拟与结果可视化四个核心模块。其中，数据收集与处理模块负责从多源渠道获取全球矿产资源数据，并进行清洗、整合和标准化处理；计算分析模块利用先进的算法和模型对数据进行深度挖掘，分析供需关系及影响因素；过程模拟模块通过构建动态模拟系统，预测未来供需态势的变化趋势；结果可视化模块则将分析结果以直观的图表、沙盘等形式展现，便于决策者理解和应用。

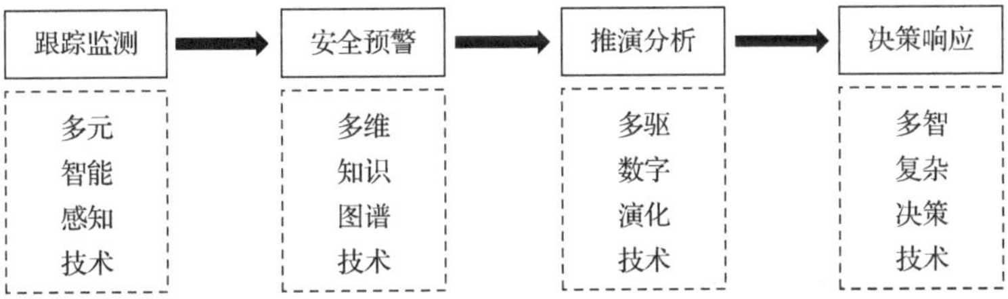

图 7-12　数字化矿产资源供需态势推演技术框架

该技术在国内率先应用于矿产资源全球供需态势分析领域，通过构建数字沙盘推演系统，实现了对全球矿产资源数据的动态模拟分析。系统能够综合考虑政治、经济、军事等多种因素对国内资源供应安全态势的潜在影响，进行可视化推演，为突发断供事件应对策略的制定提供决策支持。

为进一步提升矿产资源与能源安全突发事件的应对能力，分析矿产资源与能源安全对经济社会的影响，基础科学中心团队在国内首次创建了矿产与能源安全数字沙盘推演与决策会商平台。该平台集成了实时监测预警、应对策略快速仿真等功能，能够对我国矿产资源和能源的供需状况进行全天候、全方位的监测和分析。通过快速仿真不同应对策略的效果，平台为决策者提供了多种可行的应对方案，为推动我国矿产资源和能源安全保障相关政策的出台提供了有力支撑。

数字化矿产资源供需态势推演技术及其支撑平台的成功应用，显著提升了我国矿产资源与能源安全保障的决策水平和应对能力，为我国矿产资源与能源安全保障提供了重要的技术支撑。该技术的应用和推广，将有助于提高我国在全球矿产资源市场中的竞争力和话语权，为经济社会可持续发展保驾护航。

7.3　矿产资源绿色低碳发展

在全球经济高速发展的背景下，矿产资源作为工业生产与基础设施建设的基石，其重要性不言而喻。然而，传统矿产资源开发模式往往伴随着高能耗、高排放以及对生态环境的破坏，这与当前全球倡导的绿色低碳发展理念背道而驰。因此，探索矿产资源领域的绿色低碳发展路径，实现资源的高效利用与环境的和谐共生，已成为业界亟须解决的重大课题。

随着全球气候变化和资源环境约束的日益严峻，矿产资源领域的绿色低碳发展已成为不可逆转的趋势。在这一背景下，探索矿产资源开发利用过程中的低碳技术和绿色发展模式，对于促进经济社会的可持续发展具有重要意义。本节将深入探讨矿产资源绿色低碳发展的理论与路径，从清洁生产流程、循环经济实践等多个维度出发，系统阐述如何实现矿产资源的高效利用、生态安全预警及修复，以期为矿产资源行业的绿色转型提供理论指导和实践参考。

7.3.1 矿产资源绿色低碳发展的理论与路径

本节将探讨如何通过清洁生产流程减少污染物排放，怎样利用循环经济实践提升资源利用效率，并介绍基础科学中心团队在重金属废水处理、稀土元素循环利用等方面的创新成果与策略建议。通过本节的学习，读者将全面理解矿产资源绿色低碳发展的重要意义与实现途径，为推动该领域的可持续发展贡献力量。

1. 绿色低碳发展理论逻辑与内涵特征

绿色低碳发展理论是现代经济社会发展的重要指导思想，其逻辑基础根植于对人与自然关系的深刻认识。该理论强调在经济发展过程中，必须摒弃传统的以牺牲环境为代价的发展模式，注重资源的高效利用和环境的全面保护，力求实现经济社会发展与生态环境保护之间的协调统一。在内涵特征上，绿色低碳发展不仅要求降低碳排放，更强调通过技术创新和产业升级，实现经济发展模式的根本性转变。它倡导绿色、低碳、循环的生产生活方式，推动形成资源节约型和环境友好型社会。

在矿产资源领域，绿色低碳发展理论的具体应用和实践尤为关键。它体现为对矿产资源的科学勘探、合理开采、高效利用和生态修复等一系列环节的全面优化和提升。通过采用先进的开采技术和设备，矿产资源开发过程中的能源消耗和碳排放可以得到有效减少。同时，加强对矿产资源的综合利用和深度加工，提高资源的回收率和利用率，也可以显著降低废弃物的排放和对环境的污染[6]。此外，绿色低碳发展理念还注重矿区生态环境的保护和修复工作。在矿产资源开发的过程中，必须始终坚持生态保护优先的原则，通过对矿区生态环境的持续监测和有效治理，最大限度地减少对生态环境的破坏和干扰，确保矿产开发与生态保护之间的和谐共生。

2. 清洁生产流程

清洁生产是绿色低碳发展理论在矿产资源领域的重要实践路径之一。清洁生产流程涵盖了从矿产资源的勘探、开采、加工到废弃物处理的全过程，旨在通过源头削减、过程控制和末端治理等措施，最大限度地减少污染物的产生和排放。

在矿产资源开采阶段，清洁生产要求采用先进的开采技术和设备，减少能源消耗和碳排放。同时，加强对开采过程中的废水、废气和固体废弃物的收集与处理，防止对环境的污染。

考虑到重金属废水处理过程中，废水来源各异，不同来源的废水其数据的分布差异较大，传统的方法难以准确识别重金属废水处理过程的工况。基础科学中心团队提出一种基于迁移学习的重金属废水处理过程异常工况智能化监测方法（图 7-13），通过对不同来源的重金属废水处理过程数据的融合，对包含处理过程中 pH 值、电流密度、电导率、初始重金属浓度、流量等指标在内的历史数据进行建模。在对废水处理过程进行在线监测时，考虑到不同来源的废水初始重金属浓度的时间序列分布不同，使用历史数据得到的模型检测效果可能得不到保障；因此，对来源不确定的重金属废水的处理结果进行离线化验，根据化验结果选取其正常工况下的数据（即废水中重金属离子浓度得到有效降低的数据）和确定来源下的正常工况的历史数据进行融合，通过对历史模型进行迁移学习，实现不同来源下的废水处理过程的异常工况智能识别。

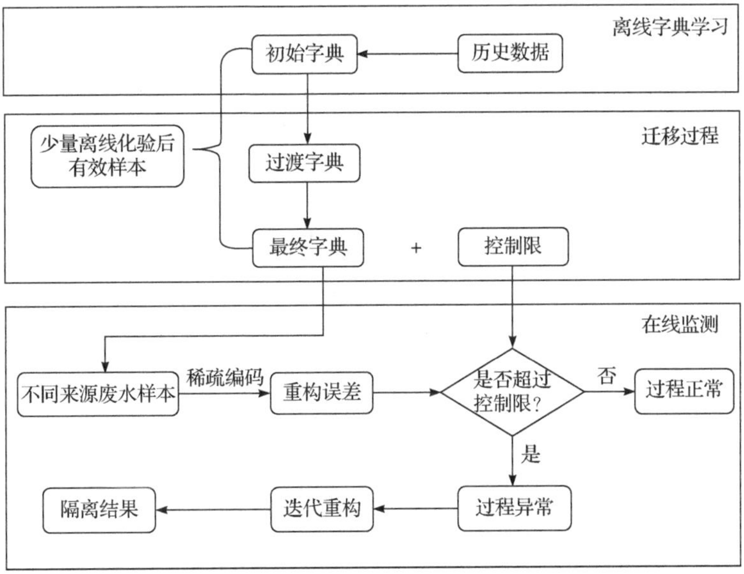

图 7-13　重金属废水处理过程异常工况智能化监测方法

3. 循环经济实践

循环经济作为绿色低碳发展理论的重要实践路径，在矿产资源领域的应用尤为显著。它主要体现在矿产资源的综合利用、废弃物的资源化利用，以及产业链的延伸和拓展上。首先，通过提升矿产资源的综合利用水平，实现资源的高效利用，这包括在开采过程中加强对共伴生矿产资源的综合勘查和评价，以及在加工过程中采用先进的选矿和冶炼技术，以提高资源回收率和产品质量。其次，循环经济注重废弃物的资源化利用，通过分类收集、分质处理等措施，将废弃物转化为可再利用的资源或产品，实现废弃物的无害化处理和生态修复，推动矿产资源的绿色低碳发展。

在此背景下，基础科学中心团队耿涌教授针对多种原生和再生资源开发利用的潜在环境影响，明晰了人造石墨替代天然石墨用以制造负极材料的潜在环境影响，评价并对比了先进生产工艺下中国原生和再生精炼铜生产的环境影响，以及原生铝和再生铝的环境影响，有效支撑资源利用及生态环境协同发展。

此外，基础科学中心团队提出了循环经济全球化的政策建议，随着可持续材料、新市场和商业模式的不断涌现，大多数国家层面的循环经济方案都有利于节约材料和能源，并减少废弃物和碳排放。例如，以铝业为代表的部分产业已经开始在全球尺度进行物质流管理，以提高其循环效率。然而，碎片化的循环经济举措和相对单薄的循环经济网络，关于物质存量、流量和产业生产成本、效率的精确、可追踪的安全数据的稀缺，以及国际化的循环经济整合发展方案的缺乏，都限制了循环经济效益的提升，阻碍了循环经济项目的实施和政策优化。基于此，研究提出了循环经济全球化策略，鼓励构建包含物质、水、能源等资源流量和存量的全球数据库以管控资源利用情况，倡导建立全球化的循环经济知识共享平台，大力推进建立循环经济国际联盟，积极开发循环经济绩效测量、报告、核算标准和未来产品的循环化标准，并呼吁国际政策制定者在全球范围内采用多种途径来强化规则、解决争端、制定标准。

最后，研究发现全球对稀土元素（rare earth element，REE）的需求正在快速增长。但是这些元素的可获得性有限。地缘政治、新冠大流行后的余波以及战争多年来扰乱了全球供应链并使价格变得不稳定。在 2020 年和 2021 年，一些稀土元素价格在经历了近十年的相对稳定后翻了两番或者五番。当前还存在对稀土资源的地缘政治竞赛和国家间相互排挤的趋势。稀土元素市场是一个“零和”博弈，一个国家或公司的获利就意味着另一个国家或公司的损失，并未带来净收益。许多国家正在加大国内勘探和采矿力度，同时限制进口来源。此外，稀土元素并非直接开采，而通常是从其他类型的采矿过程（如铝土矿和铁矿石）的副产品中提取。然而，许多可行的矿石废料未经处理。稀土元素价值链消耗了大量的能源和水资源，并释放出污染物和碳排放。基础科学中心团队提出了稀土元素全球循环经济构建路径（图 7-14），强调促进全球稀土资源回收，调整现有监管规划和政策，建立共享资源数据平台，协调降低相关商品和服务关税，投资回收和追踪稀

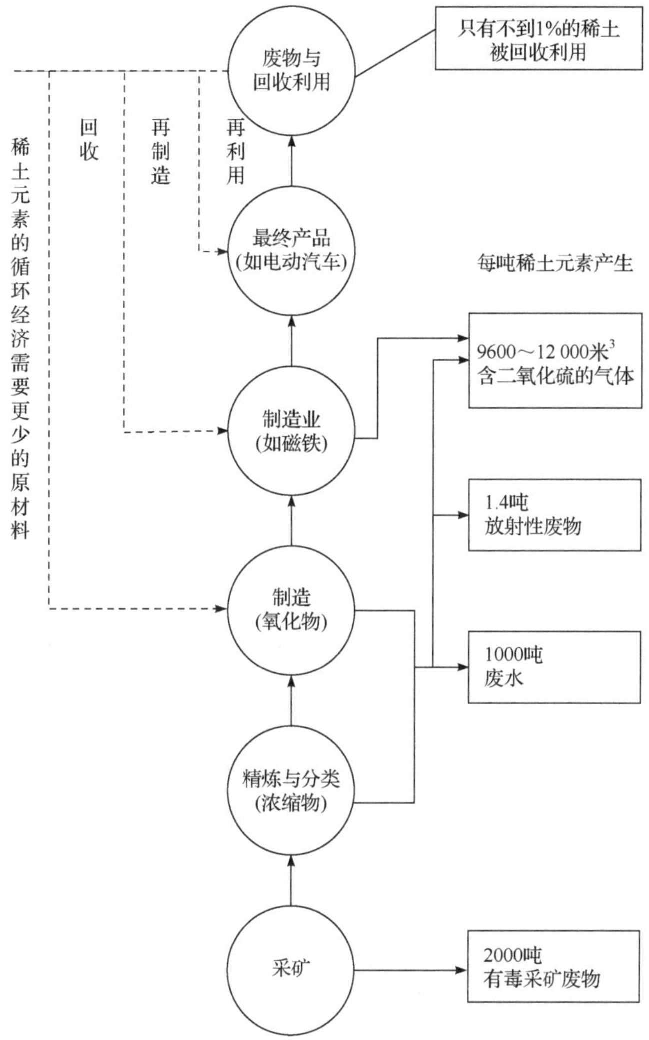

图 7-14　稀土元素全球循环经济构建路径

土元素，拓宽全球融资渠道，增加市场透明度，重塑稀土元素供应链。

7.3.2　矿产资源绿色低碳技术

在实现矿产资源绿色低碳发展的过程中，技术创新与装备升级起着至关重要的作用。为了有效降低矿产资源开发过程中的碳足迹和环境影响，基础科学中心团队探索和应用了一系列先进的绿色低碳技术。本节将重点探讨清洁能源利用、节能减排技术与装备以及环境影响评价与监测三个方面。介绍如何通过采用高效节能的开采和加工设备，以及建立完善的环境监测体系，有效提升矿产资源的开发利用效率，降低碳排放和环境污染，推动矿产资源产业向更加绿色、低碳、可持续的方向转型。

1. 清洁能源利用

在矿产资源开发过程中，清洁能源的利用是实现绿色低碳发展的关键。清洁能源，如太阳能、风能、水能等，具有可再生、无污染或低污染的特点，能够显著减少对化石燃料的依赖，降低碳排放。

在矿产资源领域，清洁能源的利用主要体现在以下几个方面：首先，利用太阳能和风能为矿区提供电力，替代传统的燃煤或燃油发电；其次，推广使用电动或氢能等清洁能源驱动的设备，如电动矿车、氢能挖掘机等，减少矿区内的燃油消耗和尾气排放；最后，开发和利用地热能、生物质能等其他清洁能源，为矿区提供多元化的能源供应。通过清洁能源的利用，矿产资源开发过程中的碳排放和环境污染可以得到有效控制，推动矿产资源产业向绿色低碳方向转型。

2. 节能减排技术与装备

节能减排技术与装备是矿产资源绿色低碳发展的重要支撑。这些技术和装备的应用旨在提高矿产资源的利用效率，减少能源消耗和污染物排放。在节能减排技术方面，矿产资源领域可以推广使用高效节能的开采和加工设备，如高效破碎机、节能球磨机等，减少设备运行过程中的能源消耗。同时，采用先进的冶炼和提纯技术，提高金属回收率，减少能源消耗和废弃物产生。在节能减排装备方面，可以开发和应用智能控制系统，实现对矿产资源的精准开采和加工，避免过度开采和浪费。此外，还可以推广使用节能灯具、节能空调等节能设备，减少矿区内的能源消耗。通过节能减排技术与装备的应用，矿产资源开发过程中的能源消耗和污染物排放可以得到有效降低，推动矿产资源产业的可持续发展。

3. 环境影响评价与监测

环境影响评价与监测是矿产资源实现绿色低碳发展的关键环节。通过对矿产资源开发活动可能产生的环境影响进行预测、评估和监测，可以及时发现和解决环境问题，确保矿产资源开发与环境保护的协调统一。

在环境影响评价方面，需要对矿产资源开发项目进行全面的环境评估，包括对项目可能引发的生态破坏、水污染、空气污染、噪声污染等进行预测和评估。同时，还需要对项目的社会影响和经济影响进行评价，确保项目的可持续发展性。

在环境监测方面，需要建立完善的环境监测体系，对矿产资源开发过程中的环境指标进行实时监测和定期检测。通过对监测数据的分析和处理，可以及时发现环境问题并采取相应的解决措施。人工智能与智慧矿山的发展为常见的矿山环境监测数据缺失问题提供了解决方案，使对环境监测数据的分析处理更为可靠。针对资源开发与环境监测数据中存在的随机缺失、连续缺失问题，以及现有数据修复算法复用性低、并行化不足等挑战，基础科学中心团队研发了专门的监测设备缺失数据修复方法，主要包括基于特征抽取的分布式数据修复方法，该方法利用检测设备各个分布式节点的数据特征，形成数据分类特征标准集，并在本地参考该标准集，通过已有的数据修复方法进行本地数据修复。此外，基于改进门控循环神经单元和生成对抗网络的随机缺失空气质量数据填充算法，能充分挖掘矿山空气质量数据中的时空规律，实现对矿山空气质量等环境监测缺失数据的自适应补全，有效应对矿山空气质量数据的随机缺失情况。通过环境影响评价与监测的实施，可以确保矿产资源开发活动的环境友好性和可持续性，推动矿产资源产业的绿色低碳发展。

另外，基础科学中心团队创新性地提出了面向资源环境大数据的填充算法迁移框架，并以此研发资源环境大数据修复系统（图 7-15）。该算法框架实现了对资源开发与环境监测大数据缺失的自适应修复,并能在不损失补全精度的情况下，大大缩减修复时间。相对于传统修复算法，该算法采用并行计算方法，在参与节点数为 n 的情况下，可提升近 n 倍的修复速度。

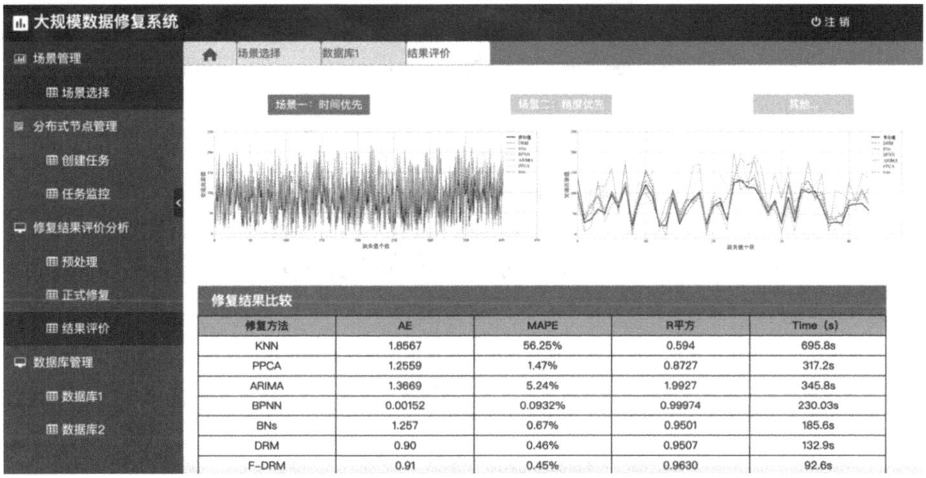

图 7-15　资源环境大数据修复系统

7.3.3　绿色矿山建设生态管理

绿色矿山建设是当前矿产资源领域的重要趋势，旨在实现矿产开发与生态保护的和谐共生。近年来，绿色矿山建设得到了国家的高度重视，国家出台了一系列相关政策文件加以推动。例如，自然资源部等七部门联合印发的《关于进一步加强绿色矿山建设的通知》（自然资规〔2024〕1 号），明确了绿色矿山建设的总体要求、主要目标、重点任务及政策措施。当前，越来越多的矿山企业开始注重绿色矿山建设，在绿色矿山建设过程中，技术创新起到了关键作用。许多矿山企业采用先进适用技术，加强绿色低碳技术和工艺装备升级改造，推动矿山智能化、绿色化发展。

在矿产资源开发过程中，不可避免地会对生态环境造成一定的影响和破坏（图 7-16）。生态环境保护是绿色矿山建设的重要组成部分。由于矿产资源在开发、开采过程中严重破坏了生态环境，加之矿产资源开发区生态环境安全态势分析过程中存在的随机性、模糊性及信息不确定性特征明显，增加了生态环境安全态势评估分析的难度，如何识别矿产资源开发区生态环境安全态势演变规律和影响因素，实现生态环境安全态势评价预警，评估矿产资源开发对生态环境安全的影响，成为新时代保障生态环境安全亟待解决的问题。

图 7-16　矿产资源开发造成的地表破坏

面向矿产资源开发区生态环境安全管控，基础科学中心团队研发出国内首个集环境质量评价、安全态势仿真、环境破坏预警于一体的矿产资源开发区生态环境安全态势分析预警系统，收集了湖南省各矿产资源开发区的 22 个因素指标，68 个影响指标，计算矿产资源开发区生态环境安全指数（包括生态环境安全综合、压力、状态、响应等指数），根据神经网络与系统动力学构建仿真模型，完成 68 个影响指标与生态环境安全关系推演，指出湖南省矿产资源开发区生态安全指数在良好状态与临界状态间变化。

相关成果在湖南省柿竹园多金属矿、水口山铅锌矿、锡矿山锑矿等矿区生态环境安全评级分析中推广应用，为矿产资源开发区生态环境安全预警和安全态势分析等提供技术支持，实现了 95%以上的环境安全事件早发现、早处置，有效提升了矿区生态环境保护能力。

7.4　数字化与矿产资源绿色低碳发展的典型案例

在全球气候变化和资源环境约束日益严峻的背景下，推动矿产资源勘探、开采、冶炼及加工的全链条绿色低碳发展已成为行业共识与迫切需求。随着信息技术的飞速发展，数字化、智能化技术正逐步渗透到矿产资源的各个领域，为资源的高效利用、环境保护和可持续发展提供了前所未有的机遇。

本节将聚焦于矿产资源开发的各个环节，通过深部有色金属矿智能预测技术、有色金属矿绿色开采与智能管理方法、石油资源绿色智能开发技术以及锌冶炼焙烧炉数字孪生系统四个典型案例，深入剖析一系列前沿技术在关键开发环节的应用与实践，展现数字技术如何推动矿产资源绿色低碳发展，为相关企业探索数字化与绿色低碳转型之路提供宝贵的经验参考和启示引领。

7.4.1　深部有色金属矿智能预测技术与应用

在资源勘探领域，深部有色金属矿智能预测技术以其强大的数据处理与分析能力，能精准识别矿体位置、预测矿藏储量及矿石品位，显著提高了勘探效率与准确性，为矿产资源的高效开发奠定了坚实基础。该技术不仅减少了盲目勘探带来的资源浪费与环境污染，还促进了矿业的精准投资和可持续发展。为此，本节基于基础科学中心团队对智能化技术在深部矿产资源勘探中的前沿探索，通过阐述深部电磁数据采集技术及其在湘南钨锡多金属矿集区的应用、深部矿产资源三维智能预测方法及其在胶西北金矿集区的应用，展示智能预测技术在深部资源勘探中的成功案例。

1. 湘南钨锡多金属矿集区深部电磁数据采集

湘南矿集区是全球钨锡资源的最集中产地之一。矿区内多期次岩浆活动、多样而集中的矿化类型等地质特征，加之 2020 年基础科学中心团队在 1660 米以下发现的多层矿体，均表明湘南矿集区深部钨锡找矿潜力巨大。

为了挖掘深部金属资源潜力，基础科学中心团队开展了深部三维电性结构研究。这是一种通过地球物理方法探索地下矿体分布和性质的科学途径，主要利用电磁法（尤其是广域电磁法）进行探测，并通过正反演分析地表数据来获取地下三维电性结构信息。

为了更精准地勘探，基础科学中心团队构建了以广域电磁数据为核心，融合多元地质地球物理信息的深部多金属矿三维电磁精细勘探新体系。在野外勘探中，基础科学中心团队精心布置工作，确定了野外布设点位，其中远参考点位于测区西南方向，距测区中心约 58 千米；并使用长沙巨杉智能科技有限公司与中南大学联合研制的物联网宽频带大地电磁仪 GSEM 进行湘南 MT（magnetotelluric method，大地电磁法）数据采集，该设备具备高精度、低功耗、轻便及组网距离远等优点，其采样频率范围为 0.001～1000 赫兹，单点采样时间为 18 小时左右。经过实地测试，GSEM 系列仪器的一致性测试误差为 4.98%，满足规范上误差小于 5%的要求。

通过实地勘探，基础科学中心团队揭示了湘南钨锡多金属矿集区深部三维电性结构和成矿岩体的空间展布规律，并圈定了矿集区深部钨锡多金属立体找矿靶区，提高深部找矿成功率。研究发现，2 号测线前段主要位于第四纪沉积层发育的区域，所对应位置的地质结构较为简单；测点所在位置受干扰小，采集到的数据信噪比高，因此，视电阻率曲线连续、光滑，质量较好。而在测线中段，数据采集受高压电线、公路上来往车辆以及各类人文噪声的干扰严重，很难采集到好的 MT 数据。此外，信号受 50 赫兹谐波干扰严重。50 赫兹谐波干扰是湘南天然源数据采集中最常见到的干扰类型，常规的去噪手段很难将其完全滤掉。因此，在进行野外数据采集时，技术人员要尽量远离高压线布设测点。

深部三维电性结构方法的成功应用不仅为湘南地区的矿产资源开发提供了重要的技术支持，也为其他类似的矿产勘查提供了宝贵的经验和方法论参考。未来可进一步将上述方法体系推广到类似深部金属矿资源、油气和非常规能源勘探，提高深部找矿效率，保障国家资源能源供给安全。

2. *深部矿产资源三维智能预测方法*

针对深部矿产资源勘探地质条件复杂、预测精度低等技术挑战，基础科学中心团队提出了一种深部矿产资源三维智能预测方法，其框架如图 7-17 所示，结合了深度学习和人工智能算法，旨在对地下深处的矿产资源进行高精度、高效率的预测，为未来矿产资源的可持续开发提供强有力的技术支持。

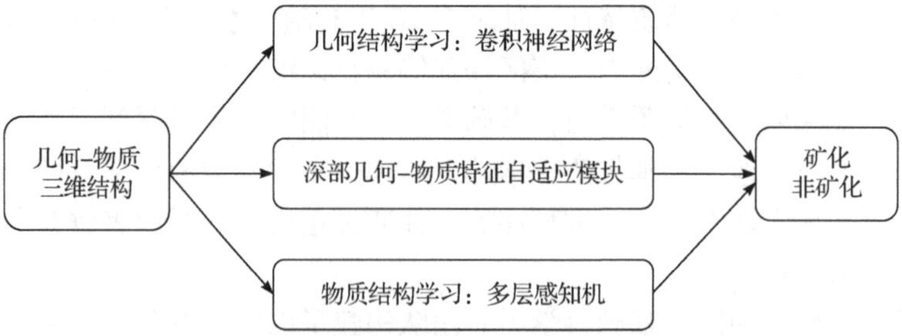

图 7-17　深部矿产资源三维智能预测方法框架

基础科学中心团队提出了浅部和深部成矿信息的多核最大平均间隔测度，能够有效整合并解析浅部和深部成矿信息的复杂性与差异性。通过使用多核技术，可以从多个维度、不同层面捕捉成矿作用过程中的地质、地球物理及地球化学特征；通过优化核函数的选择与组合，实现了浅部已知矿化信息与深部未知区域潜在矿化特征之间的精准匹配和高效传递。

进一步地，设计了基于深度迁移学习的网络训练方法，以解决深部矿产资源预测中数据稀缺、特征复杂等难题。该方法充分利用了浅部区域丰富的矿化数据作为源域，通过精心设计的迁移策略，将学习到的成矿规律与知识有效迁移到深部目标区域（目标域）。在此过程中，采用了卷积神经网络、循环神经网络等深度学习模型，结合注意力机制（attention mechanism）等高级技术，实现了对深部成矿环境的深刻理解与精确建模，显著提高了预测模型的泛化能力与预测精度。

此外，构建了深部成矿构造几何-物质三维结构到矿化空间定位的非线性关联模型。该模型融合了地质构造解析、地球物理反演、三维地质建模及机器学习预测等多种技术手段，通过复杂的非线性变换，揭示了深部成矿过程中地质因素与矿化作用之间的内在联系和动态演化规律。

该深部矿产资源三维智能预测方法通过多核最大平均间隔测度、深度迁移网络训练以及非线性关联模型的构建，实现了从浅部到深部、从数据到知识的全面跨越，为深部矿产资源的高效勘探与可持续利用开辟了新路径。

3. 胶西北金矿集区深部矿产资源三维智能预测

胶西北地区是中国最大的金矿集区，拥有丰富的金矿资源。随着浅部资源的逐渐枯竭，深部找矿成为维持金矿可持续开发的关键。然而，深部矿床埋藏深度大、地质条件复杂，传统的找矿方法难以有效预测深部矿体。因此，开展深部矿产资源三维智能预测研究，对于揭示深部矿体分布规律、提高找矿成功率具有重要意义。

为此，基础科学中心团队构建了胶西北地区金矿成矿时空分布模式，解剖了胶西北金矿集区中生代成矿系统，为成矿动力学模拟提供了概念框架，还为深部矿产资源的三维预测提供了知识驱动。基于基础科学中心团队提出的深部矿产资源三维智能预测方法，结合地质调查、地球物理（如重力、磁法、电法等）、地球化学（元素含量分析）等多种数据源，提出融合地质-地球物理-勘查工程的贝叶斯数据同化方法，利用三维地质建模软件，实现了基于最大后验概率的深部空间三维结构精细重建。

基础科学中心团队还开展了深部矿产资源三维预测与找矿靶区圈定工作，在胶西北金矿集区焦家矿带实现了 3000 米深金矿三维可视化定位预测。利用基于深度迁移学习的深部矿产资源三维智能预测方法，在焦家矿带获得了 3 个成矿概率高值异常区，以此结果并结合地质认识，圈定了 3 个立体找矿靶区。最后，利用多层感知机模型，在焦家矿带 3 个找矿靶区共预测资源量 373.75 吨。

7.4.2 有色金属矿绿色开采与智能管理方法

在有色金属矿的开采环节，绿色开采技术与智能管理方法通过引入智能化配矿系统、无人作业设备以及先进的生产管理系统，实现了对开采过程的精准控制、对资源的最大化回收与利用，以及对废弃物和污染物的有效管控。本节深入剖析智能化全流程配矿系统的创新应用，探讨深部硬岩矿体非爆破机械化智能开采方法的最新进展，以及有色金属矿无废开采技术的实践案例。这些技术与方法共同构成了有色金属矿绿色开采与智能管理的综合解决方案，为推动矿产资源开采行业的可持续发展提供了有力支撑。

1. 智能化全流程配矿系统

在矿山智能化、数字技术的应用方面，基础科学中心团队为保证矿石质量管理达到均衡稳定，结合矿山配矿管理理论及技术方法，提出了矿山全流程大均化配矿与生产数据综合一体化管理模式（图 7-18），分析了矿石质量全流程的管理方法理论及其对矿山经济效益的影响，揭示了生产配矿不均衡、不稳定以及矿石品位低等现象产生的原因以及不利影响，实现了矿山配矿管理全流程的实时、动态、智能化管控，提高资源的利用率以及矿山经济效益，延长服务年限，提高企业的核心竞争力，为矿山生产管理提供决策支持。

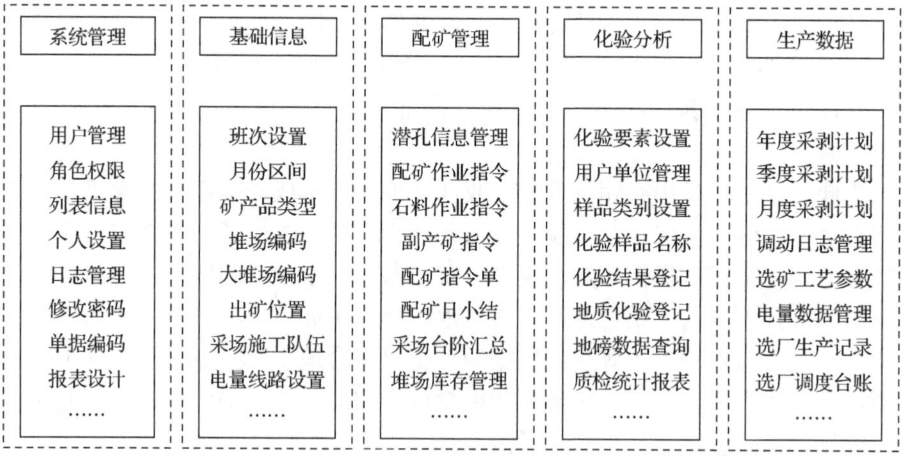

图 7-18 矿山全流程大均化配矿与生产数据综合一体化管理模式

针对目前金属矿山生产计划编制与配矿管理中出现的问题，基础科学中心团队分析了有色金属矿山生产计划与配矿管理的重要目标和主要影响因素，揭示了有色金属矿山特别是多金属矿山在生产计划与配矿管理工作中存在的难题，并建立了矿山生产计划与配矿多目标优化模型，采用改进的粒子群优化算法求解，优化了矿山的生产计划和技术经济指标，提高了矿石的利用率，实现了矿山的均衡、稳定开采。

矿山配矿工艺涉及多个环节，包括矿石的开采、加工、配比等，每个环节都有其特定的要求和标准。在矿山生产过程中，会产生大量的生产数据，包括矿石的质量、产量、设备运行状态等。这些数据对于优化配矿工艺、提高生产效率至关重要。传统的配矿方法往往依赖于人工经验和手动操作，缺乏科学性和准确性。为了实现更精准的配矿，提高矿石的质量和利用率，基础科学中心团队研发了低代码、平台化框架式的计算机方法，并开发了矿山大均化联合配矿及生产数据集成共享系统，实现了矿山配矿工艺的全流程数字化管理，提高了配矿的准确性和效率，同时满足了生产数据集成与共享的需求。该系统平台框架层级结构示意图如图 7-19 所示。

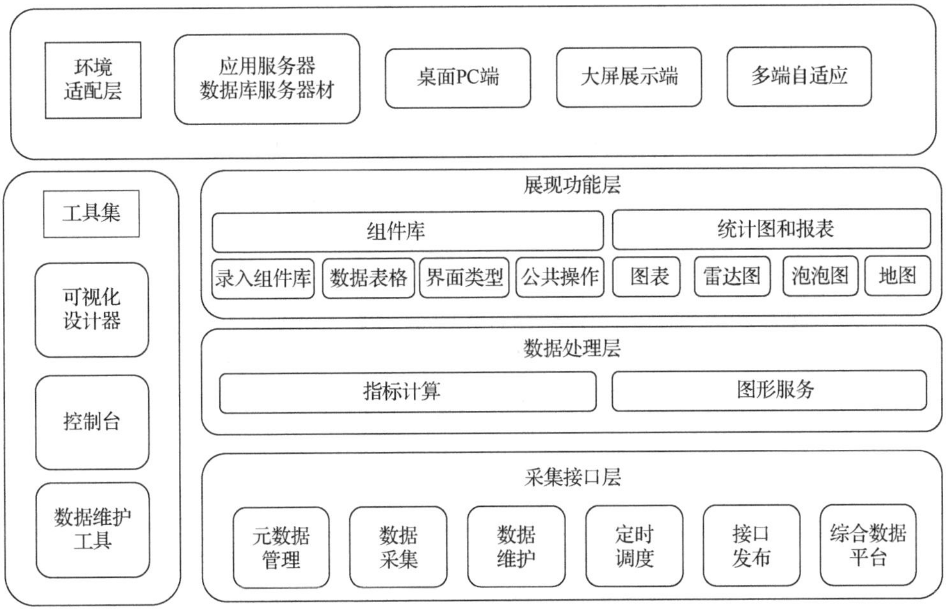

图 7-19　系统平台框架层级结构示意图

随着技术的不断进步，智慧矿山的应用将会更加广泛和深入，在提高矿山企业生产效率、降低成本、增强安全性等方面获得显著成效。

2. 深部硬岩矿体非爆破机械化智能开采方法

随着科学技术的不断发展和全球对矿产资源需求的持续攀升，深部开采已成为矿业发展的必然趋势。面对深部硬岩矿山特有的高硬度、强磨蚀性及高围压环境，传统掘进机作业模式面临效率低下、刀具损耗加剧等严峻挑战，直接制约了矿山开采的经济效益与可持续发展。

为破解这一难题，基础科学中心团队研发了一种深部硬岩矿体非爆破机械化智能开采方法，提高了深部硬岩矿山非爆破机械化开采效率，实现了非爆破机械化开采的自感知和自决策。该方法的核心在于，通过凿岩台车钻孔过程中的实时破岩触探数据收集与分析，实现了对矿岩可截割性的精准量化与云图构建。

具体而言，该方案遵循以下五个关键步骤。

1）原位监测与感知

利用凿岩台车钻孔作业中孔内滚刀获取的破岩触探数据，对矿岩的可截割性进行原位监测与感知，并对矿岩的可截割性和机械化开采适用性进行评价，识别出难采矿岩的分布位置并定量其难采程度,进而绘制出待开采矿体可截割性云图。

2）可截割性精准改善

基于高应力诱导致裂与预制缺陷技术，针对难开采矿体实施可截割性改善措施，确保开采作业的高效与安全，实现对难采矿体开采条件的精准优化。

3）智能调控与优化

根据矿体可截割性的量化结果及其空间分布特征，智能调控采矿机械的破岩方式与参数，确保开采过程的高效、低耗与环保，真正实现非爆破机械化开采的智能化转型。

4）持续验证与迭代

根据实际开采过程中的破岩效率、工时利用率、矿石块度、粉尘控制及刀具磨损等关键指标，全面评估开采效果，并据此不断优化矿岩可截割性监测感知与评价方法，以及硬岩矿体可截割性改善策略，形成闭环反馈机制，推动开采技术的持续进步。

5）数字化综合管控

依托物联网技术构建数字信息共享决策平台，实现对开采数据的实时采集、存储、处理与反馈，为管理层提供全面、准确的信息支持，助力决策的科学化与精准化，全面提升深部硬岩矿体非爆破机械化开采的智能化管理水平。

3. 有色金属矿无废开采技术

氰化浸金作为黄金矿山广泛采用的提金技术，其尾矿处理成为环境保护与资源再利用的重要议题。黄金尾矿中含有大量的氰化物，是主要的环境污染物，我国黄金行业每年产出的氰化尾渣约 1 亿吨，对生态环境构成严重威胁。为实现矿产资源的绿色开发与可持续利用，针对尾矿无害化处置与资源化再利用问题，基础科学中心团队以某黄金矿山含氰尾矿为研究对象，进行优化脱氰实验，研发了基于矿山回填的高效低耗脱氰技术，为黄金矿山绿色开采提供新思路。该无害化处置技术框架如图 7-20 所示。

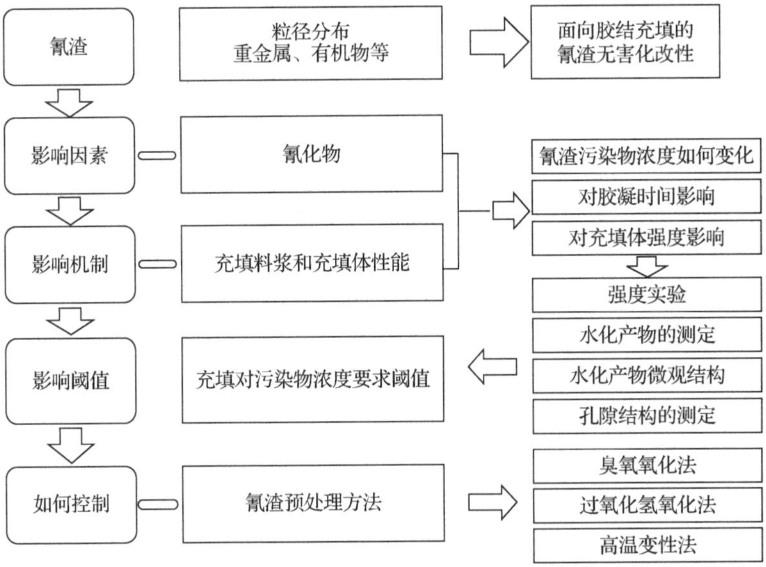

图 7-20　无害化处置技术框架

该研究聚焦于氰渣胶结充填技术的开发与应用，旨在通过技术手段优化处理黄金尾矿的脱氰，减少氰化物和重金属在环境中的释放，同时探索其作为充填骨料的可行性。

在实验阶段,基础科学中心团队从多个方面对黄金尾矿进行了脱氰处理研究。首先，在黄金尾矿预处理方面，研究了压滤洗涤方式对黄金尾矿污染物洗脱效率的影响，探究了不同洗水比例、洗水次数以及洗涤方法对洗脱效率的影响，创新发现添加药剂的非化学反应洗涤方式的可行性。

其次，从环境污染角度出发，探究洗涤液作为充填用水的可行性，以及黄金尾矿作为充填骨料的可行性。发现以适当降低氰化物浓度后的洗涤液作为充填用水，在胶凝剂的作用下可以将氰化物浓度降至极低水平，符合水污染标准。胶凝剂也能对黄金尾矿中的氰化物有较好的固化作用。

再次，针对压滤洗涤出来的洗涤液，探究了多种方法的除氰效果，以及相关影响因素的影响。对于预处理后的黄金尾矿的深度脱氰处理，基础科学中心团队也探究了不同方法的除氰效果以及相关影响因素的影响。基于因科法、臭氧法、过氧化氢氧化法等多种除氰技术，创新性使用了芬顿法处理尾矿，达到良好的除氰效果和经济效益。

最后，基于充填标准和经济效益的考量，提出了黄金尾矿无害化处理的优化方法，最终实现降低污染，减少资源消耗。

通过研发基于矿山回填的高效低耗脱氰技术，不仅实现了对黄金尾矿的无害化处置，还为其资源化再利用开辟了新途径。这一技术的成功应用，将为黄金矿山的绿色开采和可持续发展提供有力支持。

7.4.3 石油资源绿色智能开发技术与应用

石油资源作为全球经济的重要能源支柱，其绿色智能开发技术的融合应用正引领行业迈向高效、低碳的未来。通过融合物联网、大数据、人工智能等先进技术，石油行业实现了油田的智能化监测、管理与优化，有效减少了开发过程中的碳足迹，保障了石油资源的稳定供应。在此，本节从井下油水分离同井注采关键技术的研发、智能注采一体化协同平台的建立以及人工智能如何全面赋能智慧油田建设三个方面探讨石油资源的绿色智能开发技术与应用，为石油行业的绿色低碳发展探索新方向。

1. 井下油水分离同井注采关键技术

井下油水分离同井注采关键技术是一项创新的油田开发技术，其核心目标是提高油田的开采效率、降低能耗和成本，同时实现水资源的高效利用和环境保护。

通过深入探索油田高效开发、节能降耗与水资源协同利用的理论研究，基础科学中心团队提出了新一代分层注水方法，旨在通过精细化管理与优化水资源配置，显著提升油田开采效率与水资源利用效率。为实现这一目标，基础科学中心团队先是研发了高温高压井下耦合式涡街流量检测技术、远距离自适应变压变频载波通信技术，对井下供电、通信、监测、调控功能模块进行集成化设计，实现了对油田注水层段的实时精准调控，有效控制了无效水循环，通过提升均衡注采水平提高水的利用率。涡街流量检测技术原理见图 7-21。

在油田开采的复杂环境中，远距离自适应变压变频载波通信技术（图 7-22）显得尤为重要。该技术通过调节信号的电压和频率，确保信号在传输过程中能够克服长距离衰减、电磁干扰等不利因素，实现稳定、高效的通信。其中，在通信层面采用自适应调频方法，根据信号传输过程中的实际条件（如距离、衰减、干扰等），自动调整信号的电压和频率，以最优的参数进行传输。在供电层面，利用电压阻抗最优匹配算法，对电缆、封隔器等部件的电压阻抗进行最优匹配。基于通信-供电耦合算法，将供电与通信信号通过同一电缆或线路进行传输，精确控制信号的传输参数，避免了供电信号对通信信号的干扰。通过“信号反馈电路”

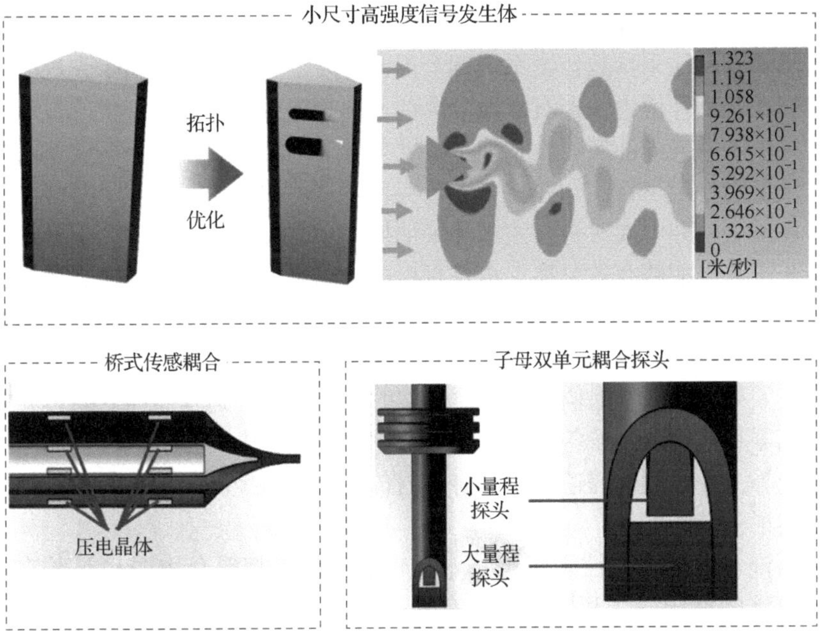

图 7-21　涡街流量检测技术原理

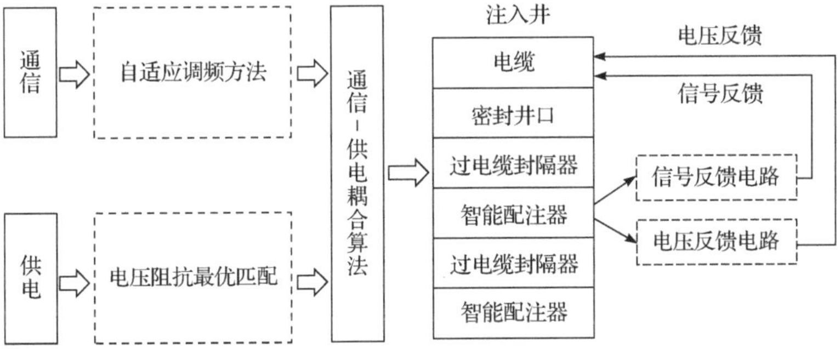

图 7-22　远距离自适应变压变频载波通信技术

和“电压反馈电路”，系统能够实时监测通信信号的质量，并根据反馈结果调整信号的电压和频率。在油田注水系统中，远距离自适应变压变频载波通信技术可以用于实现对注水层段的实时监控和精准调控，从而提高水的利用率和油田开采效率。

在此基础上，基础科学中心团队进一步对井下分离、注采、监测等关键功能模块进行高度集成化设计，研发出了井下油水分离、同井注采的变革性技术。该技术是一种集井下高效分离、分离水高压回注、注采参数实时监控于一体的同井注采工艺技术，通过“一井两用”“一井多能”的模式，实现了高含水油田降本增效和绿色生产。

井下油水分离同井注采关键技术主要包括了井下分离装置、同井注采工艺、多层封隔管柱、注采参数监测系统四个部分。井下分离装置采用了先进的分离技术，能够在井下环境中快速有效地分离油水两相混合物。这一装置的设计考虑了油田的具体条件，如油层特性、油水密度差异等因素，确保了分离效率的同时也保证了设备的稳定运行。同井注采工艺实现了“一井两用”和“一井多能”的模式，即在同一口井中同时进行注水和采油操作。通过优化设计的井下分离装置和同井注采工艺，能够有效分离油水并直接将分离水回注至油层，实现高效驱油。多层封隔管柱技术用于实现注入、采出层系的优化设计和多场景封隔。通过对井筒进行分段隔离，可以针对不同的地层特点实施个性化的注采方案，从而提高油藏的开发效果。注采参数监测系统负责实时数据采集和远程监控。通过安装在井下的传感器和其他监测设备，可以连续监测注采过程中的各项参数，如压力、温度、流量等，并通过远程通信技术将数据传输至地面控制中心，为实时调整生产策略提供了科学依据。

井下油水分离同井注采关键技术实现了油水两相混合物在井下高效分离，通过分离水的高压回注和回注水的有效驱油，注入、采出层系优化设计和多场景封隔，以及注采参数的实时数据采集和远程监控，有助于油田开发的绿色低碳转型。

2. 智能注采一体化协同平台

智能注采一体化协同平台是一个高度集成的信息化系统，旨在提升石油勘探、开发、生产过程中的工作效率与决策准确性。该平台通过整合多个关键岗位和业务流程，实现了从科研设计到生产操作，再到运维管理的全面协同，确保了石油注采活动的智能化、高效化和协同化。

基础科学中心团队所研发的智能注采一体化协同平台，攻克了多源异构数据融合难点，集成了 A2、A5、智能注入、智能采油等多源异构数据，实现了多系统、多业务、多职能部门之间信息数据的互联互通，将注采“孤岛”数据转化为“共享数据资产”，已在大庆油田杏七区开展了示范应用。该平台框架如图 7-23 所示。

智能注采一体化协同平台强调“多部门协同”的理念，将管理岗、科研岗、操作岗和运维岗紧密连接在一起，确保信息的实时传递和资源的有效调配。这种协同机制有助于打破部门壁垒，促进跨部门合作，提高整体工作效率。平台涵盖了实验设计、数据分析、方案管理等关键任务，为石油注采活动提供了强有力的技术支持。科研成果能够迅速转化为生产实践，指导实际操作，提高开采效率和产量。同时，平台还通过“生产大屏”等，实时展示生产数据，使科研人员能够及时了解生产动态，为科研方向调整提供依据。

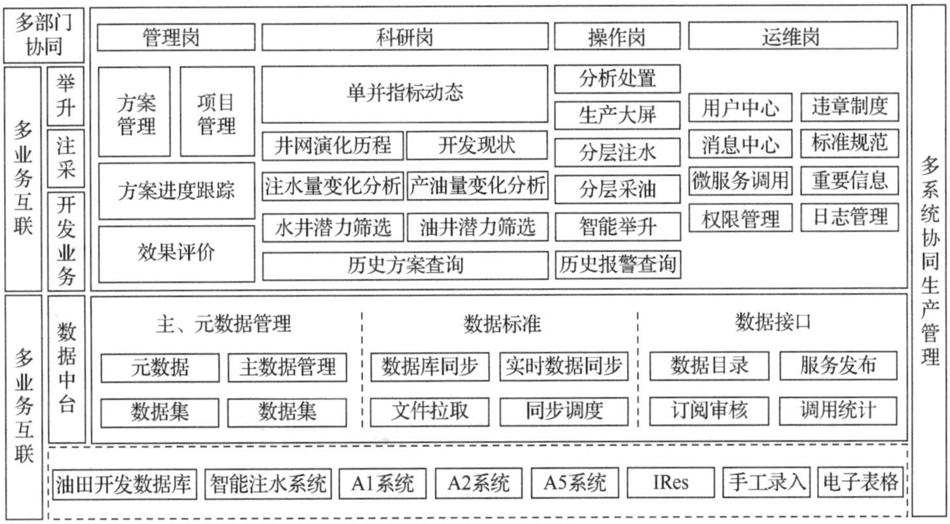

图 7-23　智能注采一体化协同平台框架

平台引入了多种智能化工具和技术，如智能举升、分层注水、油井潜力筛选等，实现了对注采过程的精准控制和优化。这些智能化手段能够有效降低生产成本，提高资源利用率，保障生产安全。同时，构建了完善的数据管理体系，包括主、元数据管理，以及数据标准、数据接口等，确保了数据的准确性、完整性和一致性。通过实时数据同步、数据目录、服务发布等功能，实现了数据的快速流通和高效利用。此外，平台还提供了数据分析和可视化工具，帮助用户深入挖掘数据价值，为决策提供有力支持。采用微服务架构和多系统集成技术，将多个子系统和模块无缝集成在一起，形成了一个统一、高效的工作平台。这种集成方式不仅提高了系统的稳定性和可扩展性，还简化了操作流程，降低了使用门槛。

在油田开发过程中，智能注采一体化协同平台能够实时监测生产数据，指导注采操作，提高开采效率。通过智能化管理手段，实现对生产过程的精准控制和优化，降低生产成本，提高资源利用率，并提供全面的生产数据分析报告，为生产决策提供有力支持。同时，平台还能通过实时数据同步和协同工作机制，提高运维团队的响应速度和处理能力。

智能注采一体化协同平台是一个集科研、生产、运维于一体的综合性信息化系统，它通过多部门协同、智能化管理、全面数据支持和高度集成系统架构等优势，不仅提升了石油开采的效率和安全性，还为实现绿色低碳发展提供了有力支持。

3. 人工智能赋能智慧油田建设

在当前石油工业的发展进程中，人工智能技术正引领石油开发行业迈向新的高度，成为国内外石油公司增强竞争力的关键，在油田开发建设方面展现出非凡的潜力。智慧油田建设，作为推动油气全产业链高质量发展的必由之路[7]，需要将人工智能等现代化信息技术与智能石油工程技术、智慧地球科学与技术相结合。数字化油田示意图见图 7-24。

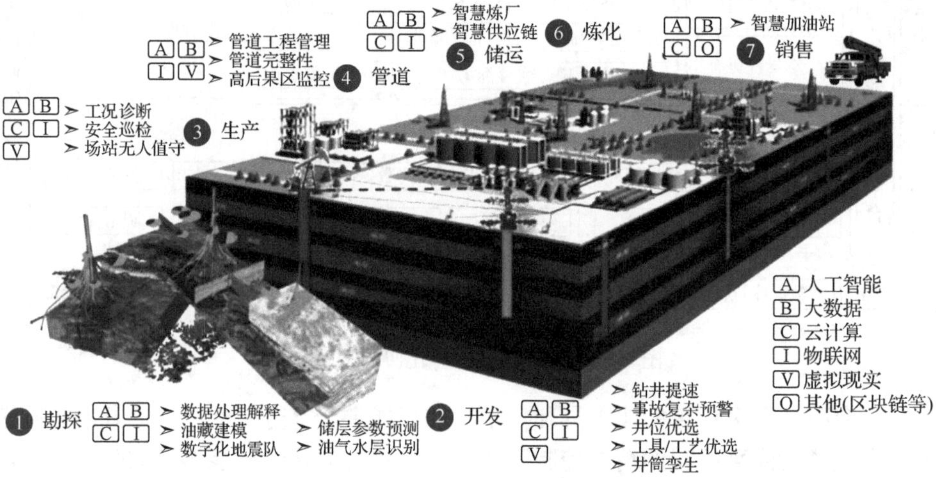

图 7-24　数字化油田示意图

其中，智能解释分析技术、大数据分析技术和多专业数据集成分析能够增加油气藏地质预测分析的效率和准确性。装备智能化、操控远程化、向无人现场作业发展，能够减少操作成本，降低安全风险。油气藏模型的敏捷迭代优化及人工智能+油气工程算法的融合应用，能够实现精准建模、预测性维护预警与智能运维。此外，智能化技术还促进了跨层级、跨专业、跨地域的精准管控，整合专家资源，优化管理效率与运营成本，确保了更科学的开发决策、高效率生产与卓越运营。

如今，国内油气行业信息化和数字化建设经历了单机应用、分散建设、集中建设、集成应用等过程，基本实现了数字化油气田建设目标。目前正在通过数据共享、业务协同和智能化应用建设，逐步迈向智能油气田阶段，具有重大的理论、方法与技术应用创新空间。

1）智慧油田数据治理

在智慧油田的建设进程中，数据治理是核心驱动力，它直接关系到油田运营的效率、决策的精准度以及未来的可持续发展能力。传统油田管理中，信息系统虽已被广泛应用，但大多聚焦于“信息”层面，这些信息往往是经过人为加工和筛选的，存在主观性和潜在的不准确性。因此，转向以“数据”为核心，实施全面的数据治理策略，成为智慧油田建设的首要任务。智慧油田数据流如图 7-25 所示。

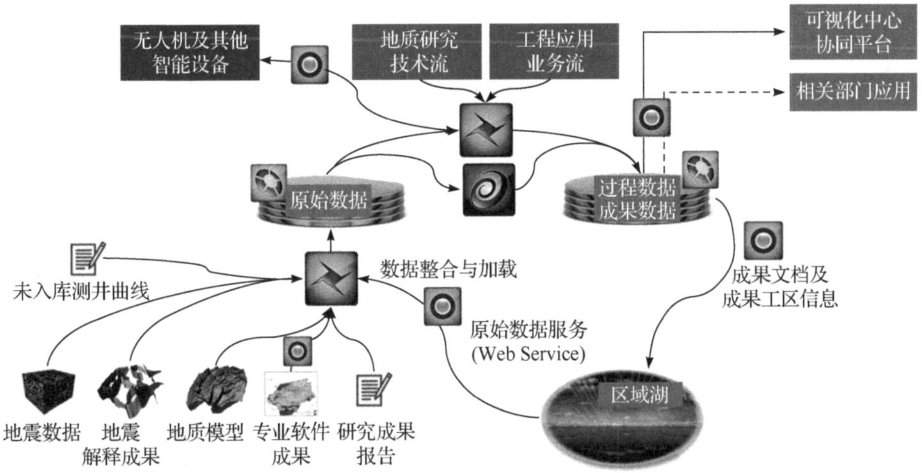

图 7-25　智慧油田数据流

第一，制定数据的使用标准及规范。建立一套涵盖数据采集、处理、存储、交换、使用全生命周期的标准体系，确保数据内外部使用与交换具有一致性和准确性的规范性约束。

第二，利用物联网技术实现对生产现场数据的自动采集，减少人为干预，提高数据实时性和准确性。引入区块链技术，进行数据共享和数据质量管控，确保数据在传输与存储过程中的不可篡改性和可追溯性，增强数据安全性。部署大数据和云计算平台，实现海量数据的快速处理和分析，为智慧决策提供支持。

第三，利用人工智能技术把地下的数据算准，是智慧油田数据治理中最关键的一步。利用机器学习、深度学习等智能算法，可以对地下数据进行深度挖掘和分析，提高地质模型构建的精度，实现油藏描述的智能化。通过智能算法优化生产方案，预测产量趋势，降低生产成本，提高资源采收率。

第四，数据全生命周期管理。围绕数据“采、存、管、找、看、用、智”全生命周期主线，持续推进数据驱动下的业务创新与智能化。实施全域数据普查，编制油气田企业数据资源目录；将分析试验、矿权储量、油气生产等历史数据迁移入湖，同时面向应用提供数据共享服务；建立空间数据库，涵盖矿储、地质单元、井、站、线、道路、通信以及环保敏感区域等的空间数据。

2）智慧油田中枢系统构建

中枢系统相当于智慧油田的大脑。智慧油田中枢系统（图 7-26）的构建是一个数据的汇聚和展示的综合性过程，它贯穿了从勘探到生产的整个石油开采流程，能够实时监控生产现场，确保数据的准确性和时效性。

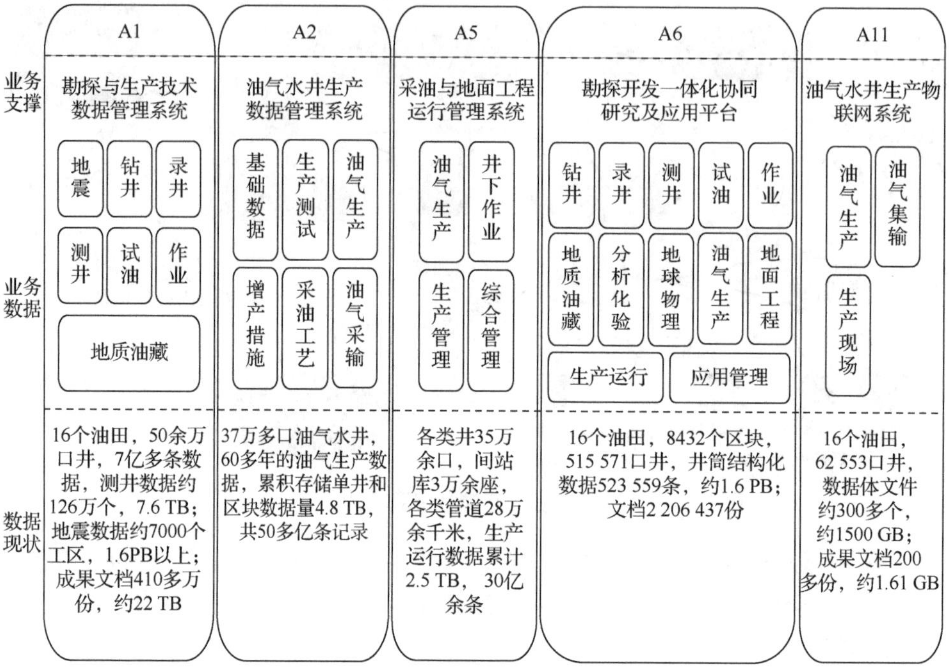

图 7-26　智慧油田中枢系统

智慧油田中枢系统包括勘探与生产技术数据管理系统、油气水井生产数据管理系统、采油与地面工程运行管理系统、勘探开发一体化协同研究及应用平台、油气水井生产物联网系统等部分。在智慧油田中枢系统的支持下，油田管理人员能够利用庞大的数据库，包括数百万口井的生产数据、数千个区块的地质信息以及海量的测井和地震数据，进行深度分析和决策支持。该系统还提供了丰富的应用平台和管理工具，支持基础数据增产措施、生产测试采油工艺优化以及油气生产综合管理。

3）油气藏数据链构建

油气藏数据链的构建，旨在实现对数据资源的全面整合与高效利用，通过横向关联与纵向贯通的综合应用模式，构建起一个灵活适应各类应用场景的数据生态系统。其核心在于基于实际需求，自组织地定制数据服务，确保数据的精准匹配与高效流转。该系统不仅支持数据实时推送，还具备强大的数据成图、关联分析及可视化展示功能，为油气勘探开发提供了直观、全面的数据支持，极大地提升了决策的科学性与准确性。油气藏数据链框架见图 7-27。

展望未来，油田将全面迈向智慧化新时代，涵盖智能感知、智能控制、智能预警、全面协同、智能分析及科学决策等多个维度。这一转型将以油田多专业、

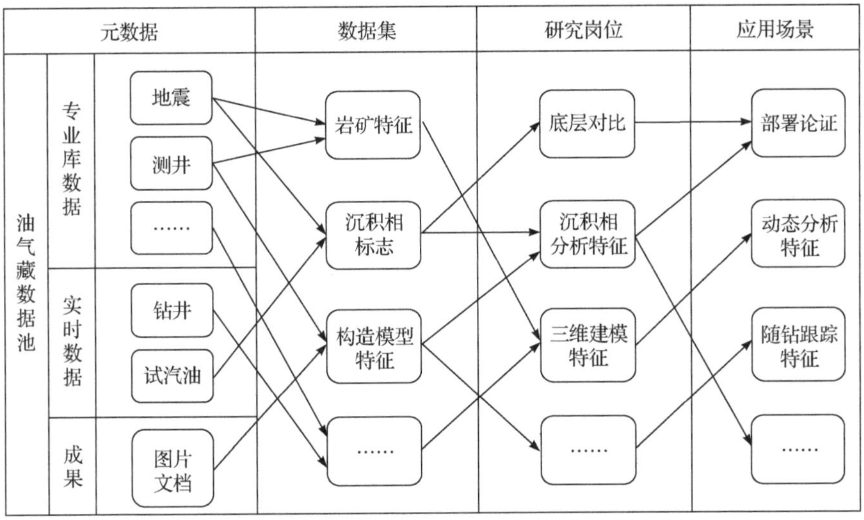

图 7-27　油气藏数据链框架

多维度、多时空、实时完整、关联统一、互联互通的全域标准化数据为核心，通过专业理论、专业设备、专业技术、信息技术创新，特别是管理创新，在信息化和工业化深度融合的大背景下，实现现实业务场景与数字仿真场景之间的实时交互，实时支撑现实业务的生产智能化和工作智慧化。

7.4.4　锌冶炼焙烧炉数字孪生系统及应用

冶炼焙烧炉数字孪生系统作为工业数字化转型的典型代表，通过构建与物理系统一一对应的虚拟模型，实现了对冶炼过程的实时监测、精准模拟与优化调控。该系统不仅提高了冶炼效率与产品质量，还降低了能耗与排放，为矿产品的深加工与再利用提供了强有力的技术支持。为此，基础科学中心团队研发出了我国首个锌冶炼焙烧炉数字孪生与智能监控系统，本节将为读者展示其中的关键技术与实际应用，深入了解数字技术在有色金属冶炼领域的前沿应用。

1. 锌冶炼焙烧炉数字孪生技术

在锌冶炼工业中，焙烧炉作为关键的生产设备，其安全稳定运行直接影响到整个生产线的运行效率、产品质量、能耗及生产成本。锌精矿在焙烧炉中进行沸腾焙烧，产出焙砂，为后续生产流程提供必要的原料。然而，焙烧炉运行过程中，面临原料供应不稳、与装备运行特性关联度低、外界干扰众多、运行工况波动、运行状态不优、异常频发、运行可靠性差、能源利用效率不高等关键问题，增加了冶炼企业的生产成本和节能降耗的压力。为了应对这些挑战，亟须借助数字技术提质增效、低碳转型。

随着数字孪生技术的快速发展，将这一技术应用于锌冶炼焙烧炉的生产流程中，成为提升生产效率、优化资源配置、实现智能制造的重要途径。为此，基础科学中心团队针对锌冶炼生产线的数字低碳转型，通过虚实融合实现智能算法设计与验证，研发了锌冶炼焙烧炉数字孪生技术。

锌冶炼焙烧炉数字孪生技术是指通过构建与实体焙烧炉相对应的虚拟模型，实现对焙烧炉生产过程的全面监控、优化与预测。锌冶炼焙烧炉的生产过程主要包括焙烧炉、浸出反应釜、净化反应釜和电解槽四大核心步骤（图 7-28）。通过应用数字孪生技术，在生产线的每个关键节点，都设计了一个与实体设备精确对应的虚拟模型。这些虚拟模型实时反映实际生产状态，不仅支持远程监控与实时数据分析，还能通过算法优化操作参数，提高生产效率与产品质量。同时，进行了“质量、能耗、排放”等关键生产指标的控制与优化，实现了锌冶炼过程中的清洁低碳与资源高效利用。其技术流程主要包括以下几个步骤。

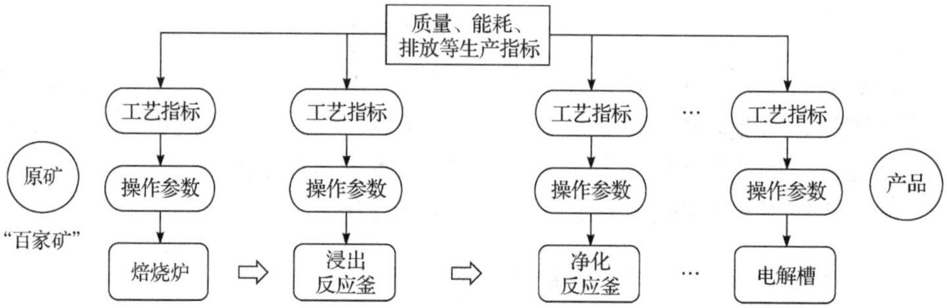

图 7-28　锌冶炼焙烧炉工艺生产流程

1）数据采集与建模

利用物联网技术，在焙烧炉及其周边设备上安装传感器，实时采集温度、压力、气体成分、溶液流量等关键生产数据。基于采集到的数据，利用三维建模及仿真技术构建焙烧炉及其生产环境的数字孪生模型。该模型不仅包含几何形态，还集成了物理属性、运行逻辑及工艺参数。

2）实时同步与监控

通过物联网平台，将焙烧炉的运行状态实时同步至数字孪生模型中，确保两者在时间与空间上的一致性。在监控中心，操作人员可以通过大屏幕直观查看焙烧炉的运行状态，包括火焰情况、温度分布、气体流动等，实现对生产过程的远程监控。

3）工艺优化与决策支持

利用大数据分析技术，对采集到的数据进行深度挖掘，识别出影响产品质量、能耗及排放的关键因素。基于分析结果，结合预设的工艺指标（如质量、能耗、排放等），通过人工智能算法对焙烧炉的操作参数进行智能调整，如调整燃烧温度、优化进料速度、控制气体配比等，以实现生产过程的优化。

4）预测性维护

利用数字孪生模型提前发现潜在的设备故障或性能下降趋势，并向操作人员发出预警。根据预警信息，制订针对性的维护计划，合理安排停机检修时间，减少非计划停机损失，提高设备利用率。

5）持续改进与迭代

将实际生产中的经验、教训及新发现的数据反馈至数字孪生模型中，不断完善模型精度与功能。依托数字孪生平台，鼓励技术创新与研发，探索新的生产工艺与流程优化方案，推动锌冶炼行业的智能化升级。

锌冶炼焙烧炉数字孪生技术解决了原料供应不稳、运行状态不优、连续运行周期不长等难题，有效降低了约 6%的锌冶炼能源消耗水平，支撑了行业绿色低碳化智能化转型，该技术将锌回收率提升到 97%，产品纯度稳定提升到 99.996%，超过国际金属交割最高品级。

2. 锌冶炼焙烧炉数字孪生与智能监控系统

为了提升锌冶炼焙烧的工艺效率，降低能源消耗，提升锌产品质量的稳定性，基础科学中心团队在锌冶炼焙烧炉数字孪生技术的基础上，进一步研发出我国首个锌冶炼焙烧炉数字孪生与智能监控系统。

首先，从锌冶炼焙烧炉的各个传感器收集实时数据，包括温度、压力、流量、组分等关键参数，将这些数据作为数字孪生模型的基础输入。基于对焙烧炉机理和大量运行数据的深入分析，建立精确的数字焙烧炉模型。该模型不仅能够实时反映物理焙烧炉的状态，还能够预测其在不同工况下的行为和趋势。在数字孪生模型的基础上，集成机器学习和人工智能算法，设计故障主动检测、工况智能感知、规则主动提取、协同自主控制等相关功能的智能算法，通过虚实融合对算法进行验证。在此基础上，进一步开发出焙烧炉应用系统，实现焙烧炉的运行优化。

该系统通过集成高精度传感器、物联网技术和大数据分析，实现了对焙烧炉运行状态的全面感知和实时监控。通过对进料组分、温度、压力等关键参数的实时采集和智能分析，系统能够快速识别生产过程中的异常情况，并自动调整控制策略，对进料组分的频繁波动进行智能控制，大幅提升了焙烧炉的控制精度和运行稳定性，为焙烧炉的动态运行优化提供了强有力的数智技术支撑。

同时，将研发的我国首个锌冶炼焙烧炉数字孪生与智能监控系统应用于五矿有色金属股份有限公司、株洲冶炼集团股份有限公司等的多个锌冶炼工厂，有效保证了焙烧炉长周期稳定运行，显著提升了焙烧炉的稳定性和节能减排效率，该成果荣获国家技术发明奖二等奖。

在具体应用成效上，该系统已被成功应用于全球最大、最复杂锌冶炼沸腾焙烧炉，实现全球最大焙烧炉、浸出与净化系统的优化控制。使其故障检测率提升13%，综合效率提升10%；温度控制精度由±30 ℃提升至±10 ℃，控制误差为1%，达到国际领先水平；焙烧炉提质增效与节能减排效果显著，年经济效益达5425.2万元。

3. 江西铜业集团铜冶炼生产全流程数字化低碳转型

江西铜业集团有限公司（以下简称江西铜业集团）是江西省经济发展的重要支柱之一，企业营业收入位于江西省内第一位、中国铜产业第一位、2024年《财富》世界500强第157位，其下属的贵溪冶炼厂是世界最大的单体炼铜工厂。当前生产仍然面临入炉物料不稳定、物流-生产节拍不协调（“缺料”）、关键装备故障频发以及出现“等炉”“胀库”等铜冶炼关键问题（图7-29），导致能源浪费、生产梗阻。

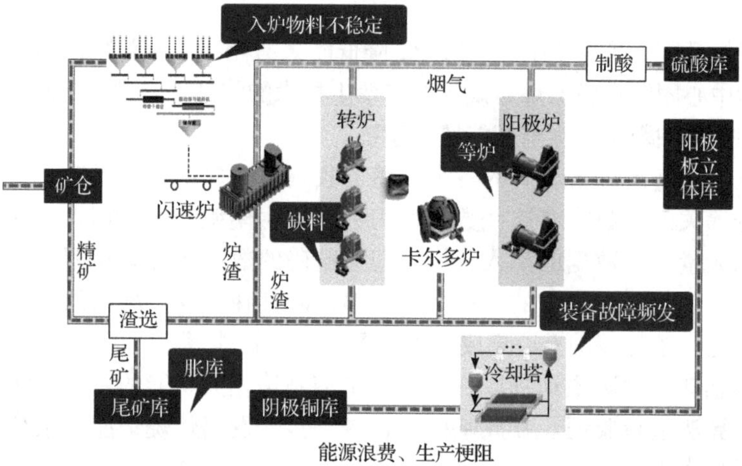

图7-29　江西铜业集团铜冶炼关键问题示意图

针对以上问题，基础科学中心团队研制了一套铜冶炼物质自动流转装备与系统，系统框架见图7-30，该创新成果在江西铜业集团智能工厂建设中取得显著成效，引领了铜冶炼行业数字化转型和智能化升级。该系统通过高度自动化和智能化的流程设计，实现了生产全流程的自动化与智能化，确保了大规模物质流与铜冶炼生产链的动态有序紧凑运行。

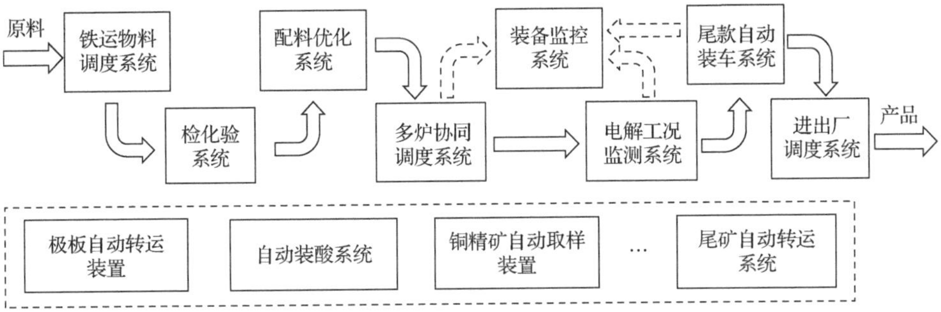

图 7-30　铜冶炼物质自动流转系统框架

这一系统的主要性能指标已达到国际领先水平，不仅保障了长期稳定高效的生产，还显著提升了生产效率和产品质量。具体来说，通过应用这套先进的物质自动流转装备与系统，阴极铜的合格率提升了 0.15%，达到了 99.72%的新高度。这一提升不仅体现了生产过程的精确控制，也反映了产品质量的持续优化。物流流转效率的大幅提升，支撑了 700 万吨/年原料和产品的高效流转，这在铜冶炼行业中是一个巨大的突破，极大地提高了生产和物流的效率。

此外，铜冶炼的综合能耗也实现了显著降低，从 178.2 千克标准煤/吨降低至 155.0 千克标准煤/吨，降低了 13%。这一降低不仅减少了能源消耗，也减少了生产成本，同时对环境保护和可持续发展做出了积极贡献。关键装备的运行效率也得到了显著提升，闪速炉的作业率达到了 99.61%，位居世界第一，这进一步证明了系统在提高生产效率方面的巨大潜力。

该系统的应用显著提高了铜冶炼过程的智能感知与执行能力，优化了生产运营管理，并增强了智能决策的能力，为行业的可持续发展提供了强有力的技术支撑。通过不断的技术创新和优化，我们有信心在未来进一步提升铜冶炼的智能化水平，为全球铜冶炼行业的发展做出更大的贡献。

7.5　数字化与矿产资源绿色低碳发展的未来趋势和展望

在全球气候变化和资源环境压力日益加剧的背景下，矿产资源的绿色低碳发展已成为全球矿业领域的重要议题。矿产资源作为现代工业的重要支撑，其开发利用方式直接关系到全球经济的可持续发展和生态环境的保护。数字技术的迅猛发展，为矿产资源的绿色低碳转型提供了新的机遇和动力。

本章深入探讨了数字技术在矿产资源开发利用中的创新应用，以及绿色低碳发展理论在矿产资源领域的实践路径。通过详尽分析矿产资源在全球经济中的地位、数字技术的崛起及其对矿产资源行业的影响，揭示了矿产资源绿色低碳发展的重要性及紧迫性。在此基础上，本章进一步阐述了数字技术如何赋能矿产资源的高效开发，通过智能预测、智能采矿、数字化管理等手段，实现矿产资源开发的精准化、高效化和绿色化。

此外，本章还结合基础科学中心团队的具体案例，展示了深部有色金属矿智能预测技术、有色金属矿绿色开采与智能管理方法、石油资源绿色智能开发技术等先进技术的创新应用，为矿产资源的绿色低碳发展提供了宝贵的经验和参考。

未来，随着全球对绿色低碳发展共识的不断增强，矿产资源行业将面临更多的机遇与挑战。本书旨在通过系统梳理数字化与矿产资源绿色低碳发展的理论和实践，为推动全球矿产资源的可持续开发和利用提供有力支持，共同构建人与自然和谐共生的美好未来。

7.5.1　数字化与矿产资源绿色低碳发展的未来趋势

数字技术的迅猛发展为矿产资源行业带来了前所未有的变革机遇，不仅推动了生产方式的智能化转型，也为绿色低碳发展开辟了新路径。本节旨在深入探讨数字化与矿产资源绿色低碳发展的未来趋势，分析智能化与绿色化深度融合的必然趋势，阐述技术创新与产业升级的核心动力，以及全球产业链协同发展的重要性。通过全面剖析这些趋势，我们旨在为读者展现矿产资源行业在数字化时代下的崭新面貌，为推动全球矿业绿色低碳转型提供参考和借鉴。

1. 智能化与绿色化融合

在未来，数字化与矿产资源的绿色低碳发展将显著趋向智能化和绿色化的深度融合。这一趋势的核心在于通过引入先进的数字技术和智能系统，推动矿产资源开发的绿色转型，实现经济效益与生态效益的双赢，主要表现如下。

（1）智能矿山普及。随着物联网、大数据、人工智能等技术的不断发展，智能矿山将成为行业主流。这些技术将被应用于矿山的勘探、开采、运输、管理等各个环节，实现自动化、远程监控和智能调度，大幅提高生产效率，降低运营成本，同时显著减少能源消耗和环境污染。例如，智能钻机、无人驾驶矿车、智能通风系统等先进装备的应用，将极大提升矿山的智能化水平（参考 7.2.1 节和 7.4.2 节）。

（2）绿色技术应用。在矿山运营中，清洁能源和绿色技术将得到广泛应用。太阳能、风能等可再生能源将替代传统化石燃料，为矿山提供电力；电动矿车、氢能设备等清洁能源驱动设备将减少燃油消耗和尾气排放。此外，碳捕捉、利用和封存技术将在矿山的绿色化进程中发挥重要作用，推动实现碳中和目标。

（3）智能与绿色协同。智能化与绿色化不是孤立的发展路径，而是相互促进、共同发展的。智能化技术为绿色化发展提供了技术支持和效率保障，使绿色技术的应用更加高效、精准；而绿色化转型则为智能化技术的应用提供了更广阔的空间和更高的要求，推动整个行业向低碳、环保、高效的方向发展（参考 7.3.1 节）。

2. 技术创新与产业升级

技术创新与产业升级是推动数字化与矿产资源绿色低碳发展的关键动力。随着科技的进步和环保意识的提升，未来这一领域将更加注重关键技术的突破、产业结构的优化和创新示范的推广。

（1）关键技术突破。在矿产资源领域，将加大在清洁能源利用、节能减排技术、环保设备研发等方面的投入，力求实现关键技术的突破。这些技术突破将为矿产资源的绿色低碳发展提供强有力的支撑，推动行业向更高附加值、更低能耗、更低污染的方向发展（参考 7.3.2 节和 7.4.2 节）。

（2）产业结构优化。通过政策引导和市场机制的完善，推动传统矿产资源行业向绿色低碳方向转型升级。一方面，加大对传统产业的绿色化改造力度，提升资源利用效率，降低环境污染；另一方面，鼓励新兴绿色低碳产业的发展，如新能源汽车、光伏产业等，形成新的增长点。

（3）创新示范推广。为实现矿山智能化绿色化发展，可实施绿色低碳技术示范工程，通过示范项目的建设和推广，积累经验教训，形成可复制、可推广的模式。这些示范项目的成功实施将为整个行业的绿色低碳发展提供有力支持，推动行业技术水平和竞争力的整体提升。

3. 全球产业链协同发展

在全球化的背景下，矿产资源的绿色低碳发展需要全球产业链的协同努力。未来，这一领域将更加注重国际合作与资源共享，推动全球矿产资源的可持续开发和利用，其中包括以下方面。

（1）国际合作加强。加强与国际社会的合作与交流，共同应对气候变化和环境污染等全球性挑战。通过技术引进、资金合作等方式，推动全球矿产资源的绿色低碳发展。同时，积极参与国际标准和规则的制定，提升我国在全球矿产资源市场的话语权和影响力。

（2）全球资源配置。充分利用国际国内两个市场、两种资源，优化全球矿产资源的配置。通过参与全球矿产资源的勘探、开发和贸易，保障国家资源安全，提高资源利用效率[8]。同时，推动形成公平、合理、可持续的全球矿产资源市场秩序。

（3）供应链稳定性提升。加强矿产资源供应链的稳定性建设，降低供应链中断的风险。通过多元化供应渠道、建立储备机制等方式，确保矿产资源的稳定供应。同时，加强与供应链上下游企业的合作与沟通，形成紧密协作、共同发展的良好局面。

数字化与矿产资源的绿色低碳发展未来趋势将围绕智能化与绿色化融合、技术创新与产业升级、全球产业链协同发展三大方向展开。这些趋势将共同推动矿产资源行业向更加高效、环保、可持续的方向发展。

7.5.2 数字化与矿产资源绿色低碳发展展望

本节旨在展望未来数字技术的发展趋势及其对矿产资源绿色低碳发展的影响，并深入剖析该领域面临的挑战与机遇。通过系统分析物联网、大数据、人工智能等前沿技术的应用前景，以及清洁能源利用、节能减排技术的创新方向，本节将揭示数字化如何深度赋能矿产资源行业的绿色转型。同时，我们也将探讨在全球化的背景下，如何通过国际合作与政策引导，共同应对挑战，把握机遇，推动矿产资源行业的可持续发展。

1. 未来数字技术的发展趋势及其对矿产资源绿色低碳发展的影响

未来，数字技术将持续迅猛发展，并对矿产资源的绿色低碳发展产生深远影响。以下是一些关键的发展趋势及其影响。

（1）物联网与大数据技术的深度融合。随着物联网技术的广泛应用，矿山将实现更全面的数据采集和实时监控。大数据技术则能够处理和分析这些海量数据，为矿山运营提供精准决策支持。这种深度融合将显著提升矿山的生产效率和资源利用率，同时减少资源浪费和环境污染（参考 7.2.1 节和 7.2.3 节）。

（2）人工智能与机器学习的广泛应用。人工智能技术将在矿产资源领域发挥更大作用。通过引入深度学习、自然语言处理（natural language processing，NLP）等技术，可以实现更精准的矿产预测、开采优化和供应链管理。机器学习算法将不断优化生产过程，提高资源回收率和产品质量，降低生产成本和能耗（参考 7.2.2 节）。

（3）数字孪生与虚拟现实技术的应用。数字孪生技术将构建矿山及其生产流程的虚拟镜像，实现对实际生产的实时监控和预测分析。虚拟现实技术则提供沉浸式体验，有助于培训和模拟复杂操作，提高安全性和效率（参考 7.4.4 节）。

2. 矿产资源绿色低碳发展面临的挑战与机遇

矿产资源绿色低碳发展面临多重挑战，但同时也蕴含着巨大机遇。

1）面临的挑战

（1）技术创新难度。绿色低碳技术的研发和应用面临诸多技术难题，需要长期投入和大量资金支持。当前，许多矿产资源的开采和加工技术仍停留在传统水平，缺乏高效、环保的新技术。绿色低碳技术的研发周期长、见效慢，需要大量的研发人员和资金支持，且技术突破的不确定性较高。

（2）经济压力。绿色低碳转型需要巨额资金投入，包括生产流程重新设计、绿色技术研发、生产设备改造升级和环保设施建设等，这些都会增加企业的运营成本。短期内，绿色转型可能削弱企业的市场竞争力，尤其是当绿色产品的成本高于传统产品时。

（3）政策环境。目前，针对矿产资源绿色低碳发展的专项政策还不够细化，激励机制和政策支持力度有待加强。部分地区环保法规执行不力，企业违规成本较低，影响了绿色转型的积极性和效果。

（4）社会环境。一方面，部分公众和投资者对绿色低碳发展的重要性认识不足，影响了社会对绿色转型的支持力度；另一方面，绿色低碳转型涉及多方利益，需要政府、企业和公众之间的协调配合，利益协调难度较大。

2）面临的机遇

（1）市场需求增长。随着全球对绿色低碳产品的需求不断增加，矿产资源绿色低碳产品具有广阔的市场前景；并且消费者对环保产品的偏好提高，推动了企业对绿色技术的研发和应用。

（2）政策支持。多国政府已出台多项政策支持绿色低碳发展，包括财政补贴、税收优惠、绿色金融等，为企业转型提供了有力支持。政策导向鼓励企业加大绿色技术研发和应用力度，促进了绿色低碳产业链的形成和发展。

（3）技术创新。数字技术的快速发展为矿产资源绿色低碳发展提供了技术支持和解决方案。大数据、云计算、物联网等技术的应用提高了资源开采和利用效率。清洁能源和节能减排技术的不断进步降低了矿产资源开发过程中的碳排放和环境污染。

（4）国际合作。一方面，国际在绿色低碳技术领域的合作与交流日益频繁，促进了全球范围内的技术创新和资源共享；另一方面，跨国企业和国际组织在绿色低碳转型中的合作，推动了全球矿产资源的可持续开发和利用。

矿产资源绿色低碳发展既面临技术、经济、政策和社会等多方面的挑战，也拥有市场需求增长、政策支持、技术创新和国际合作等诸多机遇。通过克服挑战、把握机遇，可以推动矿产资源行业向绿色低碳方向转型和发展。

3. 全球视角下的数字化与矿产资源绿色低碳发展合作及前景

在全球视角下，数字化与矿产资源绿色低碳发展的合作及前景广阔主要表现在如下方面。

（1）国际合作。各国应加强在数字技术和绿色低碳技术领域的合作与交流，共同推动全球矿产资源的可持续开发和利用。通过共享技术成果、联合研发和市场拓展，提升全球矿产资源的开发利用效率和环保水平。

（2）跨国投资与贸易。鼓励跨国企业在矿产资源领域进行绿色低碳技术的投资与贸易，促进全球产业链的绿色低碳转型。通过优化资源配置和市场布局，实现矿产资源的全球共享和可持续发展。

（3）全球标准与规范。推动建立全球统一的矿产资源绿色低碳发展标准和规范，促进国际技术合作与互认。通过制定严格的环境保护和社会责任要求，引导全球矿产资源行业向绿色低碳方向发展。

未来数字技术的发展将为矿产资源的绿色低碳发展提供强大支持。面对挑战与机遇并存的局面，全球各国应加强合作与交流，共同推动矿产资源的可持续开发和利用。通过技术创新、政策支持和市场机制的完善，实现矿产资源行业的绿色低碳转型和发展。

参考文献

[1] 吴巧生，周娜，杨铖，等. 碳中和驱动下的战略性矿产资源全球治理[J]. 环境经济研究，2024, 9(1): 130-148.

[2] 柳晓娟，侯华丽，孙映祥，等. 关于中国绿色矿业内涵与实现路径的思考[J]. 矿业研究与开发, 2021, 41(10): 180-186.

[3] 柳建新，刘嵘，郭荣文，等. 电磁法在有色金属矿产勘查中的研究进展[J]. 中国有色金属学报, 2023, 33(1): 261-284.

[4] 刘合，姚尚林，张国生，等. 智慧油田建设中数据治理的挑战与对策研究[J]. 北京石油管理干部学院学报, 2024, 31(1): 8-15.

[5] 王修，刘冲昊，王安建. 全球铬矿资源特征、供需形势及企业竞争分析[J]. 中国矿业，2025, 34(2): 449-457.

[6] Zhou Y N, Li X B, Min C D, et al. Release of toxic gases in the process of cemented backfill with phosphorus waste[J]. Journal of Central South University, 2023, 30(1): 202-213.

[7] 刘合，姚尚林，张国生，等. 智慧油田建设中数据治理的挑战与对策研究[J]. 北京石油管理干部学院学报, 2024. 31(1): 8-1.

[8] 王安建，袁小晶. 大国竞争背景下的中国战略性关键矿产资源安全思考[J]. 中国科学院院刊, 2022, 37(11): 1550-1559.

第 8 章　数字化与城市生态韧性

8.1 引　　言

8.1.1 城市生态韧性的定义与维度

1. 韧性

“韧性”一词起源于拉丁语“resilio”，其本意是“恢复到原始状态”，国内亦有翻译“恢复力”“弹性”。1973 年加拿大生态学家 Holling（霍林）在其论文《生态系统的韧性和稳定性》中首次将韧性的思想引入系统生态学，并将其定义为“生态系统受到扰动后恢复到稳定状态的能力”。2001 年霍林首次将生态系统韧性的概念运用于人类社会系统，研究对象从生态系统韧性拓展至社会-生态系统韧性，将韧性定义扩展为系统经受变化时吸收干扰、重组，并从本质上保持相同的结构、识别性和反馈的能力。随后国内外学者对韧性的研究从生态学向多领域拓展，尤其在社会-生态系统领域得到快速演化发展和完善。学界提出了众多的韧性理论学说，韧性概念经历了工程韧性、生态韧性，再到社会-生态韧性的认识过程[1]。Timmerman（蒂默曼）基于工程韧性理论提出的“能力恢复说”，将韧性定义为“基础设施从扰动中复原或抵抗外来冲击的能力”。福克、杰哈等从生态学思维出发，提出“系统说”，认为韧性是生态系统吸收扰动和风险的能力，以及受到扰动后自我调整、组织和学习的能力。冈德森和霍林等基于演进韧性理论和系统论提出了“适应能力说”，将韧性定义为“社会生态系统持续不断调整的能力、动态适应和改变的能力”。虽然学界对韧性的认识和研究视角有所区别，但均突出了韧性理念强调系统在面对干扰时维持系统结构功能、消解和适应风险的能力，以及超越系统阈值时的自我恢复和快速转型能力。综观韧性研究发展历程，源于生态学视角的韧性概念经历了一系列的过程演变：工程韧性—生态韧性—社会-生态系统韧性，即从“生态系统”到“社会-生态系统”的演变；单一平衡—多重平衡—复杂适应性系统，即从“平衡”到“适应”的演变。

韧性与弹性和恢复力等概念相似，在研究中经常混淆使用，但在内涵上有所区别[2]。弹性和恢复力强调系统从干扰中恢复到原有状态的能力，韧性除了能表征这方面的含义，也强调系统抵御、消解和适应风险并保持自身基本结构和功能的能力，强调了社会-生态系统不仅仅是在遭受冲击后恢复到原状态，而是变得更具灵活性和适应性。

2. 韧性城市

城市作为开放的复杂系统面临日益加剧的人为改造压力和自然灾害风险，且逐步影响到城市未来发展空间，提升城市的风险预见性和风险应对能力极为关键，“韧性城市”便应运而生。可持续性地方政府对韧性城市的核心内涵进行了阐释：一是城市系统要具备抵御能力和自适应能力以响应外界胁迫；二是城市系统要具备将危机转化为机会的能力。在新冠疫情的冲击下，如何提高城市应对突发危机的能力，更加引发相关部门和学界的关注与思考。韧性城市这一概念相比可持续城市具有更强的问题导向性，在解决城市发展中面临的问题时更具指导意义和操作性[3]。韧性城市强调在城市这一复杂的社会-生态系统中的不同主体面临发展过程中可能发生的各种慢性压力（土地开发、不透水面增加、绿地减少、能源消耗等）和急性冲击（各类自然灾害、经济危机、社会和政治动荡、流行性/传染性疾病等）时，系统各组成要素之间经过协调配合，能够消解、适应风险并维持自身结构和功能，重新恢复稳态。目前中国政府已将韧性城市理念融入“十四五”规划体系，韧性城市的基本构架可归结为经济韧性、工程设施韧性、社会组织韧性和生态韧性等[4]。经济韧性：注重构建多元化的产业经济体系，能为城市在突发的危急情况下提供资金和物质保障。工程设施韧性：城市应配备健全的应急基础设施，并且在其国土空间总体规划中对各类灾害防治基础设施工程的应急方案和替代预案进行明确规定。社会组织韧性：注重建立公共卫生服务保障体系与机制，提供具有包容性和灵活性的基本社会保障服务；建立公开透明的决策机制，有关管理机构、社会组织和民众等利益相关方共同参与城市治理决策。生态韧性：城市空间规划应为生态景观留有余地，充分利用生态空间及其生态系统功能提升城市响应风险胁迫的能力。

韧性概念由于具有动态性、共同进化以及“弹向更好的状态”等内涵特征，被广泛运用于城市问题研究，形成“城市韧性”概念。Meerow（米罗）通过文献梳理了 25 个关于城市韧性的定义，指出城市韧性更关注城市的组成部分，将其定义为在由城市系统及其社会生态、技术组成的网络中，这个网络包括社会、经济、自然三个系统组成要素，当城市面临干扰时，系统快速变革并适应变化，能够维持或快速恢复到所需功能的能力[5]。韧性联盟指出具有韧性的城市社会-生态系统应具有以下几方面的特征：系统能够承受大量变化且依然能够控制功能和结构；系统能够进行自组织以应对外部变化；系统能够建立和增加学习、适应能力。

韧性及城市韧性为认知城市社会-生态系统动态变化特征，以及城市应对灾害和不确定性风险应具备的抵抗性、适应性、复原力等多种能力的系统属性特征提供了支撑，为社会生态系统及可持续发展理论提供了研究基础。城市韧性概念所强调的城市应对压力或干扰所具备的适应、学习、创新能力，为城市实现可持续发展目标提供了明确的能力要求。韧性及城市韧性为城市复杂系统安全研究提供了思路与框架。

3. 生态韧性

生态韧性思想是自然解决方案的理论基础，是实现区域生态安全和可持续发展的有效途径。通过对环境要素的调节与支持作用，自然生态系统凭借其生态韧性，抵抗、消解和适应外界干扰风险，同时对区域复杂系统进行更新和重组，从而保障城市健康稳定发展。例如，滨海湿地等自然生境（珊瑚礁、红树林、海草床等）与城市应急防灾基础设施共同向沿海社区提供海洋灾害保护，并且在灾害之后能够自我调整，实现系统平衡态的恢复或更新。许多学者对于城市韧性特征进行了归纳总结，认为具有生态韧性的系统必须具备如下属性特征。

（1）多样性：在生态系统内的物种、景观类型等在数量上的丰富度、功能多样性和响应方式多样性。系统对干扰的响应方式越多，其抗干扰能力就越强。在面对生态胁迫时，同一生态功能的不同个体或不同功能的自然基底能够彼此接替和补充，共同维持生态系统结构和功能的稳定。

（2）生态可变性：具有韧性的系统应当能够适应并利用外界环境变化，改变自身结构状态从而更具恢复力。只有对系统阈值界限进行研究和探索，才能提升系统韧性，促使其进化到更强的稳态。

（3）模块结构：系统由各种内在紧密联系的分支机构组成，当各个分支机构之间联系较为松散时，系统具有模块结构。相对于高度关联的系统，具有模块性的系统更利于延缓或阻止风险在整个系统内的蔓延与传播。

（4）冗余性："冗余"的响应方式使系统在响应环境变化时更具灵活性和可替代性。没有冗余功能的系统组织一旦遭受冲击，由于没有相似功能的部分及时补充替代，可能面临崩溃；而冗余性保证系统在某一功能丧失的情况下也能够弥补其功能的缺陷。

（5）关键变量：生态系统中某些变量基本上决定了整个生态系统的结构状态和发展方向，以及系统变化的临界阈值，一旦其超过临界阈值，生态韧性将难以抵抗外界干扰，城市系统可能面临崩溃。研究各项关键变量及其阈值，从而判断城市生态韧性建设的薄弱环节，能帮助管理者更有效地采取针对性措施完善和提升城市韧性。

（6）紧密反馈：韧性系统需要紧密的反馈机制，当系统某一部分出现变化时，其他部分能迅速做出高强度的反应（包括抵抗风险和恢复稳态的速度与强度），系统内的机构和社会交流网络都将决定反馈强度，系统内组织和功能的连通性是生态系统功能发挥、传递和扩散的基础。

（7）生态系统服务功能：生态系统服务功能为缓解和适应外界扰动风险提供了重要支撑，主要表现在气候气温调节、水文调节、空气净化、土壤保持和雨洪管理等方面。提升生态系统服务能力是增强城市自我调节和自适应能力的关键。

4. 生态系统脆弱性与生态系统韧性

脆弱性最初是在全球气候和环境变化领域频繁出现的一个概念。1981 年 Timmerman 首次在地理学领域提出脆弱性的概念，指出脆弱性是一种度，是系统在灾害事件发生时产生不利响应的程度。Williams（威廉姆斯）和 Kapustka（卡普斯特卡）则定义了生态系统脆弱性，即生态系统在时间和空间上面临不同压力时，调节和适应的潜力。这个潜力因生态系统的自身特点而异，同时由很多层次组成，包括生态环境和非生态环境，如生物、人口、社区、生态系统和景观格局等。联合国政府间气候变化专门委员会进一步指出，生态脆弱性评估内容应包括生态系统所遭遇的变化、生态系统在外界变化影响下的敏感性响应程度和潜在影响的程度，以及生态系统应对变化的适应性能力。

生态系统韧性决定了一个生态系统内部的持续性关系，同时也是一种能力度量，体现为系统对状态变量、驱动变量以及参数变量的吸收能力，以及在吸收后持续存在的能力。Gunderson（冈德森）指出生态系统韧性还包括生态系统的适应能力。随着生态系统韧性含义的不断深化，Nyström（尼斯特罗姆）和 Folke（福尔克）认为生态系统韧性扩大了在研究中的实践运用，提供了生态系统受到干扰后，如何重组、重建、更新、发展的实施方法。综合现有定义，生态系统韧性主要强调生态系统对干扰的吸收，以及系统自身重组、适应和持续发展的能力。本章对生态系统韧性的概念界定为，生态系统应具有两方面的能力：一方面为维持城市景观本底所需的生态支撑能力；另一方面为面对城市发展产生的内部压力及外部风险冲击时对风险的吸收能力与化解能力。综合两方面，生态系统应具备支持城市社会生态系统健康可持续发展的能力。

脆弱性主要识别城市易损系统受破坏或伤害的程度，即通过暴露性、敏感性和适应潜力的研究范式，反映系统的敏感状态和调控能力，并通过应对措施以降低其敏感性[6]。生态系统韧性强调生态系统受到干扰后，如何重组、重建、更新、发展，是对系统整体抗风险能力的测度与识别，并强调系统灾后恢复与适应能力，较脆弱性更强调时间连续性与系统整体性，测度更为全面。

8.1.2 城市生态韧性的重要性和意义

具有韧性的城市系统能灵活、及时、有效地应对人类活动干扰和自然灾害冲击，韧性城市建设是实现城市可持续发展的重要途径。生态韧性是城市系统韧性的重要构成要素，也是最具自适应性与自我调节能力的部分，是基于自然的解决方案的具体实现。

城市生态韧性是城市可持续发展的关键要素，它不仅能够帮助城市应对城市化带来的挑战，维护城市生态系统功能，还是韧性城市规划与决策的依据，为中小城市提供借鉴，并推动多学科交叉融合。城市生态韧性的提升，将为城市居民提供更安全、更健康、更美好的生活环境，推动城市实现长期、稳定、和谐发展。

城市生态韧性是城市可持续发展的基础。城市生态系统为城市提供了多种重要的生态服务功能，如水源涵养、空气净化、调节气候、生物多样性保护等。这些生态服务功能是城市居民生存和发展的重要保障，也是城市经济和社会发展的重要基础。城市生态韧性强，意味着生态系统能够持续地提供这些生态服务功能，保障城市可持续发展。

城市生态韧性是城市安全的重要保障。城市生态系统具有调节和缓冲城市风险的功能，如可以减缓洪水、干旱、地震等自然灾害的影响，减少城市环境污染，控制疾病传播等。城市生态韧性强，意味着生态系统能够有效地调节和缓冲城市风险，保障城市安全。

城市生态韧性是城市竞争力的重要体现。城市生态韧性强，能够吸引人才、资本和投资，促进城市经济发展，提升城市形象和竞争力。同时，城市生态韧性也是城市创新能力的重要体现，可以为城市提供新的发展机遇。

8.1.3　城市生态韧性的主要风险与挑战

城市生态安全，广义是指生存状态的安全，是一种理想的生态和谐与可持续的状态，即城市达到不会发生也不存在潜在生态风险的状态。1989 年，国际应用系统分析研究所（International Institute for Applied Systems Analysis，IIASA）提出，广义的城市生态安全是指人的生活健康安乐基本权利、生活保障来源、必要的资源、社会秩序和人类适应环境变化的能力等方面不受威胁的状态。狭义的城市生态安全从生态环境角度出发，是指生态系统环境及其因子不会发生生态风险或具有较好应对生态风险的承受力。例如，我国学者贾良清等提出城市生态安全是指城市生态环境的支撑条件，即面临生态环境问题时，城市生态系统功能和过程能够满足城市持续生存与发展需求，不对城市居民生存和城市发展造成威胁。狭义的城市生态安全更符合现实城市发展的需要，具有重要的现实意义。

城市是个多元复合系统，城市生态系统韧性与社会、经济、文化等要素系统共同构成城市韧性。城市生态安全评价、生态风险评价、生境质量评估、生态脆弱性评价、生态韧性评估等研究都是城市生态安全研究的重要方面，对城市安全发展意义重大。

城市生态安全评价是城市安全测度的重要途径，其现有评价方法可归结为景观生态模型法、生态模型法、数字地面模型法、数学模型法等四种方法。由于数学模型法的可操作性较强，准确率较高，新型评价方法不断被创建与应用。城市生态安全评价研究中运用广泛且具有重要影响的模型主要包括经济合作与发展组织提出的 PSR（pressure-state-response，压力-状态-响应）模型和 DSR（driving force-state-response，驱动力-状态-响应）模型、Corvdan（科尔夫丹）等提出的 DPSEEA（driving force-pressure-state-exposure-effect-action，驱动力-压力-状态-暴露-影响-行动）模型及欧洲环境署提出的 DPSIR（driving force-pressure-state-impact-response，驱动力-压力-状态-影响-响应）模型等，各种模型均对应各自不同的指标体系及权重设定。不同的城市生态安全评价模型框架都对人类活动对环境产生的压力、自然资源质与量的变化情况、人们防止自然环境向不理想状况变化所采取的减缓措施等予以考虑。随着我国城镇化的不断推进，以城市为尺度的生态安全评价被学者广泛关注。冯丽媛[7]、温茹淑等[8]、周彩霞等[9]、魏婷等[10]、陶晓燕等[11]分别对西安市、梅州市、石河子市、厦门市和焦作市进行了城市生态安全评价。李佩武等[12]根据 PSR 模型，构建了城市生态安全评价指标体系，对深圳、北京、天津、上海、重庆五个城市的生态安全水平进行评价及对比；高香玲和王耕[13]以大连市 2000 年、2005 年和 2010 年遥感影像作为数据源，在景观格局分析的基础上，基于 PSR 框架构建沿海地区生态安全评价体系；陈晶晶和李天宏[14]在 PSR 模型的基础上，结合投影寻踪法，建立景观生态风险评价模型，对荆州市景观生态风险变化进行分析。

城市生态风险评价是城市生态安全测度的重要方面。生态风险评价为认知城市生态安全状况演变规律及预测潜在风险提供了依据。基于快速城镇化背景下的城市扩张对城市生态安全的威胁，王玲[15]、肖琳和田光进[16]、郭秀锐等[17]均通过构建生态风险指数分别探讨了我国上海、天津、北京等大城市的生态风险演化状况，为大城市的生态空间规划提供基础认知。生态风险评价需要建立生态风险评价的技术框架，主要涉及统计方法、模拟技术、概率统计、系统科学等多种方法。生态风险评价需要估算风险的大小，可以概率和严重性来说明，因此常用一些定量方法来度量风险。遥感、地理信息系统等方法与生态风险模型结合，增强了生态风险评价可视化。胡金龙[18]应用 3S 技术与遥感结合，对漓江流域进行生态风险评价，并指出生态风险分布与坡度、高程具有相关性，表现为随坡度和高程增加，生态风险呈逐渐下降的空间分布特征。韦仕川等[19]基于遥感和地理信息系统方法对黄河三角洲地区进行生态风险评价。景观生态学的引入从方法和理论层面为研究土地利用的时空动态过程提供方法支撑，如景观复杂性理论、景观连接度理论、生物多样性理论等；用以表征景观格局水平的众多指数也在土地利用生态风险驱动机制及预测中起到重要作用。例如，时宇和史明昌[20]、徐丽等[21]、林媚珍等[22]、刘春艳等[23]、张长勤等[24]、刘发勇等[25]综合运用空间分析及景观指数分析方法分别对北京市、合肥市、中山市等不同区域城市及三江平原、湿地保护区、景区等不同类型生态区域进行了大量风险评价或多情景模拟分析，在一定程度上丰富了生态风险研究的案例。吕乐婷等将景观生态学理论引入景观生态风险评价模型，基于土地利用变化对细河流域进行景观生态风险评价，指出人类活动干扰导致的景观破碎，是影响该区域景观生态风险的重要原因。

生境质量作为城市生态安全状况的重要表征，能够反映城市生物多样性和生态服务水平，日益成为生态安全研究的重要方法。随着参量替代法成为众多研究的主要手段，生境研究多从景观格局视角出发对威胁源及适宜栖息地间的相互作用关系进行探讨。研究发现，建设用地、耕地、道路等通常被视为生境质量的主要威胁源，而相比之下，蓝色及绿色景观则往往为物种提供了相对完整的栖息地，使这些区域的生境质量得以保持在较好水平。InVEST（integrated valuation of ecosystem services and trade-offs，生态系统服务与权衡综合评估）模型是目前发展相对成熟、应用广泛的生境质量评估模型，我国学者将其应用于北京市、咸阳市、深圳市、福建省、长三角、东北地区等多个省市及地区的生境质量研究。伴随城市快速发展，生境质量与人类社会经济活动的空间响应关系成为研究热点，如城市扩张与生境质量的关系、生境质量对交通发展的响应等，众多研究表明城镇化背景下的城市扩张及交通基础设施建设造成景观格局的孤立与破碎化，破坏了生态系统完整性，严重影响了区域生境质量。在传统开发模式下，粗放型城镇化发展已导致生态系统功能逐步失衡，生物多样性加速锐减，生境格局破碎化及生境质量下降等问题凸显，并给城市安全发展及可持续发展带来诸多不利后果。例如，Stephen Polasky（斯蒂芬·波拉斯基）等对明尼苏达州土地利用变化对生态系统服务、生物多样性的影响进行量化研究，发现大规模农业扩张导致陆地生物多样性和森林鸣禽栖息地生境质量下降。邓越等基于该模型，证明城镇化发展导致城市扩张，极大地改变了京津冀地区生境分布格局和功能，导致生境质量下降。Forman（福尔曼）等证明道路建设对生境造成包括栖息地丧失、栖息地质量降低和景观连通性降低等重要影响。从景观格局出发的参量替代及 InVEST 模型评估，为生境质量研究提供了方法，并在城市空间规划及生态格局优化中得到了广泛应用。

1. 城市土地利用/土地覆被变化

土地利用/土地覆被变化（land-use and land-cover change，LUCC）会使城市生态系统的结构、生态过程和功能发生变化[26]。不合理的城市用地功能布局、过高的土地开发容量以及不科学的建筑建设方式等城市土地利用方式会对城市环境产生不利影响，当这种影响积累至超过生态系统自我调节能力上限时，就会影响城市生态安全。目前在 LUCC 领域研究得最多的是 LUCC 的驱动机制，而探讨

LUCC 对城市生态安全影响的文献较为鲜见，少数的相关研究主要集中在城市化过程中土地利用类型及其数量与景观结构指数变化导致的生态安全问题等方面[27]。因此，未来可加强 LUCC 与城市生态安全的相关性研究，还可以深入分析用地功能布局、土地开发容量以及不透水地表面积占比等与城市生态安全之间的关系，剖析城市建设用地内部不同建设方式和开发强度对城市生态安全的影响。

2. 城市扩张

城市扩张是社会经济发展的必然需求，是地表覆盖形态变化的重要驱动力，影响城市乃至区域整体的生态安全格局。目前已有较多研究关注到城市扩张会影响城市生态安全，但早期这些研究多以定性分析为主，近几年才有研究定量分析城市扩张与生态安全之间的关系。为切实减少城市扩张给生态安全带来的负面影响，未来需要就城市扩张与生态安全之间的关系进行深入分析，揭示城市扩张影响生态安全的作用机制。

3. 生物入侵

生物入侵可能造成本地物种的生态位被挤占，使生物多样性丧失，生态环境受损，最终威胁城市生态安全。现有研究集中在生物入侵现状、入侵途径、对城市生态安全的威胁以及管理防控对策等方面，重点在防止生物入侵对策探讨等方面，而少有研究就生物入侵开展风险综合评估。当前城市生态系统的生物入侵研究基础相对薄弱，受重视程度仍然不够，未来需要加强。

4. 规划与政策实施

各种规划与政策的实施通过影响城市景观格局、土地利用等，对城市生态安全产生影响。

8.2 数字技术与城市生态韧性的耦合发展

面对日益频发的自然灾害和城市风险，需要积极通过信息化、数字化手段提高城市应对灾害风险的能力，助力韧性城市高质量发展。数字技术与城市生态韧性的耦合发展是实现城市可持续发展和应对气候变化的重要途径，不仅能够提升城市的治理效率和居民的生活质量，还能够增强城市在面对各种挑战时的韧性和适应能力[28]。同时，它也是一个复杂而多维的过程，涉及城市规划、管理、服务和运行等各个方面，需要物联网、5G、云平台、大数据和人工智能等数字技术的支撑。

8.2.1　数据采集和分析技术在城市生态韧性评估中的应用

数据采集和分析技术是城市生态韧性评估的基础，为城市生态韧性评估提供了强有力的支持，通过科学的数据驱动方法，可以更准确地理解和预测城市生态韧性的变化。随着大数据、物联网和遥感技术的发展，获取和处理城市环境数据变得更加高效和精确。这些技术不仅提高了评估的准确性，还为动态监测和实时分析提供了可能。

1. 数据采集技术

（1）遥感技术。遥感技术在生态数据采集方面发挥着重要作用，它能够提供大范围、高效率和实时的监测手段。利用无人机、卫星遥感和地面监测设备，实现对生态环境的立体化、自动化和智能化监测。高光谱观测卫星和“天空地”一体化监测模式，提升了我国生态环境监测的水平，遥感技术能够为生态监测和生态韧性研究提供准确、全面的数据支持。利用卫星和无人机获取城市环境的高分辨率图像，监测城市植被覆盖、水体分布和土地利用变化，提供大量与生态系统相关的数据资源，如作物种植数据、土壤碳库数据、通量数据等，支持生态研究和监测，并为搭建国家生态数据中心资源共享服务平台提供数据基础。

（2）物联网设备。物联网是由传感器、网络及配套的物联网平台组成的实时反馈系统，不仅具备城市安全预警功能，更是现代城市建设中不可或缺的一部分。对于韧性城市建设规划来说，对重要生态系统状况和生态基础设施的监测、预警十分重要。部署传感器网络，收集城市生态环境的实时数据，如生境质量、空气质量和微气候变化等。物联网在城市建设中的运用不仅可以提高城市的预警能力，还可以提升城市的基础设施建设，提高城市的信息化水平，使城市更加智能、更具韧性。

（3）移动设备和社交媒体。利用智能手机和其他移动设备收集公众的反馈和观察，获取城市生态环境状况的第一手资料。社交媒体数据也可被用于分析公众对城市环境问题的关注和反应。5G 全称为第五代移动通信技术，是当前全球通信行业最为关注的技术革新。然而，即便在 5G 技术高速发展的今天，依然不能忽视 2G 或 NB-IoT 在特定情况下的应用价值，尤其是在自然灾害发生时，这些技术可以作为紧急通信的重要补充。此外，无人机、应急基站等先进应急通信手段可以在救援人员和受困者之间建立起一条紧急通信通道，帮助受困者及时获得救援，极大提高了灾害应对能力。

2. 数据分析技术

（1）大数据分析。大数据技术的应用在韧性城市建设及城市治理等领域发挥着越来越重要的作用。国家数据局于 2023 年 10 月 25 日正式揭牌，标志着信息时代，数据价值日益凸显的事实已经得到广泛认可。国家数据局的揭牌，不仅是对数据价值的一种肯定，更是对将数据作为国家战略资源的重要性的认可。在韧性城市建设方面，大数据技术可以通过对城市各种数据的收集和分析，帮助城市管理者更好地了解城市运行情况，预测城市发展的趋势，从而更好地应对各种突发事件和自然灾害。例如，在台风、洪水等自然灾害发生时，大数据技术可以快速响应，提供实时的数据支持，帮助城市管理者更好地指挥救援和进行灾后重建工作。应用机器学习和数据挖掘技术，能从海量数据中提取有价值的信息，识别城市生态韧性的关键指标。大数据分析可以帮助揭示城市生态韧性的时空变化特征。

（2）统计分析。使用统计方法分析城市环境数据的分布、趋势和相关性，评估城市生态韧性的影响因素。统计分析为城市生态韧性的定量评估提供了科学依据。

（3）时空分析。结合地理信息系统技术，分析城市环境数据在时间和空间上的变化，揭示城市生态韧性的动态特征。时空分析有助于理解城市生态韧性的演变过程和驱动因素。

8.2.2 模拟建模技术在城市生态韧性评估中的应用

模拟建模技术是理解和预测城市生态韧性变化的重要工具，提供了一种科学的方法，帮助决策者理解和预测城市生态韧性的变化，为城市可持续发展提供支持。通过构建数学模型和计算机模拟，可以模拟城市环境的复杂过程，评估不同情景下的城市生态韧性。

1. 模拟建模方法

（1）系统动力学模型。系统动力学模型能够定量描述城市生态系统中人口、资源、环境、能源与经济子系统中各相关变量之间的动态反馈关系，模拟城市生态系统建设状况及未来变化趋势。例如，有研究通过系统动力学模型分析了经济、人口、环境、资源和能源五个子系统之间的相互作用，设置了六种不同的建设路径，模拟了关键变量的变化，以寻求最优的城市发展策略，并通过模拟城市系统的动态过程，分析城市生态韧性的影响因素和反馈机制。

（2）人工智能技术。随着韧性城市的建设和运营，历史数据的积累越来越丰富，新的数据也源源不断地补充，这使韧性城市在处理和治理相关信息方面的能力得到了极大的提升。通过大量历史数据与人工智能算法的结合，可以得到最优结果的多种组合，从而实现对城市各种复杂问题的精准预测和有效衡量。首先，通过人工智能技术可以更好地梳理和预测城市日常活动规律。例如，可以通过分析历史数据和实时数据，预测一场小雨对工作日城市交通的影响，为出行者提供及时的交通信息，缓解交通拥堵问题。其次，也可以利用人工智能技术对突发自然灾害，如地震、洪水、台风等进行预测和应对。通过对历史数据的深度挖掘和对实时数据的监测，可以更准确地预测自然灾害的发生概率和影响范围，为政府部门制定应对措施提供数据支持。此外，人工智能技术也对智慧城市、海绵城市的规划和设计具有重要的参考价值。例如，利用人工智能技术可以评估和优化智慧城市的建设方案，提高城市的智能化水平，也可以评估和优化海绵城市的建设方案，提高城市的防洪排涝能力。

2. 模拟建模工具

（1）地理信息系统。利用地理信息系统软件构建城市生态模型，进行空间分析和模拟，多情景模拟城市扩展对生态系统的影响，可以有效地评估和预测城市化进程对生态系统服务的影响，以及城市扩张对自然生境的影响，评估城市扩展的生态可持续性。以呼和浩特市为例的一项研究表明，通过调整优化 CA（cellular automata，元胞自动机）模型进行多情景模拟，可以评估不同情景下城市用地扩展对生态风险压力的影响。该研究构建了生态风险压力评价体系，包括城市扩展、生态景观、粮食安全和生态退化四个维度，并发现生态经济型方案在近几年是最佳用地调控模式，因为在它模拟的 2025 年和 2030 年的情景下，建设用地扩展速率和扩展强度指数都有所下降，同时生态风险压力等级也有所降低。

（2）计算机模拟软件，如 ENVI-met、SWMM 等，可用于模拟城市环境的物理过程和生态过程。SWMM 是美国环境保护局开发的一款关于城市暴雨洪水管理和雨水、污水及合流制管道排水系统的规划、设计、运行和管理的计算机模拟软件。它能够模拟城市降雨径流过程的各个方面，包括地表径流和排水系统中的水流、雨洪的调蓄处理过程，以及水量和水质问题。SWMM 的应用范围广泛，包括城市内涝管理、海绵城市建设、城市排水系统规划等，它通过模拟城市降雨径流过程，评估气候变化对城市生态系统的影响，为城市规划和管理提供了重要的技术支持，城市规划和管理者可依此制定适应策略。

8.2.3　可视化技术在城市生态韧性评估中的应用

可视化技术是展示和交流城市生态韧性评估结果的重要手段。通过将复杂的数据与模型转化为直观的图形和图像，可视化技术不仅提高了城市生态韧性评估的可读性和易理解性，还促进了公众参与和决策的透明性。通过直观的展示，可以更好地推动城市生态韧性的保护和提升。

1. 可视化方法

（1）地理信息系统可视化。地理信息系统提供了丰富的空间分析工具，如缓冲区分析、叠加分析、邻近性分析等，可视化结果可以帮助用户识别空间数据之间的关系。例如，利用地理信息系统软件展示城市环境的空间分布和变化，如植被覆盖、土地利用等，它允许用户以图形和地图的形式展示地理数据，从而更直观地理解空间模式、趋势和关系。

（2）云平台技术。一方面，云平台针对不同的需求可以定制不同的应用功能模块。例如，城市生命线安全监测云平台可以成为政府日常运营管理和应急干预的重要工具，依托物联网和 5G 技术的支撑配合，能够高效地进行数据汇集和治理。在此基础上，平台将这些数据进行整理和分析，以可视化的形式展示出来，为政府决策提供参考。另一方面，云平台还具备反馈功能，能够形成闭环的数据流，使政府可以实时掌握各项生态数据的变化，及时调整政策和措施。同时，云平台还拥有完善的自动预警和主动干预能力，一旦发生应急突发情况，平台可以立即启动应急响应，对城市生态系统进行主动干预，有效避免或减轻生态风险损失。

2. 可视化工具

地理信息系统可视化工具和技术的发展，如 ArcGIS、QGIS、Google Earth（谷歌地球）等，为用户提供了强大的空间数据分析和展示能力，提供丰富的可视化功能和模板。通过地理信息系统可视化技术，展示城市生态要素的空间分布和相互关系，利用数据可视化技术，制作城市生态韧性的年度报告，展示评估结果和政策建议。

8.3　气候适应型城市建设中的数字技术应用

8.3.1　数字技术与气候变化背景下的生态韧性城市建设

近年来，以升温和极端气候事件发生的频率与强度增加为主要特征的气候变化问题日益严重。高温热浪、风暴潮、洪涝、干旱等极端气候事件频发，严重威胁人类健康与经济社会的发展。随着全球气候变化的加剧，城市在规划、建设和管理中，应主动考虑气候变化影响，采取有效措施提高城市适应气候变化的能力，以减少气候变化带来的不利影响，确保城市的可持续发展。

气候变化的不确定性及城市的复杂性是城市面临的气候风险空前增大的重要原因。气候适应型城市建设的核心是将气候韧性作为城市发展的重要理念。首先，城市需要进行气候变化影响和脆弱性评估，识别风险点和脆弱点，以便在城市规划、国土空间布局等方面做出相应调整，这有助于加强城市适应规划和国土空间的适应规划。其次，提升城市的监测预警能力是气候适应型城市建设的关键任务之一。这包括加强建设气候变化和气象灾害的监测预警平台，以及提高信息化建设和大数据应用水平，实现极端气候事件预测预警信息的有效传递。另外，气候适应型城市建设需要加强适应气候变化的基础设施建设，如海绵城市、绿色建筑等，以提高城市对极端天气事件的抵御能力。当前，气候适应型城市建设已经成为城市规划和管理的重要方向，是提升城市生态韧性的重要举措，数字技术在其中扮演着至关重要的角色[29]。

1. 气候变化适应角度下的城市生态韧性评估概念框架

2014 年，联合国政府间气候变化专门委员会第五次评估报告指出，气候变化风险（气候变化背景下的灾害风险）是气候变化危险性、暴露度和脆弱性三方面相互作用的结果（图 8-1）。气候变化危险性表现为极端天气和气候事件发生的频率和强度，受人为和自然条件两个方面的影响；而暴露度和脆弱性则反映城市暴露于气候危害之下，受气候变化不利影响的程度。减缓与适应是两种主要应对气候变化、降低气候变化风险的行动。减缓主要与降低气候变化危险性有关，其目的在于减少全球范围内气候灾害发生的频率和强度，而适应则着眼于降低城市对现存与预测的气候风险的脆弱性和暴露度。减缓仍是优先选择，但面对气候变化已经发生且不可逆转的事实，适应在短期内更有助于削减气候风险。气候变化适应被定义为“调整自然和人类系统，以应对实际或预期的气候变化刺激及影响”，其优势在于从地方和特定水平上减少气候变化风险，从长远角度实现社会的可持续发展。

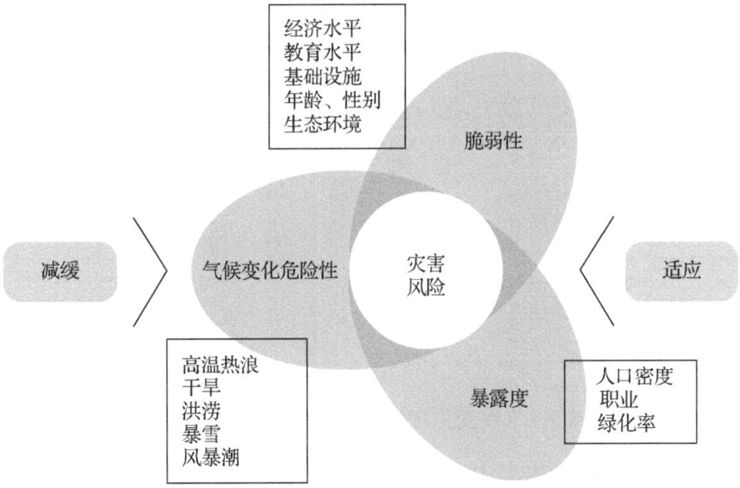

图 8-1　气候变化背景下灾害风险驱动因素

2. 城市气候韧性的关键影响因素

为构建气候变化背景下城市韧性概念框架，对各文献韧性观点进行分析、整合。大多数文献中涉及的城市韧性的关键影响因素都包含社会、经济、自然/生态环境、制度和物质/基础设施等几个维度，并分别由几个指标进行评估。

各风险驱动因素，如城市化、城市贫困、生态系统衰退等是许多城市的共性问题，也是其脆弱性的主要影响因素。为缓解这些问题，需要将城市不同要素联系起来以实现可持续发展。这就解释了为什么经济、社会、自然环境是城市韧性评估必须要考虑的维度。此外，韧性城市也是由物质体系（基础设施）和人类社区组成的可持续性网络。城市的运转离不开基础设施的支撑，缺乏具有韧性的物质体系将增加城市应对灾害的脆弱性；而人类社区是城市系统的重要组成部分，社区活动、参与度及对灾害的响应程度关系到城市在灾害应对中的响应能力，因此也是城市韧性评估必须考虑的因素。此外，制度（政府的领导与战略）也是城市韧性的关键影响因素之一[30]。政府是否实施有效的领导与管理，是否制定社区参与的有效机制以及是否进行有效的城市监测和数据管理等都关系到城市韧性水平的高低。

基于以上分析，构建气候变化背景下城市韧性评估概念框架如图 8-2 所示。

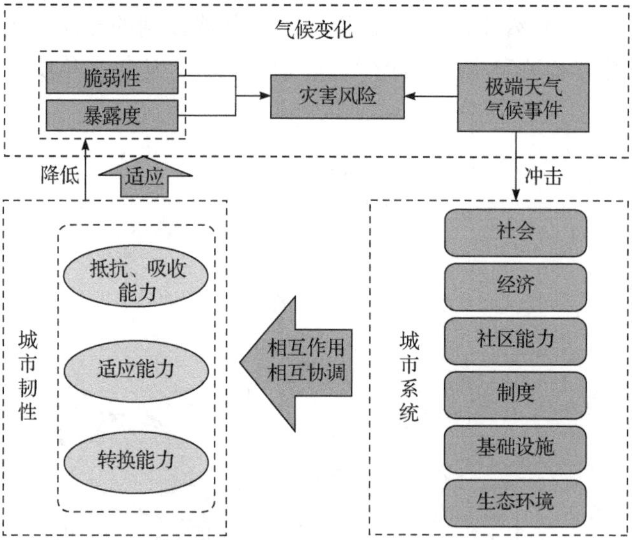

图 8-2　气候变化背景下城市韧性评估概念框架

该框架将城市韧性的评估分为 6 个维度，即社会、经济、社区能力、制度、基础设施和生态环境。这 6 个城市系统相互作用、相互协调，影响城市对灾害的抵抗、吸收、适应及转换能力。其中，社会韧性是人口特征和社会服务作用的结果；经济韧性与社区经济活力有关；社区能力韧性与区域人口福祉、生活质量和居民认知有关；制度韧性与地方政府应对气候灾害的政策、策略及财政能力等有关；基础设施韧性与区域的物质条件有关，以城市为居民提供的关键服务为前提，如电力、水的供给，交通网络，卫生条件等；生态环境韧性主要与区域空气质量、绿化覆盖、土地利用等有关。城市韧性评估概念框架的构建对开展城市韧性定量评估具有重要的指导意义。

3. 城市气候韧性评估方法

应遵循数据可获得性、简易性、层次性、动态性、可比性以及目的性等原则，根据具体评估对象选取相应指标。指标选取有分析法、交叉法、综合法等多种方法，最基本、最常用的是分析法。具体到城市韧性评估指标的选取，分析法是将度量对象（城市韧性）分为若干个子系统（即维度，如前文所述的社会、经济、制度、基础设施等），并逐步进行细分（如社会维度可细分为人口特征、社会服务、社会准备等几个分维度），直到每一部分都可以用具体的统计指标来描述。

指标确权也是定量评估的重要环节，常用方法主要包括图层叠置法、主成分分析法、层次分析法（analytic hierarchy process，AHP）等。其中，图层叠置法和主成分分析法是比较典型的客观进行指标确权的方法。图层叠置法是指将各指标权重设置为相等值，并借助地理信息系统工具直接进行图层叠加，得到空间分布结果，能比较直观地反映评价区域的空间差异情况。层次分析法是重要的定性与定量相结合的多目标分析决策方法，常被用于多目标、多准则、多要素的非结构化问题的决策与评价，在定量、半定量、定性指标确权中具有十分重要的应用价值。在确权过程中可将主客观方法相结合，提高结果的可信度、科学性。

综合评价法（加权法）是目前应用最普遍的指标整合方法，主要通过各指标标准化值与其权重的乘积之和来计算指数。例如，学者何畔宇以 1 千米×1 千米格网作为评价的基本单元,运用综合评价法对每个格网中的生态韧性指数进行计算，计算公式如下：

$$\mathrm{ERI}=\sum W_i\mathrm{ER}_i+\sum W_j\mathrm{EC}_j+\sum W_k\mathrm{EP}_k$$

式中，ERI 表示生态韧性指数；ER_i 表示第 i 个生态风险因子；EC_j 表示第 j 个生态连通性因子；EP_k 为第 k 个响应潜力因子；W_i、W_j、W_k 分别表示生态风险、连通性和响应潜力各因子对应的权重值。通过 ArcGIS 可视化得到粤港澳大湾区生态韧性时空演变格局，生态韧性指数值越大，说明生态系统景观本底具有越高的韧性，越能有效地响应外界干扰和冲击所造成的生态胁迫；值越小，说明该生态系统在外界干扰影响下韧性潜力越低，需采取针对性措施以改善生态环境，提升区域生态安全等级。

目前，全球有关城市韧性的研究整体上仍处于起步阶段，而将城市韧性作为城市适应气候变化的措施，考虑针对气候灾害的城市韧性的定量化评估研究则更是刚刚起步。评估方法的完善与创新也是未来城市韧性评估需要考虑的问题。城市韧性评估需要综合考虑时间尺度和空间尺度，进行多尺度分析。就时间尺度而言，气候变化（如极端气候事件发生的频率和强度）和区域状况（如经济状况、人口特征等）都表现出明显的阶段性特征，这就要求城市韧性评估必须关注时间动态，确定合适的时间跨度。就空间尺度而言，城市韧性评估需要确定合适的空间网格，即合适的评价单元，这与数据的可获取性及评估结果的准确性紧密相关，目前的城市韧性评估主要基于行政单元进行，在今后的研究和实践中可以考虑跨领域、跨学科、多系统交叉合作，借助相关软件（如地理信息系统）、模型（如全球气候模式）、遥感数据等工具，将评估格网进一步精细化，促进城市综合韧性的评估和建设。

4. 城市气象大数据系统平台

城市气象大数据系统平台是利用现代信息技术，主要是大数据、人工智能、云计算等技术，来提高气象数据的收集、处理和分析能力，提升城市气候韧性。这些平台不仅能够提高气象预报的准确性和效率，还能为城市管理、灾害预防、生态环境保护等领域提供重要的决策支持。

1）气候系统观测与信息共享平台

气候系统观测与信息共享平台是一套关键的基础设施，旨在提高人们对地球气候系统的理解，并支持气候服务和适应措施的实施。

（1）CIMISS（China Integrated Meteorological Information Sharing System）：是中国建立的全国综合气象信息共享平台。该平台在 2016 年 12 月 20 日正式业务化运行，标志着中国气象核心业务系统的数据生态初步形成。CIMISS 是依托国家发展和改革委员会项目“新一代天气雷达信息共享平台”，在国家、31 个省级中心建成的，集数据收集与分发、质量控制与产品生成、存储管理、共享服务、业务监控于一体的气象信息共享业务系统。

（2）中国气候观测系统（China Climate Observing System，CCOS）是一个已完成顶层设计，并已转向细化设计方案、进入实施示范阶段的项目。它旨在通过改进和集成现有的大气、海洋、陆地、生态观测资料，发展多部门集成、统一、规范的气候系统观测综合体系与信息共享平台。CCOS 是在现有各类观测站网的基础上，通过更好地收集、更仔细地分析和更有效地分发中国现有的大气、海洋、陆地、生态观测资料，提升气候观测数据的质量和应用价值。

（3）全球气候观测系统（Global Climate Observing System，GCOS）是由世界气象组织（World Meteorological Organization，WMO）、联合国教科文组织政府

间海洋学委员会（Intergovernmental Oceanographic Commission of United Nations Educational, Scientific and Cultural Organization，UNESCO-IOC）、联合国环境规划署和国际科学理事会（International Council for Science，ISC）共同赞助的国际性组织。GCOS 定期评估系统在大气、陆地和海洋方面的观测状况，并为改进观测提供指导。“GCOS 专家组维护着系统观测地球气候变化所需的基本气候变量（ECVs）的定义”［GCOS expert panels maintain definitions of essential climate variables（ECVs）which are required to systematically observe Earth’s changing climate］。

2）气候风险评估与决策支持系统

气候风险评估与决策支持系统是应对气候变化挑战的重要工具。这些系统通过集成气候数据、经济模型和地理信息系统，帮助决策者评估气候变化对经济、社会和环境的影响，并制定相应的应对策略。气候风险主要包括物理风险和转型风险。物理风险是指极端或异常天气事件对经济活动直接造成损害的风险，如干旱、洪涝等。转型风险则是指由于应对气候变化的政策、技术创新、市场情绪及消费者偏好变化等因素影响，企业和资产估值发生变化，从而引发的经济或金融风险。

（1）中国气候变化综合评估模型（C3IAM）系统。由北京理工大学能源与环境政策研究中心团队开发的 C3IAM 系统，是一个动态可视化的建模工具，能够模拟不同发展路径下气候变化可能产生的影响。该系统包括全球能源与环境政策分析模型、全球多区域经济最优增长模型、中国多区域能源与环境政策分析模型等多个子系统，为国家制定减缓和适应气候变化的政策提供科学支持。

（2）中国海岸带气候变化综合风险评估决策支持系统。该系统围绕“中国海岸带气候变化综合风险评估”这一主题，基于遥感大数据、物理海洋模型和地理信息系统空间分析等技术，获得中国沿海区域多源、多要素科学数据，并通过 WebGIS 技术进行集成和开发，主要功能包括海岸带多源、多要素时空信息集成与管理，海岸带极端气候变化特征多情景在线分析、结果展示与存储，海平面上升淹没风险多情景在线分析、结果展示与存储等。该系统集成了多学科、多源、多尺度、多分辨率的时空数据，利用分布式文件系统及高通量计算框架实现了对海量数据的存储、访问和计算，将成熟开源产品和自主研发产品相结合，搭建大数据存储、管理和在线计算环境，实现了数据汇聚、数据融合、数据更新等数据管理功能以及数据分析、新数据生成、信息展示等在线的科学研究和知识发现功能，旨在为中国沿海地区加强气候变化风险应对、提升沿海地区韧性水平、促进海岸带区域可持续发展等提供支持。

3）极端气候下交通系统应急响应管理信息化

在极端天气条件下，提高交通系统预测准确性的关键在于利用人工智能技术对大量数据进行分析和模式识别。通过这些人工智能技术的应用，交通系统能够更准确地预测极端天气条件下的交通流量和模式，从而提高应对极端天气事件的能力。

（1）人工智能天气大模型的应用。中国气象科学研究院的研究成果显示，将人工智能预测大模型 Pangu-Weather 与区域数值预报模式 WRF-ARW（Weather Research and Forecasting Model-Advanced Research WRF，天气研究与预报模型-高级研究 WRF）结合，可以有效提高极端天气事件如极端降水和台风强度的预报准确率。该模型在预测华北极端降水事件时，与传统全球预报系统（Global Forecast System，GFS）相比，表现出更高的预报精度和更强的预报能力。

（2）伏羲次季节大模型。由上海科学智能研究院、复旦大学和国家气候中心联合研发的伏羲次季节大模型，能提前 15 天预测全球天气变化，如气温、风速和气压等，并在预测精度、预报周期和运行速度上优于现有国际权威模型。

（3）Aurora 模型。微软研究院开发的 Aurora 模型，是一个大规模大气基础模型，它通过超一百万小时的多样化天气和气候模拟训练，全面了解大气动力学。Aurora 模型以 0.1°的高空间分辨率运行，提供比以往更准确的预报，并且其计算成本仅为传统数值天气预报系统的一小部分，速度提升约 5000 倍。

（4）智能交通主动管控技术。该技术是由上海市城乡建设和交通发展研究院牵头的项目，利用人工智能技术对城市交通拥堵进行预判和智能主动管控。通过深度学习和机器学习技术，可以全面回顾应用于交通预测的模型，并识别应用中的内在障碍，从而提高交通预测的准确性。系统通过问题诊断、实时调度、效果评估和策略调整，优化交通运行效率和服务质量。

（5）此外，中国气象局在“十四五”期间印发的《“十四五”气象信息网络业务发展规划》，旨在通过气象信息化建设，提升气象服务水平和气象大数据应用水平，从而更好地服务于社会发展和人民生活。百度智能云提供的智慧气象解决方案，则是基于大数据和人工智能技术，通过物联网、云计算等技术手段，实现对气象数据的快速汇聚和处理，为城市精细化管理提供支持。厦门市的“i 气象”服务成功对接了“城市大脑”，通过数字化产品与城市管理平台的深度融合，为城市管理提供更加精准、全面的气象数据支持，提升城市管理决策效率。此外，上海市气象局与上海市大数据中心合作，共同推进气象数据要素“一网统管”，以服务形式参与气象模型计算，保障数据流通的安全性，并实现气象数据与城市运行管理的融合共生。

这些平台的建立和服务的提供，为城市生态韧性评估与预测、气候适应型城市和海绵城市建设提供了基础数据支撑，为城市管理和灾害预防提供了更加智能化、精细化的决策支持。

8.3.2　城市生态大数据智慧管理和服务平台技术集成与应用

生态环境是人类赖以生存和发展的基础，城市生态大数据智慧管理和服务平台建设是生态城市和美丽城市建设的需要。以深圳市为例，该城市借助物联网、移动互联网、计算机、数据库、地理信息系统、时空地理大数据整合和共享、大数据挖掘分析和云端一体化业务协同等关键技术，结合城市生态系统评估分析决策模型/方法/对策库，在实现深圳市“空-地-网-统计-众源”等多源异构生态大数据有效集成的基础上，搭建了“数据采集—信息提取—知识发现—决策生成—快速服务”全流程、一体化的深圳市生态大数据智慧管理和服务平台，构建了面向业务部门和科研人员等专业用户的生态野外数据调查采集系统和城市生态监测与评估管理决策分析系统，以及面向社会大众的深圳生态大调查 APP。

1. 平台构建

1）平台总体架构

物联网、移动互联网、计算机和数据库等信息化技术的快速发展为生态大数据智慧管理和服务平台构建提供了必要的技术途径，也使生态环境动态监测具备了实用性、有效性与快捷性。平台总体架构共包括 4 个层次和 2 个支撑体系，4 个层次为感知层、网络层、数据汇集和处理层、应用层，2 个支撑体系为标准规范体系和安全保障体系，如图 8-3 所示。

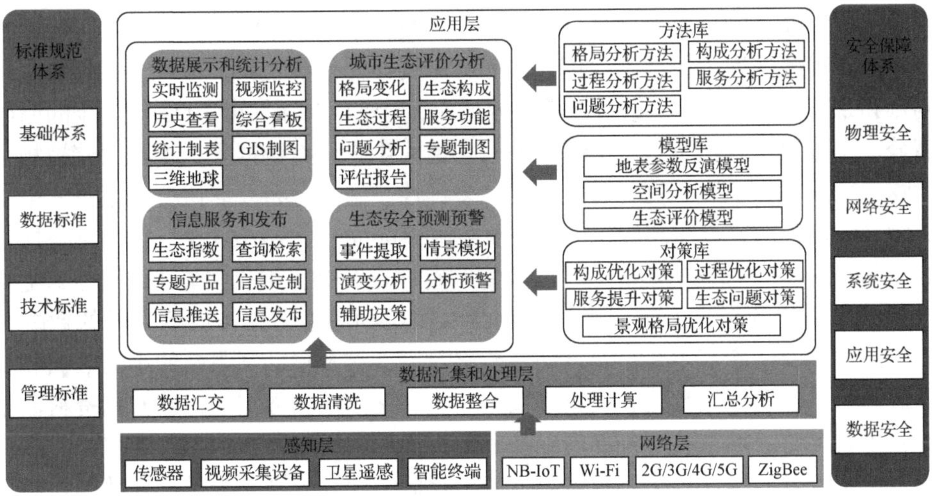

图 8-3　平台架构图

感知层使用在线设备或卫星等搭载对光照、温度、湿度、气体、声音、影像等信号具有感知、识别、通信能力的传感器，对城市生态环境要素的物质属性、环境状态、行为态势进行分布式状态辨识和信息采集。也可基于移动互联网技术采用“人+智能终端 APP”方式实现生态野外数据调查与采集。

网络层基于无线或有线网络的通信技术和通信协议，实现感知层数字信息的编码、认证、传输路径选择和控制。广泛覆盖的移动通信 2G/3G/4G/5G/Wi-Fi 网络和 ZigBee/NB-IoT 技术可为生态大数据的实时和连续传输提供可靠的网络保证。

数据汇集和处理层借助 WebGIS、数据库、大数据挖掘、遥感和地理信息技术，实现基础地理、影像栅格、地面调查、统计分析等各类生态大数据的汇交、清洗、整合、处理和分析，为应用层提供数据支撑。

应用层是整个平台的核心组成部分和信息出口，基于面向生态系统监测和评估的方法库/模型库/对策库，实现了数据展示和统计分析、城市生态评价分析、信息服务和发布、生态安全预测预警 4 项功能，并在此基础上构建了面向政府管理部门和科研人员的城市生态监测与评估管理决策分析系统。

标准规范体系为技术平台提供数据质量、技术规范和组织管理方面的体制保障；安全保障体系为技术平台稳定可靠运行提供网络、系统和数据安全方面的技术保障。

2）数据库组成和管理

数据资源是信息化技术平台的基石，随着遥感影像、社交平台和智能终端来源的生态大数据的不断涌现，构建科学合理的数据分类体系是对城市生态大数据有效集成和管理的必要前提，该案例以“分类科学明确、管理方便高效”为原则构建了 7 种数据库：①基础地理数据库，主要存储行政边界、道路、兴趣点、监测点和采样点等的数据；②影像栅格数据库，主要存储深圳市 1979 年至今的原始高分、中分卫星数据及其分类专题图；③地面生态调查数据库，主要存储植物、动物、微生物、水生生物名录、数量、多样性、空间分布、居留型、区系、生境类型、保护级别等方面的数据，涉及动物调查点位记录 17 161 个，植物调查样地 885 块，河流水生态样点 33 个，微生物调查样点 8 个；④社会统计数据库，主要存储城市历年各街道人口、经济、社会、资源利用、污染排放等方面的数据；⑤生态监测数据库，主要存储自动站监测数据，涉及自动气象站的小时数据和日值数据、空气质量站数据、气象塔数据和生态站碳通量数据等；⑥文献资料数据库，主要存储深圳市政府各部门以及其他权威部门历年发布的生态环境类文献资料电子版或者扫描件；⑦多媒体数据库，存储照片和音视频数据。元数据是对数据基本信息的描述和规定，也是数据交汇和共享体系中连接数据提供者、使用者和管理者的纽带。生态大数据涉及部门众多，数据类型复杂多样且时空属性信息重要，元数据设计在基本标准之上根据数据特色进行了个性化定制和扩展。平台数据均包含数据编码、数据名称、数据类别、数据格式、数据量大小、检索关键词、数据提供者等基本元数据信息；基础地理等空间数据除基本元数据信息之外还包含时间跨度、地理范围、空间分辨率或比例尺、时间分辨率、要素类型等信息；遥感影像数据还需强调传感器名称、数据波段、加工处理方法；多媒体数据还需要额外提供编码方式、分辨率、拍摄信息、位置等信息。所有入库数据均在元数据信息完备的基础上，为数据管理和共享服务提供基础保障。数据管理是数据共享的基础，平台使用“地理数据库+关系数据库+文件数据库”结合的方式对生态大数据进行管理。其中，空间数据在经过统一的空间参考转换后存储于 PostGIS 地理数据库；调查统计等关系型数据存储于 Microsoft SQL Server 关系型数据库；微博爬虫数据和动植物图片等非关系型数据存储于 MongoDB 分布式文件数据库，方便对文本型和图片型数据进行索引和查询。

2. 平台关键技术

1）时空地理大数据整合和共享技术

时空地理大数据是城市生态大数据的重要组成部分，兼具大数据容量大（volume）、多样性（variety）、价值高（value）、速度快（velocity）的“4V”特征，还呈现出多载荷、多分辨率、多时相和多要素的“四多”特点，需要借助遥感、地理信息和 WebGIS 等技术对时空地理大数据进行整合，向下屏蔽时空地理大数据的复杂异构性，向上提供时空地理信息基础底座赋能开放多元化业务应用，从而实现跨部门、跨地域和跨层级信息的有效共享。

借助地理信息处理工具对遥感影像进行投影变换、图像拼接、空间分析和专题制图等处理；基础地理等矢量数据经过几何、属性和拓扑检查等操作集成到平台；生态监测类数据和动物样线调查、植物样地调查、植物优势物种普查、水生态采样调查等数据均按照自身空间位置进行空间化处理；统计表格数据按照数据库设计范式进行整理、清洗，根据数据所属行政区或地理分区边界进行关联；采用网络爬虫工具采集的微博评论数据在经过随机抽样和分词工具清理之后建立文本数据库，每条数据包含文本评论内容、发布地点、发布时间以及微博用户基本信息。最终形成以高分辨率遥感影像和基础地理数据为基底的生态环境“一张图”核心数据体系。

信息化时代时空大数据的快速更新、可视化表达和共享需要满足互动、动态、快速和自动等要求。使用“GeoServer+OpenLayers+Cesium”方式搭建二、三维一体化时空大数据可视化和共享服务平台，基于空间数据处理软件编码实现时空地理数据的动态提交、自动入库、属性关联、样式渲染、专题制图和信息共享；平台以 SOAP（simple object access protocol，简单对象访问协议）、XML、WSDL（Web services description language，万维网服务描述语言）、UDDI（universal description, discovery and integration，通用描述、发现与集成）等技术构建数据资源目录，使用角色定义配置各类用户的数据访问权限，并通过地图服务、影像服务、要素服务、地理处理服务和定制服务等方式向用户提供服务。

2）生态大数据挖掘分析技术

大数据由于自身的特性存在难以集成与管理、难以自动化处理与分析的问题，尤其是涉及空间的数据挖掘十分困难。生态大数据需要借助机器学习、遥感、地理信息系统空间分析和网络爬虫等技术的深度挖掘与分析才能发现更多深层次信息和知识。

生态系统格局是生态大数据的重要组成部分，机器学习可用于揭示生态系统不同格局特征与演变规律。平台基于高分卫星遥感数据，结合矢量数据的辅助，利用基于机器学习的影像自动分类（非监督分类）多等级景观格局提取分析技术，定量解构了城市多等级的生态精细格局。城市热环境和地表参数的获取对于城市人居舒适度评价和生态系统服务评估至关重要，平台基于遥感数据和地面监测数据，使用地表温度反演模型、净初级生产力反演模型和植被生物量反演模型等完成上述参数的获取。

生态大数据的挖掘涉及生态、林草、国土、气象等多部门和多源空间数据的综合分析，平台借助空间插值模型、空间聚类分析模型、空间叠加分析模型、最小费用模型等，完成不同类型的生态环境大数据相互连接和协同分析，释放生态大数据的价值。

城市人居舒适度关乎人们的幸福感，影响人们的身心健康，是评价一个城市生态环境质量的关键，也为城市生态环境质量改善提供指导方向。微博大数据是城市人居舒适度情感调查的主要数据源，平台首先以“天气或空气质量”为关键词使用网络爬虫工具采集微博评论大数据，数据经过有效性处理后自动化集成；再使用 SnowNLP 情感分析工具计算每条微博的情感分值；然后以微博情感分值、遥感数据反演、监测站数据和社会经济统计数据等为基础，通过分析城市热环境与空气质量的空间分布和演变特征、居民对热与空气质量的感受等因素实现了对人居舒适度指数的动态评价和发布。

3）云端一体化业务协同技术

平台基于生态环境数据库构建了“云端互联、一云多端”的“一张图”应用体系，即在服务器端依托深圳政务云软硬件资源以“一张图”为核心实现平台数据的汇集、整合、展示、查询、处理和共享，并与深圳市原有智慧环保平台无缝集成，通过“统一安全防护、统一资源管理、统一用户管理、统一授权管理、统一门户集成、统一接入管理”的“六统一”方式实现“资源共建共用、数据互联互通、业务协同处理、信息及时共享”，支持用户跨设备终端进行访问，针对政府管理人员、生态环境科研人员、业务部门调查人员和普通公众提供差异化系统功能和数据访问服务。

3. 平台主要功能和应用

1）生态野外数据调查采集系统

生态野外数据调查采集系统服务于科研人员和业务部门的专业用户，包括野外生态数据采集 APP 和后台管理 Web 系统。采集 APP 主要包括用户登录与注册、最新消息显示、数据采集、样地调查、历史数据查看、离线地图显示、用户设置等功能，后台管理 Web 系统主要包括采集员管理、数据模板管理、样地管理、采集任务管理、采集数据管理、采集员监控和数据统计等功能。目前，调查人员通过 APP 已上传 5 万多个点位数据和上万张照片。

2）城市生态监测与评估管理决策分析系统

城市生态监测与评估工作涉及生态、水文、气象、遥感、地理信息等多个学科的知识，所需评估模型复杂多样，过程十分烦琐，技术门槛较高，限制了生态系统监测评估模型在政府决策和跨领域应用中的推广。平台借助数据和算力优势，运用生态系统监测评估模型和算法，实现了指标计算、综合评价、风险预警、报告生成、可视化辅助决策等功能，提高了深圳市生态环境管理和决策的科学化水平。

3）城市生态大调查

公众参与是城市生态大数据智慧管理和服务平台共建、共治、共享的重要途径，也是检验生态环境监测和服务信息科学性与准确性的有效途径。在 2020 年 5 月 22 日的国际生物多样性日主题活动中，平台向公众发布了深圳生态大调查 APP，APP 服务于大自然保护协会和深圳市绿色基金会组织的“深圳生态大调查青少年挑战赛”等活动，旨在让更多市民参与生态调查活动，体验户外调查乐趣，了解深圳市生态系统现状，感受城市生态魅力，促进人居生活和城市生态的和谐发展。其他机构也能够利用该 APP 的植物识别、标注和打分功能组织户外探索等活动。公众通过生态大调查 APP 提交的调查记录将与业务部门的调查记录相互验证和补充，用于复核专业调查的结果。

4. 平台优势与决策支持功能

平台集成的生态系统格局、质量、服务、风险评估和综合评估模型，为多源生态大数据的挖掘分析工作提供了专业工具，为生态大数据“数据—信息—知识—决策”的价值化过程提供了科学支撑，平台的主要优势有以下几点。

（1）弥补了传统信息化平台缺乏科学分析的不足，使平台不再是原始数据和监测数据的简单展示，而是对大数据中隐式、先前未知和潜在的有价值信息的充分挖掘并提供快速服务。

（2）平台能有效降低用户收集与处理数据以及操作专业模型的难度，突破了原始数据应用的瓶颈和难点，提高了专业模型在业务部门中的使用率，有效解决了“重建设、轻应用”的问题。

（3）借助大数据分析工具和专业模型分析，实现了对区域性多要素、多行业数据的综合分析，避免了对单要素、单行业数据的碎片化管理和分析，为城市生态大环保事业的协同分析和智慧化管理提供了必要的技术保障。

平台所采用的技术方案和专业分析模型，可以在省、市、县等各级政府部门中推广使用，更好地服务于城市的智慧管理和绿色发展。同时，城市生态大数据智慧管理和服务平台建设作为智慧环保建设的一部分，可以进一步加强与智慧交通、智慧水利等服务平台的互联互通，为“美丽城市”和“智慧城市”建设提供一个“大而智”的综合性信息化服务平台。

城市生态大数据智慧管理和服务平台依靠“生态大数据+专业模型”的技术方案实现了从生态大数据到管理决策知识的挖掘，克服了传统生态环境管理过程中遇到的多维数据获取困难、整合挖掘能力不足、专业分析模型欠缺、数据难以有效支持决策等问题，从而全面提升了城市生态治理决策水平。深圳城市生态监测与评估管理决策分析系统运用生态系统监测评估模型和算法,实现了指标计算、综合评价、风险预警、报告生成、可视化辅助决策等功能，为深圳市生态系统问题解决和风险防范提供了数据支撑，也为深圳市生态环境的管理和决策、城市生态韧性的提升、科学研究和公众科普提供了重要的技术平台。未来需要进一步加强其他信息技术和专业模型在生态大数据管理中的应用，提升用数据支撑决策和服务的能力。

8.4 数字化与城市生态韧性的未来展望

8.4.1 数字化进程中城市生态韧性优化与管理面临的挑战

数字化进程为城市生态韧性优化与管理带来了前所未有的机遇，但也伴随着一系列挑战，需要政府、企业、社会组织和公众共同努力，克服这些挑战，推动数字技术在城市生态韧性优化与管理中的应用，提升城市生态韧性水平，实现城市可持续发展。

数字技术，尤其是遥感技术、地理信息系统技术、物联网等，为城市生态韧性的评估和监测提供了强大的工具。遥感技术能够高效地获取城市生态系统的空间数据，如土地利用变化、植被覆盖度、水体质量等；地理信息系统技术则可以将这些空间数据与属性数据相结合，进行空间分析和可视化。两者融合，能够帮助城市管理者更好地理解城市生态系统的现状和变化趋势，为生态韧性的评估和监测提供可靠的数据基础[31]。物联网可以将传感器部署在城市的各个角落，实时监测环境参数，如空气质量、温度、湿度、污染物浓度等，为生态韧性监测提供更全面、更及时的数据。构建完善的监测网络，能够帮助城市管理者及时发现生态风险，并采取相应的措施进行干预。

然而，数字技术的应用也面临一些挑战。首先是数据获取的挑战。遥感数据的获取成本高，且受云层、大气等因素的影响，数据质量难以保证。此外，物联网设备的部署和维护成本较高，且数据采集过程中可能出现误差和遗漏。其次是数据安全与隐私保护的挑战。数字化进程涉及大量的个人和敏感数据，如人口数据、经济数据、生态环境数据等。如何确保数据的安全性和保护隐私，避免数据泄露和滥用，是数字化进程中需要解决的重要问题。最后是数据融合与分析的挑战。数字化进程产生了大量的数据，如何有效地融合与分析这些数据，提取有用的信息，为生态韧性优化提供支持，是数字化进程中需要解决的重要问题。

除了技术层面的挑战，数字化进程在生态韧性优化与管理中也面临一些非技术层面的挑战。首先是政策法规的滞后。数字化进程发展迅速，而相关的政策法规往往滞后于技术的发展，导致数字技术在城市生态韧性优化与管理中的应用缺乏法律保障[32]。其次是标准规范的缺失。数字技术在城市生态韧性优化与管理中的应用需要一套完善的标准规范，以保证数据的一致性和可比性。然而，目前缺乏统一的标准规范，导致不同地区、不同部门之间难以进行有效的数据共享和交流。

此外，数字化进程在生态韧性优化与管理中也面临一些社会层面的挑战。首先是社会认知的不足。公众对城市生态韧性的认知不足，对数字技术在生态韧性优化与管理中的作用了解有限，难以形成共识，影响数字技术的推广应用。其次是公众参与的不足。数字技术在城市生态韧性优化与管理中的应用需要公众的参与和支持。然而，目前公众参与生态韧性建设的渠道和方式有限，难以充分发挥公众的作用。

8.4.2　未来城市：未来数字技术发展与城市生态韧性的融合

随着科技的飞速发展，未来城市将不再局限于物理空间的建设，而是融入数字技术的全新形态。人工智能、大数据、云计算等技术的广泛应用，将为城市生态系统韧性的提升提供强大的动力，推动城市迈向更加智能、可持续的未来。

数据驱动下的精准规划：未来城市将建立完善的数据监测和评估体系，通过遥感技术、物联网等手段，实时收集城市生态环境、社会经济发展、人口流动等数据。这些数据将用于城市生态韧性评估，为城市规划提供科学依据。例如，通过分析城市土地利用变化趋势，可以预测未来城市扩张对生态空间的潜在影响，并制定相应的生态保育措施。同时，大数据分析可以揭示城市生态系统服务价值的变化，帮助城市管理者优化资源配置，实现经济效益和生态效益的双赢。

人工智能助力生态修复：人工智能技术可以应用于城市生态修复领域，例如，通过分析植被生长数据，可以评估不同修复措施的效果，并制定个性化的修复方案。此外，人工智能还可以用于监测城市生态环境变化，及时发现生态问题并采取措施进行干预。例如，利用无人机进行森林火灾监测，利用遥感影像进行水体污染监测等。

智慧城市与生态韧性：智慧城市是未来城市的重要特征，通过物联网技术，城市基础设施将实现互联互通。例如，智能交通系统可以优化交通流量，减少交通拥堵对生态环境的影响；智能能源系统可以实现能源的梯级利用，减少能源消耗和污染排放。这些智慧设施的应用，将进一步提升城市生态系统的韧性，使其能够更好地应对各种挑战。

虚拟现实与生态教育：虚拟现实技术可以用于生态教育。例如，通过虚拟现实场景，可以让市民身临其境地感受自然生态的美丽和脆弱，增强公众的生态保护意识。此外，虚拟现实技术还可以用于城市规划，例如，通过虚拟现实模型，可以让市民参与到城市规划中，提出自己的意见和建议，提高城市规划的民主性和科学性。

8.4.3 结论与政策建议

未来城市的发展，数字技术与生态韧性的融合势在必行。这不仅需要科技的进步，更需要政策、管理和公众意识的共同参与。通过数据驱动和智能管理，我们可以更好地应对城市生态风险，优化资源配置，提升生态系统的服务功能，促进城市可持续发展。然而，融合的过程并非一蹴而就，需要政府、企业、科研机构和公众的共同努力，才能实现数字技术与生态韧性的深度融合，构建更加美好、可持续的未来城市。

首先，政府应制定相关政策，鼓励和支持数字技术在生态韧性领域的应用，并建立相应的标准和规范。例如，可以设立专项资金，支持数字技术研发和示范应用；制定数据共享和开放的规则，促进数据资源的有效利用；建立数据安全和隐私保护的机制，确保数据安全和公众信任。

其次，科研机构应加大对数字技术研发的投入，推动相关技术的突破和创新。可以建立跨学科的研究团队，开展数字技术与生态韧性融合的理论研究和实践探索；鼓励高校和科研机构与企业合作，加速科技成果转化和应用。

再次，企业应积极参与数字技术与生态韧性的融合，开发和应用相关产品与服务。可以开发智能监测系统、生态修复管理系统等，为城市生态韧性提升提供技术支持；开发绿色建筑、清洁能源、智慧城市等方面的绿色技术，推动城市可持续发展。

最后，公众也需要提高生态保护意识，参与到城市生态韧性的建设中。例如，可以开展生态教育，普及生态知识，提高公众的生态保护意识；鼓励公众参与城市生态韧性的规划、建设和监督；可以通过在线平台，让公众提出意见和建议，参与城市生态韧性的决策过程。

数字技术与生态韧性的融合，是一个充满挑战和机遇的领域。通过多方协作、共同努力，我们可以建设更加美好、可持续的未来城市。

参考文献

[1] 邵亦文, 徐江. 城市韧性: 基于国际文献综述的概念解析[J]. 国际城市规划, 2015, 30(2): 48-54.

[2] 汪辉, 徐蕴雪, 卢思琪, 等. 恢复力、弹性或韧性?——社会: 生态系统及其相关研究领域中"Resilience"一词翻译之辨析[J]. 国际城市规划, 2017, 32(4): 29-39.

[3] 李彤玥, 牛品一, 顾朝林. 弹性城市研究框架综述[J]. 城市规划学刊, 2014, (5): 23-31.

[4] 陈利, 朱喜钢, 孙洁. 韧性城市的基本理念、作用机制及规划愿景[J]. 现代城市研究, 2017, (9): 18-24.

[5] Meerow S, Newell J P, Stults M. Defining urban resilience: a review[J]. Landscape and Urban Planning, 2016, 147: 38-49.

[6] 王岩, 方创琳, 张蔷. 城市脆弱性研究评述与展望[J]. 地理科学进展, 2013, 32(5): 755-768.

[7] 冯丽媛. 城市生态安全评价及应用: 以西安市为例[J]. 地下水, 2012, 34(1): 84-86.

[8] 温茹淑, 廖富林, 李东桦. 梅州市城市生态安全评价研究[J]. 华南师范大学学报(自然科学版), 2011, (4): 98-102.

[9] 周彩霞, 叶茂, 徐海量, 等. 新疆绿洲城市石河子生态安全评价[J]. 干旱区资源与环境, 2010, 24(2): 50-53.

[10] 魏婷, 朱晓东, 李杨帆. 基于突变级数法的厦门城市生态系统健康评价[J]. 生态学报, 2008, 28(12): 6312-6320.

[11] 陶晓燕, 吴战勇, 李晓方, 等. 煤炭资源枯竭城市转型发展绩效测度及障碍因子分析: 以焦作市为例[J]. 生态经济, 2022, 38(4): 94-100.

[12] 李佩武, 李贵才, 张金花, 等. 城市生态安全的多种评价模型及应用[J]. 地理研究, 2009, 28(2): 293-302.

[13] 高香玲, 王耕. 沿海城市生态安全评价及预测研究: 以大连市为例[J]. 海洋开发与管理, 2009, 26(10): 96-101.

[14] 陈晶晶, 李天宏. 基于 PSR 模型和投影寻踪法的荆州市景观生态风险评价[J]. 北京大学学报(自然科学版), 2017, 53(4): 731-740.

[15] 王玲. 基于土地利用变化的上海市生态风险评价[J]. 农业科学研究, 2018, 39(1): 10-16.

[16] 肖琳, 田光进. 天津市土地利用生态风险评价[J]. 生态学杂志, 2014, 33(2): 469-476.

[17] 郭秀锐, 胡宏伟, 陈东升, 等. 基于土地利用分析的区域生态风险评价: 以北京市为例[J]. 北京工业大学学报, 2012, 38(7): 1114-1120.

[18] 胡金龙. 漓江流域土地利用变化及生态效应研究[D]. 武汉: 华中农业大学, 2016.

[19] 韦仕川, 吴次芳, 杨杨, 等. 基于 RS 和 GIS 的黄河三角洲土地利用变化及生态安全研究: 以东营市为例[J]. 水土保持学报, 2008, 22(1): 185-189.

[20] 时宇, 史明昌. 基于 GIS 的北京市水土流失生态风险评价[J]. 生态科学, 2014, 33(6): 1100-1105.
[21] 徐丽, 张庆国, 刘可东, 等. 合肥市区绿地系统空间结构及其小气候效应分析[J]. 合肥工业大学学报(自然科学版), 2008, 31(2): 216-219.
[22] 林媚珍, 葛志鹏, 纪少婷, 等. 中山市土地利用变化及其生态风险响应[J]. 生态科学, 2016, 35(5): 96-104.
[23] 刘春艳, 张科, 刘吉平. 1976—2013 年三江平原景观生态风险变化及驱动力[J]. 生态学报, 2018, 38(11): 3729-3740.
[24] 张长勤, 李鑫, 孙力, 等. 基于不同粒度的湿地土地利用生态风险及其景观指数动态[J]. 东北林业大学学报, 2014, 42(8): 104-108, 147.
[25] 刘发勇, 兰安军, 熊康宁, 等. 贵州省黄果树景区土地生态风险的评价[J]. 生态科学, 2015, 34(1): 74-80.
[26] 刘盛和, 吴传钧, 沈洪泉. 基于 GIS 的北京城市土地利用扩展模式[J]. 地理学报, 2000, 55(4): 407-416.
[27] 顾朝林. 北京土地利用/覆盖变化机制研究[J]. 自然资源学报, 1999, 14(4): 307-312.
[28] 郭巍, 魏文栋, 刘瀚斌, 等. 数字化技术在全球城市生态环境治理中的应用与展望[J]. 全球城市研究(中英文), 2022, 3(3): 99-111, 192.
[29] 张明顺, 李欢欢. 气候变化背景下城市韧性评估研究进展[J]. 生态经济, 2018, 34(10): 154-161.
[30] 郑艳, 林陈贞. 韧性城市的理论基础与评估方法[J]. 城市, 2017, (6): 22-28.
[31] 廖汉祥. "数智化"背景下城市总体安全韧性优化策略研究[D]. 南京: 南京邮电大学, 2023.
[32] 杨莎莎, 程寅, 唐婷婷. 中国城市群数字化与生态文明建设的时空分异及优化路径[J]. 统计与决策, 2023, 39(14): 39-45.

第 9 章　数字赋能资源环境协同管理

9.1 引　言

资源安全和生态环境安全是国家生存和发展最基本、最重要的前提之一。由于资源开发强度日益增大、与之相关的生态环境风险与日俱增，资源环境安全面临的不确定性也持续增大。随着社会经济快速发展，经济全球化和人类需求多样化的趋势进一步加剧了资源环境安全面临的挑战和治理复杂性。特别是国家“双碳”目标的提出，对我国资源环境安全与绿色低碳发展提出了更高要求。促进人与自然和谐共生是中国式现代化的本质要求[1]。发展经济离不开资源开发，资源开发又不可避免会带来环境污染问题，只有处理好二者之间的关系，在合理开发的同时注重环境保护，实现资源的高效绿色开发和环境质量的持续改善，才能为经济社会可持续发展提供坚实的基础。习近平总书记多次论述并强调资源节约和环境保护之间的关系，提出了“绿水青山就是金山银山，改善生态环境就是发展生产力”等科学论断①。党的二十大报告提出“协同推进降碳、减污、扩绿、增长，推进生态优先、节约集约、绿色低碳发展”②。资源环境协同发展是人与自然和谐共生的根本保障，也是国家经济高质量发展的必然要求。

我国人口众多，资源相对不足，生态环境承载能力弱，在新时代“双碳”目标和生态文明建设的背景下，资源环境管理与社会经济发展之间的矛盾越发凸显，资源开发与环境保护的冲突依然严峻。随着社会进步与经济发展，对自然资源的开采不断加剧，传统资源开发对生态环境和自然资源造成更大威胁[2]。要站在人与自然和谐共生的高度谋划发展，就要立足新发展阶段，统筹兼顾，加强资源环境的协同管理。有效破解资源、环境与经济发展之间长期存在的不协调关系，仅仅依靠单一领域的管理理论方法和传统技术手段已经难以实现，亟须开展资源环境协同管理创新。“十四五”时期，资源环境管理将进入减污降碳协同治理的新发展阶段，对资源环境管理的协同化、智能化也提出了更高的要求。

---

① 《习近平在 2019 年中国北京世界园艺博览会开幕式上的讲话（全文）》，https://www.gov.cn/xinwen/2019-04/28/content_5387249.htm[2019-04-28]。

② 《习近平：高举中国特色社会主义伟大旗帜 为全面建设社会主义现代化国家而团结奋斗——在中国共产党第二十次全国代表大会上的报告》，https://www.gov.cn/xinwen/2022-10/25/content_5721685.htm[2022-10-25]。

随着大数据、人工智能、云计算、物联网、区块链、数字孪生等新一代信息与通信技术的快速发展，数字经济日益成为重组全球要素资源的关键力量[3]。数字经济的迅猛发展也催生数智化变革，促使数字化、智能化和绿色化成为全球发展的趋势，它们相互融合促进，推动经济社会发展绿色转型与产业升级[4]。习近平总书记在全国生态环境保护大会上强调“深化人工智能等数字技术应用，构建美丽中国数字化治理体系，建设绿色智慧的数字生态文明”①。数字技术赋能的资源环境协同管理有望为破解“双碳”目标下的资源安全保障、生态环境保护等重大现实问题提供有效解决方案。如何把握新一轮科技革命和产业变革的新机遇，加速数智化绿色化协同发展，为加快形成新质生产力提供有力支撑，推动经济社会绿色高质量发展，成为数字经济时代亟须回答的重大课题。

要统筹解决好重生态保护带来的资源供给不足问题以及重资源开发导致的环境污染问题，新一代信息技术支撑显得尤为关键和重要。必须使大数据、人工智能、物联网、区块链等新字技术成为国家资源环境治理体系和治理能力现代化的重要抓手，使其在推动资源与环境治理的系统化、科学化过程中发挥重要的作用。

9.2 我国资源环境协同管理的现状及问题

经济发展对资源的高度依赖导致了一系列严峻的生态环境问题，给各国环境保护和可持续发展带来了巨大挑战。对自然资源的过度开发，导致各类突发环境污染事件频发，生态环境被损害，生态空间不断被挤压，严重威胁人类健康，并制约生态及经济、社会的协调发展。随着我国资源能源消耗带来的环境问题开始集中爆发，合理开发利用资源，有效落实节能降耗，全力改善生态环境质量，着力实施生态优先绿色发展成为当下我国经济建设的头等大事之一。事实上，习近平总书记在2018年全国生态环境保护大会上明确指出：“我国经济已由高速增长阶段转向高质量发展阶段，需要跨越一些常规性和非常规性关口。”②作为跨越关口的迫切要求和面向国家生态文明建设的国家战略目标，资源环境管理在构建国家现代化经济体系中的作用日益凸显。

然而，我国资源环境领域尚存在一系列亟待破解的重大管理瓶颈和难题。一是资源利用与环境保护冲突明显，矛盾焦点多元，亟须采用新技术、新手段、新模式来提高资源环境协同管理能力和韧性；二是资源利用、环境保护与经济发展

① 《习近平在全国生态环境保护大会上强调：全面推进美丽中国建设 加快推进人与自然和谐共生的现代化》，https://www.gov.cn/yaowen/liebiao/202307/content_6892793.htm[2023-07-18]。

② 《习近平出席全国生态环境保护大会并发表重要讲话》，https://www.gov.cn/xinwen/2018-05/19/content_5292116.htm[2023-07-18]。

的协同发展新需求与环境先污染后治理困局及系统平衡难以掌控的问题亟须破解；三是资源、环境、经济协同发展是复杂系统工程，对风险应急管理体系及协同治理机制的完善不断提出新要求；四是缺乏协同管理的顶层设计和协调机制，导致产业协调管理不足，资源环境协同管理不全面，管理流程碎片化；五是智慧化管理技术缺乏，管理智能化、网联化水平不高，危机应对能力不足。自然资源、生态环境保护之间的矛盾日益加剧，传统管理手段已经难以有效应对复杂的资源环境管理，无法满足新时代资源环境管理决策的要求。

当前学术界对数字技术赋能资源环境协同管理也尚缺乏系统阐释。我们以“协同管理”（collaborative management）、“资源管理”（resource management）、“能源管理”（energy management）、“环境管理”（environmental management）、“数字技术”（digital technology）等为关键词，在 Web of Science（科学网）、中国知网数据库检索近 10 年（2014 年 1 月～2024 年 1 月）的文献。在筛选阶段，通过阅读文献标题、摘要、结论等内容，剔除与研究主题关联性较小的文献，共获得符合条件的文献 60 篇。通过对检索到的上述文献进行分析，总结出能源、矿产资源和环境管理领域现有的研究进展。

能源领域的研究文献主要关注以下 3 个方面：①能源消耗、效率和可持续性研究。不少文献揭示了数智化促进企业绿色转型的规模效应和技术效应机制[5]。例如，Yang 等[6]检验了以工业机器人为表征的数字技术对能源效率的影响及机制，发现数字技术通过提高产业虚拟集聚度和增加对外直接投资的渠道提高能源效率；方冬莉[7]从技术赋能和技术外溢的角度分析了数字经济对城市能源利用效率的影响，发现数字经济通过技术进步和技术外溢提升城市能源利用效率。②能源地理、网络系统模型研究。这类研究主要以资源分布及经济地理研究为起点，在能源环境问题的牵引下逐渐形成了能源生产网络与能源流动、能源地缘政治与能源安全、能源转型与气候治理、能源正义与能源贫困等多元研究议题[8]。③有关大数据、区块链等技术应用于能源管理的研究。这类研究主要从生产、交换、分配、消费等层面剖析数字技术赋能现代能源体系构建的理论机制[9]，探索大数据、人工智能、数字孪生等技术支撑能源行业碳中和目标实现的路径[10-12]，揭示区块链技术在新型电力系统市场化运行以及虚拟电厂交易中的作用[13]。

矿产资源相关研究文献主要关注以下 4 个方面：①矿产资源管理工程研究。现有研究着眼于梳理大数据技术应用于矿产资源安全管理领域的理论与工程实践[14]。②传统矿业工程研究。这类研究着眼于对资源的物质流分析和生命周期评估，以揭示矿产资源的可持续性问题[15]。③传统矿产产业的数字化转型研究。主要探索数字孪生、机器视觉、信息管理系统、传感器、智能设备、机器学习技术等在传统矿物加工过程中的应用和成效。研究发现，大数据的结合对中国企业矿产资源效率提升产生了积极和持久的影响[16]。④矿业数字技术应用研究。

数字化为实现安全、智能、绿色和气候智能采矿（safe, intelligent, and green & climate-smart mining，SIGCS）目标提供了技术援助，为实现全球碳中和做出了贡献[17]。

环境管理领域的研究文献主要涉及 2 类主题：①数字化可持续发展研究。例如，Xu 等[18]基于中国 A 股资源型上市企业的数据，实证检验了数字化转型对企业环境绩效的直接影响和传导机制，发现数字化转型通过刺激绿色技术创新、加大环境信息公开、加强环境治理等方式显著提升企业环境绩效。②生态和技术融合应用研究。有学者提出了结合虚拟地理环境和数字孪生技术的虚拟生态关键技术体系，并从应用场景角度分析了虚拟生态关键技术在大气污染分析中的应用能力，丰富了有关生态空间资源转型的研究文献[19]；还有学者探究了数字孪生在城市治理方面[20]以及深度学习方法在山体滑坡预测方面[21]的作用；Jay[22]等揭示了人工智能和数据科学在改善环境可持续性方面的重要作用；Li 等[23]总结了大数据和数字孪生技术在地球系统科学研究中的应用进展。

总体而言，已有不少文献就数字赋能生态环境治理能力现代化的问题开展探索，但这些文献大多来自对数智化典型案例的分析，或从数字化效应视角实证分析数字经济发展对资源开发、环境污染、碳排放、能源效率的影响。这些研究主要关注数字化与单一资源（能源）或环境的关系，或探究数字技术对资源开发或环境保护的赋能效应，存在内容碎片化、问题视角单一、缺乏整合性框架等不足。当前数字技术赋能资源环境领域的研究大多来自地球科学与工程等学科，对数字化与资源环境管理的交叉融合研究相对较少，特别是针对数字技术赋能资源环境协同管理的相关研究还远远不够。现有相关的管理学研究主要集中于数字技术在资源、环境等单一领域的应用研究和影响评估，尚缺乏对资源环境数智协同管理理论的分析。尽管推动数字化、绿色化协同发展，对加快形成绿色生产力意义重大，但数字技术赋能资源环境协同管理的理论框架和路径并不清晰，难以为资源环境数智协同管理的政策制定与管理决策提供理论指导。

9.3 数字技术赋能资源环境协同管理的理论逻辑

9.3.1 资源环境协同管理的内涵

经济发展对矿产资源和能源的高度依赖性、环境保护形势的严峻性等决定了必须开展资源环境协同管理，其目标是在新一代信息技术的支撑下科学合理地对资源进行优化配置，在对资源高效开采和利用的同时，保护生态环境不被破坏。通过对资源环境协同管理的制约瓶颈和管理目标的分析，我们认为新一代信息技术驱动的资源环境协同管理应有如下内涵：①从管理的核心任务看，资源环境协同管理是在新一代信息技术的支撑作用下，确定如何更好地对资源与环境进行开采、利用、监测以及价值评估等，进而指导实际的资源环境决策和政策的实施；②从管理特征看，资源环境协同管理是一个复杂的系统工程。资源环境管理涉及环境学、经济学、管理学、地理学、生态学、人口学、哲学与社会学等多个学科，要综合考虑资源、环境与经济等多个要素的系统组合，从系统整体协调的角度出发，实现资源环境的协调发展以及经济发展效益的最大化；③从管理方式看，资源环境协同管理是通过海量资源环境数据与新一代信息技术耦合，推动资源环境协同管理创新，实现资源环境精准管理。

结合上述协同管理理论与数智协同管理理论的扩展，资源环境数智协同管理是指在数字经济时代，以协同管理理论为基础，针对资源与环境管理现实问题和制约可持续发展的难题，通过数智化技术赋能资源开发、生产与运营管理全过程，实现资源高效绿色开发、减污降碳协同增效的可持续发展管理理论。

9.3.2　资源环境协同管理的特征

1. 系统性特征

所谓系统，就是存在联系并产生统一功能的多要素集合。资源环境管理的对象是一个特定的复杂系统。管理的目的是让该系统实现其功能预设。所以管理活动，必须从整体上把握资源环境系统的运行规律，运用系统方法，调节、控制组织系统的运行，最终引导组织系统实现其预定目标。党的十九大报告提出，“统筹山水林田湖草系统治理，实行最严格的生态环境保护制度”①，表明自然资源和生态环境是统一的有机整体，强调“山水林田湖草”是生命共同体。山水林田湖草这些要素的单一管理，如护田的仅仅考虑护田、护林的单纯护林，会造成顾此失彼的现象发生，给生态的系统性治理增加难度。

2. 多主体性特征

资源环境管理的主体是指由谁来管理、管理谁，广义上是指资源环境管理活动中的参与者和相关方。资源环境问题的产生源自人类的社会经济活动，社会经济活动的主体可以分为三者——政府、企业、公众，因此资源环境管理的主体也是这三者。政府是资源环境管理中的主导力量，其主要职能为制定具体的环境目标、环境规划、政策制度；制定环境管理的法律法规和标准；设置必要的专门环境保护机构；提供公共环境信息和服务，进行环境教育；对国际社会的资源环境行为进行管理。企业是社会物质财富积累的主要贡献者、自然资源的消耗者、产

① 《习近平：决胜全面建成小康社会 夺取新时代中国特色社会主义伟大胜利——在中国共产党第十九次全国代表大会上的报告》，https://www.gov.cn/zhuanti/2017-10/27/content_5234876.htm[2017-10-27]。

品的生产者和供应者，其主要管理活动是推行清洁生产和循环经济，通过ISO 14000 环境管理体系认证，实行绿色营销，发展企业绿色文化。公众包括个人和各种社会群体，公众是环境管理的最终推动者和直接受益者，也是环境管理的主要参与者。

3. 协同性特征

资源环境管理的协同性特征主要体现为资源开发与环境保护的协同。长期以来，自然资源的开采及其对环境的影响与社会的经济发展存在矛盾的关系，两者既相互制约又相互促进。其根由在于：一方面，社会经济系统的物流和能流的源头是资源环境系统的物流和能流，故二者相互促进；另一方面，社会经济系统的持续发展建立在不断消耗自然资源的基础上，相应地，这必定会对社会环境造成污染，从而打破资源环境系统的平衡，一旦资源环境系统失衡，社会经济的发展也会减慢。资源环境和社会经济两者之间的这种耦合作用，要求资源环境和社会经济之间必须保持平衡的发展。

4. 精细化特征

随着大数据、云计算、物联网等技术的快速创新发展，通过对包括资源开发和存储数据、污染排放数据、环境质量数据以及居民生活数据等的收集和分析，已初步形成了资源环境承载能力动态监测网络，该网络涵盖众多的主要生态要素，为新一代信息技术应用于资源环境管理的决策和执行层面提供了坚实的基础。在决策层面，新一代信息技术通过实时的资源环境数据监控和分析，能及时解析资源环境治理存在的问题，为资源环境政策的实施提供科学的指导。在执行层面，新一代信息技术可以提升资源环境动态监管、预警分析和应急处置能力，促进各部门间协同执行能力的加强，从而能为资源环境政策的精准化实施提供强大的技术支持。

9.3.3 数字技术驱动资源环境协同管理升级的微观机制

在数字经济时代，新一代信息技术推动资源环境管理变革的内在机制是主体要素、资源要素和连接要素深度融合，推动技术模式升级、流程模式重组、组织模式再造，从而实现资源环境管理的网络化变革、集成化变革和协同化变革，以“点—线—面”逐步递进的内在逻辑，通过数字赋能提升资源环境管理价值。新一代信息技术驱动资源环境管理升级的微观机制见图 9-1。

1. 要素融合：以点带线，通过数字技术连接属性实现万物互联互通

资源环境管理是以政府为主体、市场高度参与的组织体系，政府是资源环境

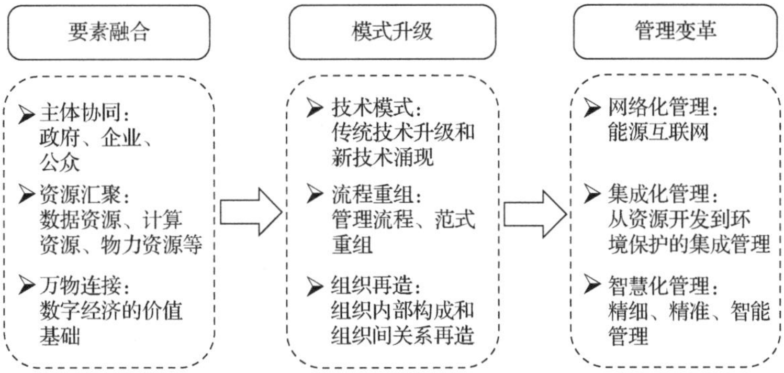

图 9-1　新一代信息技术驱动资源环境管理升级的微观机制

管理中的主导力量，企业是社会物质财富积累的主要贡献者、自然资源的消耗者、产品的生产者和供应者，而公众是重要参与者和监督者[24-26]。传统“九龙治水”、条块分割的管理体制，是制约资源环境保护的重要因素。大多数资源生态系统，如长江流域、黄河流域等，其管理既横跨多个行政区域，也涉及多个管理部门，不同管理主体建有专门的信息系统，沉淀了大量的数据资源，但由于体制机制的制约和技术手段的不足，数据安全共享得不到有效保证、数据资源的价值得不到有效挖掘、分散系统的能力得不到有效释放，区域与区域之间、部门与部门之间、政府与企业和公众之间，即使想合作也难合作。

以 5G 基础网络为代表的新一代信息技术开启了万物互联的时代，将政府、企业、公众等主体和数据资源、计算资源、物力资源等连接在一起，从而促进主体的协同演化和资源的互联互通；以云计算、边缘计算等技术为新型数据处理模式，实现在很短的时间内（几秒）完成对数以万计数据的处理以及分布式的最近端服务；以人工智能等为代表的数据智能技术，通过系列智能算法和信息处理技术实现海量数据条件下的资源环境问题深度洞察和决策智能化；以区块链为基础的网络体系，将主体链、资金链、物流链、计算链等要素链条融合汇聚在一起。联接的密度乘以计算的精度，将与数字经济的强度正相关，两者的融合将产生聚变效应，从而为资源环境管理的数字化转型与智能化升级提供新动能，赋予资源环境更强的生命力。梅特卡夫定律显示，网络的价值会随着联接数的增加而倍增[27]。根据摩尔定律，算力会随着时间的推移变得更加强大，同时价格更加低廉[28]。在驱动行业数字化转型的过程中，智能的联接技术与强大的多样性算力汇聚到一起，能渗透到资源环境管理的各个领域，场景化解决方案使资源环境管理从条块分割到交叉耦合、共建共享，实现地区与地区、部门与部门、数据与数据、算力与算力的深入融合与互促共赢。

2. 模式升级：以线促面，数字技术促进资源环境管理技术、流程和组织的升级再造

数字技术促进资源环境管理技术升级再造。在资源高效绿色开发技术方面，矿山已从原始矿山、人力矿山、机械矿山发展到信息矿山、感知矿山、数字矿山，并将迈向绿色矿山、智能矿山、智慧矿山。专家系统、神经网络、模糊逻辑、自适应模式识别、遗传算法等人工智能技术以及GPS技术、并行计算技术、射频识别技术（radio frequency identification，RFID）、遥感技术等已在矿山地质勘探调查与测量、矿山设计、矿山开采、矿山灾害遥感预报等领域得到应用。在环境精准治理方面，以"天空地"一体化的物联网监测系统为基础，以数字化污染管控及智慧环保智能协同关键技术为核心，整合"预警预报—精细溯源—快速评估"一体化技术，已成为环境管理主流范式。

数字技术促进资源环境管理流程升级再造。资源环境管理先开采后治理、重局部轻整体、重制度制定轻软环境建设的流程体系造成了资源开发与环境保护的脱节，数字技术有助于资源环境管理从"计划、执行、评估、改进"循环流程，扩展到资源环境一体化协同管理，构造资源环境数字化孪生系统，实现从源头、过程到末端对资源开发和排放过程的智能管控，形成集自动监控、实时预警、反馈响应、动态调整及持续改进于一体的资源环境大数据智能管理体系，实现资源高效利用与环境保护协调发展。

数字技术促进资源环境管理组织升级再造。数字技术驱动资源环境管理变革的微观过程可以视为技术向政府行政系统传导的过程，这种由外而内的移植过程将打破政府行政系统原有的平衡，将对系统的原有结构形成以下冲击。第一，促进管理组织精简化。数字技术极大地简化了资源环境管理行政个体传统的程序化、烦琐化的工作方式，打破了政府各部门之间的层级机构，并为不同行政部门间的信息整合等提供了强有力的技术支撑。第二，推动组织间协作机制的常态化。数字技术独特的信息挖掘和分析能力，有助于打破不同部门间的信息"孤岛"，促进部门之间的信息共享，解决部门间信息不对称的难题，有利于推动部门间稳定的协作机制的建立。

3. 管理变革：点面结合，数字技术驱动资源环境管理网络化、集成化、智能化变革

数字技术驱动资源环境管理网络化变革。数字技术的深度融合应用将资源环境管理从原有本地化管理延伸到区域性、全国性甚至是全球性治理体系中，如矿业互联网、能源互联网、"互联网+矿业+产业链"、"互联网+矿业+企业"、"互联网+矿业+个人"和"互联网+矿业+金融"等网络化管理形式，将地质、勘查、

开采、洗选、加工、运输、冶炼、贸易等上下游环节，企业、社会组织、个人等市场主体以及各种金融资产整合在一起，以信息共享为基础，不仅建立起新型的纵向横向的合作伙伴关系，而且将形成新型的行业生态模式，随之产生的是政府管理、法律法规、交易原则的改变。

数字技术驱动资源环境管理集成化变革。第一，促进资源环境全生命周期管理的流程整合。通过广泛使用数字技术，可以对资源环境生命周期的各阶段进行有机整合与协同管理，促进从资源开采、冶炼加工、环境治理到消费使用的全生命周期内各环节之间的信息高效流通，进而提升各参与方的沟通效率与整体管理绩效。第二，促进资源环境管理全主体的协作优化。资源环境管理的各主体采用新一代信息技术，基于资源环境协同管理平台进行多方联动协作，进而形成虚拟智能与柔性管理的“集成管理组织”，构建协同化管理模式，实现资源环境管理决策的科学化与精准化，达到降低管理成本、提高决策效率、保证管理质量、有效防控风险、多方共建共享的目的。第三，促进资源环境管理全要素的跨域共享。基于网络的多用户要素资源往往呈现多源异构、分布式存储、多功能交叉等难点，集成化信息管理平台能够实现不同管理过程的无缝对接，消除界面损耗，同时能够促进多方沟通与协调，消除信息传递中的组织壁垒和漏斗效应，促进全要素的集成共享，进而为管理者的决策过程提供数据驱动的智能辅助，提高资源环境管理的科学性和高效性。

数字技术驱动资源环境管理智能化变革。以大数据、物联网、人工智能、区块链等为代表的新一代信息技术是重构资源环境管理制度和推进资源环境管理创新的重要推动力，正逐步推进资源环境管理向协调、统一、高效的综合协同管理方式转变，并逐步实现“用数据说话、用数据管理、用数据决策、用数据服务”。在大数据背景下，信息获取、传输、存储、处理的过程中表现出了数据量庞大、形式多样化、处理速度快等特征。图片、声音、文本和视频等多类型的数据表现方式为现代矿山、能源等资源开采技术的更新提供了数据与信息平台基础，促使传统资源开采信息的快速处理方式产生新的变革。物联网以互联网、传统的电信网等信息载体为依托，彻底打破时间、空间等传统思维中的认知和约束，利用传感技术、视频监控技术、射频识别技术、全球定位技术进行各种资源环境数据的实时采集、测量、分析和识别。区块链的去中心化、去信任、可追溯、透明、安全的技术特征，在资源环境管理应用中具有显著的优势。区块链的分布式数据系统有助于提高数据质量，解决不同部门间的数据资源分散、未能集中使用的问题。区块链的点对点技术与智能合约有助于实现数据共享，精准洞察资源开采与环境保护领域内的真实需求。区块链不可篡改性的应用，可提高资源环境管理的公信力。区块链运用非对称加密技术、零知识证明算法以及哈希算法等技术，可以实现数据安全和隐私保护，解决大规模、高频次的资源环境数据传递流动过程中，难以避免的信息滞后、不对称甚至被恶意曲解的问题。人工智能技术在图像识别、模糊处理等领域的应用，使资源环境监测的数据和信息来源更加丰富与多元。在资源开采中引入人工智能技术，可以更准确高效地探测分析矿山的地质信息，提高油藏动态分析的精确度，促进智慧矿山、智能油田的建设。人工智能技术与传统的资源环境监测传感器的结合，使资源环境信息数据能够快速得到预处理和分析，降低资源环境污染信息的处理成本，增加资源环境污染信息的覆盖范围和覆盖时间。

9.4 资源环境数智协同管理研究方法体系构建

9.4.1 资源环境数智协同管理相关基础理论

协同管理理论是指基于复合系统的结构功能特征，运用协同学理论对系统实现有效管理，以实现系统协调并产生协同效应[29]。协同管理理论通常被运用在系统外部与内部的价值创造、分配与评估的协同过程中，意在突破“孤岛”现象，更高效整合利用资源，实现目标效益最大化。协同管理理论的研究对象包含资源协同管理、组织协同管理、技术研发协同管理、人力资源协同管理、营销协同管理等内容[30]。作为协同管理理论的目标延伸，可持续发展理论强调既满足当代人需要，又不对后代人满足其需要的能力构成危害的发展，并以达到协调、公平、高效、多维的发展作为最终目标[31]。从资源环境管理角度而言，协同管理理论为资源开发与环境保护的协同提供了理论基础和管理目标。但事实上，二者的冲突一直是全球可持续发展面临的关键障碍之一。特别是，随着全球气候变化日益严峻，工业化、城市化和经济全球化快速发展，资源环境协调与可持续发展管理的压力与日俱增。联合国发布的《2023 年可持续发展目标报告：特别版》警告称，受气候变化及各种因素叠加影响，全球可持续发展目标进程严重受阻。这促使社会各界反思，是否需要引入新的管理理念和变革手段来助力实现可持续发展目标。数字技术是催生企业数字化转型升级的核心要素，也是推动社会经济变革的重要技术力量[32]。随着数字技术高速发展，数智化协同理论应运而生。数智化协同理论是数字技术赋能协同管理的创新发展，强调数据是实现协同的基础要素，技术是实现协同的重要路径，模式创新是实现协同价值的重要方法[33]。数据已成为继土地、劳动、资本之后的新生产要素，新兴数字技术作为手段和工具赋能协同理论发展，助力实现资源最优利用和减污降碳，促成经济与环境效益双赢。根据数字技术特征，数智化协同理论包含综合模式、开放模式、直连模式和联动模式四种协同模式[34]。其中，综合模式强调聚合碎片空间，构建统一指挥能力；开放模式，强调吸纳多元参与，提升社会治理能力；直连模式，强调实现无缝沟通，完善互动回应能力；联动模式，强调集成治理工具，增强全面服务能力。

数智协同管理理论的创新发展，为开展资源环境数智协同管理提供了基础。资源环境协同管理是“双碳”目标下为同时满足资源合理开发与生态环境保护要求而提出的[35]。陈晓红等[36]强调了资源环境协同管理在矿产资源、能源开采和环境保护过程中的必要性，是协同管理在管理学、环境学等跨学科领域交叉研究的应用拓展。随着数字化、智能化信息技术的跃升式发展，以新一代人工智能为代表的数字技术为资源环境协同管理提供了新的技术支撑手段。因此，结合上述协同管理理论与数智协同管理理论的扩展，本书认为资源环境数智协同管理是指在数字经济时代，以协同管理理论为基础，针对资源与环境管理现实问题和制约可持续发展的难题，通过数智化技术赋能资源开发、生产与运营管理全过程，实现资源高效绿色开发、减污降碳协同增效的可持续发展管理理论。

9.4.2　资源环境数智协同管理研究方法

传统资源环境协同管理研究方法因为受数据资源和技术手段限制，存在预测结果偏差较大、评价结果科学性较差等问题。特别是在数智时代，资源环境领域数据容量规模庞大、数据结构多源异构、变量维度高维复杂、数据噪声干扰增强等特征增加了研究难度。为消除传统资源环境协同管理研究方法存在的局限，创新相关研究方法和方法论迫在眉睫。

相较于传统资源环境协同管理研究方法，以数据驱动和数字技术赋能为特征的创新研究方法，在很大程度上克服了传统定性研究模式结果的低精确性问题。特别是，数智时代大数据与人工智能技术的发展影响了经济主体行为与市场运行方式，也改变了传统经济学和管理学研究范式。例如，以 ChatGPT 及其大语言模型为代表的人工智能极大地丰富了资源环境协同管理的研究工具和方法体系。由于大模型可容纳高维潜在影响因素，允许模型参数具有时变性和存在非线性关系，因此能够显著减少模型偏差。此外，由于大量的经济与环境数据具有空间特性或与空间位置相关，这为地理信息系统的空间分析模型方法（往往包含遥感大数据分析）与社会科学实证方法的结合提供了契机。

目前，学界尚未构建系统的资源环境数智协同管理研究方法体系。本章针对资源环境数智协同管理发展的现实需求和关键问题，构建了包含研究思路、研究对象、研究方法和研究流程四部分的资源环境数智协同管理研究方法体系。

在研究思路上，遵循传统的明确目的、识别问题、选择方法、得出结论的逻辑思路开展。在研究对象上，分别从宏观、中观和微观层面探究资源环境数智化管理在国际/国内层面、地区/产业层面以及企业/个体层面的实施机制。宏观层面的研究对象包括资源流动、资源供需匹配、减污降碳协同等；中观层面包含地区尺度的生态补偿、流域数智治理、环境发展不平衡等问题，以及产业尺度的数智化转型升级、数字化基础设施建设等；微观层面主要涉及企业的环境意识、环境决策，个人的环境行为、用能行为等。由于不同研究尺度涉及的资源环境协同管理问题不同，需依赖不同的研究方法。在研究方法上，重点聚焦传统资源环境协同管理方法的改进与优化、数字技术赋能的资源环境协同管理方法创新、资源环境数智协同管理研究范式拓展与应用等，以服务于不同的研究对象和内容。尤其是将大数据与人工智能催生的大模型系统分析方法，应用于资源环境复杂系统研究。例如，在计量经济学建模中考虑大模型范式，有助于改进场地（如矿场）或流域的污染扩散预测预警机制和提升模型的解释力。在区域经济环境分析、保护规划决策中，可以建立传统经济模型和地理信息系统空间分析模型相连接的分析模型，采用地理信息系统工具可视化模拟分析各种资源开发活动对生态和环境的时空影响。在研究流程上，在既定研究目标和方案设计下，通过数据采集与处理、方法对比和应用，实现对研究结果的分析与研判。总体而言，数字技术在资源环境协同管理中的应用是对传统资源环境协同管理的创新与演进，通过构建数智赋能的研究方法体系，进一步支撑资源环境数智协同管理理论体系的完善。资源环境数智协同管理研究方法框架如图 9-2 所示。

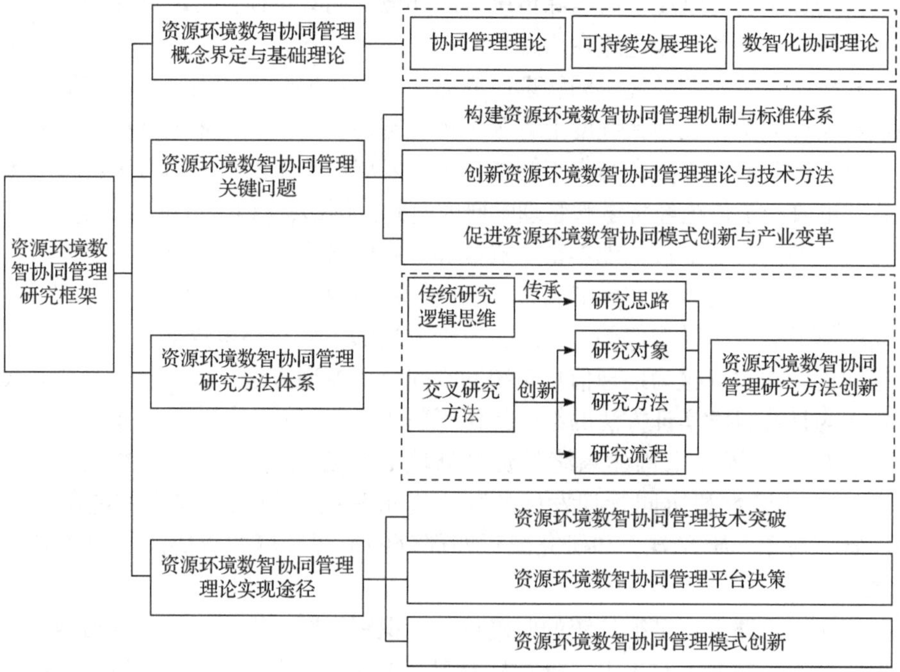

图 9-2　资源环境数智协同管理研究方法框架

9.5 数字技术赋能资源环境协同管理的实现路径

资源环境数智协同管理主要依托关键的技术与方法创新。在数字技术赋能作用下，预期目标上可设立精度更高的预测结果和考虑更全面的研究假设；研究分析上依靠大数据分析、机器学习或数字孪生模型等新方法进行研究；结果呈现上利用智能优化算法和数字处理技术对资源环境协同结果进行可视化表达并进行智能决策。

9.5.1 突破资源环境智慧化管理技术

在技术方法方面，要依托大数据、人工智能、物联网、区块链等新一代信息技术，以面向资源环境大数据的智能分析，面向资源环境安全、环保、经济三大目标的协同管控等系列技术为重点。根据已有文献及应用案例，至少包括如下管理技术方法。

（1）数据自动采集。数字技术可以用于自动收集与资源环境相关的数据。通过传感器、遥感技术、物联网等手段，实时、准确获取大量数据，包括资源利用情况、环境质量监测、生态系统变化状况等[37]。通过多源异构大数据提取技术、数据关联性分析、知识图谱等实现资源环境服务大数据的集成与融合、资源环境数据的高效检索与知识发现，解决资源环境协同管理过程中数据获取常伴有历史积累数据的人工输入，导致效率低且易出错，以及资源环境多源异构、实时高频大数据采集难等问题。

（2）数智化建模和仿真。数字技术可以将资源环境的复杂系统转化为数字模型，进行仿真和预测[38]。通过建立资源环境数智化模型，模拟不同的管理策略、政策措施等对资源利用和环境影响的作用效果。采用自然语言处理、图像识别、语音识别、深度学习等方法提取行为主体的行为特征信息，并通过合适的数据挖掘手段，深入分析资源环境危机事件中政府、企业和公众等行为主体在联动过程中的代表性行为及其相关关系，借此及时发现各行为主体典型行为的演化规律，预测行为主体的行为风险，进而实现对资源环境安全态势的及时准确研判、预测预警。

（3）数据的智能化分析和决策支持。数字技术可以为资源环境管理提供智能化分析和决策支持[39]。基于长期监测的资源环境数据，使用大数据、机器学习等数字技术手段实现对资源利用和环境管理过程的智能化分析与预测，分析结果为管理者的科学决策提供支撑。基于人工智能技术提升资源环境数据可视化效果，实现对资源生态环境大数据的深入洞察，辅助实现资源环境协同智能决策。

（4）信息共享和协同工作。数字技术可以促进信息的共享和协同[40]。通过建立资源环境的数智化平台和云计算系统，实现数据的共享、交换和整合，方便各个部门和相关利益方之间的沟通与协作。基于区块链的虚拟化沙盒技术和对数据使用方与数据拥有方“双盲”的沙盒空间数据调取分析机制，可以实现数据所有权和使用权的分离以及数据安全共享使用，破解资源环境协同管理中，跨区域跨主体协同共治存在的数据共享难、权责不清等难题。

通过依托大数据、人工智能、区块链、物联网等新一代信息技术而创新的资源环境协同智慧管理的多维度、多视角、全方位、立体化的理论指导和技术方法，能有效实现资源环境协同智慧管理，解决“双碳”目标下的资源安全保障、生态环境保护等重大战略与现实问题。

9.5.2 研发资源环境一体化协同管理平台

当前数字化协同管理平台鲜有应用于资源环境管理决策，且传统的数据集成与分析技术存在周期长、精度差、效率低等一系列痛点，亟须构建资源环境智慧协同管理平台，为国家资源环境变化下的协同智慧管理提供基础的数据支撑和决策支持。

在协同管理系统开发方面，针对矿产、能源、环境多源异构海量数据的采集、存储、计算，以及提供开放式数据服务的需求，综合利用地理信息技术、三维地理信息系统可视化技术、物联网技术、数字孪生技术、数据可视化技术以及人机交互技术等手段，整合多源数据和平台资源，构建资源环境智慧协同管理平台，支撑相关领域资源环境大数据分析和智能决策。运用“中心云–边缘云–边缘终端”的多层次跨域云–边协同技术（技术原理如图 9-3 所示）、资源环境全过程一体化

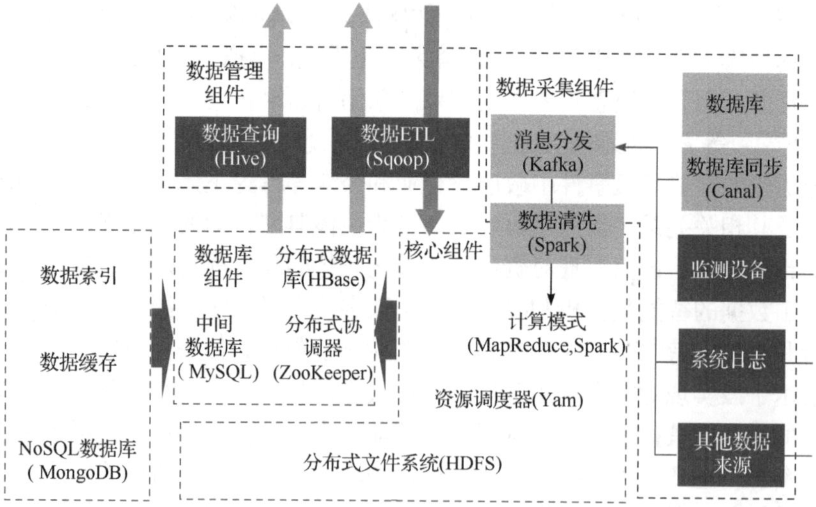

图 9-3　多层次跨域云–边协同技术原理

管理技术、跨域大数据存储分析技术等实现跨域一体化协同管理与服务协同。

图 9-4 展示了资源环境智慧协同管理平台的总体构架，由资源环境大数据信息情报中枢系统和资源环境大数据辅助决策平台构成。资源环境大数据信息情报中枢系统解决资源环境多模态数据存储、处理、共享难题，形成多源异构海量数据资源池，其核心是研发数据混合存储体系，构建集元数据管理、数据清洗、数据处理（对齐、融合等基础处理能力）、虚拟数据视图等能力于一体的数据中台，为资源环境大数据辅助决策提供数据支撑。

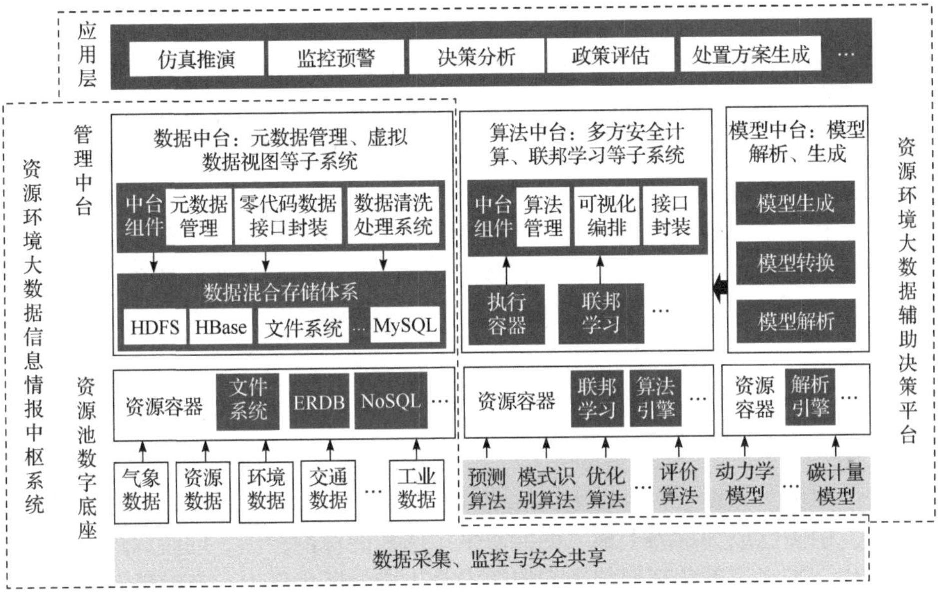

图 9-4　资源环境大数据信息情报中枢系统与辅助决策平台

ERDB 全称为 entity-relationship database（实体关系型数据库）

在资源环境大数据信息情报中枢系统的基础上，通过联邦学习、算法引擎等算法模型执行方式，进一步构建集仿真推演、监控预警、决策分析、政策评估等于一体的资源环境大数据辅助决策平台。辅助决策平台由算法中台和模型中台组成。算法中台包括多方安全计算、联邦学习等子系统，模型中台包括模型解析、生成。其中，根据数据的接入方式选择相应的算法模型执行方式，如针对通过接口访问的数据，可采用算法引擎直接计算；而对于域内不能直接访问的数据，则通过联邦学习和多方安全计算方式进行处理。为了强化平台对复杂问题的处理能力，提供算法编排能力将模型算法根据需求编排组合。平台的主要功能包括资源能源环境安全态势实时监测、突发事件预警追踪、重大决策问题仿真分析、效果评估与方案生成等，通过设计具体应用场景下的“数智化-绿色化”协同路径，为建设绿色智慧的数字生态文明提供全链条决策支撑。

9.5.3 创新资源环境数智协同管理模式

在资源环境数智协同管理技术变革的基础上，构建智能决策平台支持管理研究与决策，进而推进管理模式创新与产业变革。具体模式创新内容如下。

（1）革新资源开发与环境保护的交易模式。基于物联网、区块链等新一代信息技术，革新资源开发与环境保护的交易模式，实现用能权、碳排放权、排污权、资源配额等去中心化的智能交易模式。建设数字化安全运行体系，保障安全可靠的生态权益交易和资源配额交易，促进生态产品价值实现。

（2）融合创新服务业态。通过数字技术的革新与应用，对资源开发与环境保护服务业务进行优化整合，实现跨区域、跨部门、跨企业协同智能决策，提高资源利用效率。基于资源环境数智协同管理服务创新，实现多能融合与环境可持续发展，促进产业变革与整个产业链的协同创新，提高资源优化配置能力与资源环境相关产业链供应链的韧性。

（3）构建资源环境优化网络。从消费模式上升到产业服务业态，而后构建资源环境协同管理集成优化网络，适应多元需求。以城镇/园区为资源单元体，依托物联网等数字技术，精准预测单元需求，实现资源系统供需平衡。

9.6 案例分析：电力能源与环境数智协同管理

在“双碳”目标下，确保中国能源和环境安全对国家可持续发展的重要性越发凸显。中国已成为世界上最大的能源生产国和能源消费国，同时以煤电为主的能源结构，带来了低碳环保需求和能源安全供应的巨大压力。有效破解能源开发利用与生态环境保护的冲突，协同实现能源行业减碳降污成为亟待解决的重大需求。针对以电力供应为核心的能源管理和以低碳减排为核心的环境管理之间存在的冲突，中国大唐集团有限公司、国网湖南省电力有限公司等能源企业研发了面向电能供应的数智协同管控技术，构建“源、网、荷、储”各方与环保之间的多方协同联动机制，以实现能源与环境协同发展。具体表现在以下四个方面。

（1）针对电能供应与环境保护中内在属性关系难描述、演化规律难预测问题，提出了时空信息融合与深度强化学习的能源环境大数据高效预测方法。通过建立基于能源环境时空大数据的多尺度表达与分析模型，研发区域电能智能调度、能耗与绿色通信综合优化、电能生产大群体应急管理等高效预测算法，以实现对能源与环境相互影响规律的智能分析和预测。

（2）针对传统大数据平台技术与方法在能源环境应用构建中的不足，构建了能源环境数智管理大数据存储与分析基座。以云计算资源管理、混合储存体系、区块链服务网络为平台支撑，融合能源环境协同数智管控的算法与模型资源，形成多运行时微服务构架，开展能源环境大数据存储与分析。

（3）针对电能供应过程中的智能调度难题和低碳环保效能弱的问题，构建了电力生产、传输、存储、使用全过程与低碳减排多方联动的协同数智机制。利用系统运行、环境监测、污染排放和经济技术等相关数据，运用多元动态估计、图神经网络、深度强化学习等人工智能方法，实现机组、电网、排污等环节的协同调度、评价预警、异常监控及态势预测等。

（4）针对能源环境协同中异构跨域终端通信量大、安全性差的问题，基于数字技术集成，研发应用跨域云-边协同的能源环境一体化数智管理平台，实现了能源环境协同决策和联动预测。该数智管理平台能够对企业的能源和环境大数据进行状态检测、实时分析、趋势预测，并给出能源生产、传输、存储和使用过程与环境保护协同管控的优化方案。企业通过数字技术赋能，大幅提高了各种高耗能设备的节能减排效果，实现了电力能源生产传输使用的全过程环境智能管控、污染物的协同末端治理以及清洁能源的综合利用。例如，2018～2020 年中国大唐集团有限公司通过数字技术赋能实现了每年平均煤耗下降 0.6 克/（千瓦·时）。

9.7　未来展望

9.7.1　资源环境数智协同的驱动因素研究

资源环境数智协同的驱动机制分析是提升资源环境数智治理决策能力的关键。首先，伴随数字技术的飞速发展，新兴技术如何赋能资源环境协同管理及如何推动该领域治理能力的提升值得进一步探究。其次，生态环境保护并不意味着经济的负增长，社会经济发展如何促进资源开发与环境保护的协同，两者之间存在怎样的耦合关联，均需要进一步梳理。最后，全球可持续发展目标进程严重受阻，有半数可持续发展具体目标出现中度或严重偏离预期，超过 30%的具体目标与 2015 年相比毫无进展，一些脆弱地区的可持续发展目标甚至出现倒退[41]。因此，面对全球可持续发展的新一轮机遇与挑战，到底哪些因素会影响国家和地区的资源环境数智协同，对可持续发展的各领域产生哪些影响是需要进一步研究的重要议题。整体上，从国内外宏观环境变化、资源能源安全态势、制度建设与技术发展等方面全面揭示资源环境协同发展的驱动因素，能够厘清资源环境协同管理的系统发展方式，有助于明晰多种影响因素相互作用下的协同治理路径。

9.7.2　资源环境数智协同的过程机制研究

数字技术赋能资源环境智慧协同管理的发展模式与具体路径需要进一步研究。首先，大数据、人工智能、区块链、物联网、数字孪生等不同类型的数字技术对资源环境协同管理的赋能机制是否存在区别？在不同管理过程和阶段中的作用机制是否也存在不同？其次，尽管已有研究指出构建数智化平台是创新资源环境协同管理模式的重要内容，但是除了搭建集成协同管理平台与管控系统外，不同技术与不同协同过程间的逻辑关联依旧不清楚，缺乏从理论和实证全方位剖析资源环境数智协同管理模式体系的研究。最后，有必要从市场和政府的视角，进一步开展关于资源环境数智协同管理模式创新与实现路径的研究，揭示资源环境数智协同的过程演变、智慧协同的动态发展机制等，为资源环境协同管理实践提供科学的决策参考。

9.7.3 资源环境数智协同的结果评估研究

成效评估是检验数字技术赋能资源环境协同管理效果并帮助进一步调整完善政策举措的重要内容。首先，从供给角度，需要定量评估数字技术赋能资源高效绿色开发与生态环境保护的协同效果，技术作用下的减污降碳效果评价研究需要更加科学的指标和方法。从需求角度，消费者环保意识变化、生活与消费方式的变革创新、消费者福利提升等均有待纳入协同管理的成效评估体系中。特别是，从数字技术发展的角度，需要在传统评价指标体系中融入数智技术，并且重视人工智能等新型技术方法与传统方法（如基于机器学习的因果推断方法）之间的融合。其次，开展基于ESG评价体系的资源环境数智协同管理绩效研究，通过宏微观视角与定性定量方法的结合，评估资源环境数智协同管理对企业ESG表现、区域可持续发展及社会福利的综合影响。最后，对数智化赋能资源环境协同管理的成本与效益开展量化评估。尽管数字技术可能助力提升资源环境协同管理绩效，但是技术本身需要投入大量成本，这在一定程度上解释了为何数字技术并未在资源能源行业内被全面采用。因此，如何平衡成本与效益之间的关系是政府和企业制定数智化转型政策/战略需要考量的关键。

9.7.4 中国情景下的研究议题

针对中国情境，有必要更进一步探讨如下议题。

（1）中国独特的环境规制如何促进资源环境协同发展，进而促进实现“双碳”目标。比如，环境规制政策推动了哪些行业的数智化转型与绿色技术融合发展，这些转型如何影响污染型企业（如一些传统资源型企业）的数智化转型路径。特别是，数字技术的创新以及采用均需要较高的成本投入，如何在不产生过高成本的前提下促进企业开展数字技术融合创新以及数智化转型，需要进行更深入的探讨。此外，还需关注制度规制如何通过数字技术赋能实现污染型企业的减污降碳协同发展目标，这对研究中国通过数智化赋能实现绿色高质量发展、加快形成新质生产力（绿色生产力）具有重要的理论和实践意义。

（2）中国情境下智慧生态环境治理体系的架构与机制研究。在数智化和绿色化发展背景下，生态环境智慧治理是未来智慧社会建设的必然结果。随着各类数字技术与传统高能耗产业及环境治理手段的不断融合，需要重新构建新的生态环境智慧治理体系理论，探讨新的发展路径与模式，助力提升治理水平和治理能力现代化。资源开发与生态环境保护涉及政府、企业、公众、社会组织等多个利益主体，数智化发展如何更好地提供连接性以促进各方利益主体共同商讨资源环境协同发展模式，如何助力构建以政府为主导、以企业为主体、公众与社会组织共同参与的资源环境协同管理体系等问题，仍有待在理论和实证层面进一步研究。

（3）中国在数智化赋能中可能产生新一轮的不平等问题。中国地域辽阔、人口众多，区域之间自然环境、资源禀赋与经济条件差异大。数字技术及其赋能的差异化发展，是否会加剧区域之间的发展差距，导致数字鸿沟问题？因此，需要依据区域自然资源与经济社会特征，探索公平的数智化赋能机制与智慧协同管理路径。此外，还需要考虑中国数字技术需求的迅猛增长对电力能源需求及碳排放的潜在影响。有研究指出，人工智能技术具有双重属性，其广泛应用可能导致对能源需求的增加。目前随着 ChatGPT 的发展，以大模型为代表的生成式人工智能（artificial intelligence generated content，AIGC）对算力需求的持续增长可能引致新的环境不公平问题（算力供给与需求存在错位），二者之间的关系尚需深入探究。

参考文献

[1] 李湖. 促进人与自然和谐共生是中国式现代化的本质要求[J]. 红旗文稿, 2023, (3): 45-48.

[2] 马丽, 田华征, 康蕾. 黄河流域矿产资源开发的生态环境影响与空间管控路径[J]. 资源科学, 2020, 42(1): 137-149.

[3] Lee C C, Yuan Z H, Wang Q R. How does information and communication technology affect energy security? International evidence[J]. Energy Economics, 2022, 109: 105969.

[4] 戴翔, 杨双至. 数字赋能、数字投入来源与制造业绿色化转型[J]. 中国工业经济, 2022, (9): 83-101.

[5] 李婉红, 李娜. 绿色创新、数字化转型与高耗能企业碳减排绩效[J]. 管理工程学报, 2023, 37(6): 66-76.

[6] Yang S, Han M Y, Zhang X W. Assessing the impact of digital technologies on energy efficiency: the role of OFDI and virtual agglomeration[J]. Journal of Resources and Ecology, 2024, 15(1): 117-129.

[7] 方冬莉. 数字经济对中国城市能源利用效率的影响: 基于技术赋能和技术外溢视角[J]. 资源科学, 2023, 45(2): 296-307.

[8] 杨宇, 郭越, 樊杰, 等. 能源地理研究的发展与展望[J]. 地理学报, 2024, 79(1): 147-170.

[9] Lyu W J, Liu J. Artificial intelligence and emerging digital technologies in the energy sector[J]. Applied Energy, 2021, 303: 117615.

[10] Zhou C L, Lin X Q, Wang R H, et al. Real-time carbon emissions monitoring of high-energy-consumption enterprises in Guangxi based on electricity big data[J]. Energies, 2023, 16(13): 5124.

[11] Huang W H, Zhang Y J, Zeng W. Development and application of digital twin technology for integrated regional energy systems in smart cities[J]. Sustainable Computing: Informatics and Systems, 2022, 36: 100781.

[12] Chen S Q, Zhang S, Zeng Q H, et al. Can artificial intelligence achieve carbon neutrality? Evidence from a quasi-natural experiment[J]. Frontiers in Ecology and Evolution, 2023, 11: 1151017.

[13] 魏之千, 华昊辰, 王同贺, 等. 新基建下我国"区块链+能源互联网"工程建设现存难点综述及应对措施[J]. 南方电网技术, 2023, 17(10): 152-169.

[14] 彭忠益, 孙立明. 大数据驱动下国家矿产资源安全战略管理现代化的研究框架与主要议题[J]. 资源科学, 2023, 45(2): 322-332.

[15] Ali S H, Giurco D, Arndt N, et al. Mineral supply for sustainable development requires resource governance[J]. Nature, 2017, 543(7645): 367-372.

[16] Wang J, Yu H Y, Ren D W, et al. Promoting mineral resources consumption efficiency: evidence from technology of big data[J]. Resources Policy, 2023, 86: 104210.

[17] Jiskani I M, Zhou W, Hosseini S, et al. Mining 4. 0 and climate neutrality: a unified and reliable decision system for safe, intelligent, and green & climate-smart mining[J]. Journal of Cleaner Production, 2023, 410: 137313.

[18] Xu Q, Li X, Guo F. Digital transformation and environmental performance: evidence from Chinese resource-based enterprises[J]. Corporate Social Responsibility and Environmental Management, 2023, 30(4): 1816-1840.

[19] 谢潇, 伍庭晨, 曹蓓蕾, 等. 虚拟生态技术: 概念、体系与应用展望[J]. 应用生态学报, 2023, 34(8): 2297-2304.

[20] Tzachor A, Sabri S, Richards C E, et al. Potential and limitations of digital twins to achieve the sustainable development goals[J]. Nature Sustainability, 2022, 5(10): 822-829.

[21] Mondini A C, Guzzetti F, Melillo M. Deep learning forecast of rainfall-induced shallow landslides[J]. Nature Communications, 2023, 14(1): 2466.

[22] Jay C, Yu Y R, Crawford I, et al. Prioritize environmental sustainability in use of AI and data science methods[J]. Nature Geoscience, 2024, 17(2): 106-108.

[23] Li X, Feng M, Ran Y H, et al. Big data in earth system science and progress towards a digital twin[J]. Nature Reviews Earth & Environment, 2023, 4(5): 319-332.

[24] 徐乐, 马永刚, 王小飞. 基于演化博弈的绿色技术创新环境政策选择研究: 政府行为 VS. 公众参与[J]. 中国管理科学, 2022, 30(3): 30-42.

[25] 曹海林, 赖慧苏. 公众环境参与: 类型、研究议题及展望[J]. 中国人口·资源与环境, 2021, 31(7): 116-126.

[26] 曲卫华, 尹洁, 张信东. 考虑公众参与环境行为的公共健康两方博弈演化模型研究[J]. 中国管理科学, 2021, 29(10): 236-248.

[27] Alabi K. A 2020 perspective on "Digital blockchain networks appear to be following Metcalfe's

Law"[J]. Electronic Commerce Research and Applications, 2020, 40: 100939.
[28] Koot M, Wijnhoven F. Usage impact on data center electricity needs: a system dynamic forecasting model[J]. Applied Energy, 2021, 291: 116798.
[29] Tschacher W, Haken H. Intentionality in non-equilibrium systems? The functional aspects of self-organized pattern formation[J]. New Ideas in Psychology, 2007, 25(1): 1-15.
[30] Haken H. Synergetics: An Introduction[M]. Berlin: Springer, 1983.
[31] Bansal S, Singh S, Nangia P. Assessing the role of natural resource utilization in attaining select sustainable development goals in the era of digitalization[J]. Resources Policy, 2022, 79: 103040.
[32] Bharadwaj A S, el Sawy O A, Pavlou P, et al. Digital business strategy: toward a next generation of insights[J]. MIS Quarterly, 2013, 37(2): 471-482.
[33] Luo X W, Yu S C. Relationship between external environment, internal conditions, and digital transformation from the perspective of synergetics[J]. Discrete Dynamics in Nature and Society, 2022, 2022(3): 1-12.
[34] 黄璜, 谢思娴, 姚清晨, 等. 数字化赋能治理协同: 数字政府建设的“下一步行动”[J]. 电子政务, 2022, (4): 2-27.
[35] Chen K, Chen Y L. Coordinated development of population, resources, environment, economy, and society under engineering management combined with bilevel optimization model[J]. Computational Intelligence and Neuroscience, 2022, 2022(1): 8589396.
[36] 陈晓红, 张威威, 易国栋, 等. 新一代信息技术驱动下资源环境协同管理的理论逻辑及实现路径[J]. 中南大学学报(社会科学版), 2021, 27(5): 1-10.
[37] Guo H D, Liang D, Sun Z C, et al. Measuring and evaluating SDG indicators with big earth data[J]. Science Bulletin, 2022, 67(17): 1792-1801.
[38] Fu G T, Jin Y W, Sun S A, et al. The role of deep learning in urban water management: a critical review[J]. Water Research, 2022, 223: 118973.
[39] Galaz V, Centeno M A, Callahan P W, et al. Artificial intelligence, systemic risks, and sustainability[J]. Technology in Society, 2021, 67: 101741.
[40] 姜德义, 魏立科, 王翀, 等. 智慧矿山边缘云协同计算技术架构与基础保障关键技术探讨[J]. 煤炭学报, 2020, 45(1): 484-492.
[41] Mondejar M E, Avtar R, Diaz H L B, et al. Digitalization to achieve sustainable development goals: steps towards a smart green planet[J]. Science of The Total Environment, 2021, 794: 148539.

第 10 章　数字化与能源电力行业减污降碳

10.1　引　言

10.1.1　数字技术在电力企业减污降碳中的发展背景与意义

随着“双碳”目标的提出，减污降碳已成为全球范围内关注的焦点。2022 年，中国近 90%的温室气体排放源自能源体系，其中电力行业作为二氧化碳排放的最大单一来源（48%）[1]，已经成为“双碳”目标下的重点改革对象。中国正处于“十四五”期间生态文明建设的关键阶段，该时期的主要战略方向是以降低碳排放为重点，同时促进经济社会发展全面绿色转型[2]。

传统电力行业“源-网-荷-储”各环节都面临巨大的减污降碳压力。第一，传统发电企业依赖煤炭和天然气等高碳燃料，导致大量温室气体排放和环境污染物释放。第二，输电侧主要涉及电网的建设和运营，其中输电设备器材的制造和土建工程，尤其是特高压工程本身会产生相当多的碳排放。第三，用电侧在能源选择、能源效率、负荷管理以及设备选择等方面都直接或间接地影响着电力行业的减污降碳成效。第四，储电侧也面临储能材料的能源密度低和成本高、废弃物污染严重、不可再生材料依赖性强、新兴技术商业化和规模化难以及储能系统与电网匹配难度大等多重挑战。

随着数字技术在能源领域的广泛应用和创新，数字技术对电力企业实现减污降碳目标的作用日益凸显，电力企业可以通过数字技术的深度融合，实现对碳足迹的精准监测和计量；利用智能传感和大数据准确评估各个环节的碳排放情况，进而有针对性地减污降碳；利用实时的数据监控和反馈机制，实现能源高效调度；推动能源消费理念的转变和能源商业模式的重构；运用可靠的数据支持和智能化决策系统，帮助电力企业进行碳中和的精准规划和实施。鉴于中国能源体制中发电、输变配电、用电三方相对独立，目前尚未形成较为成熟系统的解决技术。但随着能源互联网建设和电力市场化改革的推进，输配电网建设将进一步挖掘虚拟电厂技术潜力[3]。通过降低分布式能源增长带来的调度难度，有望确保电力供应的安全、可靠、优质和高效，满足经济社会发展对电力多样化需求的总体目标和基本要求[4]。

综上所述，数字化赋能是电力企业减污降碳的重要手段和途径，但电力企业数字化减污降碳也面临数字技术应用发展不均衡、数据安全防护存在较大风险、缺乏统一的技术标准以及数字技术投入成本与收益不匹配等一系列问题，制约着电力企业利用数字技术推进减污降碳。为此，本章针对这一问题开展研究，通过系统分析数字技术目前在电力企业减污降碳中应用的现况和遇到的难题，提出物联网和大数据、人工智能、数字孪生与区块链等新兴数字技术赋能电力企业减污降碳的方法路径以及相应的实现策略，以期能够在国家“双碳”目标引导下，为能源电力行业减污降碳和数字化转型发展提供科学理论参考。

10.1.2　数字技术在电力企业减污降碳中的核心技术体系

数字技术在推动电力企业减污降碳的进程中扮演着重要角色，为电力企业绿色发展提供网络化、数字化、智能化的技术手段，赋能电力企业转型升级和机构优化，优化企业资源配置，提升管理决策水平[5]。以下简述大数据、人工智能、区块链、云计算等数字技术在电力企业减污降碳中的运用进展（图 10-1）。

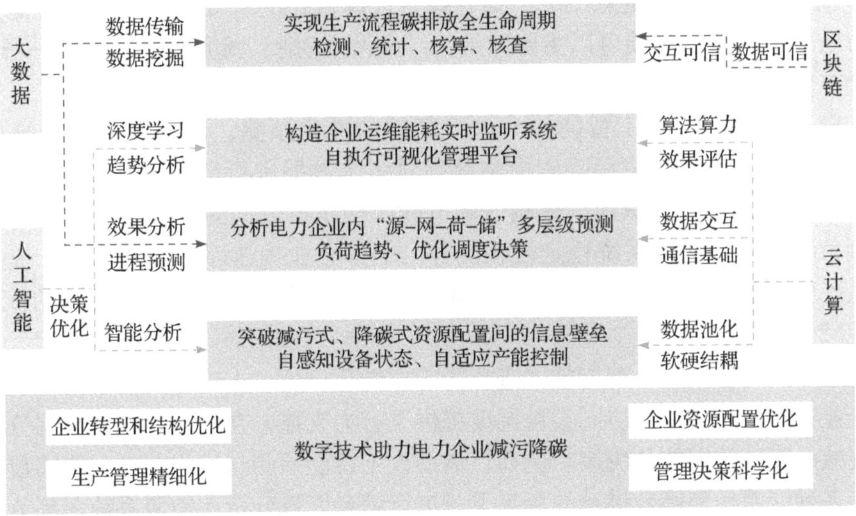

图 10-1　数字技术在电力企业减污降碳中的运用进展

1. 大数据应用

数字经济时代背景下，电力企业信息量也呈现出爆发式增长的特点。如何利用大数据帮助企业实现减污降碳已成为产业界共同关注的话题。大数据在国内外电力企业减污降碳的应用中，主要集中在以下两个方面。

一是大数据技术可通过收集和分析电力企业的能源数据，实现对能源的有效管理和优化，提高发电效率从而降低碳排放[6]。例如，现阶段国内火力发电设备和技术潜力有限，中国火电机组全面改造进程缓慢。基于数据挖掘和人工智能算法等数字化管理技术，构建优化决策模型，指导火电机组进行灵活性深度改造，能够提高2%的发电效率，带来直接碳减排量达2.5万亿吨。

二是大数据技术可实时监测电力设备的运行状态和能耗情况，通过数据分析和算法模型，转换为可视化图表形式，并预估未来能耗，为电力企业管理者提供节能建议和控制策略[7]。例如，国网湖南省电力有限公司联合百度智能云建设智慧能源新基建，充分利用百度地图大数据，以及电力用户数据、线路数据和设备数据等多维大数据的融合和可视化，形成“电网一张图”，提高电能利用效率，减少电力资源损失。

2. 人工智能技术应用

人工智能技术是有效应对复杂系统控制和决策问题的关键手段[8]，在电力企业的数字化转型过程中广泛运用于生产、消费、传输、运营、管理、交易等环节，是破除传统生产落后工艺流程障碍，革新以可再生能源为主的新一代综合能源接口，降低电力企业三废，提升绿色能源占比的有效工具。人工智能技术助力电力企业减污降碳可以主要归纳为“预测-挖掘、调度-优化、管理-增效”三个方面。

第一点是应用人工智能技术进行高效精准化预测。电力企业用能规模庞大、结构复杂，实行减污降碳措施亟须对多维数据进行精准预测及高效管理。例如，能源设备图像识别、极端气候下能源网络损毁预测、企业用能行为的用户侧负荷预测、能源系统稳定性预测等。引导企业构建循环用能范式、提升用能系统整体的碳排放质量。从“源-网-荷-储”全周期减少对传统能源的依赖，实现减污降碳。

第二点是应用人工智能技术进行智能柔性化调度。人工智能技术的发展为电力企业实现用能多元化协同柔性调度提供了有力支撑，在精准化预测数据分析中实现减污降碳的智能化决策。例如，借助人工智能预测与优化技术，能够帮助企业在多种能源相互耦合供给的场景下，进行综合能效分析和能源系统多环节协调优化管控，从而以最高效的方式实现最清洁的能源消费[9]。建立基于大数据平台的“燃料智能掺配”系统，指导入炉燃烧煤种的选配，在机组深度调峰前，预先设定合理的燃烧煤种，保证锅炉运行的安全性和经济性。

第三点是应用人工智能技术进行自主学习化管理。自主学习化管理是通过利用人工智能技术，实现企业内部综合能源系统的自适应控制和状态自感知。基于机器学习算法或强化学习算法，依据采集或预测数据构建多物理量、多尺度、多概率的数字孪生环境并对模型参数进行自适应更新[10]，例如，在国家能源集团、国家电力投资集团等旗下的火电厂通过孪生场景自主学习并执行人工智能优化调度，形成“煤质数据在线监测—三维智能监控—智能运行优化”智慧决策体系，实现企业生产流程自主优化，落实减污降碳决策。

3. 区块链技术应用

当前电力企业低碳转型过程逐步向多能异构常态化、产能消纳一体化、电力及碳排放交易市场化的方向发展。区块链技术的应用为电力企业低碳转型、减污降碳提供有力支撑，主要体现在以下几个方面。

首先，区块链技术赋能电力企业转型、优化生产流程，降低碳排放，提升能源效率。通过能源供应链与区块链技术的结合，电力企业可以实现对能源生产、储存、输配电和消费等环节的高效管理[11]。例如，区块链技术的去中心化特点可实现智慧能源中多主体的对等互联，借助智能合约实现智慧能源中各相关主体对各类信息的广泛交互，助力电力企业提高系统运行质量和减污降碳效益。

其次，区块链技术赋能电力企业实现碳监测管理，为企业实现低碳发展提供量化决策依据及管理措施。例如，正泰（乐清）物联网传感器产业园（以下简称正泰物联网园区）基于区块链的碳排放监测平台汇聚生产制造全流程的碳排放数据，通过智能合约实时准确监测碳排放，自动完成各项数据申报，打通碳交易闭环，构建监管新模式，助力实现企业碳中和。

4. 云计算应用

构建云计算平台是当前解决能源行业等传统领域算力、算法问题的关键支撑性技术。在电力企业减污降碳流程中，云计算平台利用技术突破来推动计算和其他 IT 资源的可持续发展，以实现可能的环境优势来匹配电力企业运行过程中各种减污降碳需求场景。主要体现在以下几个方面。

首先，云计算助力电力企业数据资源池化，纵横向结合助力减排降碳。通过对电力企业生产、供应过程中边缘和端设备的大规模部署以及大数据技术的应用，实现数据的收集和分析处理，从而实现更广泛的数据交流和协作。例如，国网江苏省电力有限公司通过 Pass 平台实现对各类资源和应用的统一管理。同时，这个平台能更有效地管理和分析供电消耗、发电效率等数据，从而支持减碳决策和优化供电管理。

其次，云计算平台实现企业软硬件解耦，以满足电力企业对电网能耗的监管需求。云计算能够提供强大的计算能力，用于电力系统的模拟和建模[12]。通过在云端进行电力系统的仿真和优化，可以帮助电力企业分析和优化电网的运行方式。例如，国网浙江省电力有限公司应用阿里云平台获取秒级故障原因和智能分析及处理信息，加快故障定位速度并提高修复效率。

10.2 数字技术赋能能源电力企业减污降碳的关键问题

在能源电力行业转型进入碳中和的时代，利用数字技术赋能实现减污降碳已经成为关键议题。其中以下几个关键问题需要重点关注和解决。

一是数据采集和管理瓶颈。电力系统庞大复杂，涉及发电、输配电、用电等多个环节，数据来源广泛。如何实现对全流程数据的全面采集和有效管理，是实现数字化转型的基础性问题。目前电力企业普遍存在数据“孤岛”、数据质量参差不齐等问题，严重制约了数字化应用的发展。

二是算法和模型的局限性。首先，基于海量数据进行建模和分析是实现电力系统智能化的核心，但目前普遍存在算法和模型缺乏针对性、完整性和可靠性的问题。电力系统具有高度复杂性和动态性，传统的统计分析和机器学习模型往往难以捕捉其内在规律。需要结合电力系统的特点，构建基于物理机理的仿真模型，充分融合专家知识，提高模型的准确性和解释性。同时，还要注重针对不同应用场景的差异化建模，提高模型的针对性和适用性。其次，电力企业亟须突破数据驱动的人工智能技术瓶颈。当前基于机器学习的数据分析方法在处理大规模、高维度、高动态性的电力系统数据时，往往存在泛化能力差、解释性不强等问题。需要结合电力系统的特点，构建基于深度学习、强化学习等的先进算法，提高算法的可解释性和适应性，增强数据分析的准确性和可操作性。此外，电力企业亟须建立统一的数据管理体系。当前大部分电力企业数据管理还停留在分散的阶段，各部门、各系统之间的数据难以实现有效共享和交互。需要建立起覆盖全要素的企业级数据中台，整合各类异构数据源，实现数据的集中存储、统一管理和开放共享，为后续的数据分析和应用提供良好的基础。

三是安全风险防控难度大。随着电力系统数字化转型的深入，网络安全风险不断增加。一旦关键信息基础设施遭到攻击，将会对电力供应和社会稳定造成严重威胁。首先，电力系统的复杂性和关键性决定了其网络安全问题的特殊性和紧迫性。不同于一般企业 IT 系统，电力系统涉及发电、输电、配电等关键基础设施，一旦发生安全事故后果不堪设想。同时，电力系统本身也承担着保障国家能源安全的重要使命，更加不能容忍任何安全隐患。其次，电力系统数字化转型带来的新技术、新应用，也带来了新的安全风险。例如，工业控制系统的网络化、大量物联网设备的接入、云计算和大数据的应用等，都对电力系统网络安全构成了新的挑战。最后，电力企业网络安全防护能力整体偏弱，面临人才缺乏、安全意识薄弱、防护手段落后等诸多问题。需要全面提升网络安全保障能力，包括健全安全管理制度、升级安全防护技术、加强安全意识培养等。

四是标准体系不健全。数字化转型的深入推进，需要电力行业制定统一的技术标准体系，以规范数字化建设和应用，实现系统之间的互联互通。但当前电力行业标准体系建设还存在一定问题。首先，现有标准体系覆盖面不足，涉及数字技术应用的相关标准较少，很多新兴技术领域还缺乏统一的标准规范。这不仅影响了数字化项目的实施，也阻碍了技术创新的推广应用。其次，标准制定和更新速度跟不上数字技术发展的步伐。电力行业标准制定普遍需要经历较长的论证和审议过程，而新技术往往更新换代迅速，现有标准很快就会过时，难以适应行业发展需求。最后，不同地区、不同企业之间标准执行力度不一，缺乏有效的监管和协调机制。这造成了同一标准在不同环境下的适用性问题，进一步阻碍了行业数字化建设的整体推进。

五是数字人才供给不足。数字化转型离不开相应的人才支撑，但当前电力行业普遍存在数字人才匮乏的问题，制约了数字化应用的进一步深化。首先，电力行业数字人才培养机制不健全。现有的教育培养体系难以满足电力企业对数字化人才的迫切需求，培养规模、培养质量均有待提高。其次，电力企业数字化转型过程中，既需要掌握电力专业知识的 IT 人才，也需要熟悉电力业务的数字化人才。但这类兼具电力和信息技术双重素质的复合型人才非常稀缺。最后，电力企业数字化转型过程中普遍面临人才流失的问题。优秀的数字化人才更多地被互联网等高科技行业吸引，电力企业难以提供足够有竞争力的薪酬待遇，人才短缺困境不断加剧。

综上所述，数字技术赋能能源电力企业减污降碳面临着数据采集管理、算法模型、安全风险防控、标准体系以及人才供给等一系列关键问题。要推动能源电力行业数字化转型，实现碳中和目标，需要多方着手系统地解决好这些关键问题，为数字化应用奠定坚实的基础。

大数据、人工智能、区块链等数字技术，为电力企业数字化转型和统筹协调减排降碳提供了重大契机。然而，电力企业在利用数字技术进行减污降碳协同增效的过程中尚面临着众多难题，极大制约了电力企业低碳化转型步伐。这些关键问题具体见以下几点。

10.2.1　数字技术在电力企业减污降碳中的应用存在薄弱环节

数字技术在电力企业减污降碳应用中的薄弱环节主要体现在两个维度。一是电力行业全产业链维度。从“源-网-荷-储”的全过程角度，目前发电企业、电网企业、储能企业和综合能源服务企业，利用数字技术在减污降碳过程取得了一些成效，但还可以更进一步发挥数字技术的重要作用。例如，发电设备的智能监测和管理中，缺乏高效的人工智能算法对设备各操作环节的关键参数进行智能分析和优化，进而寻找不同负荷下最优的设备操作参数，以最大程度上优化能耗。电网企业的电力输送过程中，要通过 5G、人工智能、数字孪生和智能微电网等技术实现“源-网-荷-储”的协调与平衡，这也需要加强统筹和布局。二是电力企业减污降碳过程维度。“双碳”目标的实现对电力企业碳排放监测、碳排放的精准测算、减污降碳目标实现进程的预测、减污降碳方案的制订以及减污降碳方案实施的智能管理与效果评估等提出了更高的要求，传统的碳排放监测技术在短期内难以对大量排放源实现广泛监测，电力企业采用的排放因子法难以精准测算碳排放量。物联网、大数据、云计算、人工智能、区块链等数字技术在碳排放、碳测算等方面发挥着重要的作用，但由于电力大数据、能耗大数据、产能大数据等来源分散且广泛，数据归属部门多，阻碍了数字技术的高效利用，无法及时掌握电力企业在生产过程和运行过程中碳排放的实时动态。而且，在电力企业管理模式和生产方式等的转型升级中，难以找到有效的场景推动以能源技术、污染治理技术以及环境监测技术等为代表的绿色技术与数字技术的深度融合创新，也造成数字技术在电力企业减污降碳中缺乏高效的利用。

10.2.2 数据安全防护尚需要进一步加强

电力数据主要来自发电、输电、变电、配电、用电和调度等环节，这些数据具有类型繁多、体量巨大且增速快等特点。随着电力数据的开放共享和电力企业的数字化转型，电力企业面临数据安全缺乏监管、数据流通安全防护薄弱等问题。电力企业的相关数据量庞大，种类众多，如电力生产数据、企业排放数据、用户消费数据等，这些数据一旦泄露，电力企业的关键核心业务、用户隐私等都将面临在网络中暴露的潜在风险[13]；并且这些数据多为国民与资源的敏感数据，这对电力网络安全提出了较高的要求，构筑安全的电力数据防护体系成为关键。

10.2.3 数字技术在电力企业减污降碳中缺乏统一的技术标准

电力数据覆盖“发、输、配、售”全环节及企业管理等方面，电力数据具有规模大、种类多、价值高的特点，电力数据的保护重点涵盖了数据采集、传输、存储、使用等全生命周期，目前还没有统一的分级分类、安全保护等方面的管理办法，主要由各电力企业自行制定数据安全定级办法，这造成电力数据的共享公开、安全防护等缺乏统一的标准。

同时，大数据、人工智能、物联网、数字孪生等数字技术已逐渐在电力企业的碳排放监测、智能电网管理等方面开展了初步的应用。但数字技术在电力企业减污降碳方面的应用尚处于初级阶段，对数据采集、数据处理流程以及电力数据挖掘、智慧分析和算法持续迭代的能力欠缺，难以形成数据采集、分析、处理等的标准。

10.2.4　数字技术的投入成本和收益难以高效匹配

在实现“双碳”目标的过程中，电力企业被视为主要推动者和引领者，因其在构建以新能源为主体的新型电力系统中占据至关重要的地位。构筑新型电力系统旨在满足日益增长的清洁能源需求。然而，此目标的实现必须依赖先进电子材料与设备技术的支撑。高端半导体材料的研制，将为能源电力系统的数字化转型提供强有力的硬件支持，以实现清洁能源的高效整合；高性能电力芯片的应用，将为能源电力系统设备状态的实时精准感知与高效控制提供关键保障；数字化与智能化电力设备的发展，将有效促进能源电力系统的安全高效运行[14]。此外，数字技术包括 5G、大数据、云计算、物联网、人工智能以及数字孪生等，正深刻地影响着电力系统中的各个环节。这些数字技术在电力企业持续健康发展的过程中，发挥着至关重要的技术支撑作用[15]。而且，高灵活性、高可靠性、强韧性等的新型电力系统的构建对电力信息系统的信息安全也提出了更严格的要求。新型电力系统的稳健运行需要高效的访问控制、数据加密等技术提供全方位的安全保障体系，而这些数字技术在电力企业数字化转型中的投入，需要大量的资金支持，并且数字技术投入可能不会给电力企业数字化减污降碳带来立竿见影的效果。因此，电力企业在进行数字技术的投入时，需要综合考量数字技术投入成本和带来的收益，这也是数字技术在电力企业减污降碳应用中需要考虑的又一关键问题。

10.2.5　电碳协同发展不均衡

电力企业在减污降碳中既要推进新型电力系统建设，又要充分利用电力大数据的优势助力碳减排。但是目前电力企业在电碳协同发展中仍存在一些问题，具体表现在：一是碳减排策略与电力发展规划缺乏更深层次的融合。电力企业的低碳发电、电网的高效运行、电力企业的储能规划等环节，与碳减排需求缺乏更加高效的有机协同。二是电碳部分数据未能打通，尚未建立完善的电碳数据库。电力大数据可被每分钟高频采集，而碳排放数据的采集频次较低，两类数据之间可能会因为时间上的差异而难以深度融合。而且，由于对碳排放主要区域、重点行业等的排放数据的高频采集不够，目前尚未形成覆盖重点区域、高耗能企业等的电碳数据库。三是电碳协同优化调度技术尚不成熟。发电机组设备的碳排放与优化是电力企业减污降碳的重要环节，不仅需要对发电机组设备碳排放进行实时监测，还需要综合考虑设备的运行状态和运行参数，急需开发既能准确掌握发电机组动态碳排放强度，又能合理优化发电机组组合的调度侧电碳协同优化技术。由于碳市场价格难以精准测算，以及碳排放强度的动态衡量不精准等，目前仍缺少综合考虑碳排放强度和碳市场价格的协同优化技术。

10.3 数字技术赋能能源电力企业减污降碳的方法与路径

基于前述研究，本节将聚焦电力企业在减污降碳过程中所面临的痛点和难点，将着眼于发电企业的清洁能源投入、企业电力耗能的数据监测和电力系统全环节碳排放的精准计量、减污降碳的智能化管理路径及实施等工作，实现发电企业的源端降碳、用电企业的终端脱碳以及相应政策的及时调整与优化。探究利用物联网、大数据、人工智能、数字孪生、区块链等数字技术赋能电力企业减污降碳的总体路径（图 10-2）。

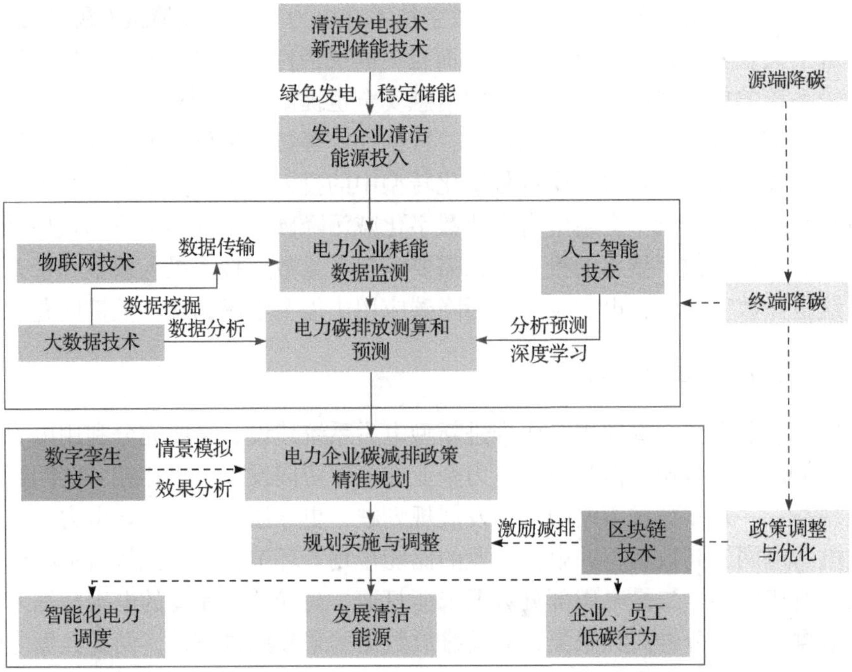

图 10-2 数字技术赋能电力企业减污降碳的总体路径

10.3.1 数字技术赋能清洁能源发电实现供电企业源端降碳

据《新时代的中国能源发展》报告，自 2005 年以来，中国在推动非化石能源发展和减少供电能耗、线损率等方面采取了一系列节能减排措施，实现了能源生产和利用模式上的重大革新。在这一过程中，清洁能源占总能源消耗的比重达到了 23.4%，2019 年中国的碳排放强度相比 2005 年已经降低了 48.1%，由此可见，能源的绿色发展在中国的碳排放强度下降方面扮演了至关重要的角色。尽管煤电装机比重和火电发电量持续下降，但是当前及未来一段时间内，煤电仍然是中国电力和电量的主体来源，这导致电力体系依然呈现巨大的高碳结构。

在“十四五”规划期间，中国将致力于开发和采用更加高效、低碳的能源生产技术，以提高能源资源的利用效率，同时加大清洁能源的投入和使用，以期提高清洁能源在总能源消耗中的占比，推动能源产业向更加环保、可持续的方向转型。预计清洁能源的消费比重到 2030 年将达到约 25%[16]。因此要实现“双碳”目标，需要从根本上减少化石能源消费，大幅增加非化石能源消费，转化为电力企业的电力使用。同时，利用清洁能源发电技术降低源端发电产生的碳污染，改变供电企业的发电结构。

1. 大数据技术实现清洁能源的高效利用

对于供电企业，清洁能源发电技术在源端直接减少碳排放方面发挥着重要作用。在清洁能源使用方面，存在利用率不高、不稳定等问题。利用大数据技术精准预测发电功率，可以实现低成本、高效率的清洁能源发电。

在风电方面，大数据技术可以通过收集和分析气象、风速、风向等参数，预测未来的风能资源情况；通过对历史数据和实时数据的分析，可以建立精确的风能预测模型，提前制订发电计划和调度安排，从而提高风电的发电效率。

在光伏发电方面，大数据技术可以通过对光照强度、气温、云量等因素的实时监测和分析，预测光伏发电的潜力和发电效率。同时，大数据技术还可以对光伏电池组件进行监测和管理，提高光伏发电系统的运行效率和可靠性。利用大数据技术，可以优化光伏发电系统的设计和运营，使其在低成本和高效率方面取得突破。

2. 数字储能技术助力清洁能源的稳定存储

首先，清洁能源如太阳能和风能具有间歇性和不可控性的特点，依赖天气条件和自然资源的可用性，这会导致供需不平衡；其次，目前较为广泛使用的储能技术是电池储能系统，如锂离子电池和钠离子电池，新型的储能技术如氢能、空气压缩存储等价格较为昂贵，企业投入成本过高；最后，能源传输损耗是另一个挑战，长距离传输清洁能源可能会导致能量损失，需要有效的输电和分配系统来解决这个问题。

数字技术的出现和发展为解决清洁能源存储问题提供了全新的机遇。通过实现智能化储能管理，数字技术使储能设备能够智能地感知和响应能源需求。通过实时监测清洁能源产量和电网负荷，智能化储能系统可以优化能量的储存和释放，以平衡能源供求。此外运用大数据预测分析可提前规划储能行为，确保在清洁能源充足时进行储存，在用电高峰时进行释放，从而实现能源供应的稳定性。

10.3.2 物联网、大数据技术实现电力企业全环节精准碳计量

精准的碳排放计量体系是实现电力企业减污降碳的基石，具有关键性的政策引领作用。电力企业的碳排放来源主要可分为发电企业的直接碳排放以及由用电企业行为不同导致的间接碳排放，需要跨多个环节进行计量，因此，全环节碳计量是一项复杂的工程[17]。为实现电力企业全环节精准碳计量和企业的碳责任分摊，引入物联网、大数据技术来解决碳计量中精确度不高以及实时性不强的问题。

1. 物联网技术实现电力企业耗能的实时监测

为充分探究企业电力耗能的特征，监测企业耗电行为，以改造企业用电策略从而减少耗能，可以利用物联网技术将传感器和智能设备连接到企业的各个设备上，实现对电力数据的准确监测；这些传感器可以收集电流、电压、功率等关键参数，并将数据通过物联网传输到大数据中心或云计算平台；通过实时监测和采集数据，对企业用电习惯进行统计分析，了解电力使用的细节和模式，以支持电力管理和优化决策。

2. 大数据技术实现发电企业的多类型电源碳计量

基于联合国政府间气候变化专门委员会“三可原则”（可测量、可报告、可核查），需研究发电企业中多类型发电源的碳排放计量方法[18]。目前，发电企业的发电源主要分为传统的化石能源和可再生能源如风能、太阳能等，对于传统的化石能源，可采用燃烧排放因子法，排放因子是单位活动碳排放系数，依据燃料消耗量和相应的排放因子即可计算出直接碳排放[19]；而对于可再生能源，需要考虑其消纳、调频等辅助工作引起的碳排放，可通过大数据技术进行等效碳排放建模，实现可再生能源的碳计量[18]；部分电力企业可能存在氢能等新能源，也可通过建模的方式进行模拟计算，实现发电企业的多类型碳计量。

3. 大数据技术实现用电企业的实时精准碳计量

对用电企业各部门耗能的碳排放水平进行计算时，需研究用电行为的精准碳计量方法[20]。利用大数据技术建立“电-碳”模型，分析和处理大量的电力消耗数据，结合“电-碳”模型的碳排放因子，可以实现对电力碳排放的精确计算；通过应用“电-碳”模型，对企业用电行为模式进行分析，识别高耗能设备、高峰用电时段等；之后将电力碳排放的结果以大数据可视化的形式呈现出来，从而可以直观地了解碳排放的情况，为企业提供基于数据的能源管理决策支持，帮助实现碳减排的目标。通过实时精准碳计量，企业可以准确分摊不同部门的碳排放，推

动内部能源管理和减排措施的实施。

10.3.3　人工智能实现电能的高效利用

人工智能技术是解决复杂系统控制与决策问题的有效措施，其在能源行业的深入应用，有助于推动清洁能源生产，降低碳排放[8]。因此，应用人工智能技术实现电能高效调度和利用，成为我国电力企业碳减排的重要实践举措。

（1）实现负荷预测和调度优化。人工智能技术可以通过分析电力企业历史负荷数据、天气、温度等信息建立深度学习模型，预测电力需求的变化趋势，并制定最佳的负荷调度策略。人工智能技术可以实时监测电力系统的运行状况，根据需求和供应情况进行智能调度，以最大限度地利用可再生能源和优化传统能源的使用，提高电能的利用效率。

（2）实现企业电力系统的智能化管理。人工智能技术可以结合物联网技术，实现对电力设备和能源系统的智能管理。通过连接传感器和智能设备，人工智能可以实时监测能源消耗、设备状态和环境参数，利用机器学习和数据分析技术，优化能源系统的运行和控制策略，实现能源的高效利用和节能减排。

10.3.4　区块链技术实现对电力企业低碳行为的激励

（1）保护企业数据的隐私性。在对电力企业的数字赋能中，数据的隐私性是一个重要的考虑因素。电力企业在监测和记录能源消耗、碳排放等关键数据时，需要确保这些数据不被篡改或泄露。区块链技术作为一种去中心化和不可篡改的分布式账本技术，可以提供数据的安全存储和传输。通过将电力企业的数据以加密形式存储在区块链上，可以确保数据的保密性和完整性。此外，区块链技术还可以为企业提供数据访问权限控制机制，只有被授权的参与方才能查看和验证数据，保护企业的商业隐私和敏感信息。

（2）激励电力企业的可持续低碳行为。区块链技术不仅可以保护企业数据的隐私性，还可以通过智能合约机制激励电力企业采取可持续的低碳行为。智能合约是在区块链上执行的自动化合约，其中设定了特定的条件和激励机制。通过设定合约规则，电力企业可以获得奖励或优惠政策，采取低碳发电、减少碳排放、提高能源效率等行为。区块链技术确保智能合约的执行结果被记录在区块链上，实现公开透明和不可篡改的激励机制，提高电力企业参与低碳行动的积极性。

10.3.5　数字孪生技术助力电力企业碳减排和精准规划

数字孪生技术是指通过数字模型和现实世界的实时数据进行交互，实现对物理实体的仿真和监控。在电力企业中，数字孪生技术可以为碳减排和精准规划提供有力支持，其架构如图 10-3 所示。

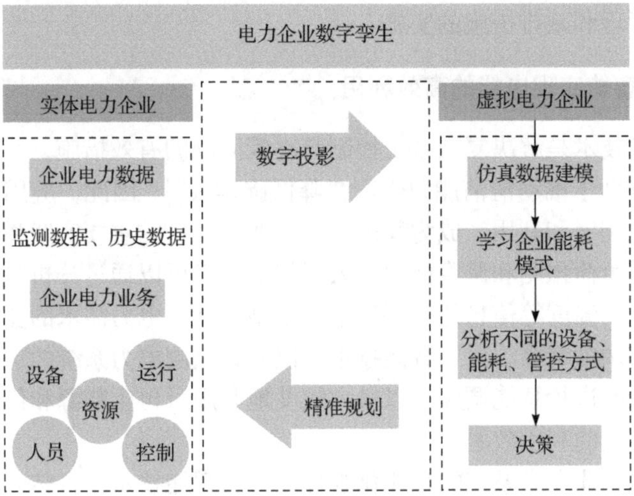

图 10-3　电力企业智能数字孪生架构图

10.4　数字技术赋能电力企业减污降碳的典型案例

青海—河南±800 千伏特高压直流输电工程（以下简称青豫工程）起于青海省海南藏族自治州境内，途经青海、甘肃、陕西、湖北、河南等 5 省，止于河南省驻马店地区，全线总长约 1596.6 千米。工程于 2018 年开工建设，2020 年建成投运，输电电压等级为±800 千伏，输送容量为 1000 万千瓦。作为落实习近平总书记关于新型能源产业基地重要指示精神的工作举措，青豫工程完全以清洁能源自身互补能力独立供电，是世界第一条专为清洁能源外送而建设的特高压通道。青豫工程一方面有力促进了青海能源资源优势转化，全面提升了海西州、海南州新能源基地发展水平，推动了青海清洁能源示范省建设；另一方面，在一定程度上缓解了中东部地区环境污染问题，推动能源资源在全国范围内优化配置，为全国能源生产和消费革命提供了典型示范。同时，青豫工程作为新时代设计建设的第一个特高压直流工程，对实现新时代的基建新要求具有重要的探索和示范效应，为实现“双碳”目标打下了坚实基础。

10.4.1　案例分析

青豫工程具有以下特点：海拔高、工期短。工程起于高海拔、生态环境脆弱的青海省，输电端海南州共和县换流站海拔超过 3400 米，冬季温度低且时间跨度长，有效施工周期短，施工环境复杂，工程质量管理难度较大。多协同，深交叉。工程建设过程中多家单位同步建设，设备集中到货，工序深度交叉，质量工艺控制难度大，相关专业施工分界面较多，成品保护工作难度非常大。涉及广，强度大。工程采用换流站与变电站合并设计的方案，涉及多个电压等级，各等级之间协调配合工作多，设备和线路调试的工作量大。定位高，要求严。工程要求打造“新时代样板工程”以及评选中国建设工程鲁班奖，工期紧张，要求高质量、高标准地完成工程建设任务。青豫工程两型建设还具有诸多亮点：它是世界第一条清洁能源输送特高压直流专线，助力青海清洁能源集约化开发。青海新能源资源丰富，蕴藏着丰富的风能、光伏、水电等可再生能源，青豫工程是首个完全依靠清洁能源自身互补能力独立供电的特高压工程，首次在技术上实现了远距离大容量输送可再生能源的突破。该工程设计年输送电量 400 亿千瓦·时，相当于替代受端原煤 1800 万吨、减排烟尘 1.4 万吨、二氧化硫 9 万吨、氮氧化物 9.4 万吨、二氧化碳 2960 万吨。一方面可促进青海可再生能源的发展，实现海南州千万千瓦级新能源基地升级；另一方面也可加大华中地区新能源消纳，保障华中地区电力安全可靠供应，有效促进华中地区大气污染防治。创新突破清洁能源互补独立供电，青海是我国重要的战略资源储备基地和可再生能源基地。新能源是青海的拳头资源，太阳能、风能、水能资源丰富，开发潜力巨大。青豫工程设计结合青海电网结构、新能源分布、周边电网现况及发展规划等因素，合理确定风、光、水的搭配比例，是完全依靠清洁能源自身互补能力独立供电、运用特高压输电技术推动新能源大规模开发利用的一次重大创新。换流站与变电站集成化建设程度高，青海海南±800 千伏换流站与海南（合乐）750 千伏变电站同址合建，驻马店±800 千伏换流站与驻马店 1000 千伏变电站同址合建，两站均为同期建设，按照“同址合建、同期建设、同期投运、统一调度”的原则开展设计。实现了站外电源、水源、进站道路、场地标高、主要建筑物、噪声治理、换流变和主变压器检修方案等统筹考虑，做到了合建站的标准统一、原则统一和方案统一。两端总平面布置充分考虑交直流合建特点，布置方案做了诸多优化与创新。两端换流站均与变电站实现统一运维，实现集约化管理，实现人力资源、财务和物资等重要资源的集约化管理，提升电网运维效率和企业管理水平，落实国家电网有限公司“集约化发展”和“精益化管理”的总体方针。两端换流站和变电站在设计过程中按照“1 个站合并运维，1 个站调度运行”的思路开展设计，统筹考虑计算机监控系统、母线保护、一体化电源监控系统等二次系统，克服了以往工程二次设备重复的问题，从技术架构上实现集约化管理。工程设计坚持绿色发展理念，从设计源头实现绿色发展，从工程可研阶段就开始重视环水保设计，并结合青海段高海拔地区环境脆弱的特点，有针对性地提出具体的环水保措施，为工程全面落实环水保方案提供保障。针对海南变电站及高海拔地区生态环境脆弱的特点，采用对周围环境影响最小的施工方案；施工期间要求对裸露土进行覆盖，在施工图中落实植被恢复措施、防风固沙措施等，所有临建拆除后均要进行植草，保证复活。在变电站设计中，通过优化总平面布置，尽量减少占地，减少对环境的影响，对临建区及临时租地的区域，一方面尽量压缩占地面积，另一方面考虑种草复耕等措施。采用标准化设计助力工程高质量建设，针对工程交直流合建规模大、施工单位多、接口复杂的特点，在工程设计中，开展标准化设计工作。先后编写色彩方案、标准化设计方案、控制楼标准化设计方案，以及 GIS 室、围墙、道路等标准化设计方案，统一了建构筑物形式，便于全站统一管理、质量控制。工程采用装配式设计理念实现降本增效。海南变电站冬季周期长，为减少施工降效，提高效率，该站设计工程中考虑装配式设计理念，采用装配式围墙、装配式电缆沟、装配式散水、装配式灯具基础等多种装配式方案，既能有效缩短施工周期、减少维护量，又能保证施工质量，提高效率。

10.4.2 经验总结

两型特高压工程在实现跨区输电、缓解受端电力供应压力基本使命的同时，更加注重依靠其“源头两型”的本质特征，实现清洁能源对化石燃料的完美替代，达到减排降耗、绿色低碳的“双碳”目标使命。以青豫工程为例，其每年可为华中地区输入清洁电量 400 亿千瓦・时，将河南省全社会用电量的八分之一转变为清洁电力，相当于替代原煤 1800 万吨、减排烟尘 1.4 万吨、二氧化硫 9 万吨、二氧化碳 2960 万吨，是对“双碳”目标的有效落实，充分体现了低碳发展的价值取向。而这些减污降碳取得的成就与特高压工程建设过程中数字技术的应用有着密不可分的联系。

1. 移动互联网技术助力特高压工程两型建设

伴随大数据、人工智能、物联网、区块链、数字孪生等数据智能技术的深度发展，尤其是移动互联网技术的大规模应用和普及，特高压工程展现出信息化、网络化的新形势。通过充分利用互联网技术，可以创新特高压运维检修方法，提升特高压精益化管理，带来特高压安全管控保障，促进特高压工程两型建设，全力保障特高压交直流设备长期、可靠、稳定运行。

移动互联网技术助力特高压工程两型建设主要体现在以下几个方面：首先是创新特高压运维检修方法。基于“互联网+”的思维和技术角度开发的全口径数据报表智能生成系统，可按时自动获取各类基础数据，按照“日比对、周分析、月总结”的要求智能生成各类报表。在此基础上应运而生的设备全景数据分析应用系统则充分融合数据采集与监视控制系统、在线监测、项目管理信息系统、视频监控、机器人巡检等系统的 5 类数据，以设备为单位进行全景展示和大数据分析。运维人员根据设备全景数据分析应用系统生成的大数据分析报告，可以精准掌握设备健康状况与变化趋势，及时优化运行方式。检修人员可以通过互联网进行数据共享，定期对重要设备关键控制点的运行数据进行对标检查、量化分析、纵横对比，及时发现异常状况，制定相应的检修策略。其次是提升特高压精益化管理。特高压设备技术新颖，安装调试要求高，做好特高压设备从设计、制造、安装、调试到运维等阶段的全寿命周期信息管理，是确保特高压电网安全稳定运行的基础。因此，一套能够搭载设备全过程资料的信息平台是必不可少的。设备全过程多维度信息管理系统能够以文字、图片、视频等多种形式动态记录设备“生命周期”中的所有数据资料，就像是为每一个设备都建立了一份“终身档案”，实现信息共享，保障工作的时效性。该系统还可以在特高压站分别设置手持离线终端机，方便运检人员在设备现场及时录入重要资料和工作记录。这套信息管理系统能够与全站多设备在线检测系统进行数据共享，并借助大数据分析技术，为运检人员准确评估设备的健康状况提供重要参考，有效提升了特高压设备的精益化管理水平。最后是增强特高压安全管控保障，针对特高压变电站集中检修时施工人员多、工作区域点多面广、难以有效管控等问题，将“互联网+”应用到安全管控领域，如多层级安全区域智能报警系统。该系统采用 GPS 精确定位技术对现场各类作业人员进行标识和轨迹跟踪，一旦作业范围超出规定的安全区域，将在现场、变电站后台、远端监控中心同时发出智能报警。检修人员还可利用 3D 建模技术的检修预演模拟系统在 3D 实景平台中对大型检修作业进行模拟预演，查看作业车辆的行进路线是否合理、吊臂与带电设备的安全距离是否符合要求等，以此检验检修策略与流程是否安全可靠，危险点预控措施是否到位。通过多层级安全区域智能报警系统与检修预演模拟系统这两大“神器”的应用，特高压安全管控有了新的保障，特高压变得“特安全”。

从具体的应用上看，青豫工程开发应用“换流站同进同出及安全质量监检平台”，依托“互联网+”与动态定位相结合、以 GPS 为定位的技术手段，对现场人员车辆的进出场情况和活动轨迹进行动态管控，实现将移动端设备、后台管理程序和网络通信技术融为一体的智能化现场安全质量协同管控平台，将现场信息实时反馈；利用视频会议系统进行现场管理，通过电力专网及网络、视频设备构建覆盖国家电网有限公司特高压建设分公司、国网河南省电力公司、国网青海省电力公司、工程现场的视频会议系统。国家电网有限公司特高压建设分公司及其他各点分会场可以通过多点控制单元设备，组织多点会议，也可利用视频终端进行点对点直呼。视频会议系统的应用，大大节省了差旅、会议成本，并具有响应及时、参与广泛、技术可靠等特点，广泛应用于工程施工、调试管理过程中；打造了 5G 智能头盔（图 10-4），将现场特殊空间、特殊场景、特殊作业类别的现场画面通过 5G 网络回传至指挥中心大屏，满足多人同时观看、大量数据集中显示的需求，实现特殊环境远程协同研判。

图 10-4　5G 智能头盔

2. 泛在电力物联网技术助力特高压工程两型建设

物联网是使物品之间产生不经人类干预的信息传递与控制，从而实现智能化识别、定位、跟踪、监控和管理的一种网络。泛在电力物联网，是充分应用移动互联、人工智能等现代信息技术、先进通信技术，实现电力系统各个环节万物互联、人机交互，具有状态全面感知、信息高效处理、应用便捷灵活特征的智慧服务系统。随着物联网技术的发展，泛在电力物联网在电力系统中的应用越来越受重视。电力化信息时代的智能电网需要泛在电力物联网作支撑，在特高压工程领域，物联网技术将在特高压工程现场管理、平台数据传输、智能电网中“大展身手”。

泛在电力物联网技术助力特高压工程两型建设主要体现在以下几方面。泛在电力物联网技术助力特高压工程现场管理。在特高压输变电工程现场，一般情况下工程线路距离在几百千米到上千千米不等，尤其是特高压变电工程系统复杂，人员、机械、设备繁多，特高压线路工程上每级铁塔最少几十吨，多则几百吨，1000 千伏交流同塔双回线路平均高度超过 100 米。距离远，人员、机械、设备繁多，工程量大，施工现场危险点多等特点，对特高压现场的管理提出了很高的要求，因此引入物联网技术对特高压工程管理有积极的意义。国家电网有限公司积极引入新技术、新手段、新设备和新的监测方法，采用大量先进技术，加强对特高压设备的监测，如状态监测系统、红外测温技术、紫外检测技术、防坠落装置、移动式攀爬机、直升机巡线等，丰富了设备监测手段，优化了设备检修方式和方法，提高了现场生产管理水平。状态监测系统包括换流变压器气体在线检测装置、图像监控系统、线路覆冰和导线张力在线监测系统、线路风偏在线监测装置、导线舞动在线监测、线路微风振动在线监测、杆塔倾斜在线监测系统、绝缘子盐密度监测、换流站自动红外监测系统、换流站水泄漏监测系统、变压器油色谱监测系统；红外测温技术装置在换流站和线路的巡视中广泛应用。紫外检测技术采用高灵敏度的紫外线辐射接收器，记录绝缘子、导线及电气设备电晕和表面放电过程中辐射的紫外线，再加以处理、分析，达到评价设备状况的目的。在工程建设中，现场各参建单位积极贯彻执行国家电网有限公司输变电工程安全文明施工标准，积极落实安全文明施工各项要求，积极开展安全文明施工策划，施工现场工作和生活区域统一规划、统一布置、统一标志，高标准、严要求，创建安全文明施工的典范工地。泛在电力物联网技术助力平台数据传输，通过物联网技术将各种数据传输到站域级平台进行分析和决策，能够使系统实时感知电力设备的运行状态，通过基于电网故障特征神经网络智能识别电气设备的正常、一般缺陷、严重缺陷、危急缺陷等运行状态，能够及时报警并通知相应人员进行消缺。青海海南±800 千伏换流站配置一套消防自动化系统，通过采集全站消防设备的状态信息，实现对全站消防设备的统一监视，提高固定灭火系统的启动可靠性。并通过制定不同火灾情景下的消防电子预案，指导运行人员对火情做出精准判断，正确使用消防设备，提升火灾消防的预案处理联动能力。换流站消防自动化系统由站控层后台和间隔层采控装置组成。站控层后台应包含消防自动化主机及消防自动化工作站，以通信的方式接入换流变压器排油系统和火灾报警主机信息。间隔层采控装置用于采集站内消防水监测、消防安全巡检、固定灭火设备状态等重要消防监测信息，并可在应急情况下，对换流站内固定式灭火设备进行控制。集成消防自动化系统优化提升了消防信息采集，实现了消防信息检测、可视化展示、消防设备运维管理、安全巡检、风险管控、电子预案等功能。对于大件运输，锦苏特高压工程以物流信息系统为平台，通过 GPS 卫星定位及电话联系押运人员等方式全程监控大件物资运输状态，及时了解大件物资运输情况，通过系统信息平台每日短信汇报大件物资运输日报。泛在电力物联网技术助力智能电网。在智能电网中，物联网技术的应用主要体现在用电信息采集系统、智能电网、智能插座、智能互动终端、分布式能源接入及控制系统、智能输电线路巡检系统和视频监控系统、智能型全方位电力户外设施防盗综合预警系统、变电站智能监控等方面。传感器在电网建设、电网安全生产管理、运行维护、信息采集、安全监控、计量等方面发挥了巨大的作用，可以全方位提高智能电网各个环节的信息感知深度、广度以及密度，为实现电力系统的智能化以及电力流、信息流、业务流高度融合提供了基础的数据支撑。物联网把新一代 IT 技术充分运用在各行各业中，具体地，就是把物联网感应器嵌入和装备到特高压电网建设中的各个部分，然后将物联网与现有的互联网整合起来，实现人类社会与物理系统的整合。在这个整合的网络中，存在能力超级强大的中心计算机群，能够对整合网络内的人员、机器、设备和基础设施进行实时管理和控制。在此基础上，人类可以通过无所不在的计算和网络，以更加精细和动态的方式管理生产和生活，管理特高压工程，达到“智慧”

状态，提高资源利用效率和生产力水平，改善人与自然的关系。青豫工程的智能化应用体现在项目人员管理，通过闸机、人脸识别系统实现人员的实名制管理；实现快速明火监控，通过智能摄像头实时监控滤油区等重点防火部位，智能化分析并报警烟雾和明火，将常规分钟级响应速度提升至秒级，同时同步存储快照和视频，方便查询分析。针对重要施工区域，分阶段对带电区域进行重点管控，通过划分虚拟安全电子围栏，实现近电报警的功能。配置八旋翼无人机，可以搭载高清摄像机和红外热成像仪，服务于基建阶段高空作业监控、高清视频巡检和运行阶段红外温度监测。利用无人机对全站进度、安全、质量、环水保等进行综合管理。不定期利用无人机对现场进行巡视。航拍全站、区域俯视图，实时掌控现场各作业面人员安排、组织措施、安全管控情况等，并留下视频、照片等影像资料，督促相关单位严格按照合格方案执行。

3. 大数据技术助力特高压工程两型建设化

首先，云计算整合智能电网系统内部计算处理和存储资源。大数据分析技术的出现开启了一次重大的时代转型，正在深刻改变人类理解和认识客观世界的方式。大数据技术、云计算在智能电网中得到了广泛的应用，大数据技术与云计算密不可分，大数据技术为云计算提供应用场景，云计算在大数据技术的基础上提供工具和途径。云计算能够整合智能电网系统内部计算处理和存储的资源，提高电网处理和交互能力，成为电网强有力的技术组成；大数据技术立足于业务服务需求，根植于云计算，以云计算为基础；智能电网可被抽象地认为是大数据技术这个概念在电力中的应用，所以三者是彼此交互的关系（图 10-5）；大数据技术

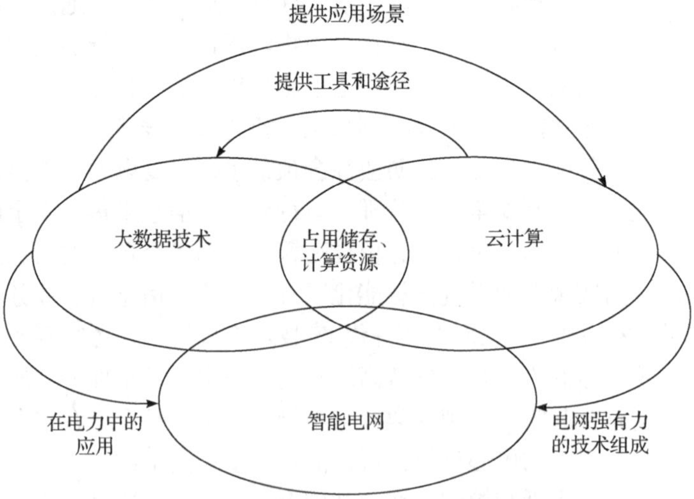

图 10-5　大数据技术、云计算与智能电网

在智能电网中的应用场景如图 10-6 所示。这一技术在特高压工程两型建设领域的应用将为该类工程的建设提供更为高效甚至革命性的工具。大数据技术在工程规划中的应用，使规划者更好地统筹全局，提升了电网的负荷预测能力；在工程建设中的应用，提升了现场安全管控能力，使施工人员的安全以及环境、资源安全得到了应有的保障。在特高压运行时，可以应用大数据技术合理地调配有限的资源，提升了对新能源调度管理的能力。大数据技术在状态检修中的应用，提升了故障预警精准性和运维效率，使检修策略从被动转向主动。大数据技术也可以应用在电力营销的过程中，通过大数据技术分析用电情况，提升对用电行为的分析能力。此外，大数据技术在运营监控与客服中的应用，有利于提升业务关联分析能力以及服务效率。

图 10-6　大数据技术在智能电网中的应用场景

4. 大数据技术引领特高压工程两型建设与管理革命

特高压大数据中心建设是国家电网有限公司推进特高压工程数字化转型的重要工作之一。系统建成后，将实现特高压工程数据资源的统一管理，推动建筑信息模型（building information model，BIM）技术在特高压工程中的深化应用，实现特高压工程“一横十纵”数字化管理模式，打造特高压工程“数字孪生”。通过加强创新投入，高质量建设特高压大数据中心，提升特高压大数据的采集应用和增值服务能力，系统性打造特高压数字孪生，建设智慧电网工程，形成高价值的数字化资产以支撑特高压电网全生命周期管理；与参建各方共同构建特高压工程数字化工作体系，推进特高压工程数字化转型，形成可持续的工程数字化工作模式，开拓新的数字化产业。驻马店换流站工程在现场安全监督管理中，通过智慧工地系统，进行综合业务管理、安全统计分析、安全监督管控、安全风险管理、安全应急管理和安全教育培训，推动现场安全工作的全面开展。大数据技术的引入，也使全民参与特高压工程两型建设成为可能，信息传递结构扁平化是大数据时代的一个重要特征，这意味着数据对于每个身处其中的人而言都是公平的。公民的参与将帮助更好地积累和形成环境大数据，同时这些数据的积累和公开，也将使公民获得参加、评价、监督特高压工程两型建设的全新视角。青豫工程在大数据技术方面的智能化应用体现在：国网青海省电力公司依托科技创新力量，结合青海海南±800千伏换流站工程实际，以科技主导工程建设，相继使用了人脸识别闸机、全站仪、定位监控等新技术、新材料、新设备、新工艺，优化了传统方法下的施工过程，并将现代信息技术引入基建管理全过程，在线路工程创建了“1+3+5”（1个监控平台、3级管理体系、5个功能模块）的监控管理体系，并对集工程设计、进度、安全、质量、技术、档案、物资、环水保为一体的全过程进行多方位管理。首先是人工智能监控，通过现场智能摄像头实时捕捉现场画面，上传云端进行算法分析，识别现场人员违章行为并分区联动智能广播实时提醒，同步采集储存、事后考核，主要开发了现场未戴安全帽或抽烟监控技术。此外新一代信息技术的应用是带动电网工程建设行业发展、落实能源互联网企业战略目标的具体实践。青豫工程积极开展BIM、海拉瓦、数字化、移动互联、人工智能等新技术应用，建设“智慧工地”有效提高工程建设管理的安全、质量和效率。青豫工程创新引进洛斯达环水保数字化服务平台，创建智慧工地，以送端换流站为例，引入“现场采集数码影像、无人机航拍及卫星遥感天地一体化”监控技术，采取电脑客户端、手机APP等多端远程智能监控技术，实现业主项目部、施工、监理、设计及环水保验收单位的网络互联模式，每周至少开展一次全站性的环水保动态巡查，巡查内容包括草原是否存在漂浮物、生产生活垃圾集中处理情况、施工有无新增临时占地、环水保措施执行情况等。通过航摄全站图，全面了解站区裸土苫盖情况、弃渣弃土处置情况、固废清运情况及站区外围环境状况，准确识别工程环水保措施落实情况及存在的问题，极大地提升了环水保监管力度和工作效率，各项环水保措施得以及时实施、落实到位。同时，工程在临时堆土场地布置了一处固定监测点位，采用水土流失在线监测系统开展监测工作。该系统可通过传感器测定风速、风向、雨量、湿度、温度、$PM_{2.5}$、噪声等多项环境因子，通过具有自主知识产权的超声测钎装置，可实现对土壤流失厚度的实时监测，通过自主开发的数据分析管理控制程序可进行数据采集、数据传输、数据统计可视化分析与展示。监测人员还可通过数码影像采集系统查看工程现场进展和水土保持措施实施情况，实现对水土流失的远程监控，有效规范水土保持工作。

5. 数字孪生助力特高压工程两型建设

数字孪生特高压工程两型建设是基于数字孪生基础设施的电网数字化转型方法，通过在数字空间建设电网、环境、人员和业务四大要素，实现数据驱动的全局、全生命周期的数字孪生体，从而达到不断改善的应用目的。引入数字孪生基础设施（图10-7），以解决平台烟囱式的弊端。从特高压工程的行业特点来看，发电、输电、变电、配电和用电全流程都有数字孪生的应用潜力。与现有的电力企业高度集成的数字孪生体实践不同，数字孪生特高压工程两型建设更强调模块化和开放架构，这有助于形成可持续改进的技术体系，实现“向前兼容”的目标。另外，数字孪生特高压工程两型建设采用了实体化的方法，能够固化各种数字孪生化成果，有助于技术专业化分工形成，最终各个模块可以独立进行优化改进，避免了技术体系的复杂性，导致管理成本过高和过于复杂，从而无法实现预定的可持续改进要求。从数字孪生特高压工程两型建设实现来讲，应建立一个物理世界和数字空间相对应的数字孪生基础设施，主要包含电网、环境、人员和业务四大要素，进一步实现数据驱动的全局、全生命周期的数字孪生体，达到不断改善的应用目的。与电网行业通常采用的平台和模型的高度耦合模式不同，数字孪生特高压工程两型建设强调开放架构，实现了数字孪生模型的基础设施化，平台主要承担能力建设和提供功能，避免了烟囱式的出现。在数字孪生特高压工程两型建设参考架构中，传感设备、边缘计算和物联网等由于技术成熟，能够较为容易地从市场获取。数字孪生体平台是能力构建的关键系统。数字孪生特高压工程两型建设平台，应该遵循面向开发者的基本要求，同时应包含经常使用的场景库、方便使用的开发平台和资源丰富的开源社区。

图 10-7　数字孪生基础设施

10.4.3　启示与建议

特高压工程创新的原动力来自以人为本和绿色低碳。以人为本要求工程更加人性化，以更好地为人类的发展服务。绿色低碳要求工程又好、又经济、又可持续。这些都促使了工程不断进行创新。而技术创新与管理创新的结合，即二元创新的成功与否决定了工程创新的成败。其中管理创新是指组织形成创造性思想并将其转化为有用的产品、服务或作业方法的过程。技术创新与管理创新是工程进步的统一推进器，技术是生产力，管理是生产关系，二者相辅相成，辩证统一地存在于工程发展中。因此，需要在以人为本的前提下，坚持绿色低碳的发展导向，同时进行技术创新与管理创新，并将二者有机结合。特高压工程作为关乎国计民生的大型能源工程，工程线路跨地域广，沿线地形地貌复杂多样，参与建设单位众多，工程程序复杂。一些涉及工程优劣与成败的重大工程活动牵涉诸多方面，大多数情况下由于现有技术与作业方法无法满足工程需求必须开展技术创新和管理创新。这既牵涉创新的公关单位，也紧密关联创新成果的实施单位。因此，技术和管理的协同创新是工程创新的必由之路。

以青豫工程为例，其在技术基础和工程管理上各面临三大障碍。在技术基础上，一是作为典型的“特高压直流+新能源”工程，其受新能源波动性、弱阻尼、零转动惯量等特性的影响，同时送端常规电源建设滞后造成系统电压支撑弱，直流实际输送能力受到限制。二是工程设备电压等级高、容量大，阀冷设备、压缩空气泡沫灭火系统（compressed air foam system，CAFS）等工程关键设备首次应用缺乏施工与操作经验。三是特高压套管进口依赖程度大，亟待推进国产化。在工程管理上，一是工程部分线路与送端换流站地处高海拔、生态脆弱地区和植被丰茂区，工程施工建设困难与设备安装难度大。二是施工现场多家单位同步建设，设备集中到货，工序深度交叉，相关专业施工分界面多。三是工程建设期间遭遇新冠疫情冲击，对物资供应与现场施工造成严重影响。为保证工程质量与工期，青豫工程积极开展技术与管理协同创新，取得了三方面的突出成果。第一，通过管理方式优化引导技术工艺改进，在世界上首次运用了特高压换流变现场组装技术，全面攻克了特高压换流变现场大规模组装技术和高海拔环境下的制造工艺控制难题。第二，通过多方协同管理与可视化智能技术相结合，实现了关键设备多方协同安装，高质量、高标准地完成了工程建设任务，降低了工程损耗。第三，通过技术创新管理促进公关效率，实现了特高压套管国产化，并且指标优良、工艺质量稳定，在工程中实现了批量应用。

10.5 前景展望

针对上述数字技术赋能电力企业源端降碳、能耗监测、高效用能、低碳行为激励、减排精准规划等减污降碳路径，本节提出对电力企业数字化减污降碳的前景展望，保障数字技术赋能电力企业减污降碳路径的实效，进而促进电力企业的数智化绿色低碳转型。

10.5.1 着力推进电力数据安全治理和风险防控

在数字技术为电力企业的低碳化以及智能化发展开辟新途径的同时，电力数据作为企业的核心，面临更加严格的安全考验，本节在深入分析电力企业现状的基础上，结合大数据时代的要求与行业发展的需要，提出以下思路。

（1）建立关键数据安全基础设施，健全安全管理机制。能源电力企业身处关键基础设施行业，其对数据安全的管理非常重要。建立权责明晰、分工合理、协同高效的数据安全管理组织体系可以帮助企业更好地保护数据，并有效应对潜在的安全威胁。确保数据安全的关键步骤包括规范数据分类分级、推进安全管理制度建设、加强评估和责任追究以及确立安全职责和权利。同时，对于需要外发数据的情况，建立备案制度，确保外发数据的安全性。建立灵活高效的数据安全应急响应机制，及时应对各类安全事件和威胁。定期对数据处理、使用、外发等环节进行安全评估，发现潜在风险并采取相应措施进行改进，加强责任追究，以提升数据安全管理水平，降低数据泄露和滥用风险。同时，还需持续关注数据安全领域的最新技术和法规要求，不断完善和提升数据安全管理水平。

（2）牢固树立法律红线意识和底线思维，推进安全合规机制建设。紧跟国家法律法规要求，加强数据安全法律意识宣传，深入分析数据安全案例，并依法依规落实个人信息安全保护要求；确保企业在数据处理和管理过程中遵守法律法规，防范数据安全风险，提高组织和个人对数据安全法律要求的认知，推进数据安全管理的合规化和标准化，有效防范数据泄露和滥用风险，保护客户的个人隐私和数据安全，在数据业务发展中树立法律法规红线意识；依法依规落实个人信息安全保护要求，合法合规获取、使用个人信息，对于违反安全规定的行为，及时采取纠正和惩处措施，形成严明的制度和规范，制定并推广适用于企业的数据安全和合规政策；明确各个环节的安全要求，包括数据收集、存储、处理、传输和共享等方面，避免侵犯客户个人隐私或违规获取客户个人信息的行为发生。

（3）提升数据安全技术服务的专业能力，统一服务流程和操作规范。制定适用于数据安全技术服务的标准和规范，明确各项要求和指导原则，定期进行数据安全技术服务的审查和评估，发现问题并及时改进，保持服务质量和安全水平；加快应用数据脱敏、水印溯源、大数据态势感知等技术，并探索匿名化、数据标签、多方安全计算等应用场景。实现安全服务能力的开放调用、策略统一管理、风险统一研判。通过提升数据安全监测和攻防验证能力，有效减少数据泄露和安全风险。

（4）致力于培育数据安全人才队伍，巩固安全防线。加强数据安全人才培养，构筑稳固的数据安全防护架构。对电网企业而言，亟须加速引进数据安全领域的专家，并专注培育具备法规合规及产业攻防专业技能的人才基石。同时，建构数据安全专业团队，强化从业人员的职责履行能力和职业操守。促进数据安全管理机构与业务部门之间的交互融合，协同开展数据安全相关工作，以确保数据安全责任的落地与实践，并培养具有扎实业务素养及高度安全意识的专业人才。此外，强化公司各部门在数据安全领域的交流与合作，建立常态化沟通协作机制，以塑造优良的数据安全专业人才培育、技术创新与产业发展新生态[21]。

10.5.2 发挥数字化优势，提升碳市场运营水平

电力市场与碳市场之间存在着极强的关联性，发电企业的生产消费产生碳排放，而碳价也影响着发电企业成本，电力行业同时也是首批纳入碳市场的对象。要充分发挥电力企业数字化转型的优势，建立以“电-碳”关系为基础的碳排放监测、计量标准和核算体系，有效提升碳核查数据质量。一是发挥电力数据覆盖面广、实时性强、可靠性强、数字化程度高等优势，强化基于电力流的碳排放监测技术和电力大数据辅助核查技术，提升对企业报送碳排放数据过程的精准管控。二是电力企业在保障信息安全的前提下打造“电碳数据库”，利用电力市场数据和数字技术手段增强市场主体的碳足迹追踪、碳配额核准能力。三是充分利用数字技术，加强绿色电力证书和碳交易市场的数据共享，推动碳市场与绿色电力市场有机衔接[22]。电力企业可利用国际互认的绿电交易凭证，将富余的碳排放配额在碳市场中出售并获得额外的经济收益，这有助于增加碳市场的参与主体数量并扩大交易规模。

10.5.3 利用数字技术应对欧盟碳税的不利影响

一是推动碳排放数据的监测(monitoring)、报告(reporting)、核查(verification)和区块链技术相结合，以此保障数据监测的真实性，同时也为企业应对欧盟碳边境调整机制中可能出现的碳排放数据争议提供可靠支持。二是推动受碳边境调整机制影响的企业同时参与碳市场和绿证交易市场，并允许其所购绿证转化为国家核证自愿减排量（Chinese Certified Emission Reduction，CCER）抵消碳配额，以降低其间接电力消耗的碳排放，同时发挥两个市场的协同减排作用。三是推动电力企业全链条碳减排与碳足迹实时追溯，依靠数字化碳管理平台开展供应链碳足迹核算工作以及规划碳减排实施方案，从数据源头开始，利用物联网服务实时采集数据，并基于区块链技术解决数据可追溯、不可篡改的问题，实现多场景/技术路线可一键编制的全生命周期碳足迹报告，支持企业提前应对碳边境调整机制、产品碳足迹披露要求等绿色贸易壁垒。

10.5.4 建立支撑智慧电力系统的数字标准体系

在建立完善智能电力系统时，应先制定完善的指标体系，为人工智能的日常检查提供依据，以此来获得更为准确合理的数据结果。当前，该标准体系包含三类技术标准。

一是发电侧方面，需要统筹制定煤炭等化石能源与水能、风能、太阳能等清洁能源的多能互补技术标准，对其数据交换方式、信息传递需求等进行深入研究和分析，了解各种数字标准的应用场景和影响因素；加强传统调峰电源技术标准

的建设，包括煤电灵活性改造、抽水蓄能以及燃气发电，以充分发挥其灵活调节和协调运行能力，为电力系统持续运行提供必要的支撑。

二是电网侧方面，需要完善输电网络与变电技术的相关标准体系，同时，加快配电网络的优化升级，推动分布式电源和微电网相关标准的建设，确保分布式新能源的高效就地消纳，并以此促进微电网的深层次发展。新能源的规模性发展仍存在不足之处，如电力系统面临灵活性资源紧缺、新能源消纳能力薄弱、系统可靠性下降以及配网侧运行与维护管理难度增加等一系列挑战，因此，新型电力系统技术标准体系仍需多方面发展和针对性完善。

三是储能侧方面，需要不断加强多种储能技术与电力系统备用技术的标准体系建设，参考相关行业标准，如储能设备的通信接口标准、数据格式标准等，了解行业内已有的数字标准，并结合自身需求进行适应性调整；根据储能侧的数据交换需求，定义相应的数据模型和接口规范，确保数据的一致性和可交互性，为特殊情况下电力系统的安全稳定运行提供保障。

10.5.5　助力电力企业提质降本增效

电力企业提质降本增效的重要内容在于能源和信息交换，在充分理解电力行业数字化转型需求的基础上，结合自身数字化转型以及服务电力行业数字化的实践经验，为不同发展阶段和规模的企业提供数字化转型“贴身伴跑”服务。同时，从算力、网络、平台、安全等多方面发力，全面推动“广泛联接+智能高效+安全可靠+绿色低碳”的新型能源体系建设。将电力资产日常管理与数字化管理系统有效地整合；现场操作人员扫描 RFID 标签，自动获取设备在规划设计、采购建设、验收投运、运维检修、报废等阶段的海量信息数据，从而达到实物信息与系统信息的实时同步一致，可实现对输、变、配电网生产设备、计量资产、办公资产、信息通信资产、工器具等电网资产的实物管理，提高资产管理业务操作效率和资产全生命周期信息追溯与周期管理水平。

参考文献

[1] 国际能源署. 中国能源体系碳中和路线图[M]. 北京: 中信出版社, 2024.
[2] 陈军, 肖雨彤. 生态文明先行示范区建设如何助力实现“双碳”目标？——基于合成控制法的实证研究[J]. 中国地质大学学报(社会科学版), 2023, 23(1): 87-101.
[3] 艾瑞咨询. 2022 年中国电力产业数字化研究报告[R]. 北京: 艾瑞咨询集团, 2022.
[4] 卫志农, 余爽, 孙国强, 等. 虚拟电厂的概念与发展[J]. 电力系统自动化, 2013, 37(13): 1-9.
[5] 沈于. 运用数字技术减排降碳[J]. 群众, 2022, (8): 37-38.
[6] 许才, 张平, 刘春晖, 等. 基于大数据技术的多能互补能源体系优化管理[M]//《中国电力企业管理创新实践》编委会. 中国电力企业管理创新实践(2019 年). 北京: 中国标准出版社, 2020: 841-844.

[7] 赛迪顾问股份有限公司. 碳中和背景下数字技术赋能的中国新型电力系统[R]. 北京: 赛迪顾问股份有限公司, 2022.
[8] 祁文坤. 大数据及可视化平台在电力企业中的应用[J]. 电子世界, 2016, (24): 138, 168.
[9] 陈晓红, 胡东滨, 曹文治, 等. 数字技术助推我国能源行业碳中和目标实现的路径探析[J]. 中国科学院院刊, 2021, 36(9): 1019-1029.
[10] 李硕, 张建国, 白泉, 等. AI 赋能园区降碳潜力分析研究[J]. 中国能源, 2022, 44(6): 11-18.
[11] 孟明, 商聪, 马思源, 等. 基于区块链的综合能源系统低碳优化调度研究[J]. 华北电力大学学报(自然科学版), 2023, 50(3): 67-80.
[12] 殷爽睿, 艾芊, 宋平, 等. 虚拟电厂分层互动模式与可信交易框架研究与展望[J]. 电力系统自动化, 2022, 46(18): 118-128.
[13] 唐智星, 何文武. 智能电网建设中云计算大数据处理技术的应用[J]. 现代工业经济和信息化, 2023, 13(4): 41-42.
[14] 王于鹤, 王娟, 邓良辰. "双碳"目标下, 能源行业数字化转型的思考与建议[J]. 中国能源, 2021, 43(10): 47-52.
[15] 李元丽. "双碳"目标驱动能源电力系统数字转型[N]. 人民政协报, 2023-02-14(6).
[16] 苗长胜. 我国电力企业数字化转型的探索与实践探析[J]. 四川文理学院学报, 2022, 32(1): 69-74.
[17] 中华人民共和国国务院新闻办公室. 新时代的中国能源发展(2020 年 12 月)[M]. 北京: 人民出版社, 2020.
[18] 张宁, 李姚旺, 黄俊辉, 等. 电力系统全环节碳计量方法与碳表系统[J]. 电力系统自动化, 2023, 47(9): 2-12.
[19] 康重庆, 杜尔顺, 李姚旺, 等. 新型电力系统的"碳视角": 科学问题与研究框架[J]. 电网技术, 2022, 46(3): 821-833.
[20] 刘昱良, 李姚旺, 周春雷, 等. 电力系统碳排放计量与分析方法综述[J]. 中国电机工程学报, 2023, 44(6): 2220-2236.
[21] 康重庆, 杜尔顺, 郭鸿业, 等. 新型电力系统的六要素分析[J]. 电网技术, 2023, 47(5): 1741-1750.
[22] 段凯, 李竹, 刘锋, 等. 浅析电力营销数据开放与共享安全治理[J]. 中国新通信, 2023, 25(2): 125-127.

第 11 章　数字化与制造业（供应链）绿色转型

11.1　引　　言

11.1.1　制造业绿色转型趋势

1. 国家高质量发展需求

制造业是国民经济的主体，其国际竞争力通常反映一国的综合国力。自党的二十大报告指出要“推动制造业高端化、智能化、绿色化发展”[①]以来，促进制造业绿色转型被提到前所未有的高度。在当前的制造业结构中，中国的高耗能和高污染产业占比仍然较高，这不仅不利于中国经济的高质量发展，也给中国的资源环境带来了巨大压力。据《中国能源统计年鉴 2022》，中国制造业能源消费总量为 282 447 万吨标准煤，占全国能源消耗总量的 56.821%，由此产生的碳排放为 80.113 亿吨，占全国碳排放总量的 69.838%，表明制造业的绿色创新和转型升级仍然有较大的提升空间。制造业的绿色化不仅是高质量发展的重要路径，也是可持续发展的必然要求。由此，推进制造业绿色转型成为中国实现“双碳”目标的重要抓手。

2. 市场需求与社会责任

随着中国消费者环保意识的不断提升，市场对绿色、低碳、环保产品的需求日益增长。越来越多的消费者倾向于购买对环境友好的产品，这种绿色消费趋势推动企业向绿色制造转型。企业通过生产绿色产品，不仅能够满足市场需求，还能提升品牌竞争力，赢得消费者的信任和忠诚。此外，国际市场对绿色标准的要求也在逐步提高，许多国家和地区制定了严格的绿色认证标准，如 ISO 14001 环境管理体系认证。跨国公司对供应链中的环保要求也促使供应链上下游企业共同实现绿色转型，增强其在国际市场中的竞争力。

社会对环保问题的关注日益增加，企业的社会责任意识也在不断增强。企业

① 《习近平：高举中国特色社会主义伟大旗帜 为全面建设社会主义现代化国家而团结奋斗——在中国共产党第二十次全国代表大会上的报告》，https://www.gov.cn/xinwen/2022-10/25/content_5721685.htm[2022-10-25]。

认识到，绿色发展不仅是履行社会责任的必要手段，更是实现长期可持续发展的战略选择。公众对企业环保表现的监督和压力不断增大，企业必须积极回应社会关切，采取环保措施，推动绿色转型。通过推行绿色管理体系，企业将环境保护融入管理的各个环节，同时加强员工的环保意识和技能培训，形成全员参与的绿色文化。企业在履行社会责任的同时，也为自身赢得了良好的社会声誉和更广阔的发展空间。

3. 国际压力与资源约束

全球应对气候变化的迫切需求以及各国纷纷提出的碳中和目标，给中国制造业带来了巨大的国际压力。作为世界制造业大国，中国积极响应全球气候变化的挑战，不仅要求制造业加快绿色转型、减少碳排放，还需要通过技术创新和国际合作来提高环保水平。中国在履行国际减排承诺的过程中，积极参与全球气候变化治理，推动绿色制造技术的发展与应用，以满足国际市场对绿色产品和生产过程的严格要求。这种国际压力不仅是挑战，更是促进中国制造业供应链绿色发展的动力。

中国制造业面临资源短缺和环境污染的双重压力，迫使企业寻求可持续的发展路径。矿产资源和能源的有限性，使制造业必须提高资源利用效率，减少对不可再生资源的依赖。环境污染问题日益严重，促使企业采用更加严格的环保措施，减少废水、废气和固体废弃物的排放。通过发展循环经济，企业可实现对资源的高效利用和废弃物的再生利用，降低生产成本的同时也减少了环境负担。清洁生产技术的应用和生产过程的优化，帮助企业在资源约束下实现绿色转型，为可持续发展提供了新的解决方案。

11.1.2 政策与实践推进数字化与制造业绿色转型

1. 政府政策和法规的角色

在中国数字化与制造业绿色转型过程中，国家政策和法规发挥了至关重要的作用。政府通过制定“十四五”规划等国家级战略，明确了数字化与绿色转型的总体目标，为制造业的升级提供了清晰的方向。这些战略不仅提出了技术创新和环保目标，还设立了具体的发展路线图。

国家通过财政补贴和税收优惠等手段，降低了企业进行数字化和绿色转型的成本。例如，对采用节能技术和设备的企业给予财政补助，或者通过税收减免鼓励企业投资绿色制造技术。这些政策措施有效减轻了企业在转型过程中面临的经济压力。

此外，环境保护法规，如《中华人民共和国环境保护法》和《中华人民共和国大气污染防治法》，强制企业降低污染物排放，推动其向绿色制造转型。同时，能效标准的制定和实施也促使企业提高能源使用效率，减少能源消耗。这些法规和标准不仅规范了企业的生产行为，还推动了技术进步和环保技术的应用。

政府还通过科技研发资助和创新基金等形式，支持企业在数字技术和绿色技术方面的研发。这些资助项目鼓励企业进行技术创新，推动新技术的商业化应用。同时，国家还制定了数字化与绿色制造相关的技术标准和行业规范，为企业技术发展提供了指导和保障。

在市场机制方面，国家通过建立碳交易市场和实施碳排放权交易，鼓励企业减少碳排放，推动绿色转型。此外，绿色金融政策的推行也为企业提供了融资支持，帮助其实现绿色技术的应用和推广。

最后，国家在职业培训和教育方面的投入也不可忽视。政府支持职业教育和技能培训，提升企业员工在数字化和绿色技术方面的能力。此外，企业与科研机构的合作也得到了鼓励，这种合作推动了新技术的应用和推广，加速了制造业的转型进程。

2. 企业实践和经验分享

以下是一些成功实施数字化与制造业绿色转型的企业案例，这些案例展示了企业如何通过技术创新和策略调整，实现可持续发展和提高竞争力。

西门子（SIEMENS）在数字化转型方面实施了全面的数字化工厂解决方案，如图 11-1 所示，包括数字化双胞胎技术和制造执行系统（manufacturing execution system），实现了对生产过程的实时监控和优化。通过其工业互联网平台 MindSphere，西门子集中管理和分析生产数据，推动了智能制造的实施。在绿色转型方面，西门子致力于减少自身运营的碳足迹，如通过在全球范围内实施节能项目和使用可再生能源来推动能源结构的绿色转型。

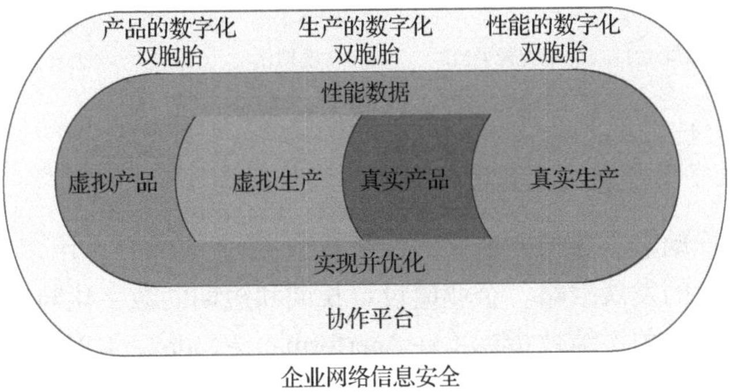

图 11-1　西门子数字化转型

通用电气公司（GE）在数字化方面开发了 Predix 平台，这是一个用于工业数据分析的云平台，帮助企业优化运营和维护。通用电气公司还在制造过程中采用了先进的传感器和自动化设备，实现了生产的智能化。在绿色转型方面，通用电气公司专注于开发低排放和高能效的产品，如高效燃气轮机，并在生产设施中实施能源管理系统，以减少碳排放和提高能效。

宝马（BMW）通过在生产线中应用智能机器人和自动化设备，实现了生产效率和灵活性的提升。宝马还使用虚拟现实和增强现实技术进行生产线设计和员工培训，以优化生产过程。在绿色转型方面，宝马致力于建设绿色工厂，如其在莱比锡的生产厂，通过节能和环保措施（包括使用可再生能源和回收废水）实现了可持续发展。此外，宝马在电动汽车领域积极布局，推出了多款电动和混合动力车型，推动了汽车行业的绿色转型。

华为（HUAWEI）在数字化转型中引入了工业机器人和自动化生产线，如图 11-2 所示，提升了生产效率。华为还利用物联网技术进行设备监控和维护，并通过自有的云计算和大数据平台实现生产过程的数字化管理。在绿色转型方面，华为应用了节能技术，如高效能源管理系统和绿色建筑设计，以减少生产过程中的能源消耗和环境影响，并积极推动可再生能源的应用，包括在数据中心和生产设施中使用太阳能和风能。

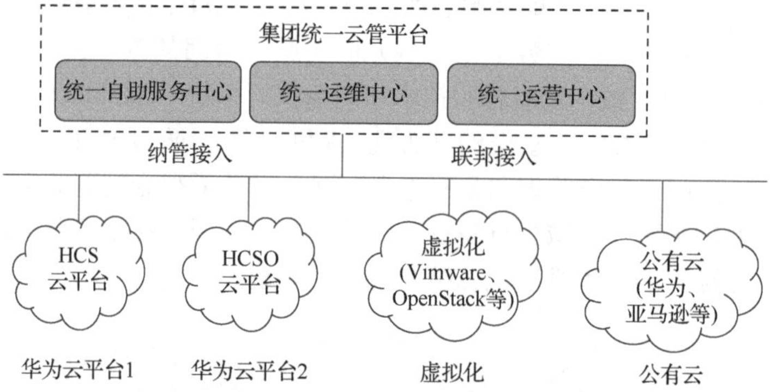

图 11-2　华为云平台

3. 推动数字化与制造业绿色转型的建议和策略

为了有效推动数字化与制造业的绿色转型，企业应综合运用多种策略和建议。第一，制定清晰的发展战略。企业应设定长期和短期的数字化与绿色转型目标，明确战略路线图和关键绩效指标（key performance index，KPI），确保转型过程中有明确的方向和可操作的步骤。同时，制定行业统一的数字化和绿色标准，提供技术规范和操作指南，以确保企业在转型中遵循一致的标准。

第二，推动技术创新和应用。企业应加大对数字技术（如人工智能、物联网、大数据分析）和绿色技术（如节能减排技术、可再生能源）的研发投资，支持技术成果的转化和应用。此外，鼓励企业与科研机构和高校合作，共同研发前沿技术，加速技术突破和推广应用。

第三，政策支持和激励。政府可以通过提供财政补贴、税收优惠和低息贷款等经济激励措施，降低企业转型成本，鼓励投资数字化和绿色技术。同时，出台相关政策和法规，明确企业在转型中的责任和义务，提供政策支持和指导。

第四，提升企业内部能力。企业应提供员工技能培训和职业教育，提升员工在数字化和绿色技术方面的知识与能力，确保企业内部具备所需的技术和管理能力。此外，吸引和培养高端技术人才与管理人才，推动企业技术和管理水平的提升。

第五，优化资源配置。企业可以推广智能制造技术，如自动化生产线和数字化双胞胎，提高生产效率，降低资源消耗。实施能源管理系统，优化能源使用，提高能源利用效率，减少能源浪费。

第六，促进绿色供应链。企业应推动绿色采购政策，鼓励选择环保材料和供应商，降低供应链的环境影响。与供应链上下游企业合作，共同推进绿色制造和数字化升级，提升整体供应链的绿色化水平。

第七，市场机制的优化。积极参与碳交易市场，利用碳交易机制降低碳排放成本，促进绿色转型。同时，推动绿色金融产品和服务的发展，为绿色项目提供融资支持，帮助企业实现绿色目标。

第八，提升公众意识与参与。通过公众宣传和教育活动，提高社会对数字化和绿色制造的认识与理解，促进公众对企业环保和数字化转型的支持。鼓励企业履行社会责任，公开环境和社会影响报告，增强企业的社会形象和市场竞争力。

综合运用这些策略，可以有效推动企业的数字化与绿色转型，实现可持续发展目标，提升企业的竞争力和市场地位。

11.2　数字化与制造业（供应链）绿色转型存在的问题

11.2.1　数据“孤岛”和信息不对称

1. 定义

数据“孤岛”是指在一个组织或系统中，数据被不同部门、系统或平台分散存储和管理，彼此之间缺乏有效的沟通和共享。

信息不对称是指供应链的不同参与方拥有的信息不对称、不完整或不准确，从而影响决策的质量和效率。

2. 存在问题和解决方案

数字技术能够提升供应链可见性，但现实中，企业在实施过程中常常面临数据“孤岛”和信息不对称的挑战。各个环节和不同企业使用的系统可能不兼容，导致数据无法有效共享和利用。例如，供应商、制造商、物流公司各自使用不同的管理系统和数据格式，信息无法及时传递和共享，影响供应链的整体可见性和透明度。

具体表现如下。

（1）不同系统之间的数据格式不统一，导致数据整合困难。

（2）企业间缺乏有效的数据共享机制和平台，信息传递滞后。

（3）关键数据（如库存、运输状态等）无法实时更新，影响决策的准确性和及时性。

解决方案如下。

（1）统一数据标准。制定与推广行业统一的数据标准和接口规范，促进数据的互通和共享。

（2）数据治理和管理。建立完善的数据治理和管理机制，确保数据的准确性、完整性和安全性。

（3）提升信息透明度。通过区块链等技术实现信息的透明和可追溯，减少信息不对称。

（4）加强合作和沟通。通过建立合作平台和机制，加强供应链各方之间的沟通和合作，促进信息共享。

11.2.2　协同管理难度大

数字技术对供应链协同和协作的改善是通过集成和协调各个环节来实现的。然而，现实中，供应链的复杂性和参与方的多样性使协同管理变得非常困难。各个环节的企业在利益、目标和运营模式上存在差异，缺乏统一的协调机制和信任基础，导致协同效果不理想。多方利益冲突使各参与方在环保措施和成本分摊上难以达成共识，导致决策延迟和复杂性增加。信息共享不充分使供应链透明度不足，导致其对市场变化和环境政策响应迟缓。不同企业间技术和系统不兼容形成数据“孤岛”，增加了数据处理的复杂性和系统集成成本。文化和管理差异则导致沟通障碍和信任缺失，影响合作效果和稳定性。法规和合规性挑战增加了跨国供应链管理的复杂性和合规成本，并且法规不一致可能导致合规风险和法律纠纷。

具体表现如下。

（1）供应链各方的数字化水平参差不齐，信息系统的差异性阻碍了协同工作。

（2）缺乏有效的协同管理工具和平台，无法实现信息和资源的高效共享。

（3）企业之间的信任度不高，数据共享和协同意愿低，影响供应链整体效率。

解决方案如下。

（1）建立共同目标和利益共享机制。通过明确共同的环保目标和建立利益共享机制，使各方利益一致，共同推动绿色转型。

（2）提升信息透明度和实时共享。利用区块链、大数据等技术，建立实时信息共享平台，提高供应链的透明度和响应速度。

（3）统一技术标准和接口规范。制定与推广统一的技术标准和接口规范，促进系统兼容性和数据互通，降低集成成本。

（4）加强跨文化沟通和培训。通过跨文化培训和团队建设，加强供应链各方的沟通和合作，提升协同管理的效果。

（5）优化合规管理流程。利用合规管理软件和自动化工具，优化合规管理流程，降低合规成本和风险。

11.2.3　技术成本高和实施难度大

数字技术对供应链效率和资源利用的优化是通过先进技术如物联网、人工智能和大数据分析来实现的。然而，这些技术的实施成本高，且需要专业知识和技能，高成本和实施难度限制了技术的广泛应用，影响了供应链整体效率和资源利用的优化。初期投资大，导致资金压力大，特别是中小企业难以承担，而投资回报周期长影响投资意愿。维护和升级成本高，增加了运营负担，并且快速的技术更新加剧了长期资金压力。技术复杂性高，需要大量员工培训，增加时间和成本，且操作失误风险高。系统集成难度大，涉及兼容性和协调问题，延长了实施周期并增加了复杂性。

具体表现如下。

（1）数字技术的初始投资和维护成本高，企业在预算和资源上存在压力。

（2）需要专业技术人员进行部署和管理，中小企业难以承担技术和人力成本。

（3）数字化转型涉及流程再造和组织变革，实施过程中面临阻力和复杂性。

解决方案如下。

（1）分阶段投资。采取分阶段投资的策略，逐步引入新技术，减轻初期资金压力和风险。

（2）优化维护和升级方案。通过优化维护和升级方案，提高设备的使用寿命和效率，降低长期运营成本。

（3）选择兼容性好的技术和设备。在技术选型时，优先选择与现有系统兼容性好的技术和设备，减少系统集成的难度和成本。

（4）合作与外包。与专业技术服务公司合作，利用其专业知识和经验，降低实施难度和成本。

11.3 数字化赋能供应链绿色转型

11.3.1 数字技术对供应链可见性的提升

1. 数字化供应链

数字化供应链是在物联感知与可视化、云计算、大数据、人工智能等新一代信息化技术支撑下高效运作的供应链，能够将供应链中关于主体、物流、资金、活动等的信息无缝衔接，降低不对称因素的影响，提高企业个体和行业供应链的绩效。数字化供应链是供应链数字化发展的最终目标。

数字化供应链具有更强的技术渗透性，能够优化供应链工作流程。在新一代信息技术支撑下，物流、资金、活动等方面的信息更易捕捉和利用，针对供应链业务流程中存在的信息不对称、环节不透明、流程不标准等问题，通过供应链的业务数据化，可以实现供应链的可见、可控、可信。例如，物流中的运输、库存、装卸、搬运、包装等活动信息及商品的点对点流动信息清晰可见，供需信息、管理信息、资金信息等自动、快捷反馈。

数字化供应链具有高度共享性，能够提升上下游合作水平。由于信息网络高度开放，供应链中的各类信息具有更强的流动性、整合性与共享性，供应链上下游企业可以更加频繁地捕捉供应链内外和上下游的各种信息，更频繁、及时地交换信息。由于供应链的节点主体之间普遍存在竞合关系，缺乏透明度的传统供应链可能导致节点主体在面对风险时陷入“囚徒困境”的难题，而数字化供应链具有信息时效性强、共享性高的特点，可以推动供应链的节点主体开展针对性的调整和协作，从而增强供应链的延展性，有效解决了信息在差序格局传递过程中存在的信息偏差、效率下降和“囚徒困境”问题。

数字化供应链具有更强的信息整合性，能够改进运营管理水平。在智能化信息网络中，信息高度开放共享，使得具有异质性的部门职能和不同环节可以有效衔接。因此，供应链信息具有更强的整合性与共享性。一方面，针对产品服务需求的多元化和物流需求的不确定性，提升供应链响应能力。例如，部分产品从销售改为出租，定期按产品服务构成收取差异化费用，或者物流由传统的尽早配送改为指定时段分批配送，对供应链响应能力提出挑战。再如，在更加快捷的供需信息互通基础上，数字化工具可以引导经销商建立分销渠道，促进厂商和经销商的高效衔接及沟通。另一方面，降低物流成本，提升风险控制能力。物流往往在

“最后一公里”的成本最高，且面临的盗窃、灭失的风险最大，而数字化工具能够更加精准地掌握物流状态涉及的地点、时间、人员与周边环境等，便于跟踪管理和应急响应。

2. 数字化促进供应链安全提升

多维数据信息获取和可视化提升风险防范能力。首先，通过多频多维的数据采集和数据清洗，并结合供应商监测，系统可以自动生成需求和供给的预测与规划，确定预测的维度、目标与时间跨度。当特定行业的供应链条中的重要节点数据、监测信息不断反馈，模型实现不断迭代后，即可形成该供应链的运行规划。宏观层面，在特定几条供应链的信号洞察变化和模型迭代的基础上，能够形成对未来该领域经济发展环境、外部因素冲击对我国经济影响的综合判断。其次，通过数字技术对重要供应链企业的动态网络实施可视化管理,对产品实现溯源管理，通过将硬件数字技术和软性供应商评价结合,可以协调供应链上不同功能的企业，保障一定时期内供应链的生产运行满足生产生活需要。再次，通过提升链条透明度，信息共享可以快速通过价格机制调节需求，实现市场细化和大规模定制化的生产，通过跨主体共享运输方式提高运输工具利用率和灵活性，从而在更广泛的供应链网络中提高效率、降低成本。最后，在数字化物流中，智慧仓储和库存能够实现现有产品产量监测，而可视化物流能够在分析不同物流通道运输风险的基础上，自动推算特定时点上的最优物流线路，形成动态可视的运输图谱，对特殊产品的运输进行定位跟踪。

灵活的自组计划提升变化响应能力。数字化供应链能够根据多频和多维的实时信息开展数据计算，实现定期自组计划，即自动“学会”调整风险或期望值，调节供应链参数以降低风险，进而让供应链节点根据需求变化实时调整计划，提出响应方案，极大压缩制订计划的周期，提高计划的实时适应能力和各节点决策的时效性。从供应链整体角度看，灵活的自组计划可以实时生成供应链的帕累托最优解，在畅通的信息交互、数据可视化、开创性的多主体参与基础上，推动链条上的企业协同应对意外事件，通过整体性的参与优化提升链条效率，以最快的速度恢复常态或该情境下的最优运营，甚至促使供应链在风险传导和发酵前预测并执行风险防范计划，由传统的“感应—反应”模式向“预测—执行”模式转变。此外，通过“学习”历史上近似情境下供应链运转的特征和发展变化趋势，数字化供应链有益于在数据记录计算与事实分析总结的基础上进行根因分析，为人为调整计划提供更坚实的分析基础。

网状的链条分布提升节点协调效率和整体链条价值。随着单点环节的数字化改造，传统的供应链由线性分布向网状分布变化，改变了核心企业掌控、层级过多的局限，破解了当遭受外部冲击导致断链时，由各节点的信息逐级抵达导致的响应滞后、信息沟通不畅的问题。根据梅特卡夫定律，网络的价值等于网络内节点数的平方，且与在线参与数量的平方成正比。该定律意味着供应链的数字化促进核心企业形成多层级网状节点，能够使信息通过扁平化的渠道同时抵达多个节点。在信息的多维获取和实时发送情形下，供应链数字化有助于各节点根据多维信息及时做出更加全面的分析判断,大幅缓解复杂网络节点间的非零和博弈关系。在合作应对同一外部冲击时，可以同时对各自项下的多个子节点发布指令。当多个供应链节点同时响应时，整条供应链可以实现全链条协同响应和一体化运转。

11.3.2 数字技术对供应链协同和协作的改善

数字技术在供应链协同和协作中的作用越来越重要，显著改善了各个环节的效率和透明度。以下是这些技术在供应链管理中的具体应用和影响。

数字技术极大地提升了数据共享和透明度。通过物联网设备和传感器，供应链各环节能够实时获取和共享数据，提高了信息透明度。这些技术的应用使各方可以在第一时间了解库存状态、物流进展等关键信息，从而更好地协调各自的行动。此外，区块链技术确保了数据的不可篡改性，使各方对数据的真实性更加信任，减少了信息不对称的问题。这种信任的建立有助于各方更紧密地合作，共同应对供应链中的挑战。

数字技术显著优化了运营效率。通过大数据分析，企业可以分析大量历史数据和实时数据，从而预测需求、优化库存、提高生产效率。例如，人工智能与机器学习算法能够根据历史销售数据和市场趋势预测未来需求，帮助企业制订更精准的生产计划和采购策略。这不仅降低了库存成本，还减少了缺货和过剩库存的风险。

数字技术还增强了供应链中的协作能力。通过协同平台，供应链参与者之间可以实现无缝协作，提高了沟通效率和决策速度。例如，供应链管理软件如 ERP 和 SCM 系统可以整合各环节的数据，帮助企业更好地协同工作。这些平台和软件使供应链各方可以共享信息、协调行动，从而提升整体效率。

此外，数字技术提高了供应链的灵活性和响应速度。弹性供应链通过数字技术能够更快速地响应市场变化和突发事件，保持供应链的稳定性和灵活性。自动化技术如自动化仓储和运输系统，加快了物料的流动速度，减少了人为错误，提高了整体响应速度。例如，当需求突然增加时，自动化仓储系统能够快速调整库存水平，确保及时供货。

在成本控制方面，数字技术也发挥了重要作用。通过实时监控和数据分析，企业可以更准确地进行库存管理和运输安排，减少浪费和库存积压，从而降低成本。此外，智能合同和支付系统能够自动执行交易条款，减少人工干预和错误，降低交易成本。例如，智能合约可以在货物到达后自动支付货款，减少了延迟和争议。

最后，数字技术显著提升了客户满意度。通过精准服务，企业可以更好地预测客户需求，提供个性化服务。例如，通过分析客户购买历史和偏好，企业可以推荐相关产品，提升客户体验。此外，通过优化物流和运输，确保产品按时交付，提高客户满意度。

总的来说，数字技术正在深刻改变供应链的运作方式，使其变得更加高效、透明和协作。企业应积极拥抱这些技术，提升竞争力和市场响应能力。

11.3.3　数字技术对供应链效率和资源利用的优化

通过应用数据分析与预测、物联网、区块链技术、自动化与机器人技术、云计算、人工智能和机器学习技术、数字孪生技术，企业可以显著提高供应链的效率和资源利用率，降低成本和风险，提升客户满意度和市场竞争力。以下是对数字技术的具体介绍。

1. 数据分析与预测

数据分析与预测在供应链管理中至关重要。通过大数据技术，企业可以收集和分析多个来源的数据，如市场趋势、消费者行为和供应链操作等。利用这些数据，企业可以识别潜在的瓶颈、优化供应链流程、预测需求波动，从而减少库存成本和供应链中断风险。在预测分析方面，机器学习和人工智能算法能够处理大量历史数据和实时数据，识别模式和趋势，帮助企业制订更准确的采购和生产计划，避免过度库存或库存不足的问题。

2. 物联网

物联网技术通过实时监控和智能库存管理优化供应链效率。物联网设备可以实时监控货物的位置、温度、湿度等关键参数，确保货物在运输和存储过程中的质量与安全。实时数据监控使企业能够及时发现并处理问题，减少损失。在智能库存管理方面，物联网传感器可以实时追踪库存水平，自动触发补货订单，确保库存始终处于最佳水平。这种自动化库存管理系统减少了人工干预，提高了效率和准确性。

3. 区块链技术

区块链技术为供应链提供了透明度和可追溯性。通过区块链，供应链的每一个环节都可以被追踪和验证，提供了一种安全、透明、不可篡改的记录方式。这有助于防止假冒伪劣产品进入市场，增加消费者和合作伙伴的信任。在智能合约方面，区块链上的智能合约可以在满足预定条件时自动执行，减少人工干预和错误，加速交易流程，提高效率并降低成本。

4. 自动化与机器人技术

自动化与机器人技术在提升供应链效率方面发挥了重要作用。仓库自动化利用机器人和自动导引车（automated guided vehicle，AGV）等技术提高货物处理效率，减少人工成本和错误，实现“24/7”不间断运行，提高仓库利用率和服务水平。在运输自动化方面，无人驾驶车辆和无人机可以优化运输路线，减少运输时间和成本，同时提高安全性，减少人为错误和事故风险。

5. 云计算

云计算技术促进了供应链各方的协同合作和资源利用。云计算平台使供应链各方能够实时共享信息和资源，提供统一的操作平台，促进协同合作和决策效率。云计算还提供灵活和可扩展的解决方案，使企业可以根据需求动态调整资源，适应市场变化。通过云端存储和计算能力，企业能够避免硬件资源的浪费，实现更高效的资源利用。

6. 人工智能和机器学习技术

人工智能和机器学习技术通过优化路由和调度、需求预测来提升供应链管理。人工智能算法可以分析交通状况、天气预报等数据，优化运输路线和调度计划，减少运输成本和时间。通过自动化调度系统，企业可以提高运输效率，减少延误和成本。在需求预测方面，机器学习模型可以分析历史销售数据、市场趋势和其他相关数据，预测未来的需求变化，帮助企业制订更准确的生产和采购计划，优化库存管理。

7. 数字孪生技术

数字孪生技术通过创建供应链的虚拟模型来模拟和优化供应链流程。企业可以在虚拟环境中测试不同的策略，找出最优方案，减少实际运营中的风险。数字孪生技术还可以与现实世界实时同步，提供实时监控和预测能力，帮助企业更好地管理供应链。通过实时数据分析和预测，企业能够提前识别和应对潜在问题，确保供应链的稳定和高效运作。

11.4 数字化在制造业绿色转型中的案例分析

11.4.1 案例一：数字化在流程工业绿色转型中的应用

流程工业是指利用化学、物理、生物等方法，在工业生产过程中进行物质转化或处理的一类行业。其关键特征是通过一系列反应、分离、纯化等工艺步骤将原材料转化为最终产品。流程工业涵盖了诸如化工、制药、食品加工、能源生产等多个领域。在当今全球变暖和环境污染问题日益严峻的背景下，流程工业的绿色转型变得尤为重要。数字技术是实现流程工业绿色转型的重要手段，企业可以通过实时数据分析和智能控制，有效降低能源消耗和废物排放。还可以通过虚拟仿真技术优化工艺设计，减少环境影响。这些技术不仅提升了生产效率，也推动了行业向更环保和可持续的方向发展，为实现可持续发展目标奠定了坚实基础。

1. 流程工业绿色转型的现状及挑战

1）流程工业绿色转型的现状

流程工业是国民经济的支柱产业和实体经济发展的基础，是我国经济持续增长的重要支撑力量。流程工业涉及有色、钢铁、石油、化工、建材等行业，是国民经济的重要支柱产业和经济命脉。我国有色、钢铁、水泥、电力、造纸等行业的产能均居世界第一。我国流程工业生产工艺、装备和自动化水平得到大幅提升，总体工艺技术水平与国外发达国家相当，部分工艺和设备达到了国际先进水平。流程企业部署了 DCS（distributed control system，分布式控制系统）、MES（manufacturing execution system，制造执行系统）、ERP 系统等工业软件和信息系统，并取得了显著的应用成效。

传统上，许多企业的决策过程过于依赖经验和常规做法，缺乏基于数据和分析的精细化决策。这种粗放的决策模式不仅导致资源和能源的浪费，还难以有效应对环境和市场变化带来的挑战。除此之外，流程工业仍然高度依赖人工操作，尤其是在核心生产和监控环节，如人工观察火眼判断工况、人工扒渣操作、人工浇铸操作。这种人工依赖不仅限制了生产效率的提升，还增加了操作误差和安全风险。随着技术的进步和数字化转型的推进，寻求降低人工依赖、引入智能化技术的路径变得日益迫切。

2）流程工业绿色转型的挑战

A. 流程生产过程实时精准高效感知难

由于流程工业的生产过程极为复杂，常常在密闭高温环境下进行，涉及多相多场耦合，以及复杂的物料成分。由于这些特点，信息感知变得十分困难，进而影响了生产过程的监控和优化。此外，生产现场还面临强磁、强电和振动等物理干扰，这些因素对检测传感器的稳定性造成了影响，导致数据质量不稳定和低下。这些困难共同制约了流程工业在智能化和绿色转型方面的进展。

B. 分层跨域数据融合难

流程生产企业还面临信息系统集成度低的挑战，各个层次之间的系统往往相互独立运作，导致数据分散、跨时空和异构性较强。这种情况使企业内部数据的利用率降低，难以实现有效的信息共享和业务协同。由于信息系统之间缺乏良好的集成，工作流程和决策过程中的效率也大打折扣，影响了生产运营的整体效率和灵活性。

C. 制造流程智能优化决策难

智能决策是流程行业智能制造的关键，然而当前却严重依赖于人工决策，缺乏与工业人工智能技术的深度融合。传统的人工决策存在着随意性、主观性和不一致性的问题，特别是面对海量信息时，人工决策难以准确感知和全面理解全局变化，也难以实现实时敏捷的决策响应。这些因素直接影响了决策的精确性和最优性，使人工决策模式无法有效适应现代制造流程智能化的需求。因此，推动智能决策技术与流程行业深度融合，是提升生产效率和质量、实现智能制造转型的关键一步。

2. 流程工业智能化绿色转型举措

针对以上难点和挑战，以株冶集团、江西铜业集团为代表的流程工业典型企业积极开展了数字化绿色转型方案，围绕基于工业互联网的智能优化决策架构、智能模型算法库、一站式应用开发服务平台以及云边协同智能决策新模式等方面，为流程工业典型企业提供数字化绿色转型的思路和解决方案，并取得了显著成效。

1）基于工业互联网智能优化决策架构

针对制造流程智能化决策难的问题，按照工业互联网分层递阶、模块交互的技术架构，构建了云上敏捷开发、边缘可信运行的全流程智能优化决策架构。该架构在数据层完成数据采集并进行格式转化，利用多语言 IDE 以及图形组态式开发环境进行数据的存储及处理。然后通过智能模型算法库中预训练的模型、算法和工具，帮助加速模型开发、优化和部署过程。最后将优化决策改进至应用服务。这一系统通过实时数据采集、智能分析和优化算法，使企业可以实现生产过程的全面优化，提升效率和质量，实现可持续发展的目标。

2）智能模型算法库

针对流程工业的需求和工艺特点，提出了基于 MODELING 的元建模方法和面向多场景黑盒复用的元模型标准封装体系，旨在打造具备可重构、可移植和易复用特性的元模型。同时，团队为企业开发了一款基于该元模型的全生命周期综合管理平台，并通过机器学习、集成学习、深度学习等人工智能算法，再经过容纳工序模型库、设备模型库、全流程模型库等的机理模型和数据模型的计算，最后落地到各行业领域应用。该方案集成了流程工业智能模型的搜索、审核、评价和推荐功能，为行业提供了全面且有效的解决措施。

3）一站式应用开发服务平台

将容器技术、JSON-RPC 和 Kubernetes 技术整合，成功构建了多语言 IDE 以及图形组态势开发环境，适配 Java、C++、Python 等语言。这一环境不仅显著提升了应用开发的效率，还有效降低了使用者的技术门槛。容器技术确保了开发、测试和部署的一致性和可靠性，JSON-RPC 协议简化了服务之间的通信和集成，而 Kubernetes 则为应用提供了弹性和自动化管理的能力。

4）云边协同智能决策新模式

基于流程工业典型企业的痛点和需求，构建了一种新的云边协同智能决策新模式。该模式通过从焙烧炉、挥发窑、电解槽等物理空间（边缘段）中采集数据并驱动更新，将数据上传至数字空间（云端）进行数据处理，并进行训练模型的更新迭代，再将更新后的模型发布至物理空间进行落地使用。该模型通过在线更新的智能优化决策模型来解决传统决策模式中复杂工况模型失配的问题。这一创新能力使在复杂的生产过程中实现自适应稳定运行成为可能，从而提高了生产效率和系统的整体稳定性。

3. 流程工业典型企业数字技术赋能绿色转型的成效

1）锌冶炼采购-生产协同的供应链智能优化应用

在锌冶炼采购-生产协同过程中，锌精矿成本占总成本的 70%左右，因此如何实现从生产计划到采购计划的最优决策，是锌冶炼企业供应链协同优化的目标和关注的重点。在生产阶段，原料供应质量直接影响生产稳定及产品质量，并且连续性生产方式下断料恢复成本巨大，这就要求原料的持续供应。而在运营阶段，原料的采购成本每年达到数十亿元甚至上百亿元，每降低 1%的采购成本都将为企业增加 5%～10%的利润。因此，保证原料供应稳定并降低原料采购成本，是推动锌冶炼行业实现绿色转型、促进可持续发展的重要决策。但在原本的决策过程中，大部分决策通过人工主观制定，并且与供应商的信息传递和洽谈也是通过人工进行的。这就导致了在面对海量的信息时，无法实现信息的及时传达以及分析，信息在部门之间形成了孤立，造成了运营成本高而效率低下的现状。

我国最大锌冶炼企业株冶集团成功通过智能化决策解决了以上的问题。株冶集团基于生产计划并综合考虑内外部要素，通过大数据和人工智能方法，自动计算并实时制订原料采购计划，显著降低了采购成本，并盘活了资金占用，提升了采购管理效率。同时，株冶集团通过智能化生产采购决策赋能绿色转型的效果显著。株冶集团将原料的安全库存时长从 20 天降低至 10 天，提升安全库存控制水平，跃居行业前列。并且通过精细化的库存管理和采购策略，平均每年节省约 1360 万元的库存成本及原料采购成本，为企业带来了可观的经济效益，也避免了过多的资源使用以及环境影响。同时，株冶集团的锌、铅的原料达标率分别提升了 6.7%和 3.3%，产品质量得到了提升，增强了市场竞争力。此外，锌和二氧化硅的波动率分别降低了 12%和 1.26%，智能化决策显著提高了原料供应的稳定性，为生产装备的稳定运行提供了坚实的保障。

2）锌冶炼焙烧炉数字孪生系统及应用

焙烧炉是锌冶炼的重要生产装备，锌精矿在焙烧炉中进行沸腾焙烧，产出焙砂，为后续生产提供原料；其长周期安全稳定运行直接影响运行效率、产品品质和生产成本。目前，焙烧炉的运行状况面临诸多挑战。首先，原料供应的不稳定性与设备的运行特性之间的关联度较低，这使设备的适应性和处理能力受到限制。其次，焙烧炉的运行受到众多外界干扰因素的影响，如环境条件和操作人员的变化，进一步加剧了其设备运行的不稳定性，使整体运行状态不佳。最后，由于异常情况频发，设备的运行可靠性明显下降，无法维持长时间的连续运行。因此，焙烧炉的生产稳定性和效率受到严重影响。

为了应对以上困境，研究团队通过构建基于机理和数据的数字焙烧炉，结合虚实融合技术，实现智能算法的设计与验证，开发出了焙烧炉运行优化系统。锌冶炼焙烧炉数字孪生与智能监控系统的成功应用，为行业智能化升级提供了新方案。该应用显著提升了全球最大、最复杂的锌冶炼沸腾焙烧炉的运行效率。炉膛面积达 152 平方米的焙烧炉，在引入先进技术后，故障检测率提升了 13%，综合效率也增加了 10%。值得一提的是，其温度控制精度由原先的+30 ℃提升至±10 ℃，控制误差仅为 1%，这一成就达到了国际领先水平。这一提质增效的显著效果，不仅确保了焙烧炉的长周期稳定运行，更为企业带来了高达 5425.2 万元的年经济效益。

3）铜冶炼生产全流程数字化转型探索

在铜冶炼行业，数字化转型同样成为行业发展的重要方向。以江西省经济发展的重要支柱企业江西铜业集团为例，其下属的贵溪冶炼厂作为全球最大的单体炼铜工厂，当前生产仍然面临入炉物料不稳定、物流-生产节拍不协调、关键装备故障频发以及出现“等炉”“缺料”“胀库”等现象，导致能源浪费、生产梗阻。为充分改进以上问题，江西铜业集团已经率先研制出铜冶炼物质自动流转装备与系统，实现了生产全流程的自动化与智能化。

江西铜业集团经过转型改革，取得了显著成效。在保障长期稳定高效生产方面，阴极铜的合格率提升了 0.15%，达到了 99.72%的高水平。同时，物流流转效率也实现了大幅提升，有力支持了每年 700 万吨原料和产品的高效流转。在节能减排方面，每吨铜的冶炼综合能耗从 178.2 千克标准煤降低至 155.0 千克标准煤，降幅高达 13%。此外，关键装备的运行效率也得到了提升，闪速炉作业率达到了 99.61%，位居世界第一。这些应用成果共同实现了江西铜业集团大规模物质流与铜冶炼生产链的动态有序紧凑运行，为企业以及该行业的绿色转型之路提供了强大推动力。

11.4.2　案例二：数字化在装配制造业绿色转型中的应用

装配制造业是指将各种零部件、组件或子系统按照设计要求和技术规范，通过一系列装配工艺和流程，组装成完整产品或设备的行业。在这个领域，数字化正发挥着至关重要的作用，推动装配制造业向绿色转型迈进。数字技术不仅提高了生产效率和灵活性，还通过精细化管理、智能监控和数据分析等手段，实现了资源的高效利用和节能减排，为装配制造业的绿色发展注入了新的动力。通过数字化手段，企业可以优化生产流程，减少浪费和污染，提升产品的环保性能和可持续性，从而在市场竞争中占据更有利的位置。

1. 装配制造业绿色转型的现状及挑战

装配制造业的绿色转型正在受到政策完善和技术进步的双重推动。其中政府的支持是关键驱动力，如中国的《绿色制造工程实施指南（2016—2020 年）》和《绿色制造标准体系建设指南》明确了绿色制造的技术路线和实施步骤，并鼓励企业采用清洁生产技术。在技术方面，节能减排技术如高效能电机、先进的工业自动化系统以及资源回收利用技术（如废料循环利用）被广泛应用，用来降低生产过程中产生的废料和能耗。

然而，装配制造业的绿色转型也面临诸多挑战。首先是高昂的初期投资成本，绿色技术和设备的采购与改造需要企业投入大量资金，这对中小企业尤其具有压力。其次，国际上绿色制造的标准和认证体系尚未统一，不同国家和地区有不同的环保要求和认证标准，这使企业在国际市场中面临合规难题。此外，技术成熟度和实施难度也是装配制造业绿色转型的瓶颈。尽管绿色技术正在进步，但许多技术仍处于实验阶段或应用初期。此外，由于制造业普遍供应链复杂且广泛，从原材料采购到产品配送，每个环节的绿色管理都需要协调合作，这增加了管理难度。同时，行业内缺乏足够的绿色制造专业人才，这对技术人员的培训和招募形成了挑战。除了以上的原因，还有一点不容忽视，即市场对绿色产品的接受度也是转型中的一个变数，绿色产品的昂贵价格可能会影响其消费者的市场需求。因此，绿色转型虽然得到了政策和技术的支持，但是还需要解决市场适应和人才短缺等多方面的问题。

2. 三一重工数字化赋能绿色低碳转型的实践

三一重工为实现数智化和低碳化的战略目标，在新能源重卡、自动驾驶等内外部领域持续采用数字化驱动方案，并且实施效果显著。

1）新能源重卡发展管理

全球范围内正在加速向电动重型卡车（以下简称重卡）的转变，这是实施低排放运输解决方案的重要举措。随着这些车辆在市场上变得越来越普遍，潜在的采用者却表示担忧。这些担忧主要源于三方面：企业对总拥有成本缺乏透彻分析、长期资产价值存在不确定性以及整体风险管理服务的不足。因此，为应对这些挑战，三一重工与松下四维、三井住友海上（中国）、三井住友海上集团（Sumitomo Mitsui Offshore Group）创新实验室形成战略联盟，共同探索电动重卡全生命周期电池资产管理、风险预防及保险服务，旨在推动中国新能源电动重卡行业的健康稳定发展，并为实现脱碳社会目标做出贡献。

2）自动驾驶技术创新与数字化转型

三一重工与边缘人工智能半导体公司安霸建立了战略合作，聚焦于为全球市场提供先进的移动解决方案。此次合作将利用安霸的 CV3-AD 系列汽车人工智能域控制器系统级芯片（system on chip，SoC），共同开发和验证尖端自动驾驶技术。此举体现了三一重工在技术领先和质量优势上的承诺，旨在推动行业创新，实现环境可持续性和运营效率的双重目标，引领清洁能源技术的新时代。

3）内部数字化项目升级

三一重工不仅从外部推动数字化低碳转型，也从内部通过数字化项目升级来降低运营、管理成本。三一重工一方面继续推进 CRM、PLM（product lifecycle management，产品生命周期管理）、SCM 等信息化项目的上线或升级；另一方面从数据采集开始探索企业数字化低碳转型路径。一是采集生产现场数据，通过工厂全方位无死角的摄像头覆盖，还原现场真实情况。通过大屏幕统一控制，降低了管理成本，提升了生产效率，降低了事故发生风险。二是采集能耗数据，暴露能耗问题，实现最经济的能源采购。三是采集生产设备数据，通过设备互联监测设备运行情况，反映制造问题。

3. 三一重工数字技术赋能绿色转型的成效

1）智能制造技术突破

截至 2023 年，三一重工已有 33 座“灯塔工厂”建成达产，是唯一一家获得世界经济论坛“灯塔工厂”认证的重工行业企业。其中“北京桩机工厂”和“长沙 18 号工厂”2 座工厂获得“灯塔工厂”认证，为全球制造业企业提供可借鉴的数智化发展方向。2023 年，三一重工在印度尼西亚成功设计并建设了首座海外“灯塔工厂”，实现全网络连接和少人化生产。此外，在硬件技术方面，三一重工突破全自动切割下料、机器人焊接/组对、一键机加、机器人喷涂、智能立库等 140 余项关键技术，实现加工作业“机器辅助人”到“人辅助机器”的跃迁，人均作业效率大幅提升。在软件方面，以 MOM（manufacturing operations management，制造运营管理）平台为基础，WMS（warehouse management system，仓库管理系统）、APS（advanced planning and scheduling，高级计划排产）系统、数字孪生等多套数字化系统为辅助，形成工厂生产制造的“智能大脑”。通过在线化、实时化、数字化的研发和生产管理，以科学的方式做出合理决策，助力资源的最优配置，实现降本增效，减少不必要的能源消耗。

2）智能运营降低能耗

三一重工持续推动全量全要素数据采集，挖掘数据价值，提升精细化运营效率，进一步为客户创造价值。公司的工业互联网平台 IOT 广泛连接各类设备与系统，集成采集、汇聚、分析海量数据，以建模实现数字孪生，推动企业提质、降本、增效。目前，三一重工实现了 1.8 万台设备、5.1 万个摄像头的实时在线接入，通过数据分析与算法模型的系统优化，有效削减了成本与能耗。2023 年，三一重工在作业过程中开展的节能降耗项目累计节约能源费用超过 1 亿元。

同时三一重工自主开发了 RPM（research and development planning management，研发规划管理）、RD（research and development，研究与开发）、RDPM（research and development performance management，研发绩效管理）等研发管理系统，保障研发项目的规范化管理和高质量完成；完成 TPM（trial production management system，试制管理系统）、TOS（test online system，试验在线系统）等研发业务系统开发，试制周期平均降低 36%，试验周期平均降低 27.6%；目前研发数智化从以 PLM 为主的研发结果管理，转变为以 RD 为中心的研发过程、研发结果和研发管理全面在线。

11.5　建议与展望

当前，我们站在数字化和制造业绿色转型的关键交汇点上。在前几节中，我们探讨了数字技术对于制造业绿色转型的赋能路径与机制、通过案例分析了数字技术在制造业绿色转型中的具体应用，现在，本节将深入分析数字化助力制造业绿色转型过程中所面临的主要挑战，并提出可行的策略建议，展望未来发展趋势。

11.5.1　数字化赋能制造业绿色转型的挑战与机遇

1. 数据标准化与互操作难度大，安全与隐私风险高

随着制造企业数字化程度的提升，数据的重要性愈加凸显，数据不仅是数字技术和绿色制造的基础要素，更是推动制造业向智能、环保方向发展的关键因素。当前在数据处理方面，许多挑战不仅影响了数字技术在提升生产效率和减少环境影响方面的实际效果，也直接影响了我国制造业可持续发展的路径选择与实现。

1）数据标准化与互操作性方面

由于制造业生产过程复杂，涉及大量设备和系统。不同设备和系统之间的数据格式、协议不兼容，特别是有线、无线、5G 网络的运用，使信息感知的来源多元化，难以实现统一的数据整合和管理。缺乏统一的数据标准和规范，导致不同系统和设备之间的数据互操作性差，系统集成复杂且成本高，阻碍了数据共享和综合利用。

2）数据安全与隐私保护方面

制造企业面临大量的生产数据和敏感信息，包括能源消耗、排放数据等，因此确保数据的隐私和安全，防止数据泄露和网络攻击至关重要。目前，企业对静态数据以加密和认证为主，对动态数据以边界式防护为主，这会导致数据流转全程监管难。当前企业的网络安全意识不够，普遍存在口令弱、安全防护手段与措施不够、监测预警能力不足等安全问题。

3）数据“孤岛”问题方面

很多传统制造企业的管理水平依旧较低，各部门的责、权、利划分不清，通力协作不够，数据多以静态的形式分散在不同的部门和业务系统中，不同工序、不同部门没有实现数据互联互通和共享。在绿色转型中，要实现资源的有效利用和能源的节约，需要全面的数据支持和跨部门的协作。如果数据无法自由流动，企业难以进行全面的能源消耗分析、生产效率评估以及环境影响分析，从而难以制定和优化绿色制造策略。

2. 数字化与绿色制造发展滞后，核心环节融合不足

尽管我国在数字化发展和绿色制造上都取得了一定的突破，但仍存在大而不强、快而不优等问题，一方面，数字技术发展不足，制约了绿色制造的深度应用；另一方面，绿色制造水平不高，也影响了数字经济的创新驱动。

1）数据驱动决策支持方面

将数据分析结果转化为可执行的决策建议需要深厚的行业知识和数据科学技能，特别是在绿色转型过程中，涉及的变量和因素更加复杂，对生产过程的精准预测和优化存在较大困难。此外，绿色制造不仅关注经济效益，还要兼顾环境效益，实现多目标优化需要更加复杂的算法支持。

2）数字技术发展方面

当前我国在数字技术与绿色制造方面都分别与先进国家存在一定差距，在数字技术发展方面，《2022 中国民营企业数字化转型调研报告》显示，在调研样本企业中，主营业务未进行数字化转型和处于初步探索阶段的样本企业合计占比达到了 76.99%[1]。已经成功实现数字化转型的领军企业相对较少，多数企业数字化尚处于单点应用和局部推广阶段，在集成互联、智能协同等方面的实现程

度较低[2]。

3）绿色制造发展方面

尽管我国在绿色制造方面取得了一定的成绩和进步，但与国际先进水平相比仍存在较大的差距和不足[3]。例如，在能源使用方面，国际上一些先进制造业已经广泛采用高效能源利用技术和清洁能源替代传统能源，如智能控制系统、物联网监控、节能设备和分布式能源系统等，而部分我国制造业仍处在传统能源使用模式；在碳排放控制技术上，国际上一些先进制造业已经实现了较低的碳排放水平，得益于先进的废气处理技术、选择性催化还原（selective catalytic reduction，SCR）、碳捕捉与存储（carbon capture and storage，CCS）技术以及生命周期评估（life cycle assessment，LCA）方法；而我国部分企业在这方面的投入和应用还有待提高；在资源循环利用和循环经济模式方面，国际上一些企业已经通过生态设计、材料再利用、闭环供应链管理和高效废弃物处理技术等方面的创新推动了循环经济理念的广泛应用，而我国在这方面的实践和技术应用还需进一步发展。

4）核心环节融合度方面

当前我国数字经济与绿色制造的研发设计、产品生产、回收利用等核心环节的融合度较低。数字经济在打通绿色制造产业链上下游互联互通、协调运作过程中发挥的作用还有待进一步加强，数字技术与绿色制造融合发展的应用场景和智能高效的运作方案仍在持续探索中[4]。

3. 复合型人才缺口大，人才培养机制不完善

随着数字化与绿色制造融合的不断深入，高素质专业化的人才资源变得越发重要，特别是既懂数据技术又懂绿色制造的人才不足，限制了数字化赋能的实施和推广。

1）人才需求方面

“数字素养+绿色制造知识”的复合型人才的需求不断增加，然而制造企业数字化人才面临内外部双重压力。一方面，很多制造企业本身缺乏数字化与绿色制造人才，员工也没有做好在绿色制造中运用数字技术的准备；另一方面，市场普遍缺乏复合型人才，同时制造业企业对数字化人才吸引力不足，六成以上中小企业反映存在明显的数字化人才缺口[5]。

2）人才培养方面

很多制造企业并没有体系化的数字化人才与绿色制造人才的培养机制。尽管员工有增强数字化与绿色制造相关技能的需求，企业也有为员工提供培训的责任，但大多数制造企业仍在数字化与绿色转型的初级阶段，未能建立起有效的培养体系，难以实现从劳动力数量到人力资本质量的升级。

4. 数字化投资成本高

企业数字化转型不仅需要初期的大量投入，还需长期的维护与升级，这对资金链本就紧张的中小企业来说，形成了巨大的财务压力和经济压力，超过半数的中小企业指出，资金不足是阻碍它们通过数字化转型实现生产效率提升以及资源节约的主要难题。

1）技术投资成本方面

引入和部署数字技术需要大量的初期投资。这包括硬件设备（如传感器、数据采集设备、智能制造设备）、软件系统（如数据管理系统、物联网平台、大数据分析软件）以及相关的 IT 基础设施建设。这些投资对中小型企业而言可能尤为昂贵，需要权衡投资回报与可行性。

2）人力资源成本方面

实施数字技术需要具备相关技术和管理能力的人才。企业可能需要招聘或培训工程师、数据科学家、信息技术专家等，以确保技术的有效实施和运行。此外，还需要进行员工的变革管理和培训,使他们适应新的数字化工作流程和技术环境。

3）运营和维护成本方面

数字化设备和系统需要定期维护、更新和升级，以确保其性能和可靠性。此外，运营成本还包括数据管理、设备监控和技术支持等方面的支出，以保证数字技术的持续运行和效果优化。

4）供应链和物流成本方面

部署数字技术可能涉及供应链的重组和物流模式的改变。企业需要投入资金来优化供应链网络、改善物流效率，并确保数字技术在整个供应链中的无缝集成和数据共享。

5. 政策和市场双重机遇助力制造业数字化与绿色转型

1）政策机遇方面

近年来，政府对制造业的数字化转型和绿色发展日益重视，推进其发展的政策频出。2024 年的《政府工作报告》提出应实施制造业技术改造升级工程，培育壮大先进制造业集群，创建国家新型工业化示范区，推动传统产业高端化、智能化、绿色化转型。2024 年 2 月 5 日，工业和信息化部等七部门联合印发《关于加快推动制造业绿色化发展的指导意见》，从政策、标准、技术、服务等方面出发，为提升制造业绿色发展基础能力做出重要指示，该指示对锻造产业竞争的绿色新优势，使绿色发展成为制造业新型工业化的普遍形态有重要意义[5]。政策支持不仅是推动制造业数字化和绿色转型的关键动力源，同时也是确保其可持续发展的重要保障。通过清晰的政策框架和有效的执行措施，政府能够有效引导企业朝着更环保、更高效的方向迈进，从而实现经济增长与环境保护的双赢局面。

2）市场机遇方面

在环保意识日益增强的市场环境中，企业通过采取绿色制造和数字技术，不仅能够改善其在环保方面的形象，还能够吸引越来越关注环保的消费者和投资者，研究表明，实施环保战略的企业，往往能获得更高的品牌忠诚度和市场份额。此外，在国际市场上，符合环保标准的产品和服务更容易获得准入。例如，欧盟对进口产品的环保要求逐渐加强，符合其标准的产品可以享受更低的关税和更顺畅的市场准入流程，这为企业提供了在全球市场上获得竞争优势的机会。

11.5.2　对策建议

1. 明确绿色发展目标，加强顶层设计

针对企业数字化与绿色转型的投资成本问题，政府可以制定数字经济与绿色制造的融合发展规划，明确目标、路径、任务和措施，统筹协调各部门、各地区、各行业的工作，形成政策合力和工作合力。建立数字经济与绿色制造的融合发展协调机构，加强跨部门、跨地区、跨行业的沟通和协作，及时解决融合发展中遇到的问题和困难，推动融合发展的落实和监督[6]。完善数字经济与绿色制造的融合发展评价体系，建立指标、标准、方法和平台，定期对融合发展的进展和成效进行评估与反馈，及时调整和优化政策与措施，为企业发展提供更多助力。

2. 建立行业标准和规范，加强数据安全保护

针对数据标准化困难以及数据“孤岛”问题，政府和行业组织可以合作制定统一的数据标准和互操作性框架，以促进数据的流动和共享。制造企业可通过行业协会建立数字化绿色制造平台，根据自身需求选择适合的模块，实现技术有机整合，从而降低技术融合的复杂性[7]。借助该平台可以实现数据标准化和接口兼容性，以确保不同系统之间的数据交换顺畅。

针对数据安全和隐私保护问题，可以推广先进的数据加密和隐私保护技术，如同态加密和零知识证明，确保数据在传输和存储过程中的安全性。利用区块链技术的不可篡改性和透明性，构建一个安全、可靠的数据管理和共享平台。此外，引入多方安全计算（secure multi-party computation，MPC）和分布式账本技术（distributed ledger technology，DLT）不仅可以提升数据安全性和可信度，还能促进跨企业、跨行业的无缝数据共享，为绿色制造提供更加丰富、多元和实时的数据支持。

3. 优化教育培训体系，建立行业人才储备计划

针对复合型人才缺口大的问题，政府和行业可以调整教育课程，增设数字化与绿色制造相关专业课程，培养适应新技术需求的复合型人才，加强行业人才储备；与高等院校、研究机构和企业合作，制订实习和培训计划，提升学生和在职人员的技术能力；企业可加强人力资源的开发工作，重点着眼于引进和储备专业型人才，加大与研究院、高校的人才交流合作力度，积极参与地方政府的人才引进政策，助力数字化与绿色制造领域的高端人才培育。

针对人才培养机制不完善的问题，企业可以不断优化人力资源管理制度，引进合适的激励机制、晋升机制和竞争机制，充分发挥企业员工积极性与创造力；开展企业员工培训，制定科学培训体系，使企业员工对数字化与绿色制造保持敏锐全面的认知。在管理上采取扁平和灵活的结构，建立跨部门合作机制，促进不同部门间的信息交流和资源共享。同时，采用高效的管理策略和数字化工具提升效率，构建以成果为基础的评估体系及激励机制，鼓励员工发挥创新思维，并积极参与绿色及数字化转型。

11.5.3 对未来发展趋势的展望

非正式统计表明，全球已有 6000 多家公司通过"基于科学的目标"倡议签约，66%的财富 500 强公司承诺实现净零排放，净零排放目标覆盖了全球最大的 2000 家公司年收入的 65%，然而只有 4%的公司净零承诺附有如何实现该目标的明确计划。随着数字技术发展，人工智能、物联网、大数据分析和云计算等技术愈加广泛应用于企业的生产制造过程中，使净零排放和可持续发展等绿色制造目标的实现成为可能。在未来，制造企业将更加重视可持续发展目标与数字技术的深度融合，采用智能制造、边缘计算和数字孪生等先进技术，优化资源配置、提高能效并降低环境影响。

1. 可持续性为企业创造更多价值

长期以来，可持续发展一直被视为成本中心而非价值中心。虽然实施可持续发展实践确实会产生前期成本，但在未来，长期收益会超过这些初期投资，可持续发展可以提高效率、节约成本、促进创新、降低风险并增强竞争力，成为制造商整体战略不可或缺的一部分。正如麦肯锡指出的，"同时降低成本和排放的公司可以获得市场份额，并通过产生的额外收入为进一步的去碳化工作提供资金。领先的公司通常会在降低成本的同时，实现前 20%至 40%的去碳化，从而改善息税折旧摊销前利润"。

2. 数字技术为绿色制造提供更多助力

随着数字技术的发展，越来越多制造企业能够将各种工具用于绿色制造，加速企业绿色化、低碳化发展进程。其中一个例子就是生成式设计，它利用生成式人工智能技术，根据一组特定的设计要求和约束条件自动创建优化设计方案。用户首先定义设计问题，然后算法引擎通过探索大量可能的解决方案，识别出一系列最佳选项，这些选项通常是人类设计师难以发现的。生成式设计能够在数小时或数天内完成传统设计师需要数周或数月才能完成的设计任务，从而为实现以前不可行的创新设计开辟了新的路径。以康明斯（世界上最大的发动机制造商之一）为例，该公司积极采用计算机辅助设计（computer aided design，CAD）软件中的生成式设计和三维仿真（3D simulation）技术，来创建和测试零部件，这些零部件比传统设计所需的材料减少了 10%～15%。

3. 物联网成为减少工厂排放的必备条件

在智能制造环境中，物联网技术在优化能源利用、减少资源浪费和提升整体设备效率方面发挥着不可或缺的作用。然而，目前许多制造商仍对物联网的采纳持观望态度，这主要是由于实施成本、系统集成复杂性高和生产干扰等挑战。随着数字化转型技术的迅猛发展以及制造工厂现代化进程的推进，未来物联网将从早期采用者的竞争优势演变为所有希望减少能源消耗和碳排放的制造商的基本条件。通过部署物联网传感器，制造商能够实时监测生产过程中的排放数据，精确计算其碳足迹并确保合规性。此外，物联网解决方案可以帮助识别能源密集型操作，并实施优化策略，通过实时分析能源消耗模式来降低总体能耗。此外，物联网还支持瓶颈分析，能够自动识别制约整体设备效率的首要限制因素，从而使制造商能够有效发现提升效率和减少浪费的机会。通过在生产周期的早期阶段进行这些分析，可以显著减少错误和缺陷，进一步防止资源浪费和返工，推动持续改进和精益生产的实现。

4. 循环和模块化设计成为企业长期战略

模块化设计是指创造具有可互换组件的产品，这些组件可以轻松拆卸、重复使用、维修、升级或回收。模块化提高了产品的使用寿命和循环性，因为零部件可以重复使用和再制造，而不是送往垃圾填埋场。此外，模块化设计还能提高工厂工具的效率，降低市场要求的产品变化成本。在实现模块化设计的过程中，技术将发挥至关重要的作用，因为需要数字化工具来控制模块化带来的下游复杂性。例如，为一线工人配备数字工具，提供三维工作指导，并根据序列化配置自动过滤指导和零件清单。在未来，制造商将越来越重视循环性，模块化设计将成为最有影响力的产品脱碳长期战略之一。

参 考 文 献

[1] 全国工商联经济服务部, 国家发改委宏观经济研究院, 中国工业互联网研究院, 等. 2022 中国民营企业数字化转型调研报告[R]. 北京: 全国工商联经济服务部, 2022.
[2] 陶元, 窦克勤, 王程安. 推进新型工业化背景下制造业数字化转型的定位、态势和路径[J]. 新型工业化, 2023, 13(6): 5-11.
[3] 任翔. 数字经济发展与制造业绿色转型的现实考量及关联性分析[J]. 商展经济, 2023, (20): 70-73.
[4] 徐蒙. 数字经济赋能绿色制造的作用机制与实现路径[J]. 企业经济, 2023, 42(10): 154-160.
[5] 工业和信息化部, 教育部, 科学技术部, 等. 工业和信息化部等七部门关于推动未来产业创新发展的实施意见[EB/OL]. (2024-01-29)[2025-04-04]. https://www.miit.gov.cn/zwgk/zcwj/wjfb/yj/art/2024/art_ad15b0f08a714fd8888c0e31468b8c54.html.
[6] 吴剑辉, 许志玉. 数字经济驱动制造业绿色转型: 门槛效应与空间溢出效应[J]. 现代管理科学, 2023, (2): 124-133.
[7] 杨轶雯, 田贵生. 数字经济赋能制造业绿色发展面临的挑战及路径[J]. 中小企业管理与科技, 2024, (5): 158-160.

第 12 章　数字化与交通行业减污降碳

12.1 引　　言

城市交通一直以来都是化学能源的消耗大户，也是温室气体排放的一个重要且较难控制的来源。早在 2008 年，中国的汽油消费总量就已经达到了每日 1 437 000 桶，占世界总消费量的 6.7%，仅次于美国位居世界第二[1]。并且，在随后十余年里，这一数字还在飞速增长，根据生态环境部发布的《2018 年中国机动车环境管理年报》，2010～2017 年中国汽油消费量的年均增长率高达 7.9%[2]。Zheng 等[3]预计在 2012 年的政策和能源效率保持不变的情况下，到 2035 年，仅道路交通造成的温室气体排放就可能接近（等价于）13 亿吨二氧化碳，增幅达 115%，对中国节能减排目标的实现造成威胁。无论从能源安全的角度还是从“双碳”目标的角度，交通部门的减污降碳都是迫在眉睫的任务。

造成道路交通部门能耗和排放压力居高不下，减污降碳困难重重的原因有很多，其中最主要的挑战是由庞大的人口规模带来的巨大出行和运输需求、由增长的自驾出行引发的日益严重的城市交通拥堵以及与交通工具绿色化所适配的高效的清洁能源生产调度方案的缺失等。新一代数字技术通过辅助技术创新、提升开发速度来推动新能源交通工具的发展普及，通过交通状态感知、通行供需预测和联网交通调度来助力拥堵问题的解决，并通过智慧能源调度提升清洁能源在交通部门的利用效率，从而为应对上述挑战提供了新的解决方案。其中，智慧交通是数字技术与交通部门减污降碳结合得最为紧密的途径，本章将以数字技术赋能交通调度提质增效为核心对数字技术助力交通部门减污降碳的主要途径、相关案例和一些代表未来方向的解决方案进行介绍。

12.2　交通部门减污降碳的主要挑战

12.2.1　人口压力的挑战

中国人口规模庞大，随着居民生活水平的提升，人民群众对采用私家车出行的需求不断上涨，道路交通部门对化石能源的需求，以及相应产生的温室气体排放自然也随之水涨船高。

一直到 2018 年，中国汽车产销量一直保持着持续增长的纪录。根据中国汽车工业协会统计，2016 年中国汽车产量达到 2811.88 万辆，占全球汽车产量的 29.6%，并且已经连续八年蝉联全球产量冠军[4]。但是即使如此，中国的人均汽车保有量相较于发达国家而言仍存在巨大差距。根据世界银行公布的 2019 年全球 20 个主要国家每千人拥车量数据，中国为 173 辆，排名全球第 17，英国、法国、德国、意大利等欧洲主要国家的千人拥车量普遍在 600～700 辆，而美国的数字是 837 辆。可以预见，随着中国汽车工业的进一步发展，拥车成本的进一步下降和人民生活水平的进一步改善，中国道路上奔驰的私家车数量还会进一步增长。

由于道路交通对化石能源的巨大依赖，私家车销量用量的增长不可避免地给交通部门进而给全社会的减碳工作带来巨大压力。国际能源署估计，每年全球与能源消费相关的碳排放中有 25%来自交通部门，而交通部门产生的碳排放中有 75%来自道路交通[5]。

这样，中国庞大的人口规模，随经济发展产生的对道路交通需求的日益增长和交通部门对能源消费的巨大依赖共同构成了中国交通部门减碳工作的最基础且最难处理的挑战。

12.2.2　城市拥堵的挑战

私家车保有量的快速上涨和未来可预期的持续增长给交通部门减碳工作带来的另一个麻烦是交通拥堵，以及由此产生的额外碳排放。

一方面，更多的私人交通工具意味着更复杂困难的交通调度，特别是在通勤高峰期间，交通拥堵的严重程度可能大幅攀升。百度地图《2023 年第 3 季度中国城市交通报告》中的百城周末交通拥堵涨幅榜表明：同比 2022 年第 3 季度，百城中 65%的城市 2023 年第 3 季度周末交通拥堵指数上涨，平均涨幅为 5.48%；环比 2023 年第 2 季度，百城中 91%的城市 2023 年第 3 季度周末交通拥堵指数上涨，平均涨幅为 3.88%[6]。

另一方面，道路交通排放特别是燃油车的排放，与内燃机的做功方式是息息相关的。更严重的交通拥堵意味着同样的出行距离需要花费更长的通勤时间，而且在这些通勤时间中，内燃机将以更低的效率将化石能转化为动能，最终的结果就是同样的出行需求产生更多的碳排放。Barth 和 Kanok[7,8]利用来自美国加利福尼亚州南部的交通和排放数据测算了交通拥堵与道路交通碳排放之间的关系，发现交通拥堵可以造成显著的额外碳排放。图 12-1 展示了该文测算的汽车平均速度与碳排放之间的关系。从图中可以看出，在没有拥堵的情况下，城市交通的平均通勤速度在 40～60 千米/小时，即约 25～37 英里[①]/小时，此时的平均二氧化碳排放是最低的，但是一旦出现交通拥堵，只要使平均通勤速度下降一半，出行期间的平均二氧化碳排放就会急剧上升。他们估计，交通拥堵给美国道路交通造成了最高可达 20%的额外碳排放。

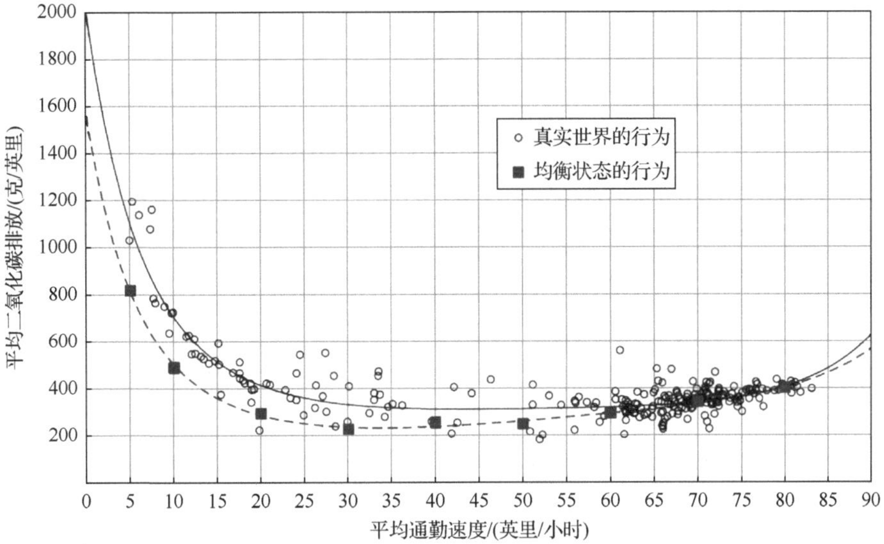

图 12-1　出行期间的平均二氧化碳排放与平均通勤速度之间的关系

12.2.3　高效供能的挑战

理论上来说，新能源交通工具的使用和交通部门的电气化转型是实现交通部门减污降碳的根本途径，通过用电动车替代燃油车，尾气排放中的二氧化碳可以被清除，电动机的做功也更加稳定，受交通拥堵的影响较小。自从 2001 年正式启动“863”计划电动汽车重大专项以来，中国对新能源车的发展投入了巨大的关注，从中央到地方都出台了一系列扶持新能源汽车产业的政策。截至 2019 年 11 月，中国新能源汽车的保有量达到 385.5 万辆，是欧盟的 2.85 倍，美国的 2.73 倍，日本的 16.33 倍[②]。

但是电气化转型并不是消除了交通部门中的温室气体排放，只是将之从汽车尾气中转移到了发电厂的烟囱中，交通工具电气化转型带来的减碳效果在很大程度上取决于电力生产的清洁化程度。由于中国煤炭资源相对丰富，而且火力发电的电力供应相对稳定，长期以来，火力发电一直是中国电力供应的保障性来源，

① 1 英里约等于 1.61 千米。

② 数据来自恒大研究院发布的《全球新能源汽车发展报告 2020：汽车百年大变局》。

在电力产量中占据较大比重。如表 12-1 所示，尽管近年来中国在清洁能源发电上投入了巨大资金和政策资源，直到 2023 年，火力发电仍然占全国发电总量的 69.95%，并且火力发电量的同比增长超过了总发电量的同比增长速度。

表 12-1　2023 年全国各类能源发电量及其增长情况

发电类型	占比	发电量单位/（亿千瓦·时）	同比增长
火电	69.95%	62 318.00	6.10%
水电	12.81%	11 408.60	–5.58%
风电	9.08%	8 090.50	12.26%
太阳能	3.30%	2 939.68	17.17%
核电	4.86%	4 332.50	3.71%
其他		1.62	
总发电量	100%	89 090.90	5.17%

资料来源：国家统计局

事实上，电力结构中非清洁能源占比过高对于交通工具电气化转型减污降碳效果的不利影响可能比表 12-1 中展示的更为严重。一方面，作为清洁能源发电主要来源的水电、风电和太阳能发电都受限于自然条件，发电量可能不大稳定，这对清洁能源的组网和传输效率造成不利影响；而交通工具的充能补能带来的用电需求压力也会随交通需求的变化和充用电周期的变化而不断变化，这进一步加大了交通工具使用清洁能源进行充能补能的难度。另一方面，我国绿电资源与用电需求分布存在一定程度的错配，东部地区用能密集，新能源交通工具更为普及，而绿电资源却较多分布于中西部地区。这样，仅靠清洁能源生产装机容量的提升并不足以缓解交通工具大规模电气化带来的电力部门碳排放增加。如何通过有效的能源调度，使清洁能源的生产、传输与不断变化的新型交通工具的充能需求相适配，也是交通部门绿色化转型所需要面临的重大挑战。

12.3　数字化赋能交通行业减污降碳的基本原理

由于人口规模庞大导致出行需求总量巨大，再加上我国电力供需结构存在地域和时间两个维度上的分布冲突，交通部门实现减污降碳面临巨大的挑战，这些挑战很多属于结构性、基础性的问题，无一不是根深蒂固，在传统技术条件下解决起来十分困难。不过幸运的是，随着数字技术的发展，这些问题的解决开始出现曙光。

12.3.1　数字化赋能交通行业减污降碳的主要途径

数字技术赋能交通行业减污降碳的主要途径包括以下两个方面。

其一，数字技术的发展有利于推动交通工具的绿色革新。

庞大人口规模带来的巨大的出行需求和社会经济发展带来的更多的自驾出行偏好的现实，都不是短期甚至中长期可以扭转的。并且，中国的产业转型升级，中国制造的发展也要求国家继续鼓励汽车消费。在这种情况下，对交通工具，特别是私人乘用车进行绿色革新就是交通部门实现减污降碳的必由之路。而考虑到替代能源的安全性和可获得性，充能基础设施和能源调度网络的建设成本和已有的技术积累，电气化转型又是交通工具绿色革新的重要选择方案。由于智能控制与电气动力系统的良好适配性，将数字技术应用于电气化交通工具能够使电气化的交通工具获得比传统的依赖于化石能源的交通工具更加优异的驾驶性能。数字技术在创新研发中发挥的作用也大大加速了新能源交通工具的迭代速度。这样，通过智能驾驶与电气化的互补作用，通过加速创新研发，数字技术的发展极大推动了交通工具的绿色革新，助力交通部门的减污降碳。

此外，交通工具的绿色化革新，不仅仅需要相关交通工具产品的开发，适用于交通系统的清洁能源生产和将清洁能源高效送达需要充能补能的交通工具的能源调度手段也是不可或缺的。从这个角度来说，没有智慧能源调度提供后勤保障，交通工具的绿色革新和交通部门的绿色转型就是空中楼阁、纸上谈兵。数字技术的发展对于清洁能源调度至关重要，正如前文所述，作为绿电主要来源的风力、水力和太阳能都受限于自然条件而存在产能的较大不确定性，交通工具的充能补能需求在时间和空间上也存在复杂多样的变化。这样，在供需两侧都存在较大波动的情况下要使双方匹配起来，数字技术提供的感知、调度、实时响应以及相应智慧决策的算力支撑就十分关键。通过智慧能源调度，数字技术为清洁能源生产和交通部门充能补能需求的高效对接提供了保障，进一步提升了绿色交通工具的使用便利性，降低了交通部门绿色转型完成后运营的经济成本，使交通部门的绿色化转型真正成为可能。

其二，数字技术的发展有助于赋能交通调度提质增效。

交通系统的能耗和排放在很大程度上与通勤效率相挂钩，而城市交通网络本身是一个复杂网络，交通流又受到通勤高峰、道路施工、突发灾害和事故等多种因素的影响，涉及因素的复杂多变使城市交通拥堵问题的解决十分困难。数字技术的发展为这一需要复杂计算和实时调度的痛点问题的解决提供了新的契机。数字技术赋能智慧交通可以将先进的信息技术、数据通信传输技术、电子控制技术及计算机处理技术等综合运用于整个交通运输管理体系，通过对交通信息进行实时采集、传输和处理，借助各种科技手段和设备，对各种交通情况进行协调和处理，建立起一种实时、准确、高效的综合运输管理体系，从而使交通设施得以充分利用，提高交通效率并保证安全，最终使交通运输服务和管理智能化，实现交通运输的集约式发展，而这减少了交通拥堵，缩短了通勤时间，从而显著降低了交通部门的能耗和排放。

12.3.2 数字技术赋能交通调度提质增效

在当前工业化与信息化融合的大形势下，加快交通信息化建设已经成为我国交通运输发展的一项重要战略任务。如何为社会提供安全、舒适、便捷、高效、节能、廉价的优质运输服务，是当前要解决的首要问题。随着全球城市化进程的加速和人口的快速增长，城市交通面临拥堵日益严重、交通事故频发、环境污染加剧等挑战。传统的交通管理和服务方式已经无法满足城市居民对高质量交通出行的需求。得益于信息技术和通信技术的迅猛发展，智慧交通产业为这些问题提供了更加智能的解决方案。智慧交通也是数字技术与交通部门减污降碳结合得最为紧密的途径。有鉴于此，本章将围绕智慧交通的内涵、作用、体系架构、关键技术和实施方案（主要从数据收集和算法设计两个方面）等展开介绍。

所谓智慧交通就是利用先进的信息技术和通信技术，通过传感器资源整合、数据分析与挖掘、智能控制与优化等手段，以提高城市交通系统的效率、安全性及其发展的可持续性为目标的交通管理和服务体系。它致力于实现交通系统的智能化、自动化和互联互通，为城市居民提供更便捷、高效、环保的出行方式。

智慧交通体系从以下几个方面促进了现代城市交通问题的解决。

1. 建立完善的交通网络、优化政府管理模式

政府实时发布交通信息，合理进行交通疏导，快速处理突发事件，并充分利用现有的交通基础设施，分析道路交通拥堵原因，制定交通建设规划和应对措施。

1）采用信息化手段解决道路拥堵问题

通过部署诸如实时交通信号控制系统等先进的交通指挥系统来解决道路拥堵的问题。利用信息化手段，在主要拥堵路段通过交通信号灯、交通管制等方式进行交通流量疏导，及时将拥堵信息推送至车载终端或手机终端，引导车辆规避拥堵路段，并给出行驶路径建议。

2）建立完善的公共交通网络

建立完善的公共交通网络，包括进行公交系统的现代化建设，诸如公交视频监控、公交车辆定位调度、公共车辆信息管理等，进行地铁的规模化和信息化建设等，为市民出行提供完善的公共交通网络，发展城市公共交通配套。

3）建设和完善城市路网

新建或扩建市政道路，增大通车道路规模。基于现有拥堵情况信息分析，进

行交通基础设施建设规划，对于常拥堵路段，制订改建计划，启动项目实施。

4）构建交通流量信息的采集系统和信息发布共享网络

通过各个路口信息采集终端（包括视频终端、红外、感应线圈等）获取城市交通信息，采集的交通信息汇聚到交通信息中心后，进行分析、处理、建模，给出全市的交通拥堵状况全视图。可通过媒体网络、运营商的无线通信网络，以及各个公共场所的 LED 显示屏及时发布道路拥堵、道路管制、交通事故、气象、道路积水等信息，引导市民规避拥堵路段。

5）建立完善的应急联动和事故救援机制

若发生较大的交通事故，由交通管理中心统一调度，触发应急机制，联动公安、救援中心、120 急救中心、保险公司等相关部门，快速、有效、妥善处理现场事件，尽快恢复交通原态。

6）建设现代化信息化的城市停车场管理系统

建设现代化的城市级别的停车场管理系统，实现停车场实时信息及时发布，市民可通过多种途径、多种渠道方便地获取城市各个位置停车场的相关信息。

7）保障公共交通安全，加强公共车辆管理

实现对涉及公共安全的客运车辆的实时监控管理，实现对危险品运输车辆的实时监控管理，保障公共交通的安全。

2. 优化企业管理方式，降低车辆运营成本

1）实现对企业车辆的实时监控和管理

企业需要具备对企业所属车辆实时监控和管理的能力，包括调度人员通过车辆综合调度业务，根据交通拥堵、事故、人员集聚等因素合理调度车辆，如出租车、物流车、企业自有营运车辆等；公司监管人员通过车辆综合调度业务，随时查看车辆运行情况，包括当前和历史运行轨迹。

2）提供车载信息化服务

车辆生产企业对卖出的各类车辆可提供车载信息服务。通过车载信息服务，为司机提供交通信息查询、行程规划、车辆综合调度、车辆远程诊断、紧急救援等服务。

3）实现对车辆的安全管理

通过车辆的管理监控等多种信息化手段，保障企业车辆的安全，包括车辆防盗、车辆被劫持的及时报警等。

4）降低车辆的营运成本

采用信息化的车辆和车队管理手段，降低车辆运营费用，避免无规划的私自使用车辆情形。

3. 保障公众出行

1）交通安全

关注各类交通出行方式，关注车辆故障、车辆防盗、车辆救援等安全相关内容。

2）有利于交通数据、信息的收集

及时、多渠道获取各类交通信息，包括停车场的位置、附近加油站、途中的道路交通拥堵情况、车辆引导信息、日常车辆保养信息、驾驶人员保健信息以及途中、目的地气象情况等。

3）延长车辆的使用寿命

获取车辆保养信息，参与各类车辆的维护，延长车辆的使用寿命。

智慧城市交通的体系架构是一个复杂的系统,涉及多个组成部分和技术要素。典型的智慧城市交通体系架构包括感知层、数据传输层、数据处理与管理层、平台层、应用层。感知层是智慧城市交通体系的基础，包括各种传感器、监测设备和数据采集系统。例如，交通监控摄像头、交通流量传感器、气象传感器等用于采集交通和环境数据。数据传输层将采集到的数据传输到上层处理系统。数据可以通过有线或无线网络传输，包括互联网、物联网等。数据处理与管理层对采集到的数据进行处理、分析和管理，包括数据存储、数据清洗、数据挖掘、大数据分析等技术。这些数据处理和管理技术可以帮助理解交通状况、预测拥堵、优化路线等。平台层基于数据分析结果，采取措施进行交通控制和调度。例如，智能交通信号灯系统可以根据实时交通情况智能调整信号灯时间，优化交通流量。智能公交调度系统可以根据实时车辆位置和乘客需求优化车辆调度。应用层负责向用户提供交通信息和服务。例如，智能导航系统可以根据实时交通状况为用户提供最佳路线规划。图 12-2 展示了一个典型城市智慧交通系统架构是如何利用数字技术将城市交通涉及的各个主体、各类设备和各种业务在各应用场景中统合起来的。

在实际的智慧城市交通系统架构中，因需求和定位不同，整体框架的侧重点也会有所不同。例如，北京智慧城市交通体系架构，为满足针对交警执法的场景设计，加入了多种交通管制相关应用和服务，如交管业务监督、集成指挥调度、交管大数据研判等。由于北京的数据量级巨大、数据种类繁多、交管规则严格、数据保密要求高，因此需要强悍的基础硬件服务层和超级融合资源池。对标数据传输层，超级融合资源池肩负了数据资源存储、数据资源传输、数据计算以及数据安全保障的重任。同样，感知层也需要强大的基础硬件服务层来支撑其数据采集的任务。图 12-3 展示了北京智慧城市交通体系架构。

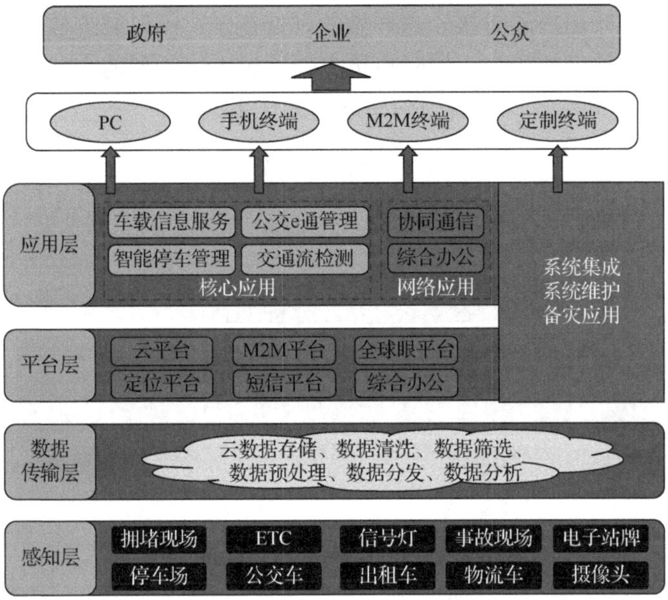

图 12-2　城市智慧交通系统架构

M2M 全称为 machine to machine（机器连机器），是指将数据从一台终端传送到另一台终端

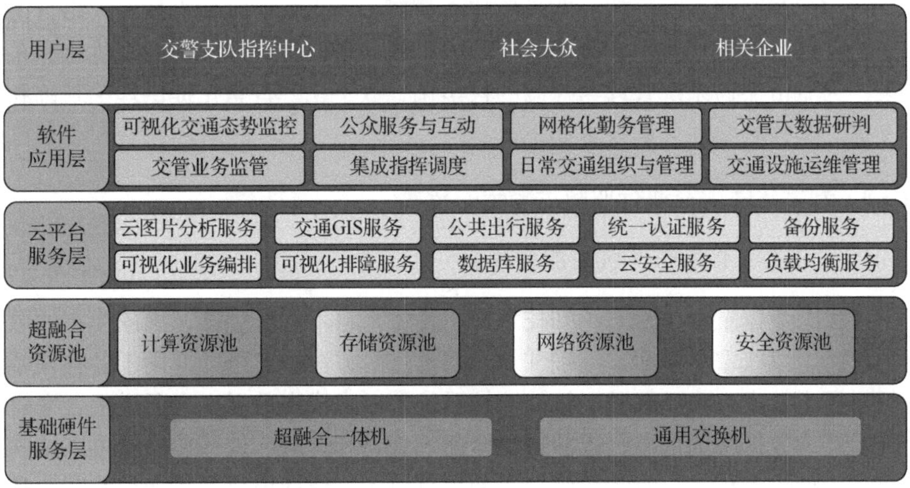

图 12-3　北京智慧城市交通体系架构

深圳市对泊车的管理要求相对比较严格，设计一套完善的泊车架构就尤为重要。同时，深圳市也是我国物联网和新能源发展较快的城市，为了更好地适配新时代、新产业，其在感知层加入了充电桩、物联网等新兴方式。由于采集数据存在多样性，将数据根据实际场景分发到不同系统中，如路边停车场景对应路边停车子系统，立体停车场景对应立体停车子系统，在系统完成数据处理后再将数据

存入数据中心进行用户层对接。这样做的好处在于，可以减少数据传输层将数据按使用场景分类处理的压力，同时也更方便通过人为干预的方式对数据进行审核和调整。图 12-4 展示了深圳智慧泊车系统的体系架构。

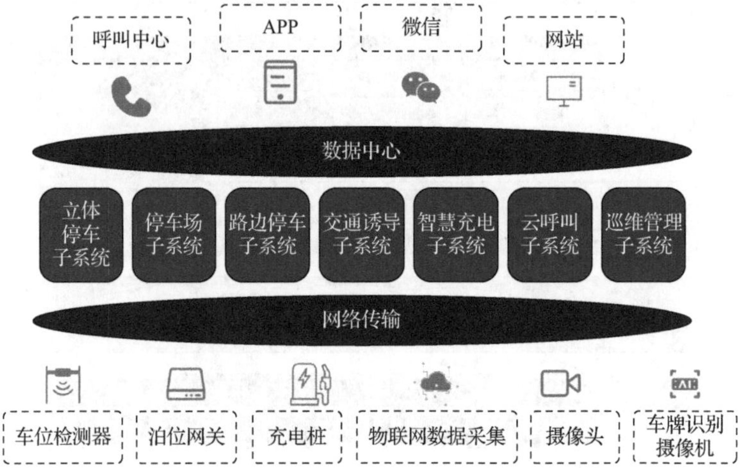

图 12-4　深圳智慧泊车系统的体系架构

构建智慧交通系统最核心的是依托大数据、人工智能等新兴技术，结合仿真评估与决策，构建相关模型算法，实现城市级大规模交通系统的组织优化和系统决策，为城市交通系统管理与控制的科学化、数字化、智慧化提供理论基础和技术支撑。其核心共性关键技术如下。

12.3.3　数字化赋能交通行业减污降碳的技术

1. 多模态数据融合与状态感知技术

多模态数据融合与状态感知技术是一种将来自不同传感器、源或模态的数据结合起来，以获取更全面、准确和综合的信息的方法。它可以应用于各种领域，包括机器人技术、自动驾驶、智能监控系统等。多模态数据融合通过整合来自多个传感器或数据源的信息，以获得更全面的观察和理解。这些传感器可以是视觉传感器（如摄像头）、听觉传感器（如麦克风）、惯性传感器（如加速度计和陀螺仪）等。每个传感器提供的数据可能只反映了一部分信息，但通过融合这些数据，可以获得更完整、准确和可靠的信息。

状态感知是指对环境、物体或系统状态的感知和理解。多模态数据融合可以帮助我们获取更多维度的信息，从而更好地理解当前的状态。通过整合来自不同传感器的数据，我们可以获得更准确的位置、姿态、速度、运动轨迹等状态信息。这对于机器人导航、自动驾驶车辆的环境感知、智能监控系统的行为分析等应用非常重要。

2. 道路交通流建模与预测技术

道路交通流建模与预测技术是指利用数学模型和数据分析方法来描述与预测道路交通中车辆的行为和交通流量的变化。这些技术对于交通管理、交通规划、智能交通系统等领域具有重要的应用价值。道路交通流建模分为宏观和微观两个角度。宏观交通流模型关注整个道路网络的交通流动态。常用的宏观交通流模型包括基于连续模型的流体动力学模型、基于离散模型的元胞自动机模型等。这些模型通过对交通流的密度、速度和流量之间的关系进行建模，可以预测道路网络上的交通流量和拥堵情况。微观交通流模型关注单个车辆的行为和交互。常用的微观交通流模型包括基于车辆跟踪数据的轨迹模型、基于行为规则的驾驶行为模型等。这些模型通过对车辆之间的相互作用和驾驶行为进行建模，可以模拟和预测交通流中的车辆运动和行驶轨迹。

同样，交通流的预测技术通常分为两种方式：数据驱动的交通流预测方法和基于模拟的交通流预测方法。数据驱动的交通流预测方法利用历史交通数据来进行预测。这些方法可以使用传感器数据、交通摄像头数据、GPS 轨迹数据等进行建模和分析，通过统计和机器学习方法来预测未来的交通流量和拥堵情况。基于模拟的交通流预测方法使用交通仿真模型进行预测。这些模型可以基于已有的交通流数据和道路网络拓扑，模拟车辆的行驶和交互过程，从而预测未来的交通流量和拥堵情况。

3. 道路交通流管控与优化技术

道路交通流管控与优化技术是为了改善交通流量、减少拥堵、提高交通效率而采取的一系列措施和方法。这些技术旨在优化交通信号控制、路网规划和管理策略，以提供更顺畅、安全和可持续发展的道路交通。全面优化道路交通流，增强道路交通流管控有以下措施：①通过优化交通信号控制策略，可以减少交通拥堵和等待时间，提高交通流量。常用的交通信号优化方法包括固定时间间隔信号控制、自适应信号控制和智能交通系统中的协调控制等。②动态交通管理系统利用实时交通数据和信息技术来监测和管理交通流。通过实时监控和响应，可以及时调整交通信号、提供交通信息、实施交通管制等，以优化交通流动态。③智能交通系统利用先进的信息和通信技术，将车辆、道路和交通管理系统进行连接和协调。通过车辆间通信、实时数据收集和分析、智能交通管理等手段，可以实现交通流的优化和对交通拥堵的缓解。④合理的路网规划和设计可以减少交通拥堵和优化交通流。例如，通过合理设置交叉口、道路布局和车道配置，可以提高交通流的通行能力和交通安全性。⑤针对特定路段或时间段的交通拥堵问题，可以采取车辆限制措施，如限行、交通限制区域等。此外，临时交通管制、道路封闭和交通导向措施等也可以用于应对交通拥堵和事件管理。⑥通过对交通数据进行分析和建模，可以辅助决策者制定更科学有效的交通管理策略。数据分析技术可以用于交通流预测、交通热点分析、交通模拟和优化等，为决策提供依据。

4. 城市级交通供需建模与调控技术

城市级交通供需建模与调控技术是指利用数据和模型分析城市交通系统的供需状况，并通过相应的调控手段来优化交通运输效率和服务质量。通常运用以下方法进行交通供需建模和调控。

（1）通过各种传感器、智能交通系统、移动设备等获取交通数据，包括交通流量、速度、行程时间、交通事件等。这些数据可以通过数据挖掘、机器学习和人工智能等技术进行处理和分析。

（2）根据采集到的数据，建立城市交通模型，包括宏观交通模型和微观交通模型。宏观交通模型用于分析城市整体的交通供需关系，微观交通模型用于分析具体路段或交叉口的交通流动情况。

（3）通过历史数据和统计模型，对未来的交通需求进行预测。这有助于规划交通设施、优化交通路线和制定交通调控策略。

（4）基于建立的交通模型和需求预测结果，制定相应的交通调控策略，如交通信号灯优化、交通限行措施、公共交通优先政策等，以提高交通效率和减少拥堵。

（5）利用实时交通数据和通信技术，及时监测和管理交通状况。通过交通指挥中心和智能交通系统，实时调整信号配时、调度公交车辆、提供实时交通信息等，以应对交通拥堵和突发事件。

（6）将不同交通方式（如公交、地铁、共享自行车、出租车等）进行整合和优化，提供多种交通选择和衔接服务，以降低出行成本和提高便利性。

（7）利用先进的信息技术、人工智能和大数据分析等手段，实现交通系统的智能化管理和调控。例如，利用智能交通信号控制系统、智能路网监测系统等，提高交通信号灯的自适应性和交通管理的精细化。

在智慧交通体系构建的过程中，数据收集和算法设计尤为重要。

收集智慧城市交通数据的意义在于优化交通系统、提供便利的出行服务、改善交通安全和环境状况，以及支持智慧城市的可持续发展。通过充分利用交通数据，可以实现交通运输的智能化、高效化和可持续发展。为确保收集数据的数量和有效性，减少数据处理所消耗的人力、物力成本，降低因数据缺陷带来的误差，一般按照如下流程进行数据收集。

（1）确定数据需求。明确需要收集哪些交通相关的数据，如交通流量、车速、道路拥堵情况、公共交通运营数据等。确定数据需求可以帮助更好地计划数据收集过程。

（2）确定数据来源。确定可以从哪些来源获取数据。可能的数据来源包括交通管理部门、公共交通运营商、传感器设备、视频监控摄像头、移动应用程序、社交媒体等。可以与相关的机构、组织或服务提供商联系，或者探索开放数据平台、API 和数据集，以获取所需的数据。

（3）数据采集和传感器部署。通过部署的传感器设备，如交通流量监测器、车辆计数器、视频监控摄像头等，可以收集移动设备数据、社交媒体数据等。确保合法地收集数据并遵守相关的隐私法规。

（4）数据存储和处理。建立适当的数据存储和处理系统，以管理和分析收集到的数据，涉及数据库管理系统、云存储解决方案、大数据处理技术等。确保数据存储和处理过程符合数据保护和隐私安全标准。

（5）数据分析和利用。使用适当的数据分析工具和技术，对收集到的数据进行分析、挖掘和可视化。这样可以提取有价值的信息，并为智慧城市交通管理和决策提供支持。

（6）隐私和安全。在数据收集和处理过程中，需确保遵守相关的隐私法规，并采取适当的数据安全措施，以保护收集到的个人数据和敏感信息。图 12-5 展示了这一数据收集流程。

图 12-5　智慧交通的数据收集流程

特别需要注意的是，根据数据数量、场景、质量的不同，可以考虑通过传感器、公共交通运营数据、移动应用程序、GPS 数据、开放数据平台、无人机、调查问卷等多种形式收集智慧交通有关数据，获取到相关数据后，可以考虑使用数据库、分布式文件系统、云存储、数据池等方式对数据进行存储，同时也要考虑数据备份的问题，以防数据丢失。在获取了大量数据的情况下，可以使用 Python、R 等编程语言对数据进行分析，也可以通过 Tableau 等可视化工具对数据进行处理。例如，使用 Python 可以通过各种数据分析技术进行去除重复值、处理缺失数据、转换数据格式、处理异常值等操作，也可以计算描述性统计指标（如均值、中位数、标准差）和绘制直方图、散点图、箱线图等可视化图形，以了解数据的分布和关系。对于不同领域的数据，如交叉验证（cross validation，CV）数据和自然语言处理数据等，Python 均有专用的处理库可供使用。数据的安全性可以通过加密传输、数据监控、数据脱敏、数据加密、安全审计等多种方式来确保。例如，通过高级加密标准（advanced encryption standard，AES）算法、三重数据加密算法（triple data encryption algorithm，TDEA 或 3DES）对数据进行对称加密，也可通过散列算法、转换函数、非对称加密算法等方式来维护数据安全。

智慧交通体系的构建涉及多领域算法，在成熟的智慧城市交通系统中，多种算法交互使用可以优化交通流，有效增大资源利用率。在一些决策场景中，可以根据实际交通状况和需求变化，动态调整交通管理策略，实现实时智能决策。算法和数据相辅相成，算法依托数据进行分析，为交通管理者提供决策支持和决策参考；数据依托算法不断优化，实时更新变动，为算法改进提供强有力的支撑。与智慧交通相关的算法主要包括以下几类。

12.3.4 数字化赋能交通行业减污降碳的算法

1. 路径规划算法

常用的路径规划算法包括 Djikstra 算法、A*算法、Floyd-Warshall（弗洛伊德-沃夏尔）算法、Bellman-Ford 算法等。Dijkstra 算法是一种基于图的单源最短路径算法，用于找到两个节点之间的最短路径。它通过不断选择距离起始节点最近的节点，并逐步扩展到其他节点，最终找到最短路径。A*算法是一种启发式搜索算法，用于在图中找到最短路径。它结合了 Dijkstra 算法的广度优先搜索和启发式函数（通常是估计到目标节点的距离）来优化搜索过程。Floyd-Warshall 算法是一种多源最短路径算法，用于计算图中所有节点之间的最短路径。它通过动态规划的方式计算最短路径，并使用一个中间节点的集合来逐步更新路径长度。Bellman-Ford 算法是一种用于解决带有负权边的图的单源最短路径算法。它通过对所有边进行松弛操作来逐步更新路径长度，并检测负权环的存在。

2. 车辆调度算法

车辆调度算法的意义在于提高资源利用效率、节约成本、提高服务质量，同时能够应对变动和突发情况，推动可持续发展。这些算法在物流和运输管理中的应用，能够提升运输效率和效益，提供更好的服务和体验，同时减少对环境的影响。常用的传统车辆调度算法包括以下几种。

（1）遗传算法，是通过模拟基因遗传和进化过程，寻找最优解的一种算法。在车辆调度中，遗传算法可以用于优化车辆路径和调度顺序，以最小化总行程或满足其他特定的调度约束。

（2）蚁群优化（ant colony optimization）算法，是通过模拟蚂蚁寻找食物的行为，找到最优路径的一种算法。在车辆调度中，蚁群优化算法可以用于优化车辆的路径选择和调度顺序，以最小化总行程和提高系统效率。

（3）粒子群优化（particle swarm optimization）算法，是模拟鸟群或鱼群中个体协作行为的优化算法。在车辆调度中，粒子群优化算法可以用于优化车辆的路径选择和调度顺序，以最小化总行程或满足其他特定的调度目标。

（4）模拟退火算法（simulated annealing algorithm），是基于物理退火原理的全局优化算法。在车辆调度中，模拟退火算法可以用于搜索最优的车辆路径和调度顺序，以最小化总行程或满足其他特定的调度约束。

车辆调度算法往往不单独使用，不同车辆调度算法的功能和适用的问题各不相同，选择算法组合时应根据实际需要遵循不同的原则：如最紧急优先（most urgent first，MUF）调度原则可根据车辆的重要度进行调度，重要度高的车辆将被优先调度，以确保关键任务的及时完成。最低成本优先（least cost first，LCF）调度原则可根据车辆的成本进行调度，成本低的车辆将被优先调度，以降低运营成本。最短作业优先（shortest job first，SJF）调度原则可根据车辆需要执行的作业时间进行调度，作业时间短的车辆将被优先调度，以缩短任务执行时间。最早截止时间优先（earliest deadline first，EDF）调度原则可根据车辆的截止时间进行调度，截止时间早的车辆将被优先调度，以确保任务能够及时完成。车辆最少优先（least vehicles first，LVF）调度原则可根据车辆的数量进行调度，车辆数量少的区域将被优先调度，以平衡各个区域的负载。可根据实际需求和问题依照多种调度原则选择算法组合来达到更有效的车辆调度和资源利用。

3. 交通流量预测

交通流量预测在交通管理和规划中具有极其重要的作用，准确预测交通流量有助于优化交通信号系统，提高交通流畅度，减少拥堵。交通流量预测可提供对未来交通需求的估计，帮助合理规划和设计道路与交通基础设施，通过预测交通流量，为驾驶员和导航系统提供实时的交通状态和拥堵信息，帮助选择最佳路线和避开拥堵区域，同时交通流量预测还有助于预测交通拥堵和高风险区域，采取措施预防交通事故的发生。

现在常用的交通流量预测算法主要包括以下几种。

（1）使用历史交通流量数据，通过自回归移动平均（auto regressive moving average，ARMA）模型、自回归积分滑动平均（auto regressive integrated moving average，ARIMA）模型、季节性自回归积分滑动平均（seasonal auto regressive integrated moving average，SARIMA）模型等进行建模和预测。

（2）使用回归分析的方法，建立输入特征（如天气、节假日、时间等）与交通流量之间的关系模型进行预测，常用的回归方法包括线性回归、多元线性回归、岭回归、支持向量回归等。

（3）利用深度神经网络进行交通流量预测，能够处理大规模的数据和复杂的空时关系。例如，T-GCN（temporal graph convolutional network，时序图卷积网络）、图神经网络、STGODE（spatio-temporal graph ordinary differential equation，时空图常微分方程）等。

12.4 数字技术赋能交通部门减污降碳的案例分析

2012年以来，各省区市根据各自交通信息化需求和现状，建成了许多具有交通特色和地域特色的信息系统。各种计费稽查征收信息系统、道路运政管理信息系统仍然是全国交通业务信息系统建设的重点，吉林、江苏、安徽等地开展了移动稽查系统建设，黑龙江、江苏、山东、广东、重庆、贵州等地开发或者升级了道路运政管理信息系统。GPS车辆监控和联网收费仍然是智能交通的重点，河北、江西、广西、湖北、重庆、四川等地建设了GPS监控中心，内蒙古、浙江、贵州、陕西建设了联网收费系统，江西、河南开发了超限超载远程信息管理系统。这一系列各具特色的信息系统在多种场景下提升了城市交通的效率，减少了满足同等出行和货运需求所需要消耗的能量和造成的排放。其中，北京亦庄的智能联网系统，湖南长沙的智慧交管系统、岳阳的智慧泊车系统，四川龙池的智慧高速系统等都是颇具特色的智慧交通模块。

12.4.1 智能联网案例

北京亦庄拥有全球首个城市级高级别自动驾驶示范区，该地区以数字技术为引领，致力于推进高精尖产业的发展，并专注于高级别自动驾驶示范区的建设。在亦庄开发区的60平方千米范围内，进行五大体系建设，包括“聪明的车、智慧的路、实时的云、可靠的网和精确的图”。首期工作主要集中在12.1千米长的道路和28个路口，进行车路协同智能化改造，以支持高级别自动驾驶示范运营。这些努力旨在打造全球领先的智能网联汽车创新链和产业链。北京亦庄的未来发展规划是按照“试验—小规模部署—规模化部署—拓展推广”的步骤逐步扩大建设范围，以形成可推广、可复制的智能交通新模式。这意味着在经过试验和小规模示范后，将逐渐扩大示范区域，并推动智能交通的规模化部署，以促进这一新模式的推广和应用。北京亦庄的努力旨在探索和推动自动驾驶技术的发展，为未来智能交通和城市运输提供可行的解决方案，并为其他地区和城市提供经验和借鉴。这项工作对于推动智能交通产业的发展以及构建智慧城市具有重要意义。

12.4.2　智慧交管案例

长沙市作为中国长江中游地区的重要中心城市，一直致力于推动智慧交通和智能网联技术的应用与发展。2020 年 11 月 20 日，长沙市公安局交通警察支队与百度达成战略合作。这次合作主要以智能网联场景和智慧交通数据应用为重点，利用交通大数据和智能网联的多元化路网感知数据，精确分析市民的出行规律。同时，合作双方可以在线提供路口交通灯态数据、绿波车速、违法抓拍数据等精准的出行数据服务，为市民提供便捷的出行信息。百度共打造了 87 个 ACE（autonomous driving, connected road, efficient mobility，自动驾驶、互联道路、高效出行）智能路口，实现了信号配时的优化和事件感知的推送，推动了交通管理工作的精细化、智能化和动态化，形成了“感知、研判、指挥处、处置、预防”的闭环。这个项目有效降低了 70%以上的闯红灯、逆行、违停、违法变道等交通违规驾驶行为，显著改善了交通秩序。此外，交通延误减少了 20%以上，路口通行效率提升了 25%，交通事故减少了 35%，公共出行体验明显改善，出行交通安全性大幅提高。

这次成功案例表明，利用智能交通技术和大数据分析，可以有效优化交通管理和交通流动，提升城市的出行体验和交通安全性。这对于长沙市以及其他城市的智慧交通建设具有积极的借鉴意义。

12.4.3　智慧高速案例

四川龙池的“车路协同”试验场位于川西地区都汶高速公路龙池段，该路段在 2009 年的特大泥石流后关闭，目前是一段封闭的高速公路，不对社会车辆开放。龙池段地势复杂，包括直线路段、弯道、纵坡以及一座长约 1.1 千米的隧道。面对这样的复杂地形条件，龙池试验场构建了“平台+云端+测试车辆”的综合解决方案。试验场包含五个主要平台，分别是自动驾驶综合测试平台、网联化测试认证平台、信息安全测试评价平台、数据存储分析平台和前沿技术研究平台。这些平台提供了从研发、测试到测试评价的全流程闭环。

通过这些平台，龙池试验场能够进行自动驾驶技术的综合测试，包括车路协同技术、V2X（vehicle-to-everything，车联万物）网联化测试和认证、信息安全测试与评价以及数据存储和分析等。此外，试验场还承担前沿技术的研究工作，致力于推动自动驾驶技术的发展和创新。龙池试验场的设立为自动驾驶技术的研发和测试提供了重要的平台和资源，对于推动自动驾驶技术在复杂地形和道路条件下的应用具有重要意义。同时，试验场的建设也为相关领域的技术研究和创新提供了支持与合作机会。

12.5 趋势与未来

在“十四五”时期，伴随着国内交通体系的智能化发展，我国将推动通信、高精度地理信息平台以及交通感知系统的建设，提升路侧的智慧化能力。各地大力发展智能交通、车载信息服务等应用，以逐步提高交通行业的整体信息化水平，取得了显著的成绩，但距离交通行业发展的实际需求还有不小的差距。随着我国经济社会的快速发展，交通运输管理和服务水平不高的问题越来越凸显。因此，急需将信息技术融入交通运输管理的全过程，全面提升整个行业的信息化水平。未来，国内的交通行业仍将加大集中化、扁平化管理需求，以“统一”的信息化建设为原则，强化信息化建设的管理手段；越来越多的企业倾向于结合决策采购网络、IT 的方式，对集咨询、设计、网络、设备、应用、管理、安全、服务外包于一体的“固定+移动”融合解决方案有越来越强的需求。本章将介绍两种通过数字技术推动交通部门减污降碳的构想，它们在某种程度上代表了数字技术赋能绿色交通的趋势与未来。

12.5.1 云上智行：数字赋能交通调度的一种可能方案

近年来，经济快速发展，居民生活水平大幅提高，私家车成为最主要的交通工具，由此加剧了交通拥堵问题。精准的交通预测结果能够辅助城市管理人员高效调控城市交通，缓解交通拥堵，是智慧交通的重要组成部分。而正如本章前文所述，缓解交通拥堵对于交通部门的减污降碳具有重要意义。

现有交通流的预测方式主要是基于循环神经网络或者图卷积网络（graph convolution networks，GCN）的交通流预测方法，该方式至少存在如下问题。

（1）传统的循环神经网络交通流预测方法，如 LSTM、GRU（gated recurrent unit，门控循环单元）和注意力机制等方法过于注重交通流的时间相关性，忽略了空间相关性对其的潜在影响，会引发预测结果不够准确的问题。

（2）T-GCN、ASTGCN（attention based spatial-teporal graph convolutional networks，基于注意力的时空图卷积网络）等基于图卷积的交通流预测方法，虽然考虑了交通流的时空相关性，但忽略了区域流量和其他区别于流量的交通流属性的辅助效能。

显然，现有的交通流预测方式均存在不同程度的缺陷，使交通流预测准确率不高。有鉴于此，湖南工商大学湘江实验室团队开发了一种基于深度学习的交通流预测方法体系，以提高交通流预测的准确率。该体系包含以下四个模块：①交通数据采集模块；②主辅特征划分模块；③空间特征提取模块；④特征融合预测模块。图 12-6 展示了该方法的系统架构。

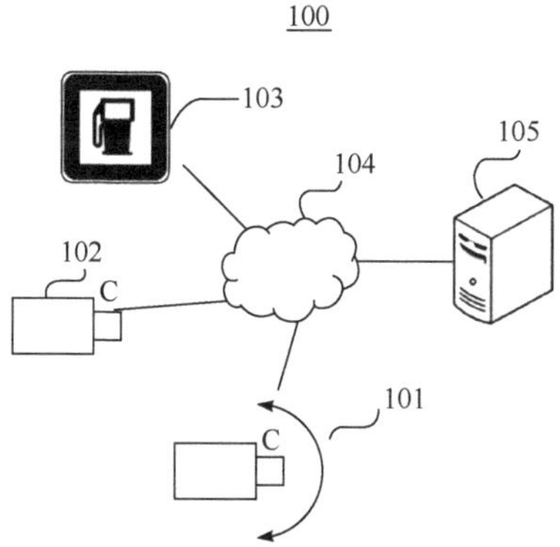

图 12-6　交通流预测系统架构示例图
C 表示硬件数据接口

如图 12-6 所示，系统架构 100 可以包括终端设备 101、102、103，网络 104 和服务器 105。网络 104 用以在终端设备 101、102、103 和服务器 105 之间提供通信链路的介质。网络 104 可以包括各种连接类型，如有线、无线通信链路或者光纤电缆等。用户可以使用终端设备 101、102、103 通过网络 104 与服务器 105 交互，以接收或发送消息等。终端设备 101、102、103 可以是具有交通流数据采集功能的电子设备，具体包括但不限于：道路监控摄像头、路侧监控设备、交通违章监控摄像机、电子警察、道路监管系统、智能城市交通等。服务器 105 可以是提供各种服务的服务器，如对终端设备 101、102、103 提供支持的后台服务器。该交通流预测方法由服务器执行，图中终端设备、网络和服务器的数目仅仅是示意性的，根据实现需要，可以具有任意数目的终端设备、网络和服务器。

整个系统的运行流程如图 12-7 所示。

如图 12-7 所示，预测流程的第一步是 S201，通过道路传感器采集交通流数据，得到交通流数据集合。具体地，在城市交通体系中，部署有多个道路传感器，用于采集交通流数据，并将采集到的交通流发送到服务端，服务端对交通流数据进行汇总处理，得到交通流数据集合。

预测流程的第二步是 S202，基于预测类型，将交通流数据集合中的数据进行特征划分，得到主要特征和辅助特征。具体地，预测类型可根据实际需要进行设定，原始的交通流数据中包括主要特征和辅助特征，其中，主要特征指模型需要预测的结果，辅助特征指除预测目标外的交通流相关数据，如交通速度、交通拥堵状况及道路占用率等，通常与预测目标具有强相关性，以某一城市的历史监测数据为例，主属性设置为交通流量，辅助属性设置为交通速度，在城市交通检测的场景下包含了该城市 n 个道路传感器的检测信息，包含了交通流量、交通速度、通行率等各项指标。

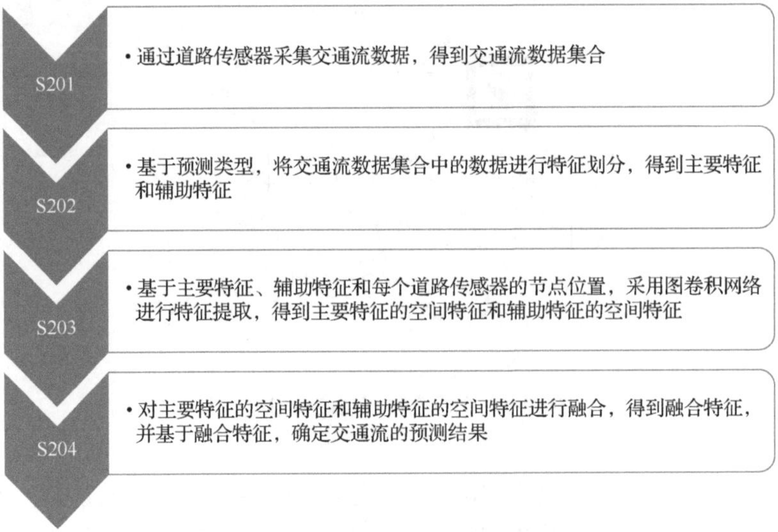

图 12-7　交通流预测运行流程示例图

预测流程的第三步是 S203，基于主要特征、辅助特征和每个道路传感器的节点位置，采用图卷积网络进行特征提取，得到主要特征的空间特征和辅助特征的空间特征。其中，图卷积网络方法分为两类，基于谱域的方法和基于空域的方法。基于谱域的方法通过从图信号处理的角度引入滤波器来定义图卷积，其中图卷积操作被解释为从图信号中去除噪声。基于空域的方法将图卷积表示为聚合来自邻居的特征信息。进一步地，基于主要特征、辅助特征和每个道路传感器的节点位置，采用图卷积网络进行特征提取，得到主要特征的空间特征和辅助特征的空间特征，包括基于道路传感器之间的节点位置关系，生成二维空间融合图；根据主要特征、辅助特征和二维空间融合图进行图卷积操作提取，得到交通流中的空间特征。其中，基于道路传感器之间的节点位置关系，生成二维空间融合图，包括通过局部敏感哈希算法，确定每一个道路传感器节点对应的相似节点，构成相似度邻接矩阵；根据道路传感器节点的拓扑结构生成邻接矩阵；对相似度邻接矩阵与邻接矩阵进行融合，得到二维空间融合图。具体地，通过局部敏感哈希算法为每一个节点都寻找到最为相似的对应节点，构成一个相似度邻接矩阵，用于辅助构建二维空间融合图，从而提高交通流预测的准确性。

预测流程的第四步是 S204，对主要特征的空间特征和辅助特征的空间特征进行融合，得到融合特征，并基于融合特征，确定交通流的预测结果。对主要特征的空间特征和辅助特征的空间特征进行融合，得到融合特征，包括通过自适应门控循环神经网络对主要特征、辅助特征进行重构，依次得到第一输入序列和第二输入序列；采用自适应门控循环神经网络中的遗忘门和更新门机制，获取第一输入序列对应的第一时间相关性和第二输入序列对应的第二时间相关性；根据第一时间相关性和第二时间相关性，采用图卷积网络对空间特征进行图卷积处理和融合处理，得到融合特征。具体地，将主要特征和辅助特征分别作为模型的输入，先由自适应门控循环神经网络提取交通流中的时间相关性，同时，将构建的相似度邻接矩阵与邻接矩阵融合得到二维空间融合图，最后基于二维空间融合图进行图卷积操作，提取交通流中的空间特征，再融合主属性和辅助属性，最终通过全连接层获得预测结果。需要说明的是，模型进行数据输入与自适应门控循环神经网络的操作是同步进行的，有利于提高预测速度。

图 12-8 展示了该方法应用的一个图神经网络结构示例。

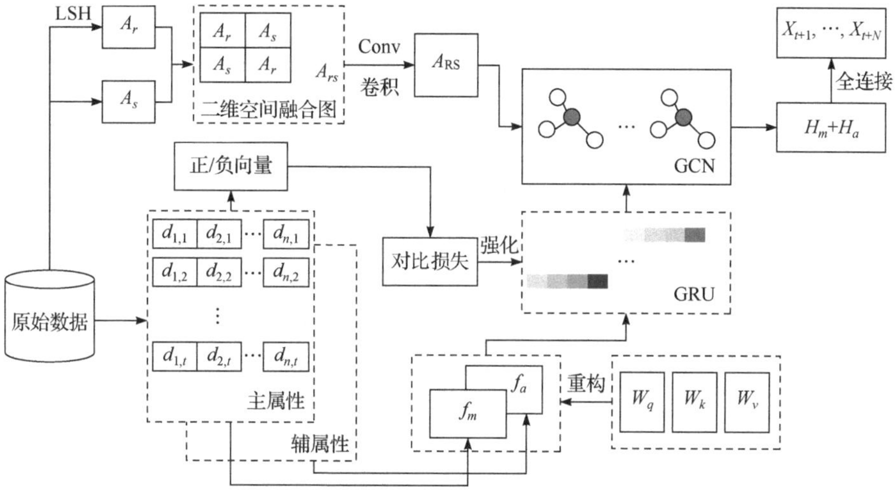

图 12-8　交通流预测图神经网络结构示例图

A_r、A_s、A_{rs}、A_{RS} 分别表示经过增强后的序列数据；$X_{t+1}, \cdots, X_{t+N}$ 表示模型的预测结果；H_m、H_a 表示不同卷积深度的隐含特征；W_q、W_k、W_v 表示用于重构特征的 key（键）矩阵；$d_{n,t}$ 表示输入数据

12.5.2　电化长江：数字赋能推动绿色航运的一种可能方案

在西起云南富水、东抵上海长江口的 2838 千米长江水道上行驶着约 9.7 万艘各型客货船舶，其中 99%以上都采用传统的柴油动力，新能源船舶仅 300 余艘，而减排效果较好的电动船更是仅 60 余艘。2021 年，这些船舶在运行中消耗了约 3000 万吨船用柴油，造成了可观的碳排放。为了响应国家提出的“双碳”目标，交通运输部长江航务管理局在 2023 年 4 月就《合力推进“电化长江”总体工作方案》（征求意见稿），提出了在 2030 年使长江航道的运营总能耗下降到 2021 年一半以下的目标。但是，这一雄心勃勃的项目的推进面临巨大的挑战，除了相关的顶层规划和法律法规还需完善，新能源船舶的营运安全性还有待验证，船员的操作培训需要跟上以外，电化长江项目实现的最大挑战在于经济、高效的船舶制

造和充能补能方案的落实。由于新能源船舶的造价普遍高于燃油船舶 0.5～1 倍左右，经济、可靠的运营方案关系到船东是否愿意配合从而保障项目的可行性和可持续性（表 12-2 展示了各种船舶装备绿色转型方案的利弊，可以看到，从减碳效果和安全性的角度来看，电动船舶颇具优势；但是从经济性角度来看，电船的造价更为昂贵，需要更多的运营成本优势进行弥补）。

表 12-2　各种船舶装备绿色转型方案的利弊

燃料类型	燃料生产及应用	优势	劣势
甲醇	主要使用天然气来生产（灰醇），绿色甲醇生产开始增加，可用于甲醇双燃料主机	燃料使用及风险管理较 LNG 更为简单，绿色甲醇碳排放为零，氮氧化物、硫氧化物排放少，基础设施较多（可以作为加注设施）	改装复杂，能量密度低，短期内使用成本高，有毒，易燃，全球范围内使用产能有限
氢	电池主要集中在氢燃料电池，也可用于氢燃料主机	清洁且可以大量制取，燃料电池效率更高	制氢耗能高，大规模生产成本昂贵，加注设施有限，沸点低，存储和运输成本高
LNG	需要可燃烧主机，配套的燃料供应系统及额外的存储空间	使用安全，技术成熟，加注设施和运输要求高，氮氧化物、硫氧化物排放非常低，相较于燃油低 20%	存在甲烷逃逸，依旧是化石燃料，加注设施主要集中在航线沿线港口，未来燃料成本存在不确定性，安装成本高，占用空间
电池	电池存储电能用于船舶推进	可以实现零排放，已在内河干散货船、集装箱船、游轮、公务船等船舶上开展应用	受电池存储能力限制，不适合远洋船舶，制造成本高

注：LNG 全称为 liquefied natural gas（液化天然气）

数字技术的发展为电化长江项目的落地提供了新的契机，比如，芜湖造船厂发起设立的新能源船舶科技公司三点水新能源科技（安徽）有限公司（以下简称三点水公司）就以标准化船型、车船共享的高效电池包和沟通“人、货、场”的数字水运平台为支撑提出了一套颇具吸引力的绿色航运一体化、多场景解决方案。图 12-9 展示了该方案从港口到园区的绿色航运体系总体概念布局。

从图 12-9 中可以看出，该方案利用智慧能源调度和数字化运营将电力生产和配送、车用电和船用电、岸基设施和航运需求有机结合到一起，极大扩展了新能源绿色航运的盈利模式，从多方位降低了新能源船舶的营运成本。而以数字技术为基础的智慧能源调度在该方案中发挥了关键性作用。

比如，针对中远途航运耗电量大、电池组成本高昂的痛点，采用换电补能代替充电补能的方式来达到降本增效的效果。一方面，比起耗时较长动辄以小时计数的充电作业，换电作业可以在 20 分钟内完成，极大提升了补能效率；另一方面，缓解了补能作业时间焦虑后，卸载的电池组不受补能时间和补能方式的限制，既可以采用涓流充电替代超快速直流充电给电池组缓慢补能，从而延长了昂贵的电池组的使用寿命，也可以通过谷时采电、忙时换电、闲时售电赚取电价差，提升

图 12-9　从港口到园区的绿色航运体系总体概念布局

换电经济性，并更好地利用风电、光伏等供应波动较大的清洁能源以提升减碳效果。此外，换电作业占用土地较少，也降低了对寸土寸金的港口空间的占用，进一步降低运营成本。图 12-10 中基于虚拟电厂技术的换电体系展示了该方案如何通过对多元电力和多种换电途径的综合运用来提升换电经济性。

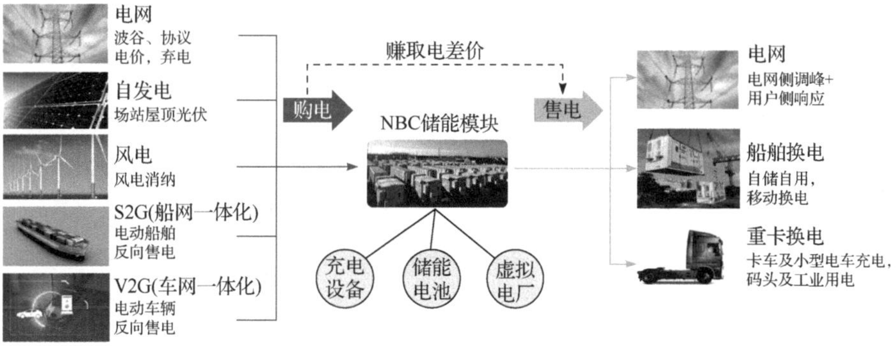

图 12-10　基于虚拟电厂技术的换电体系

当然，天下没有免费的午餐，比起电源单一、供电稳定的充电补能模式，综合了多种电力来源的换电补能模式必须及时掌握各个补能站点的用电需求和各个供电来源的电力产出，并对其进行统一调度匹配才能避免因供电不及时导致的航运误时和由船舶失能带来的航运风险，减少由生产的电力没有及时消纳造成的浪费。而这，正是数字技术的用武之地。三点水公司给出的解决方案是在虚拟电厂技术的基础上构建电力交易平台来沟通电力供需双方，并通过换电重卡、换电船和船电宝来提供更具弹性的应急补能。当然，换电重卡和换电船的调度也有赖于数字技术支撑的智慧水运平台。图 12-11 展示了三点水公司构思的内河智慧水运平台的整体框架。

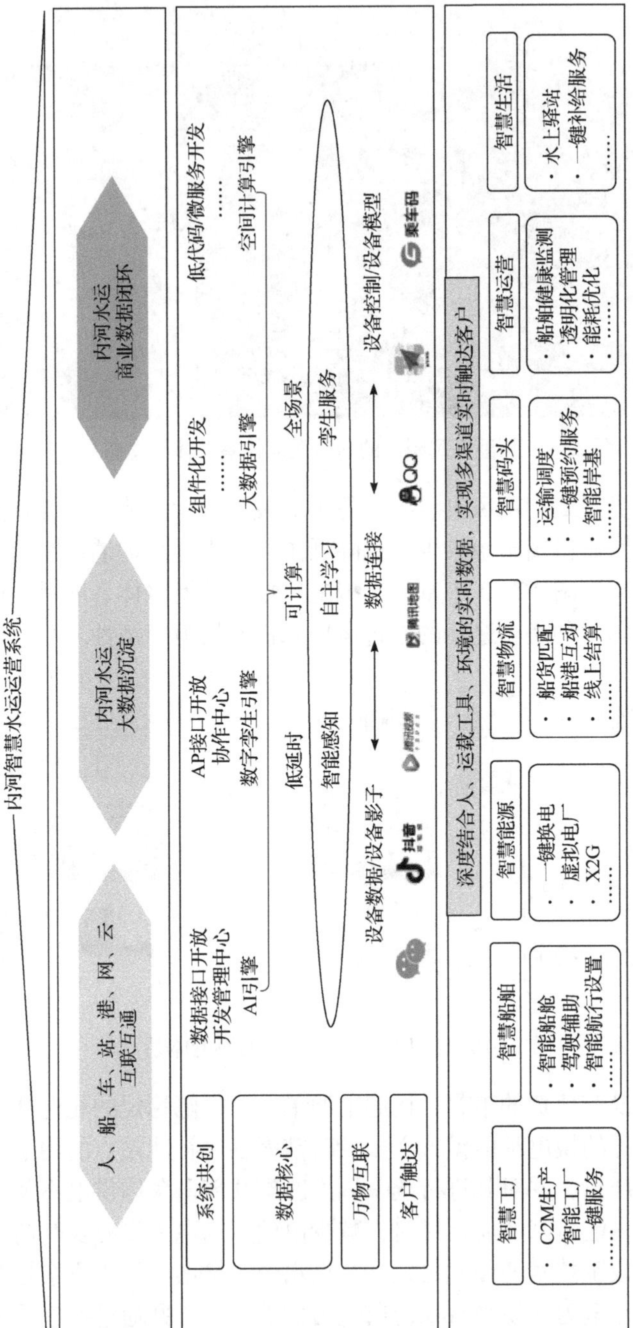

图12-11 内河智慧水运平台的整体架构

C2M全称为customer to manufacturer(消费者到制造者)；X2G全称为X-to-grid(多需求源到电网)

参考文献

[1] Lin C Y C, Zeng J J. The elasticity of demand for gasoline in China[J]. Energy Policy, 2013, 59: 189-197.

[2] 中华人民共和国生态环境部. 中国机动车环境管理年报(2018)[EB/OL]. (2018-06-01) [2025-04-09]. https://www.gov.cn/guoqing/2019-04/09/5380744/files/88ce80585dfd49c3a7d51c007c0a5112.pdf.

[3] Zheng B, Zhang Q, Borken-Kleefeld J, et al. How will greenhouse gas emissions from motor vehicles be constrained in China around 2030?[J]. Applied Energy, 2015, 156: 230-240.

[4] 中国汽车技术研究中心, 中国汽车工业协会. 中国汽车工业年鉴 2016[M]. 北京: 《中国汽车工业年鉴》期刊社, 2017.

[5] International Energy Agency. CO_2 emissions from fuel combustion highlights 2017[R]. Paris: International Energy Agency.

[6] 百度地图. 2023 年第 3 季度中国城市交通报告[R]. 北京: 百度地图.

[7] Barth M, Boriboonsomsin K. Real-world carbon dioxide impacts of traffic congestion[J]. Transportation Research Record, 2008, 2058(1): 163-171.

[8] Barth M, Boriboonsomsin K. Traffic congestion and greenhouse gases[J]. ACCESS Magazine 1, 2009, 1(35): 2-9.

[9] 陈晓红, 任剑, 张新玉. 数智时代: 打造智慧城市[M]. 长沙：湖南人民出版社，2024.

参考文献

[1] [illegible] C, Peng LJ. The [illegible] of [illegible] in China[J]. [illegible]

[2] [illegible]

[3] [illegible]

[illegible]